조선왕조 정사·야사

조선왕조 정사·야사

이강래 편저

문지사

머리말

정사正史가 뼈라면 야사野史는 살이다

야사의 사전적 의미는 '민간에서 사사로이 기록한 역사'로 되어 있다. 정사가 정부의 전담 기구에서 사실을 연대기적으로 기술하여 편찬한 공식 기록인 데 비하여, 야사는 역사에 관심을 가진 사람이 민간인의 자격으로 기록한 것이라는 해석이다.

그렇다면, 야사는 엄밀한 의미의 역사로서는 가치가 없는 한낱 '옛이야기'에 불과하냐 하면 그렇지 않다.

정사는 시대 상황의 주체인 자, 승리한 자의 기록이라고 할 수 있다. 따라서 그 흐름이나 내용이 주관적이고 자기 본위적인 입장을 취하는 것이 일반적이다.

역사 기록의 책임을 맡은 사관史官들은 임금으로부터도 독립적이고 객관적인 지위를 보장 받았다고는 하나, 그들 역시 그 시대의 주체인 승리 집단의 일원이며, 무오사화戊午士禍의 예에서 볼 수 있듯이 붓대를 잘못 놀린 죄로 목숨을 잃기도 했던 것을 보면 아무래도 붓끝이 무뎌지지 않을 수 없었을 것이다.

거기에 비하여 야사는 다음과 같은 특징을 보여준다.

첫째, 대체로 후세의 기록자에 의하여 씌어지고, 공식화되지 않는 만큼 자유롭고 객관적인 기술 방식을 유지하며, 문제 발생을 우려하여 필자의 이름이 감춰진 경우도 있다.

둘째, 한 시대의 일괄적 연속적 기록이기보다는, 집필자 자신이 특별한 관심이나 흥미를 가진 어떤 사건 또는 시대 상황을 집중 기록함으로써 단편적인 성격을 띤다.

셋째, 의미 전달의 극적인 효과를 거두기 위하여 다소 과장되기도 한다.

넷째, 문자에 의한 기록뿐 아니라 구전되는 이야기도 포함된다.

이와 같은 특성들을 감안하여 생각하면, 야사는 총체적 기준의 역사로서는 다소 미흡할 수밖에 없는 것이 사실이다. 그러나 야사는 정사에서는 결코 기대하기 어려운 독특한 매력을 지니고 있다. 이야기 자체가 상당히 재미있을 뿐 아니라 정사의 행간에서 누락된, 보다 인간적인 훈훈한 체취를 느끼게 된다.

그 시대의 인문이나 풍속, 어떤 특정인의 인간적 면모 같은 것은 오히려 야사 쪽에서 명료하게 이해할 수도 있다.

정사가 뼈라면 야사는 살이라고 해도 무방할 것이다. 따라서 야사를 읽는 것은 단순히 책 읽는 재미를 취한다는 의미를 넘어 역사 이해의 한 방법으로 차원을 높여 생각할 일이다.

편저자 이강래

목차

대한제국의 흥망

조선왕조 야사

1

2

조선왕조 정사

신궁 이성계

고려의 말기, 함경도 영흥에 이자춘이 살고 있었다. 그는 어느 날 낮잠을 자다가 꿈을 꾸었는데, 꿈속에서 신선이 나타나 말했다.

"난 백두산 신령이다. 명산에서 정성껏 빌면 귀한 아들을 얻을 것이다."

이 날부터 부부는 몸과 마음을 깨끗이 하고 명산을 찾아가 정성껏 백일 기도를 드렸다. 기도를 마치고 집으로 돌아온 밤 이자춘은 또 꿈을 꾸었다. 꿈에 선녀가 하늘에서 오색 구름을 타고 내려와 소매 속에서 황금 자를 꺼내 주면서 이렇게 말했다.

"이것은 천제께서 하사하시는 것이다. 잘 보관했다가 나라를 다스릴 때 사용하라."

이자춘의 아내는 태기가 있었고, 다른 사람보다 3개월이 넘은 열세 달만에 아들 이성계를 낳았다. 이성계의 본관은 전주이고 자가 중결이며, 호는 송헌이다. 이성계는 골격이 컸고 용의 얼굴에 봉의 아름다움을 닮았다. 원숭이 팔에 걸음걸이는 범을 연상케 했고 기상은 영웅호걸이었다.

그는 어릴 때부터 총명했으며 남을 포용하고 은혜 베풀기를 즐겼다. 또한 칼 쓰기, 활 쏘기, 진陣치기 등 군사와 관련된 것을 좋아했다. 열 살이 넘으면서 무술을 익혔는데, 활솜씨는 천하 제일이었다.

이성계가 영흥에서 함흥으로 이사한 뒤 키가 큰 남자가 그를 찾아와 공손히 허리를 굽혀 인사했다.

"듣자하니 활솜씨가 신기에 가깝다고 하더군요. 소생에게 한 수 가르쳐 주었으면 합니다."

이성계

그러자 이성계는 기꺼이 받아들였다. 며칠 후 도전자는 이성계를 초대해 자신의 활터로 안내했다. 그때 이성계는 그에게 백보를 센 다음 자신을 과녁으로 삼아 활을 쏘라고 했다.

이에 도전자는 눈 하나 깜짝하지 않고 활에 화살을 메겨 이성계의 얼굴을 향해 쏘았다. 그러나 이성계는 날아오는 화살을 두 팔을 뻗어 가볍게 잡았다. 열에 받친 도전자는 이성계의 이마를 향해 연속으로 화살을 쏘았다. 그렇지만 이성계는 그의 화살을 모두 피했다.

도전자는 정신을 가다듬고 세 번째 화살을 이성계 머리를 향해 당겼다. 이번에는 공중으로 뛰어오르면서 화살을 피했다. 패배를 인정한 도전자는 이성계에게 급히 달려와 머리를 조아렸다.

"죄송하옵니다. 감히 장군을 알아보지 못하고 무례를 범했습니다."

"하하하…, 과찬의 말씀을. 인사나 나눕시다."

이성계에게 도전한 인물은 천하 명궁인 퉁두란으로 송나라 명장 악비의 자손이었다. 하지만 악비가 역적으로 몰려 헤이룽강 부근으로 은둔했고 신분을 감추기 위해 외가의 성을 따라 퉁가라고 했다. 그는 공민왕 때 부하들과 함께 압록강 건너 북청에 살았다.

이런 계기로 이들은 화살을 꺾어 의형제를 맺었고, 이성계가 한 살 연상이라 형이 되었다. 이성계는 그의 손을 잡고 단결을 청했다.

"오늘 이 시간 이후부터 우린 형제다. 앞으로 마음과 마음을, 힘과 힘을 합쳐 큰일을 이룩해 보자!"

이에 퉁두란은 이성계를 떠나지 않고 일을 도왔다. 이성계가 조선을 건국하여 임금이 되었을 때, 퉁두란에게 '이씨' 성을 하사하고 이름을 '지란'으로 고쳤다.

이성계가 알려지기 시작한 것은 고려말 최영 장군이 동북쪽 원나라의 쌍성을 칠 때였다. 고려 군사가 원나라 군사를 치기 위해 출전했다는 말에 이자춘은 아들 이성계에게 성문을 활짝 열어놓게 했다. 그들 부자 덕분에 고려군은 쌍성을 순식간에 함락시켰다.

이런 공로로 이자춘과 이성계는 고려로부터 서북면 병마사 벼슬을 제수받았다. 이자춘이 죽자 이성계가 아버지의 벼슬을 물려받았다. 그 후 이성계는 원나라에 빼앗겼던 동녕부를 되찾았고, 홍건적과 왜구를 무찌르는 등 수 많은 공을 세웠다.

1308년고려 우왕 6년 8월, 왜장 아지발도가 군사 5천을 거느리고 전라도로 침략해 여러 고을을 초토화시켰다. 아지발도는 15~16세 정도의 소년으로 얼굴이 여자처럼 생겼다. 그렇지만 그의 무술과 전략은 백전노장보다 뛰어났다. 그의 용맹스러움에 고려 군사들은 싸움에서 연전연패했다.

이 소식에 왕은 이성계와 정몽주에게 그를 물리치게 했다. 이성계의 군사가 운봉에 도착했을 때 왜구와 일대 접전을 벌이고 있었다. 그때 아지발도는 금으로 만든 갑옷에 창을 비껴들고 성난 사자처럼 전장을 누볐다.

그를 본 이지란이 달려가 맞섰지만 이기지 못하자 이성계가 아지발도의 얼굴을 향하여 활을 쏘았다. 그러나 그는 날아오는 화살을 창으로 튕겨버렸다. 또다시 이성계가 연거푸 화살을 쏘았지만, 이번엔 잽싸게 손으로 받아 화 살을 꺾거나 피했다.

이런 아지발도를 매서운 눈으로 쳐다본 이성계는 군사들을 성안으로 물리고 성문을 닫았다.

이성계는 이지란을 불러 그를 꺾을 수 있는 방도를 의논했다.

"대단한 놈이야, 그래서 더더욱 죽이기엔 아깝다. 가능하면 생포하도록 해야겠다. 그렇게 안 될 땐 죽일 수밖에 없다. 아우는 내일 내가 일러주는 대로 하여라."

이튿날 싸움이 시작되자, 이성계는 활 잘 쏘는 군사 서너 명에게 지시해 아지발도를 향해 활을 쏘게 했다. 이성계와 이지란은 그 광경을 지켜보면서 약점을 찾고 있었다. 아지발도는 비 오듯 자신에게 날아오는 화살을 창으로 치고 손으로 받기에 정신이 없었다. 이성계가 무릎을 탁치며 이지란에게 일렀다.

"지란아! 저놈의 투구를 맞춰라. 그 다음엔 내가 알아서 처리하겠다."

이지란의 화살이 정확하게 아지발도의 투구를 맞히자, 아지발도가 놀라면서 입을 여는 순간 이성계의 화살이 그의 목을 꿰뚫었다.

아지발도를 잃은 왜구들은 사기가 떨어졌고, 급히 그의 시체를 거두어 달아났다.

가시방석에 앉은 정종

이성계가 조선을 건국해 태조로 등극했지만, 항상 맘이 편안하지 못했다. 그것은 수많은 고려 충신들이 자신을 역적으로 취급해 떠났기 때문이다. 이성계와 세상을 버리고 광덕산 두문동에 고려 충신과 선비 72명, 무관 48명 등이 함께 살고 있었다.

이성계는 매일 이곳으로 사자를 보내 자신과 함께 새로운 세상을 펼치자고 권했지만 그들이 끝까지 타협하지 않았다. 그러자 신세력들은 이 마을에 불을 질렀는데, 한 사람도 나오지 않고 스스로 불에 타 죽었다.

그들의 만행을 괘씸하게 생각한 목은 이색은 여주의 깊은 산골짜기로 은둔했고, 야은 길재는 이성계가 자신을 찾자 쓸데없는 짓이라고 한 뒤 구미 금오산으로 들어갔다. 김주는 명나라 사신으로 갔다가 돌아오던 중 고려가 망했다는 소식을 듣고 입고 있던 옷과 신을 벗어 종에게 주고 명나라로 되돌아갔다.

이성계가 조선을 건국하는 데 큰 공을 세운 다섯째 아들 이방원은 피가 끓는 26세였다. 자신의 공과를 생각해 차기 임금은 자기 것이라고 생각했다. 그러나 이방원의 생각과는 달리 이성계는 사랑하는 둘째 부인 강씨가 낳은 막내아들 방석을 세자로 책봉했다. 세자 책봉에 정도전과 남은 등의 도움이 컸다.

당시 태조 이성계는 아들 8형제를 두었는데, 여섯 명은 이미 세상을 떠난 한씨의 자식이고, 끝의 두 아들 방번과 방석은 강씨가 낳은 자식이다. 방석이 세자로 책봉되면서 화가 난 이방원은 심복 하륜과 이숙번을 불러 불만을 털어놓았다. 그러자 이방원의 부인 민씨가 말렸다.

"대군, 모든 것을 서두르면 잃어버리기 쉽습니다. 사람마다 때가 있답니다."

정도전 등의 신세력들은 고려 왕족들을 여러 곳으로 나눠 귀양을 보냈다. 그 다음 거제도 한 곳에 모여 살게 해준다며 왕족들을 구슬렸다. 그들의 속임수에 놀아난 왕족들은 기뻐했다. 하지만 신세력들의 사주로 뱃사공들은 배 바닥에 구멍을 뚫었다. 결국 왕족들은 바다 한가운데서 모두 익사하고 말았다.

그런 일이 있은 후부터 이성계는 침전에 드는 순간마다 악몽에 시달렸다. 특히 백성들은 이성계에게 왕위를 찬탈한 역적이라고 했다. 이런저런 상황 속에서 이성계는 모든 것이 불리하다는 생각에 개경이 싫어졌다.

1394년태조 3년 10월, 도읍지를 개경에서 한양으로 천도했다. 이성계가 새로운 의욕으로 나랏일을 시작한 지 2년이 지난 1396년 왕비 강씨가 죽었다.

그는 큰 슬픔에 잠겨 전혀 정사를 돌보지 않았다. 그때 이방원의 세력과 세자 방석을 지지하는 정도전 일파는 서로 경계를 늦추지 않았다. 이방원은 이숙번, 하륜 등을 시켜 무장한 군사들로 하여금 집을 지키게 했다.

그러던 중 방석과 정도전 일파는 자객들을 보내 이방원을 제거하려고 했다. 하지만 공교롭게도 자객들이 이방원 일파에게 사로잡혀 음모가 탄로났다. 이때 이방원은 정도전 일파를 제거하기로 결심했다.

얼마 후 왕자들에게 대궐로 모두 모이라는 전갈이 왔다. 이때 이방원에게 부인 민씨가 귀띔했다.

"예감이 이상합니다. 입궐을 미루시고 자세한 것을 미리 알아보세요."

이방원 역시 뭔가 이상한 느낌을 받아 부하를 시켜 형제들에게 입궐하지 말라고 전했다.

한편 정도전은 보낸 자객들이 사로잡혀 음모가 드러나자 당황한 나머지 임금의 명이라 속여 왕자들을 모두 궁궐로 불러모아 제거할 생각이었다. 그렇지만 이방원은 곧장 군사와 함께 먼저 정도전 일당을 참살했다. 이와 함께 세자 방석을 음모의 주동자라며 귀양 보내면서 죽였다. 이것이 1398[태조 7년] 8월에 일어난 1차 왕자의 난이다.

병석에 누운 이성계는 이방원의 행위에 슬픔과 놀라움에 말문이 막혔다. 분노한 태조는 방원을 불러 꾸짖었다.

"네가 사람이냐! 임금 자리가 탐나 형제까지 죽였느냐? 너에게 절대로 임금 자리를 주지 않을 것이다."

의욕을 잃고 깊은 고민에 빠졌던 이성계는 왕위를 둘째 아들 방과에게 물려주었다.

방과는 조선 2대 정종으로 등극했는데, 옥새는 이성계가 쥐고 있었다. 또한 정종은 생각지도 않았던 임금자리에 올랐지만 하루가 바늘방석이었다.

그때 왕비 김씨가 정종에게 이렇게 말했다.

"이 자리는 전하께서 머물 곳이 못 됩니다. 하루빨리 물려주는 것이 좋겠습니다."

1400년[정종 2년] 2월 방간을 중심으로 2차 왕자의 난이 일어났다. 방간은 방원과 친형제로 바로 위의 형인데, 그 역시 왕위를 탐내고 있었다. 이때 간신 박포가 그를 찾아와 이렇게 말했다.

"대군, 방원이 대군을 해치려고 한답니다. 선수를 치지 않으면 화가 미칠 것입니다."

박포는 1차 왕자의 난 때 방원을 도와 공을 세웠다. 하지만 자신에게 돌아오는 공과가 적다며 불만을 품었다. 성질이 급한 방간은 박포의 말만 듣고 즉시 군사를 동원했다. 그때 그들의 움직임을 간파한 방원 역시 군사를 준비했다. 얼마 후 양쪽 군사들 간에 큰 싸움이 벌어졌다.

그러나 방간은 방원에게 패해 사로잡혔다. 이에 정종은 군사를 일으켜 친형제를 해치려 했다는 죄를 물어 방간을 황해도 토산으로 귀양 보냈고 박포는 그 자리에서 목이 달아났다.

정종은 2차 왕자의 난이 평정된 같은 해 11월, 아우 방원에게 임금 자리를 내주고 상왕이 되었으며, 방원은 조선 3대 태종으로 등극했다.

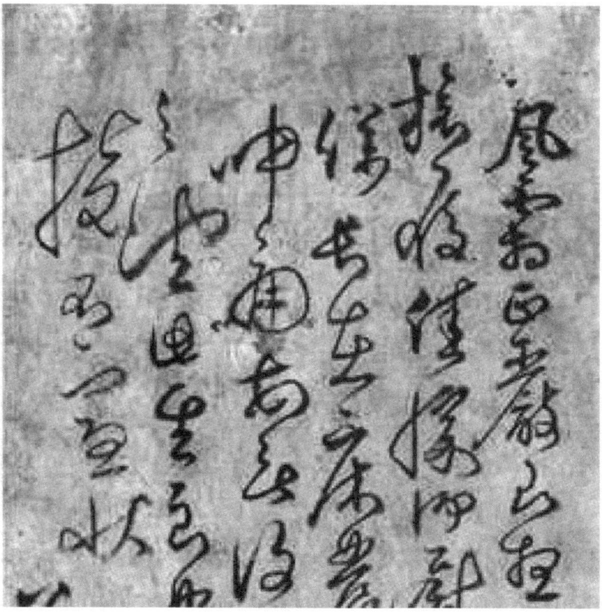

정도전의 글씨

이성계와 무학 대사

이방원이 보기 싫어 이성계는 한양을 떠나 금강산과 오대산을 유람했다가 고향 함흥으로 들어갔다. 이때부터 태조 이방원은 문안 인사차 이성계에게 사람을 보냈지만, 모두 죽임을 당해 돌아오지 않는다고 '함흥차사'라는 말이 생겨났다.

이성계는 한양보다 조용한 함흥이 마음에 들었다. 어느 날 이성계는 내시 몇 사람을 데리고 누각에 올라갔다. 그때 저편 길 위를 한 나그네가 지나가고 있었다. 유심히 살펴보니 그는 옛 친구의 아들 성석린이었다.

그의 아버지 성여완은 일찍이 고려 조정에서 정승벼슬을 지낸 이성계의 친구였다. 성석린은 태종 밑에서 재상으로 봉직하고 있었다. 문득 이성계는 의심이 들었지만 내시에게 명을 내렸다.

"여봐라! 저 사람을 데리고 오너라."

성석린과 이성계는 별궁에서 정다운 얘기를 밤늦도록 주고받았다. 이야기가 한창 무르익을 때 성석린은 현재 상황을 이야기했다.

"태상왕 전하, 부자간의 정은 하늘이 맺어준 것입니다. 태상왕 전하께서 이곳 함흥으로 오신 후 한양의 상감께서는…."

성석린의 말이 끝나기도 전 이성계가 벌떡 일어나 화를 내며 말했다.

"너도 방원이 놈의 부탁으로 왔구나!"

이성계는 칼을 빼들고 바른대로 말하지 않으면 죽이겠다고 했다. 그러자 성석린은 태종의 명령을 받고 모시러 왔다고 이실직고했다. 막상 이 말을 전했지만, 태조의 노기에 겁을 먹은 그는 엉겁결에 말했다.

"태상왕 전하! 소신은 전하를 개인적으로 뵙고자 왔습니다. 신이 태

무학대사

상왕 전하를 속였다면 저의 자손들 모두가 눈이 멀게 될 것입니다."

성석린은 이런 변명으로 위기를 모면했지만, 그것은 거짓 맹세였다. 그 뒤부터 성석린의 아들과 손자들은 모두 눈이 멀었다고 한다. 성석린이 조정으로 돌아온 뒤로부터는 아무도 함흥으로 가겠다는 사람이 없었다.

이에 대해 태종이 고민에 빠져 있을 때 박순이 자진해서 나섰다. 박순은 태조와는 옛정이 두터웠기 때문에 반드시 성공할 것으로 생각했기 때문이다. 그래서 한 가지 꾀로 젖을 떼지 않은 망아지와 어미말을 끌고 함흥으로 찾아갔다.

함흥 별궁 앞에 도착한 그는 망아지를 궁 밖에 매어둔 채, 어미말만 데리고 들어갔다. 그는 태조에게 사적으로 왔다고 전하자, 태조는 기뻐하며 반겼다. 두 사람은 술을 마시고 이야기를 나눈 다음 장기를 두었다.

그 순간 갑자기 별궁 안 마구간에서 말울음 소리가 요란스럽게 들려왔다. 그러자 궁밖에 매어놓은 망아지도 덩달아 울었다. 이런 일이 계속되자 태조는 시종을 불러 그 이유를 물었다. 그러자 시종은 허리를 굽히며 말했다.

"박 대감께서 타고 온 어미말이 새끼를 부르자, 궁밖에 떼어놓은 망아지가 대답하는 울음소리입니다."

시종의 말이 끝나기가 무섭게 태조는 장기판을 뒤엎고 눈을 부릅뜨고 박순에게 고함쳤다.

"네놈도 방원의 심부름으로 나를 어떻게 해보겠다는 심산이구나!"

"태상왕 전하! 죽어도 마땅하옵니다. 그렇지만 짐승들도 저렇게 애틋하게 어미를 그리워하는데, 사람으로서 어찌 짐승의 행동에 감동치 않겠습니까? 굽어 살피소서!"

태조는 그제야 마음을 진정시키면서 혼자 중얼거렸다.

'하기야, 천륜의 정이란 인간으로선 어찌할 수가 없구나.'

이성계가 한양으로 돌아갈 뜻을 보이자, 박순은 감격의 눈물을 흘렸다. 박순은 함흥을 떠났고, 태조는 그를 죽이고 싶지 않았다.

그래서 태조는 그가 이미 강을 건넜을 것으로 짐작하고 칼을 내어주며 부하에게 일렀다.

"만약 박순이 용흥강을 건넜다면 쫓지 말고, 건너지 않았다면 목을 베어라."

그러나 안타깝게도 박순은 한양으로 돌아가던 중에 병으로 일정이 지체되고 말았다. 병이 완쾌된 후 길을 재촉해 용흥강 나루에서 배에 오르는 순간 태조의 부하가 당도해 목을 베고 말았다.

부하들이 박순의 목을 바치자, 태조는 목놓아 울면서 옛 친구와의 약속을 지키겠다고 결심했다.

한양에서도 이 소식을 들은 태종 역시 그의 죽음을 슬퍼했으며, 후하게 장사 지내주었다. 태종은 마지막으로 무학 대사에게 요청했다.

"대사께서 함흥으로 가시어 태상왕 전하를 설득해 주셨으면 합니다."

무학 대사는 함흥에 도착해 이성계에게 문안 인사를 하자 반갑게 맞아들였다. 며칠 후 무학 대사는 입을 열었다.

"태상왕 전하, 지금의 임금은 허물이 큽니다. 하지만 그분 또한 태상왕 전하의 아드님입니다. 만약 부자의 정을 끊는다면 임금께서는 편안하게 그 자리에 앉아 계실 수가 없지요. 그렇게 되면 신하나 백성들의 마음이 안정되지 못하면서 나라가 또 위태롭게 됩니다."

무학 대사의 일목요연한 말에 이성계는 마음이 돌아섰고, 함흥 별궁을 떠나 한양으로 귀경해 방원에게 옥새를 주고 왕으로 인정했다.

태종 이방원의 선견지명

태종은 대궐 앞에 백성을 위해 신문고를 달았고 호패법과 주자소활자를 만들어 책을 간행하는 관부를 설치했다. 한양에 홍수를 막기 위해 배수로 청계천을 만들었다.

태종은 자신이 형제의 난을 겪었기 때문에 큰아들 양녕대군을 세자로 책봉했다. 하지만 셋째 아들 충녕대군이 형들보다 뛰어나 태종의 마음이 흔들렸다. 이때 양녕대군은 태종의 속마음을 모두 읽고 있었다. 이와 동시에 동생 충녕이 자신보다 훨씬 좋은 임금의 재목감이란 것도 알았다. 그래서 그는 동생 충녕에게 세자 자리를 넘겨주기 위해 일부러 못난 짓만 골라서 했다.

태종은 양년대군이 망나니 노릇을 하고 미치광이 소리까지 듣게 되자 마음을 돌렸다. 그러자 둘째 아들 효녕대군이 기회를 노리고 있었다. 그래서 아버지의 눈에 들기 위해 열심히 학문을 닦았다. 그러자 양녕대군이 동생 효녕대군을 찾아가 타일렀다.

"효녕아! 아직도 나의 참뜻을 모르느냐? 더구나 아버지의 의중을 깨닫지 못했느냐?"

"무슨 말씀이신지요?"

"다음 임금 자리는 나나 너도 아니다. 아버지는 충녕을 생각하고 있다."

그제야 효녕대군은 세자인 형의 참뜻을 깨닫고 머리를 숙였다.

효녕대군은 곧바로 머리를 깎고 양주 화암사로 들어가 승려가 되었다. 태종은 세자가 미치광이가 되었고, 둘째는 승려가 되어 마음이 홀가분해졌다. 1418년 태종은 세자를 폐하고 충녕대군을 세자로 삼았다.

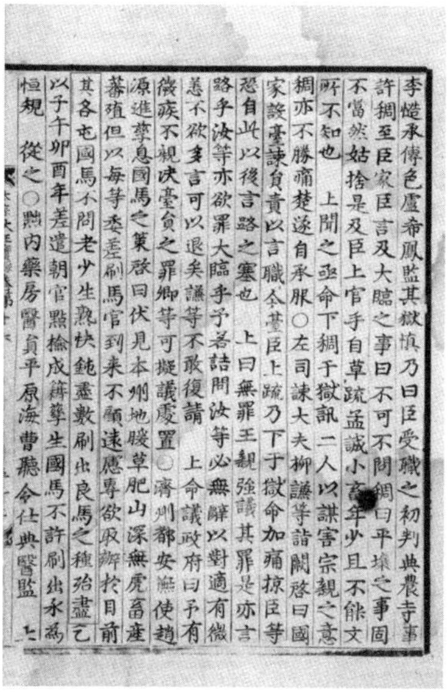
李慥承傳色盧希鳳監其獄慎乃曰臣受職之初判典農寺事許稠至臣家臣言及大臨之事曰不可不問稠曰平壤之事固不當然姑捨是及臣上官手自草疏孟誠小畜年少且不能文所不知也 上聞之亟命下稠于獄訊二人以謀害宗親之意稠亦不勝痛楚遂自承服○左司諫大夫柳謙等詣闕啓曰國家設臺諫責以言職今臺臣上疏乃下于獄命加痛掠臣等恐自此以後言路之塞也 上曰無罪王親强議其罪是亦言路乎汝等亦欲罪大臨乎予若詰問汝等必無辭以對適有微恙不欲多言可以退矣謙等不敢復請 上命議政府曰予有微疾不視決臺負之罪卿等可擬議處置○濟州都安撫使趙源進孳息國馬之策啓曰伏見本州地腴草肥山深無虎畜産蕃殖但以每等委差刷馬官到來不顧遠慮專欲取辦於目前其各屯國馬不問老少生熟抉鈍盡數刷出良馬之種殆盡乞以子午卯酉年差遣朝官點檢成籍孳生國馬不許刷出永爲恒規 從之○黜內藥房醫員平原海曹聽令仕典醫監

태종실록

그러자 자신이 가장 신임하고 있던 황희가 반대했다.

"전하! 세자를 폐하고 셋째 왕자를 세자로 봉하는 것은 왕실의 법도를 어기는 것입니다."

이에 태종은 화가 나 황희를 전라도 남원으로, 세자에서 쫓겨난 양녕대군은 경기도 광주로 귀양을 보냈다. 1418년 8월, 태종은 임금 자리에서 물러나고 충녕대군이 조선 4대 세종 대왕으로 등극했다.

세종은 왕위에 오르자 형님 양녕대군을 자유스럽게 살도록 했다. 그리고 남원으로 귀양살이하던 황희를 복원시켜 나랏일을 맡겼다. 한편 수시로 두 형 양녕과 효녕을 대궐로 불러 후하게 대접하고 위로했다.

세종은 1421년 3월 집현전을 설치해 학문을 연구하게 했다. 이때 집현전에는 성삼문·최항·유성원·박팽년·하위지·이개·신숙주 등 유능한 학사들이 근무하고 있었다.

이들은 하루에 한 사람씩 궁궐에서 숙직을 하고 있었는데, 밤늦게 세종이 집현전으로 행차했다. 때마침 숙직하던 신숙주가 책상에 엎드려 깊이 잠들어 있었다. 세종은 그를 보자 자신이 입고 있던 수달피 겉옷을 벗어 그의 어깨를 덮어 주었다

아침에 눈을 뜬 신숙주는 임금의 겉옷이 어깨 위에 걸쳐져 있음을 알고 감격의 눈물까지 흘렸다. 이후부터 집현전 학사들은 임금의 은혜에 보답하기 위해 더더욱 학문에 정진했다.

1433년세종 15년 겨울, 북쪽 여진족이 함경도로 쳐들어왔다. 그러자 세종은 김종서에게 압록강과 두만강 일대에 살고 있는 여진족을 정벌케 했다. 김종서는 여진족을 정벌하고 부령·회령·종성·온성·경원·경흥 등에 6진을 개척했다. 당시 여진족들은 김종서를 '호랑이 장군' 또는 '백두산 호랑이'로 부르며 두려워했다. 김종서는 6진을 둘러본 다음 백두산으로 올라가 시 한 수를 읊었다.

삭풍은 나무 끝에 불고 명월은 눈 속에 찬데
만리변성에 일장검 짚고 서서
긴파람 큰 한 소리에 거칠 것이 없어라.

또한 압록강 일대의 여진족을 대마도 정벌 때 공을 세운 최윤덕이 몰아내고 4군을 개척했다. 이때부터 우리나라의 국경이 백두산에서 동쪽과 서쪽으로 흐르는 두만강과 압록강으로 완전히 정해졌다.

1443년 세종은 성삼문·신숙주·최항 등 집현전 학사들과 닿소리 17자와 홀소리 11자로 된 28자의 훈민정음을 반포했다. 언문으로 불린 28자는 우리의 어떠한 소리도 글로 나타낼 수가 있다.

출세의 화신 한명회

세종의 뒤를 이은 문종은 효성이 지극했으며 동기간에 우애도 깊었다. 그러나 그는 왕위에 오른 뒤 병을 앓다가 39세의 나이로 죽었다. 그 뒤를 이어 12세의 어린 아들이 조선 6대 단종으로 왕위에 올랐다.

단종은 1448년세종 30년에 세손으로 봉해져 정인지에게 글을 배웠다. 세종은 어린 손자의 앞날이 걱정되어 성삼문, 신숙주 등 집현전 학사들에게 친탁을 했다.

"세손은 지혜가 총명하고 임금의 자질과 인품을 갖추고 있소. 내가 그대들에게 친히 당부하니, 후일에 꼭 보호해 주기 바라오."

세종이 어린 손자를 걱정한 원인은 아들 문종의 건강 때문이었다. 특히 세종은 아들들을 믿을 수가 없었다. 그 중에서 수양대군은 야심이 커서 세손에게는 호랑이 같은 존재였다. 단종의 앞날을 염려한 것은 아버지 문종도 마찬가지였다. 문종은 임종이 가까워지자 김종서와 성삼문 등 여러 집현전 학사들을 불러 유탁까지 했다.

"경들은 내가 믿고 의지하는 분들이오. 내가 얼마 살지 못할 것 같아서 부탁하오. 앞으로 어린 세자를 잘 보호해주기 바라오."

이렇게 말한 후 어린 세자를 불러 말했다.

"세자는 잘 들어라. 여기 있는 분들은 나라의 중신들이며 부왕이 가장 믿는 충신들이다. 너는 장차 임금이 되더라고 이분들을 스승으로 받들고 아비같이 받들어라."

결국 1452년 2월 문종이 죽고 단종이 왕위에 오르자 영의정 황보인, 좌의정 김종서 등이 보필했다. 이때부터 수양대군은 임금 자리를 호시탐탐 노리고 있었다.

수양대군은 병서를 읽고 예를 익혔으며, 자신의 집에 사병私兵까지 길렀다. 이때 권남과 친했고 그를 통해 한명회를 소개받았다. 권남은 과거에 합격하고도 벼슬길에 나가지 못한 불평분자였고, 한명회는 모사꾼으로 일곱 달 만에 태어나 별명이 '칠삭동이'로 불렸다. 이밖에 홍달손·홍윤성·양정 등 30여 명의 장사들까지 부하로 거느리고 있었다.

단종을 제거하려고 했지만 김종서 때문에 함부로 거사할 수가 없었다. 그러자 수양대군은 김종서를 제거하기 위해 권남, 한명회 등과 기회를 노리고 있었다.

1453년 10월 수양대군은 홍윤성·홍달손·양정 등을 데리고 김종서의 집으로 달려갔다. 마침 김종서는 집에서 쉬고 있었고 아들 승규가 들어와 아뢰었다.

"아버님, 밖에 수양대군이 오셨습니다. 더구나 인상이 험악한 장사들을 거느리고 있습니다."

아들은 수양대군을 돌려보낼 것을 권했지만 김종서는 이렇게 말했다.

"이 밤중에 찾아왔는데, 내가 직접 맞이하는 것이 예의가 아니겠느냐."

밖으로 나간 김종서는 수양대군에게 정중하게 허리를 굽히면서 인사했다. 그러는 순간 홍달손이 쇠뭉치로 내리쳐 김종서를 죽였다. 그리고 함께 있던 두 아들 승규와 승백을 비롯해 집안 가족들을 몰살시켰다. 그런 다음 대궐로 들어가 단종에게 아뢰었다.

"김종서 일당이 모반을 저질렀습니다. 시간이 촉박해 사전에 전하께 아뢸 겨를이 없었습니다."

수양대군의 말에 단종은 벌벌 떨고 있다가 그의 번뜩이는 눈을 보며 입을 열었다.

"숙부께서 알아서 잘 처리해 주시오."

곧바로 수양대군은 거짓 왕명으로 중신들을 대궐로 불러들였다. 이때 한명회가 만든 살생부에 따라 황보인·조극관·이양 등의 중신들을 차례로 참살했다.

황보인과 김종서 등은 역적으로 몰려 머리가 저잣거리에 내 걸렸다.

반란에 성공하자 수양대군은 영의정 정인지를 좌의정, 한확을 우의정으로 임명했다. 포악한 수양대군은 친아우 안평대군을 김종서와 같 은 일당이라며, 강화도로 귀양을 보냈다가 사약을 내려 죽였다.

1455년단종 3년 윤 6월, 단종이 왕위를 마침내 물러나고 조선의 7대 임금으로 세조가 등극했다.

충절의 사육신

1456년 6월, 명나라는 왕위에 오른 세조를 축하하기 위해 사신을 보내왔다. 이에 세조는 창덕궁 광연전에서 잔치를 베풀기로 했다.

이에 성삼문은 단종 복위에 자신과 뜻을 같이 하는 동지들과 계획을 세웠다. 그것은 연회장에서 성승과 유응부가 세조와 그 일당들은 없애기로 한 것이다. 또한 성삼문·박팽년·이개·하위지·유성원·김질 등은 한명회·정인지·신숙주·권남 등을 참하기로 약속했다.

그런데 세조가 갑작스럽게 연회 장소가 좁기 때문에 운검을 거두라는 명령을 내렸다. 이것은 세조를 위한 한명회의 방어책이었다. 그렇지만 유응부는 거사를 그대로 진행하자고 했다.

"운검을 서지 않게 되었지만, 세조를 기다렸다가 죽이면 된다."

하지만 성삼문은 다음 기회를 노리자며 말렸다. 그런데 거사를 함께 꾸민 김질은 거사가 실패할 것 같아 장인 좌찬성 정창손을 찾아가 상의했다. 그는 장인에게 공을 세우게 하고 자신은 살아야겠다고 생각했다.

정창손은 곧바로 세조에게 달려가 모든 사실을 고하고 성삼문 등이 체포되어 세조가 직접 국문했다. 맨 먼저 성삼문을 끌어내어 소리를 쳤다.

"너는 무슨 이유로 나를 죽이려 했느냐?"

"옛 임금을 복위시키려했을 뿐인데, 그것이 어찌 역모요. 세상에 어린 조카를 내쫓고 자리를 차지한 삼촌이 어디에 있소?"

"너는 지금까지 내가 주는 녹을 먹지 않았느냐? 녹을 받아 먹고 배반하는 자가 바로 역적이니라."

"말은 똑바로 하시오. 제 임금이 상왕으로 계신데 나리가 어찌 해서 나를 신하라고 부릅니까? 더구나 나리가 준 녹은 한 톨도 먹지 않았소. 제가 받은 녹은 광에 고스란히 쌓여 있소."

화가 난 세조는 형리들에게 시뻘겋게 달군 쇠로 성삼문의 다리를 꿰뚫게 했다. 그 다음 팔까지 잘라 버렸다. 그러나 성삼문은 얼굴빛 하나 변하지 않았다. 그리고는 세조 옆에 서 있던 신숙주를 향해 소리 질렀다.

"이놈, 숙주야! 집현전에 있을 때 세종대왕께서 세손을 위해 당부하신 말씀을 잊었더냐?"

이 말을 들은 신숙주는 얼굴을 붉히며 자리를 피했다. 뒤이어 강희안이 끌려 나왔다.

"전하, 소신은 아무 죄도 짓지 않았습니다. 살펴주옵소서."

그러자 세조는 강희안을 손으로 가리키며 성삼문에게 물었다.

"이놈도, 너와 공모하지 않았더냐?"

"그는 아무런 상관이 없소. 나리는 이 나라의 신하를 모두 참할 셈이오?"

강희안은 무사히 풀려나고 박팽년이 끌려 나오자, 세조가 노기충천한 말투로 꾸짖었다.

"너는 어찌 나를 배반했느냐? 너도 내가 준 녹을 먹지 않았느냐?"

그의 말에 박팽년은 껄껄 웃으면서 대답했다.

"나리, 오해하지 마십시오. 나는 나리의 신하가 된 적이 없습니다."

그러자 세조는 더더욱 가혹한 고문을 가했지만, 박팽년 또한 조금도 굽히지 않았다.

"나리께서 내 말을 믿지 못하면 내가 올린 글들을 뒤져 보시오."

세조는 그가 올린 문서를 가져오게 했다. 정말 문서엔 신하 臣신 자가 모두 클 巨거 자로 쓰여져 있었다.

다음은 이개가 끌려 나와 처참한 고문을 당하다가 죽고 말았다. 이어 유응부가 끌려 나오자 세조가 그에게 물었다.

"너는 나에게 무슨 짓을 하려고 했느냐?"

이 말에 유응부는 눈을 부릅뜨고 세조를 노려보며 말했다.

"나리를 제거하고 옛 임금을 복원시키려 했소. 그렇지만 간사한 놈의 고자질로 이렇게 붙잡히고 말았소. 골치 아프게 여러 말 묻지 말고 어서 죽이시오."

세조가 그를 고문하자, 유흥부가 성삼문을 돌아보며 이렇게 말했다.

"예로부터 나약한 선비들과는 큰일을 함께 할 수가 없다고 했다. 내가 당하고 보니 틀린 말은 아니었다. 그대들을 믿다가 오늘 이런 수모를 당하니 정말 분하구나. 하지만 이제 와서 누구를 원망하겠느냐."

말을 마친 그는 세조를 쳐다보며 입을 열었다.

"나리, 더 묻고 싶거든 나에게 묻지 말고 저들에게 물어보시오."

이에 세조는 불에 달군 쇠꼬챙이로 그의 배를 지지게 했지만 꿈쩍도 하지 않고 태연하게 말했다.

"나리, 쇠꼬챙이가 식었소이다. 다시 달궈서 가지고 오시오."

할 말을 잃은 세조는 끌려나온 하위지를 심문했다. 하위지 역시 세조가 주는 녹을 그대로 광에 쌓아 두었다. 세조는 끝내 그의 마음을 돌리지 못했다. 마지막으로 유성원이 끌려 나왔지만, 이미 싸늘한 시체로 변해 있었다.

그가 자살한 이유는 수양대군이 김종서와 황보인 등을 죽이고 계유정난을 일으켰을 때였다. 유성원은 집현전에 있다가 그들의 협박으로 수양대군을 찬양하는 글을 지었다. 그는 그것을 항상 부끄러워 했고 단종 복위에 나섰던 것이다. 복위가 실패하자 집안에 있는 사당으로 들어가

성삼문과 그의 유묵

스스로 목숨을 끊었던 것이다.

며칠 후 이들은 수레에 실려 노량진 형장으로 끌려 갔다. 성삼문은 수레에 엎드려 있었다가 갑자기 고개를 번쩍 들고 조정 신하들을 보고 외쳤다.

"너희들은 어진 임금을 도와 태평성세를 이룩하여라."

그 뒤를 따르는 수레엔 아버지와 삼촌 셋을 비롯해 자신의 네 아들까지 타고 있었다. 형장에 도착하자 성삼문은 유언시 한 수를 읊었다.

목숨을 재촉하는 북소리 드높은데
해는 기울어지고 서풍이 부는구나
황천에는 쉬어 갈 여인숙이 없으니
오늘 밤은 뉘 집에서 묵을까나

세조는 성삼문의 유언시가 몹시 궁금해 형리들에게 묻자 이렇게 대답했다.

“예,‘ 너희들은 어진 임금을 도와 태평성세를 이룩해라.’고 했습니다.”

이 말에 세조는 언짢은 표정을 짓고는 고개를 숙였다.

박팽년과 하위지 역시 처형되었고, 하위지의 아들 하호, 하백도 죽임을 당했다. 이밖에 김 문기와 단종의 외삼촌 권자진 등 모두 70여 명이 함께 처형되었다.

귀신을 쫓아낸 남이 장군

청년 남이 앞에 지게꾼이 보자기로 싼 짐을 지게에 지고 걸음을 재촉하고 있다. 짐 위엔 하얀 얼굴에 눈이 빨간 여자 귀신이 앉아 있는 것을 남이가 보았다.

남이는 지게꾼을 따라갔는데, 그는 어느 양반집 대문 안으로 사라졌다. 뒤따라오던 남이가 그 집 문 앞에 멈춰 안을 기웃거리고 있었다. 이때 집 안에서 갑자기 울음소리가 들려왔다.

그러자 남이는 틀림없이 처녀 귀신의 짓이라고 생각해 대문 밖에서 하인을 불렀다. 그러자 조금 전에 짐을 지고 들어갔던 사람이 나왔다.

남이는 급하게 물었다.

"이 댁에 무슨 변고라도 일어났느냐?"

하인은 머뭇거리다가 남이에게 누구냐며 되물었다.

"나는 남이라고 하네. 이제 그 연유를 들어보세."

"예, 작은아가씨께서 갑자기 돌아가셨습니다."

"그래? 그렇다면 내가 규수를 살릴 테니, 나를 규수 방으로 안내해라."

그렇지만 처녀의 집에선 외간 남자를 방으로 들일 수가 없다고 했다. 할 수 없이 남이가 신분을 밝히자 허락했다. 남이가 방에 들어가자 조금 전에 짐 위에서 보았던 귀신이 처녀의 가슴 위에 앉아 있었다.

귀신은 남이를 보자 벌벌 떨면서 이렇게 말하고 도망갔다.

"장군님 살려주세요."

곧바로 처녀가 눈을 뜨자 집안 사람들은 환호성을 질렀다. 남이는 처녀 방에 머무를 수 없어서 사랑으로 옮겼다. 그때 또다시 울음 소리가 흘러나왔다.

그곳으로 남이가 갔는데, 이번에는 요귀가 처녀의 머리를 타고 앉아 있었다. 남이가 처녀에게 다가가자 요귀는 문틈으로 도망쳤다. 이런 일이 서너 번 되풀이되자, 남이가 집주인에게 물었다.

"아까 지게꾼이 지고 온 짐이 무엇이오?"

"시골에서 가지고 온 연시입니다."

남이는 이 집 처녀가 연시를 먹고 갑자기 체해 죽은 것으로 짐작했다. 남이는 급히 약을 쓰도록 했고 처녀는 생명을 구했다. 공교롭게도 그 규수는 좌의정 권남의 딸이었다. 권남은 남이를 사위로 삼으려고 마음먹고 점쟁이를 불러 신수점을 보았다.

"장차 높히 될 인물이긴 하지만 참소를 당해 일찍 죽을 운이고, 따님 역시 수명이 짧고 슬하에 자식이 없습니다. 하지만 훗날 반드시 귀하게 되십니다."

권남은 이 말에 주저없이 남이를 사위로 삼았다.

남이는 태어나면서부터 기골이 장대하고 기상이 웅대했다. 힘이 장사에 무예가 뛰어났으며, 호탕한 성격이 외증조부 태종을 빼닮았다. 17세에 무과에 급제하고 21세에 장군이 되었다.

1467년, 이시애의 난을 평정했고 명나라 요청으로 건주위의 여진족을 물리치기도 했다. 그의 시를 보면 어떤 인물이지를 알 수가 있다.

백두산 돌은 칼을 갈아 닳게 하고
두만강 물은 말에게 먹여 다 마르게 하겠네
남아 스물에 나라를 평정 못하면
후세에 누가 나를 대장부라 하리오

남이 장군 묘

남이는 스물여섯 살에 국방의 최고 책임자 병조 판서에 올랐다. 또한 세조로부터 공 일등의 상과 칭호까지 받았다. 스물여덟 살에 그는 간신 한명회의 모함을 받았지만, 세조는 듣지 않았다.

세조가 죽고 아들 예종이 왕위에 올랐는데, 예종의 왕비는 한명회의 딸이었다. 한명회는 자신보다 세력이 커진 남이를 역모로 몰아 죽이기로 작정했다. 그는 간신 유자광을 시켜 남이에게 죄를 뒤집어씌워 임금에게 고하게 했다.

"전하! 병조 판서 남이가 역모를 꾀하고 있습니다. 그 증거로 여진족을 토벌하고 돌아올 때 지은 시가 있습니다. 그 시 가운데 '남아 스물에 나라를 얻지 못하면'이란 구절이 있습니다."

유지광은 남이의 시 구절 '남아 스물에 나라를 평정 못 하면'을 '나라를 얻지 못 하면'으로 슬쩍 바꾼 것이었다.

예종은 크게 놀라 남이를 잡아들여 자신이 직접 심문했다.

"너는 벼슬이 높은데도 무엇 때문에 역적 모의를 했느냐?"

"전하! 신은 절대로 그런 짓을 한 적이 없습니다."

그러나 예종은 남이의 결백함을 믿지 않고 고문을 가해 정강이뼈를 부러뜨렸다. 남이는 울부짖듯 말했다.

"신이 살려고 한 것은 전하와 나라를 위해 이 몸을 바치려고 결심했기 때문이었습니다. 그러나 이제 병신으로 살아남은들 무슨 소용이 있겠습니까."

남이는 이 말을 한 후 역모를 꾸몄다고 거짓 자백을 하고 말았다. 더구나 자신을 구해 줄 수 있었던 장인 권남은 이미 3년 전에 죽고 없었다. 그에게 죄가 없다는 것을 알고 있지만 누구 하나 나서서 도와주지 않았다. 또다시 예종이 물었다.

"누구와 함께 역모를 꾸몄느냐?"

그러자 남이는 영의정을 바라보며 서슴지 않고 대답했다.

"영의정과 함께 모의했습니다."

그때 영의정 강순은 80세 노인이었다. 예종은 강순을 문초하자 자기의 결백함을 주장하며 억울하다고 호소했다. 그러나 그 역시 고문에 못 이겨 거짓 자백하고 말았다. 형장으로 끌려갈 때 강순은 남이에게 꾸짖었다.

"이놈! 혼자서나 죽지 어째서 죄 없는 나까지 끌어들였느냐?"

그러자 남이는

"영감, 전들 죄가 있어 죽는 것이오? 저에게 죄 없음을 대감이 잘 아시면서 한 마디 말씀도 없었지 않소, 그게 영의정으로서 할 행동입니까? 더구나 대감은 오래 사셨는데 이제 죽는다고 무슨 여한이 있겠소."

라고 말하고는 큰 소리로 껄껄 웃었다.

천하의 간신 임사홍

예종이 죽고 세조의 장남 덕종의 둘째 아들 자을산군이 조선 9대 성종 임금으로 즉위했다.

성종은 13살의 어린 나이였기 때문에 할머니 정희대비가 수렴청정했다. 그러나 불교 신자였던 정희대비는 정치에는 관심이 없었다. 이에 따라 한명회·신숙주·정인지·정창손 등의 세력이 확장될 수밖에 없었다.

성종은 왕위에 오르자, 죽은 아버지를 덕종 임금으로 추존했으며, 어머니 한씨를 소혜왕후로 부르게 했다가 후에 인수대비로 개칭했다.

1467년 성종은 왕위에 오르기 2년 전 한명회 딸을 아내로 맞았지만, 7년 만에 19세의 나이로 한씨가 죽었다. 결국 한명회는 두 딸을 예종과 성종의 왕비로 만들었지만, 모두 죽었다.

그 후 성종은 윤기무의 딸을 두 번째 왕비로 맞아들였고, 6년 만에 정희대비는 수렴청정에서 물러났다. 성종은 왕비 윤씨에게 태어난 아들 융을 세자로 책봉했다. 그러나 윤씨는 질투심이 많았기 때문에 시어머니 인수대비가 왕비의 성품을 경계하며 말했다.

"부녀자의 투기는 칠거지악 중의 하나이니, 부디 고치도록 해라."

인수대비의 말에도 강씨는 반성의 기미가 전혀 없었다. 당시 성종에겐 후궁 정 귀인, 엄 소용, 권 숙의 등이 있었다.

어느 날, 윤씨는 이들 세 후궁들을 유난히 시기하고 질투했다. 그러던 중 임금은 윤씨의 처소로 갔다가 문갑 위에 상자 하나가 놓여 있는 것을 보았다.

"중전, 전에는 보지 못하던 물건인 것 같소이다."

"아, 그건…."

왕비는 당황해 하며 얼른 한쪽 구석으로 치워 버렸다. 그러자 궁금증이 더 심해진 성종은 상자를 달라고 했다. 윤씨는 마지못해 상자를 내밀었다. 임금은 손수 뚜껑을 열자 그 속엔 흰 가루약과 이상한 책이 나왔다. 순간 임금은 움찔했다.

"중전, 이건 비상이고, 이 책은 남을 저주할 때 사용되는 주문책이 아니오?"

말을 마친 성종은 화난 표정으로 윤씨의 처소에서 나왔다. 성종은 지금까지 단 한 번도 화를 낸 적이 없었기 때문에 윤씨는 곧 큰 벌이 내려질 것으로 생각했다. 며칠 후 임금은 신하들에게 어명을 내렸다.

"중전 윤씨의 거처를 자수궁으로 옮기고 근신토록 하라."

그 후 윤씨의 친정 식구들조차 궁궐 출입이 금지되었고, 아들 세자를 보는 것도 금지되었다. 성종 11년 가을 어느 날, 임금은 왕비 윤씨를 찾아가자 그녀는 자신의 잘못을 반성하기는커녕 오히려 앙심을 품고 있었다. 성종을 보는 순간 손톱으로 용안을 할퀴고 말았다. 이에 인수대비가 크게 화가 났다.

"백성들의 집에서도 이런 일이 없는데 하물며 용안에 손톱자국을 내다니! 당장 왕비를 폐하라!"

1479년 6월, 성종은 왕비 윤씨를 폐하여 친정으로 내쫓았다. 폐비 윤씨는 아들 세자에게 희망을 품고 눈물과 한숨으로 나날을 보냈다.

1482년 8월에 폐비 윤씨를 찾아온 것은 아들 세자가 아니라 사약이었다. 사약을 마신 윤씨는 피가 솟구치자 한삼자락에 뱉었다. 윤씨는 한삼자락을 어머니 신씨에게 주면서 유언을 남기고 죽었다.

1494년 12월, 38세를 일기로 성종이 죽고 뒤이어 19살 세자 융이 조선 10대 연산군으로 즉위했다. 1498년 무오년, 유자광, 이극돈 등 훈구파가 김종직이 지은 '조의제문'을 트집잡아 상소하자, 김일손·권오복·권경유 등을 처형했고, 사림파를 귀양보냈다.

당시 간신배들은 연산군에게 건의해 노래와 춤에 능한 미인 장록수를 후궁으로 들이도록 했다. 장록수는 연산군의 총애를 한몸에 받자 점차적으로 정사에도 손을 뻗었다. 그러자 장록수에게 조정의 벼슬아치들은 승진을 위해 뇌물을 바치기에 급급했다. 더구나 벼슬을 원하는 사람들 역시 많은 재물을 장록수에게 바치고 벼슬을 샀다.

당시 충신 표연말은 연산군이 탄 배의 뱃머리를 붙잡고 간청했다.

"전하! 하필이면 위험한 뱃길로 내왕하시려고 하시나이까?"

그렇지만 연산군은 화를 내며 물 속에 처넣으라고 명했다. 물 속으로 던져진 표연말은 허우적거렸다. 이때 연산군은 다시 그를 건져주라고 말했다. 표연말이 정신을 가다듬자, 연산군은 시치미를 뚝 떼고 놀렸다,

"너는 물 속에 무슨 볼 일이 있어 들어갔다 나왔느냐?"

그때 그는 서슴지 않고 초나라 희왕의 신하 굴원을 만나러 갔다고 했다. 그러자 연산군은 초나라 희왕과 비교된 자신을 알고 버럭 화를 냈다.

"정녕, 굴원을 만났다고?"

"네, 만났습니다. 그리고 시 한 수까지 얻어왔습니다."

"그래? 어떤 시더냐? 어서 읊어 보아라."

표연말은 낭랑한 목소리로 시 한 수를 읊었다.

어리석은 임금을 만나
뜻을 이루지 못하고
강물에 빠져 죽었지만

너는 어진 임금을 만났는데
무슨 일로 이곳에 왔느냐

연산군은 자신을 어진 임금이라는 구절이 마음에 들어 그를 죽이지 않았다. 그러나 표연말은 간신 임사홍의 횡포를 탄핵하려다가 귀양을 가서 죽임을 당했다.

어느 날 임사홍은 임금에게 줄을 대기 위해 장록수를 찾아갔다. 그는 장록수에게 폐비 윤씨에 관한 이야기를 전해주고 폐비에게 사약을 전한 사람은 좌승지 이세좌였다는 것도 일러주었다.

또한 임금의 외할머니 신씨가 아직 살아 있다는 것까지 귀띔했다.

장록수에게 자세한 이야기를 전해 들은 연산군은 깜짝 놀랐다. 이튿날 연산군은 임사홍을 불렀다. 임사홍이 대궐로 들어오자, 그를 곧장 도승지로 임명했다. 그날부터 임사홍은 연산군을 그림자처럼 쫓아다니며 신씨를 소개할 기회를 만들고 있었다. 그러던 어느 날 연산군은 갑자기 임사홍에게 영을 내렸다.

"도승지, 외할머니를 언제 만나게 해주겠소?"

"오늘 입궐하시도록 했습니다."

"고맙소!"

외할머니 신씨가 궁궐에 들어오자 연산군은 부둥켜안고 통곡했다. 15년 만에 외손자를 본 신씨도 마찬가지였다. 곧바로 신씨는 옷소매에서 시뻘건 피로 얼룩진 한삼자락을 내놓았다.

"상감마마! 돌아가신 어마마마께서 피묻은 한삼자락을 저에게 주시면서, 내 아들이 왕위에 오르시거든 꼭 보여드리라고 유언했습니다."

연산군은 피로 얼룩진 한산자락에 얼굴을 비비며 울부짖었다. 그 다음 연산군은 폐비 윤씨에게 사약을 들고 간 이세좌를 사약을 내려 죽였다. 더구나 당시 폐비를 주장했던 신하와 상소한 사람들까지 모조리 찾아 죽이라고 명령을 내렸다.

이에 김광필·윤필상·이극균 등이 졸지에 죽었고, 이미 죽은 한명회·정창손·정여창 등은 묘를 파서 시체의 목을 베었다. 권주 역시 사약을 가져갔다는 죄명으로 해평으로 귀양 보냈다가 죽였고 박은, 표연말 등은 고문으로 죽었다. 성준은 두 아들 중온, 경온과 함께 화를 입었고 성현, 조위 등 많은 사람들이 죽거나 귀양을 갔다.

연산군 11년, 임금의 폭정을 지켜보던 박원종·유순정·성희안 등이 연산군을 몰아내기 위해 음모를 꾸몄다. 그들은 은밀히 자순대비의 허락까지 받아 놓았다.

1506년연산군 12 9월 1일, 박원종 성희안 등은 군사를 일으켜 연산군을 몰아내면서 간신들을 처단한 다음, 진성대군을 조선 11대 중종 임금으로 등극시켰다.

중종은 연산군을 강화도 교동으로 귀양 보냈고, 연산군은 귀양지에서 31세로 죽었다. 중종은 훈구파 세력을 막기 위해 신진 사림파를 조정에 불러들였는데, 그 대표적인 인물이 조광조였다.

그는 중종의 신임을 얻어 소격서를 없애고 현량과를 실시해 인재를 두루 기용했으며, 훈구파의 공훈을 없애는 등 개혁정치를 펼쳤다. 그러자 훈구파인 홍경주·남곤·심정 등의 무고로 능주로 귀양 갔다가 사약을 받고 죽었다.

1544년 11월, 중종이 죽고 뒤를 이어 조선 12대 인종 임금이 왕위에 올랐다. 그렇지만 인종은 왕위에 오른 지 9개월 만에 죽고, 배다른 동생 경원대군이 조선 13대 명종으로 즉위했다.

그러나 명종은 나이가 어려 어머니 문정왕후가 수렴청정했다. 이때부터 왕비의 친척 윤원형의 권력으로 조정의 기강이 문란해지면서 부정부패가 판을 쳤다. 소윤파의 우두머리 윤원형은 인종의 외삼촌 대윤파 윤임에게 역모의 죄를 씌워 유관·유인숙·계림군 등이 죽임을 당했다.

명종은 1567년 6월 34세로 죽고 뒤를 이어 덕흥군의 아들 하성군이 양자가 되어 16세에 조선 14대 선조 임금으로 등극했다.

이때 조정은 동서로 나눠지면서 당파 싸움이 심해졌고 탐관오리들의 매관매직이 성행하였다. 그러자 충신 율곡 이이는 당파 싸움에 연연하지 않고 오로지 학문 연구에 힘을 쏟았다.

명장 이순신의 죽음

1592년선조 25년 4월 13일, 일본 장수 고니시 유키나가, 가토 기요마사, 구로타 등의 15만 대군이 조선을 침략한 임진왜란이 발발되었다.

그러나 7년 후인 1598년 8월, 임진왜란을 일으킨 도요토미 히데요시가 병사하자, 그의 유언에 따라 왜군은 귀국을 서두르고 있었다.

그때 이순신은 수군을 총집결시켜 노량 앞바다로 나아갔다. 이순신은 왜군이 돌아가는 바닷길을 막고 그들을 전멸시키는 것이 목적이었다. 이때 명나라 수군까지 합세하였다.

같은 해 11월 19일, 왜군들은 그들의 총병력을 노량 앞바다에 집결시켰다. 그러자 이순신은 하늘을 보며 빌었다.

'이 원수들을 전멸시킨다면 죽어도 한이 없겠습니다.'

왜군 배들이 바다로 움직이자 이순신은 공격 명령을 내렸다. 이때 장군 한 사람이 이순신이 타고 있는 뱃머리를 스쳐 바다 속으로 떨어졌다. 이에 장수들과 군졸들은 예감이 좋지 않다고 생각했다. 그러나 이순신은 버티고 서서 태연스럽게 소리쳤다.

"살려고 하면 죽고, 죽기를 각오하면 산다. 공격하라!"

대포 소리가 바다를 흔들고 총알이 우박같이 쏟아졌으며, 화살 역시 비 오듯 날았다. 이순신은 적선 4백여 척을 격침시켰고, 왜군 수만 명을 죽였다. 여세를 몰아 나머지 적군을 섬멸시키려는 찰나 명나라 제독 전린이 탄 배가 적선에게 포위되었다.

이순신은 급히 뱃머리를 돌려 적진으로 쳐들어가 명나라 제독 전린을 구하는 순간 적의 탄환이 이순신의 가슴을 뚫었다. 옆에 있던 조카 완이 달려와 이순신을 부축했다. 이순신은 자신이 죽었다는 말을 숨기라며 손에 쥔 기를 조카에게 준 다음 숨을 거두었다.

조카 완은 슬픔을 억누른 채 군사들을 독려했는데, 결국 적군은 크게 패하고 몇 척의 배만 도망쳤다. 승리의 함성이 울려 퍼질 때 명나라 제독 진린이 이순신이 탄 배를 향하여 승리의 기쁨을 외쳤다.

그러나 조카 이완이 흐느끼며 이순신 장군이 전사했다는 신호를 보냈다. 그러자 진린은 급히 배를 저어 이순신의 배에 올라 그의 주검을 부둥켜안고 통곡했다.

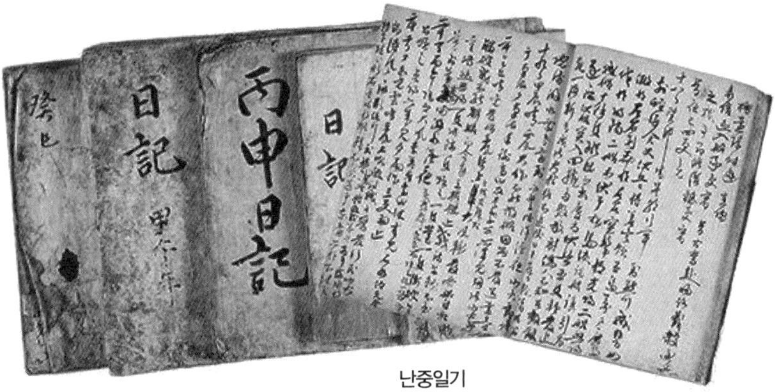

난중일기

왕실을 어지럽힌 간신들

선조가 죽자 광해군이 조선 15대 왕으로 즉위했다. 광해군은 임진왜란 때 형 임해군과 함께 황해도·평안도·함경도 등지로 피난했다.

그러던 어느 날 선조는 영창대군을 세자로 책봉하기 위해 중신들에게 뜻을 비쳤다. 당시 간신 이이첨과 정인홍이 있었는데, 선조는 익히 그들의 간사함을 알고 중용하지 않았기 때문에 항상 원한이 쌓여 있었다.

선조가 병으로 눕자 그들은 광해군을 임금으로 세우기 위해 모의를 꾸몄다. 하지만 그들의 모의가 선조에게 발각되면서 이이첨과 정인홍은 귀양에 처해졌다. 그리고 영창대군에게 세자를 넘겨주려고 중신들을 급히 불렀다. 이덕형·이항복·이원익 등 원로 중신들이 대궐로 들어왔을 때는 이미 선조는 숨을 거둔 상태였다.

광해군은 왕위에 오르자 그 즉시 귀양을 간 이이첨과 정인홍을 복원시켜 높은 벼슬을 주었다. 광해군은 남을 의심하는 성격이 있었기 때문에 사람들이 곧잘 죽임을 당했다.

어느 날부터인가 광해군은 형 임해군을 의심하기 시작했는데, 이 틈을 놓칠세라 간사한 무리들은 터무니 없는 거짓 참소로 임해군을 역모로 몰아 죽였다. 그런 후 광해군의 화살이 영창대군에게 쏠렸다. 그는 부왕 선조가 매우 귀여워하던 아들이었다. 이이첨은 김제남이 외손자 영창대군을 임금으로 추대하려는 역모를 꾸민다고 거짓으로 고했다.

1613년 광해군은 김제남과 그의 가족들을 모두 멸하고 인목대비의 어머니 노씨를 제주도로 귀양 보냈다. 더구나 광해군은 영창대군을 죽이려고 나인들에게 잡아오도록 명령했다.

인목대비는 궁녀와 내시들이 들이닥치자, 그들을 꾸짖으며 아들을 내놓지 않았다. 내시들은 이 상황을 광해군에게 말하자, 그는 미친 듯이 달려와 인목대비에게 대들었다.

"영창이 역모를 꾀했는데, 그냥 있으란 말입니까?"

"상감, 이제 다섯 살 아이가 무슨 역모를 꾸몄겠소? 차라리 날 죽이시오!"

광해군은 인목대비에게 영창대군을 빼앗아간 후 강화도 교동으로 귀양 보냈다. 2년 뒤 간신들은 영창대군을 방에 가두고 불을 마구 땠다. 이렇게 어린 영창대군은 뜨겁게 달궈진 방에서 죽고 말았다.

광해군은 영창대군의 어머니인 인목대비를 서인庶人으로 하여 궁에 서 내보겠다고 위협했다. 이에 간신 이이첨·정인홍·유희분 등은 역적의 딸과 어머니라는 죄명을 씌워 인목대비를 폐하여 사가로 내쫓으라고 주청했다.

그렇지만, 옛 중신 이원익 이항복 기자헌 등이 반대하자, 광해군은 이원익을 삭주로, 기자헌을 창성으로, 이항복을 북청으로 귀양 보냈다. 그런 다음 광해군은 인목대비를 서궁에 가두었다.

어느 날 새벽녘에 정인홍·이이첨 등의 간신들은 인목대비를 암살하기 위해 서궁으로 잠입했다. 이를 눈치 챈 인목대비의 궁녀가 침실로 달려가 대비를 급히 피신시켰다. 그런 후 자신은 대비의 이불을 뒤집어쓰고 있다가 자객의 칼에 죽임을 당했다.

이이첨을 비롯한 간신들의 권세는 하늘을 찔렀고 선조의 왕자까지 제거하기 위해 음밀하게 모의했다. 첫 번째 희생양으로 정원군의 둘째 아들 능창군이었다. 이에 동생 능창군이 억울하게 죽게 될 것 같아 형 능양군은 동생을 구하기 위해 할 수 있는 노력을 다 하였다.

이때 광해군 처남 유희분이 병조판서에 있었다. 능양군은 동생을 구하

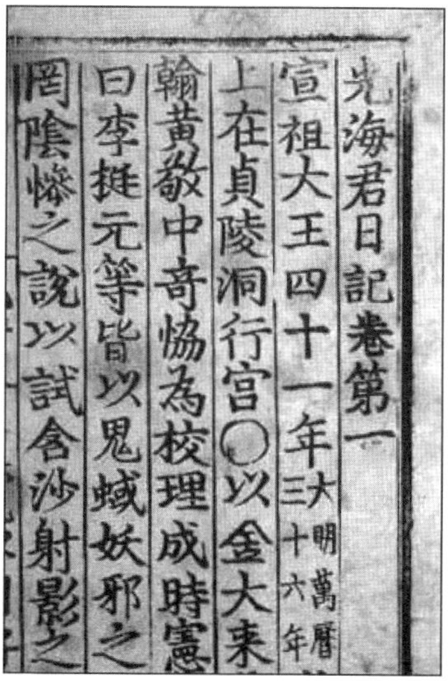
光海君日記卷第一
宣祖大王四十一年 大明萬曆三十六年
上在貞陵洞行宮○以金大來
翰黃敬中奇協爲校理成時憲
曰李挺元等皆以鬼蜮妖邪之
罔陰慘之說以試含沙射影之

광해군 일기

기 위해 집에 있는 패물 모두를 유희분에게 바치면서 분함에 이를 갈았다. 이처럼 조정은 간신들의 행패로 나라의 기강이 어지러워졌다. 그래서 김유·이귀·홍서봉·김자점 등은 광해군을 내쫓을 계획을 세웠다.

때마침 정의감에 불타는 원두표가 왕을 제거하기 직전 원로 대신의 양해를 구하기 위해 은밀히 이원익을 찾아갔다.

당시 이원익은 여주에서 귀양살이를 하고 있었는데, 입이 무거운 원두표는 그와 술을 먹고 함께 잤다. 중대한 일을 함부로 발설할 수가 없었기 때문이다.

그는 일부러 술에 취한 척하면서 이원익의 배에 다리를 올려놓았다. 그러자 이원익은 잠버릇이 고약하다고 중얼거리며 다리를 살며시 내려놓았다.

원두표는 또다시 다리를 올려놓으면서 "집의 대들보가 썩어 걱정이다."라는 말을 잠꼬대인 척했다. 이원익은 이를 맞받아 역시 잠꼬대인 척 "썩었다면 마땅히 갈아치워야지."라고 했다.

이에 원두표는 벌떡 일어나 광해군을 내치기로 한다는 계획을 말했다. 그는 이원익의 허락을 받고 한양으로 돌아오다가 과천에서 잡히고 말았다.

지독한 고문을 받았지만, 끝내 자백하지 않았다. 이때 관리들은 그를 한강 백사장에 끌고 가서 목을 자르기로 했다.

한강으로 끌려간 그에게 사형 집행관리가 마지막 소원을 물었다. 그는 목이 컬컬하니 막걸리나 한 사발 마시고 싶다고 했다.

막걸리를 받아 든 원두표는 반 대접쯤 마시다가 집행관 얼굴을 내리치고, 발길로 망나니를 쓰러뜨린 후 한강으로 뛰어들어 죽음을 면했다.

1623년광해군 15년 3월 12일 밤, 김유·이귀·신경진·심기원 등은 군사들을 동원해 대궐로 쳐들어가 광해군을 잡아 가두고 능양군을 조선 16대 인조 임금으로 등극시켰다.

공신으로 추대 받은 이원익은 영의정이 되었고, 광해군은 강화도로 귀양 보내졌다가 다시 옮겨진 제주도 귀양지에서 죽었으며, 간신 이이첨·정인홍·유희분 등은 참형되었다.

인조 임금의 굴욕

인조는 제일 먼저 승지 이덕희를 제주도로 보내 인목대비의 어머니 노씨를 모셔 오게 하고, 공신에 대해 공과를 매겨 상을 주었다.

이때 공신 이괄은 자신이 일등공신이 되리라 믿었지만, 이등공신에 그치고 아들도 상을 받지 못하자 분통을 터트렸다.

이괄은 도원수 장만의 밑에 부원수가 되어 영변에서 평안병사를 겸하다가 급기야 1624년 구성부사 한명련과 모반하여 군사를 이끌고 한양으로 쳐들어왔다.

그러자 인조는 공주로 피난했고, 이괄은 도원수 장만의 군사와 정충신이 거느린 군사들을 맞아 길마재에서 싸웠다. 이곳에서 크게 패한 이괄은 도망치다가 이천 묵방리에서 부하들의 손에 죽었다.

당시 중국 대륙은 명나라가 망해 가고 청나라가 급부상하고 있었다. 인조 3년, 후금은 만주 봉천으로 도읍지를 옮기고 명나라 영원성을 공격했다. 명나라 장수 원숭환이 성을 굳게 지켰고, 명장 모문룡이 가도에서 후금의 뒤를 공격했다.

후금의 태조 누루하치는 영원성을 점령하지 못하고, 이 전쟁에서 입은 상처로 죽었다. 그의 아들 홍타시가 뒤를 이어 나라 이름을 청淸이라 바꾸고 스스로 태종으로 등극했다.

1627년 청나라 태종은 왕자 아민에게 3만 대군을 내줘 안주와 평양을 거쳐 황해도 평산까지 쳐들어왔다. 강화도로 피난을 간 인조는 할 수 없이 화의를 맺었다.

인조 14년, 남한산성을 수축하고 성 안에 9개의 절을 세웠다. 그곳중들에게 활쏘기를 장려해 만일의 경우를 대비했다. 강화는 예부터 외적을 막던 중요한 요충지로 이곳의 성과 문을 고친 후 군량미를 비축하고 있었다.

이때 청나라 장수 용골대가 조선의 실정을 탐지하기 위해 한양에 오자, 접대를 맡은 호조판서 김시양은 그의 속셈을 알아채고 군사들을 시켜 동대문 밖에서 용골대를 맞도록 명령했다.

그런데 용골대는 서대문으로 가는 척하다가 갑자기 말머리를 돌려 동대문으로 달렸다. 하지만 뜻밖에 동대문에 장막을 치고 관리와 군사들이 기다리고 있는 모습을 보자, 용골대가 이게 다 무슨 일이냐고 물었다.

그러자 통역을 맞은 조선 관리가 이렇게 대답했다.

"대인께서 남한산성으로 가시려는 것을 호조판서 대감께서 아셨지요. 그래서 조촐한 잔치 자리를 마련했습니다."

용골대는 속으로 깜짝 놀라지 않을 수 없었다.

'조선에도 이런 큰 인물이 있구나. 보나마나 그곳의 방비가 어떤지 잘 알겠구나.'

말머리를 돌려 숙소로 돌아온 용골대는 뒤늦게 젊은 장수들이 자신을 죽이려 한다는 것을 알았다. 그러자 용골대는 두려워서 김시양에게 작별 인사도 안 하고 한밤중에 떠나 버렸다.

그때 용골대는 자신이 머물렀던 숙소 벽에 '靑청'이란 글자를 써 놓고 갔다. 하지만 아무도 그 글자의 뜻을 알지 못했다. 다만 김시양만은 그 글자가 12월을 가리킨다는 것을 알았다.

그 해 12월, 청나라가 쳐들어온다는 것을 김시양에게 미리 일러주었던 것이다.

삼전도비

임경업

김시양은 인조에게 고했다.

"전하! 오랑캐의 침략이 멀지 않았습니다. 그들은 반드시 겨울이 지나기 전에 쳐들어올 것이기 때문에 군사를 미리 훈련시켜야 합니다."

하지만 김자점 등은 김시양의 말은 망령된 것이라고 모함을 했다. 이 모함에 의해 김시양은 벼슬에서 물러났다.

1636년 병자년 12월, 청나라 10만 대군이 얼어붙은 압록강을 건너 쳐 들어왔다. 그들은 조선 명장 임경업이 지키는 의주성을 피해 서울로 쳐 들어왔던 것이다. 3일 만에 선발대가 홍제원에 도착했지만, 그들은 공격하지 않는 것처럼 행동했다.

인조는 세자와 두 왕자에게 종묘의 위패를 들게 하고 왕비와 빈궁들과 함께 강화도로 피난시켰다. 그런 다음 인조는 신하들과 군사들을 거느리고 남한산성으로 들어갔다.

이윽고 청나라 군사들이 성을 포위했고, 청 태종도 역시 주력부대를 이끌고 도착했다. 이때 태종은 남한산성이 높고 험한 것에 화가 나서 용골대를 죽이려고 했다. 이번 싸움은 용골대의 건의를 따랐기 때문이었다.

이에 용골대는 태종에게 10일 간의 시간을 주면 남한산성과 강화도를 함락시키겠다고 했다.

용골대는 군사를 거느리고 통진 문수산에 올라가 강화도를 살펴보았다. 문수산에서 내려다보니 강화도가 손바닥만 하고 갑곶엔 군사가 보이지 않았다.

강화도는 영의정 김유의 아들 김경징이 수비대장으로, 이민구가 부장으로 지키고 있었다.

김경징은 성격이 교만하지만 재주가 없었다. 그는 강화도의 지리적 조건만 생각하고 술로 세월을 보냈다. 강화도는 남북의 길이가 1백여 리고, 동서는 오십 리나 되는 큰 섬이지만 땅이 기름져 농사가 잘 되었다.

이 섬은 육지와 가깝지만 강과 언덕이 모두 절벽이고 그 절벽 밑은 수렁이라 배를 댈 곳이 없었다. 동쪽은 갑곶이에서 남쪽으로는 손돌목까지 절벽이 요새를 이루고 있었다. 그런 까닭에 오직 갑곶이에서만 배를 정박할 수 있었다.

그래서 수비대장 김경징과 부장 이민구도 마음을 놓고 있었던 것이다. 조정 대신들은 갑곶이에 군사를 보내 굳게 지키라고 여러 번 요청했다. 그러나 김경징은 절대로 공격하지 못한다고 장담했다.

하지만 용골대는 뗏목으로 갑곶나루를 건너 강화도를 함락시켰다. 이때 김경징과 이민구는 어디론가 달아나버렸고, 강화성을 지키던 김상용은 성루 위로 올라가 불을 지르고 화약고에 몸을 던져 자폭했다.

이렇게 되자 왕자를 비롯하여 비빈들과 궁녀들이 적에게 사로잡혔고 남한산성에 있던 인조가 이 소식을 듣고 크게 놀랐다. 인조는 최명길에게 항복문서를 쓰게 했는데, 이 문서를 본 김상헌이 빼앗아 찢으며 소리쳤다.

"대감들은 어찌 이런 굴욕적인 화의를 하려는 것이오?"

그런 다음 임금에게 이렇게 아뢰었다.

"전하, 절대로 아니됩니다. 군신이 죽기로 싸워야 하옵니다."

그러나 그는 끝내 자신의 뜻을 이루지 못했는데, 그는 강화도에서 폭약을 입에 물고 자폭한 김상용의 아우였다.

1637년인조 15년 1월 30일, 인조는 남한산성에서 나와 삼전도에서 청 태종에게 항복하고 말았다. 항복문서를 받은 청나라 태종은 소현 세자와 봉림대군을 볼모로 잡아 선양으로 데려갔다.

끝까지 싸우기를 주장한 척화파이자 후에 삼학사로 불리게 된 오달제·윤집·홍익한 등도 함께 끌려갔다. 이들은 끌려가서도 태종을 향해 오랑캐라고 꾸짖어 참형을 당했다.

이후 김상헌과 임경업은 조선이 명나라를 도와 청나라를 칠 것을 계획했다. 하지만 이것을 알게 된 청나라 태종은 3년 후에 김상헌과 임경업을 잡아갔다. 그는 압록강을 건너면서 나라 사랑에 대한 변함없는 마음을 시조로 읊었다.

가노라 삼각산아 다시보자 한강수야
고국산천을 떠나고자 하랴마는
시절이 하수상하니 올동말동하여라

그렇지만 임경업은 호송 도중에 포승을 끊고 되돌아왔으며, 최명길은 한참 뒤에 풀려났다. 김상헌은 선양의 감옥에서 6년 동안 갇혀 있었는데, 끝까지 절개를 굽히지 않아 태종까지 의로운 선비라며 감탄했다. 김상헌 역시 귀국해서 조정에 복귀했다.

북벌의 꿈을 못 이룬 효종

인조가 죽고 봉림대군이 조선 17대 효종 임금으로 즉위했다. 효종은 청나라 침략과 항복의 수모를 두 번이나 직접 겪었다.

소현 세자와 봉림대군은 심양에서 볼모 생활을 하다가 조선으로 돌아왔다. 귀국한 봉림대군은 왕위에 오르자 부왕에 대한 수치심을 극복하기 위해 북벌을 목적으로 국력을 키웠다.

효종의 북벌 계획은 문신 송시열과 무신 이완이 있었기 때문에 가능했다. 그들은 정치와 군사를 각각 맡아 군량미를 비축하고 군사훈련을 했다. 그러던 중 어느 날 밤, 효종은 이완을 급히 대궐로 들어오라고 했다.

'전하께서 밤중에 무슨 일일까?'

이완이 입궐할 준비를 서두르고 있을 때 부인이 뵙자는 하인의 전갈이 왔다. 이완은 안방으로 들어가자 부인은 갑옷을 꺼내놓았다.

"부인, 지금 갑옷이 무슨 필요가 있겠소?"

"대감, 대궐은 안심할 수 있는 곳이 아닙니다. 만사 불여튼튼이옵니다."

곰곰이 생각한 이완은 부인의 말을 이해하고 갑옷을 관복 밑에 껴입었다. 이완은 곧장 말을 달려 창덕궁 앞에 이르렀다. 이완이 말에서 내리자 수문장은 신분을 확인하고 크게 외쳤다.

"훈련대장 이완 듭시오!"

그러나 주위가 너무 캄캄해 걷기가 불편했다. 이때 어둠 속에서 화살 하나가 날아와 이완의 가슴에 꽂혔다. 이완은 아찔했다. 갑옷을 입지 않았더라면, 이미 저 세상 사람이 되었을 것이다.

화살을 맞은 이완은 계속해서 어둠 속을 걸어갔다. 이윽고 중문에 이

송시열

르자 수문장과 몇 명의 군졸이 있었다. 이완이 출입패를 보여주며 들어갔다.

중문 안 역시 컴컴해서 어디가 어딘지 분간을 할 수가 없었다. 앞으로 걸어가는 순간 또다시 화살이 날아왔다. 그렇지만 그는 당황하지 않고 가슴에 꽂힌 화살을 뽑아 얼른 소맷자락 속에 넣었다.

세 번째 문을 지나자 높은 정자 위에 효종과 송시열 등이 둘러앉아 술을 마시고 있었다.

이완은 임금 앞에 나아가 절을 하였다.

"이완 어명을 받잡고 대령하였나이다."

효종은 그를 보자 용상에서 내려왔다.

"훈련대장, 밤중에 오시느라 수고가 많았소! 자, 올라가서 술이나 듭시다."

이완이 연거푸 석 잔의 술을 받아 마셨을 때였다. 효종은 붓 한 자루와 벼루를 이완에게 하사했다. 그날 임금은 무장으로서 이완의 담력과 사람됨을 시험했던 것이다.

새벽이 되어서야 집으로 돌아와 부인에게 고마움을 표했다.

"부인! 정말 고맙소. 부인이 아니었던들 오늘 황천객이 되었을 것이오."

그러자 부인은 웃으면서 물었다.

"혹시 상감께서 대감께 내려주신 물건이 없으십니까?"

"있소, 붓 한 자루와 벼루를 내리셨소. 대대로 보물로 삼아야겠소."

그러자 부인은 붓과 벼루를 물끄러미 바라보고 있다가 느닷없이 다듬이 방망이로 붓두껍을 후려치는 것이었다. 그러자 이완은 새파랗게 얼굴이 질렸다.

"부인! 이게 무슨 해괴한 짓이오?"

하지만 부인은 태연하게 붓두껍 속에서 가늘게 말아 끼운 밀서를 꺼내들었다.

부인 생각에 임금이 무신 이완에게 붓과 벼루를 내린 것이 이치가 맞지 않았다. 그래서 붓두껍을 부수었던 것이다. 내용은 이러했다.

'훈련대장 이완에게 병조판서를 겸하게 하리니, 북벌에 대한 좋은 의견이 있으면 적어 올리도록 하여라.'

그는 곧바로 청나라를 정벌하기 위한 여러 가지 의견을 보고했다. 북벌 계획을 추진한 지 10년이 되었다.

마침내 효종은 청나라로 쳐들어갈 결심을 굳혔다. 그러나 효종은 꿈을 이루지 못하고 병을 얻어 갑자기 죽고 말았다.

아들을 죽인 영조의 우둔함

선조 때부터 시작한 당파 싸움은 영조까지 내려오면서 나라꼴이 엉망이었다. 출신이 불문명한 영조가 왕위에 오르자 그를 시해하려는 무리들이 들끓었다.

영조 4년, 이인좌가 반란을 일으켰지만, 박문수에게 군사를 내줘 진압시킨 후 60여 명을 엄한 죄로 다스렸다. 하지만 영조는 꾸준하게 탕평책을 펼쳤다.

박문수는 이인좌의 난을 평정했지만 암행어사로서 많은 업적을 남긴 인물이다.

어느 날, 영조는 박문수를 불러 말했다.

"경은 내가 가장 아끼는 신하요. 하지만 너무 불손한 것이 단점이오."

이 말을 들은 박문수가 깜짝 놀라며 물었다.

"전하! 무슨 말씀이신지 소신은 알아들을 수가 없습니다."

"아직도 모르겠소? 임금에게 이야기를 할 때 고개를 숙이는 것을 본 적이 없소. 그게 불손한 일이 아니오?"

그러자 박문수는 당연한 일이라는 표정으로 얼굴을 꼿꼿이 들고 아뢰었다.

"전하! 그것을 잘못 이해하시고 계십니다. 신하가 전하께 말씀을 올릴 때 머리를 숙이는 것은 간신배들이나 하는 짓입니다."

영조는 박문수의 말을 듣고 껄껄 웃으며 손을 내저었다.

1725년 영조는 후궁 이씨가 낳은 장헌을 세자로 삼았다. 장헌세자는 총명했지만, 곧잘 아버지 영조에게 잘 따졌다. 뿐만 아니라 부자간에 의견이 틀려 영조는 몹시 불쾌했다.

그래서 세자는 아버지를 멀리하기에 이르렀는데, 성격이 까다로운 영조는 그런 아들이 싫었다. 하지만 영조의 왕비 서씨는 자식이 없어 장헌세자를 사랑하였다. 그런 왕비가 영조 33년에 죽자 세자는 외로움에 지쳐 갈등을 일으켰다.

세자의 나이가 들면서 주변에 아첨하는 무리가 모여들었다. 그러자 세자를 못마땅하게 여긴 반대파들은 영조에게 거짓으로 고해 임금과 세자 사이를 이간질시켰다. 부자는 서로를 피하려고만 했다. 더구나 영조의 후궁 문숙의는 기회가 있을 때마다 세자를 헐뜯었다.

"전하, 세자는 활쏘기, 칼쓰기, 말타기로 세월을 보내고 있습니다."

영조 38년 5월, 나경언이 세자의 나쁜 짓 열 가지를 적어 임금께 보고했다. 화가 난 영조는 세상을 떠난 왕들의 명복을 비는 휘녕전에 뒤주를 갖다 놓게 한 다음 뒤주 속에 세자를 가두고 자물쇠로 채웠다.

이때 이이장이 나서서 용서를 빌었지만, 오히려 죽임을 당했다. 아흐레 동안 뒤주 속에 갇혀 있던 세자는 결국 굶어 죽고 말았다.

한참 후 영조는 간신들의 모함으로 아들을 죽인 것을 후회했다. 영조는 세자에게 사도세자라는 칭호를 내리고 그의 죽음을 애도했지만, 참으로 어처구니 없는 일이었다.

1795년 사도세자가 죽고 궁중에서 쫓겨난 세자비 혜경궁 홍씨는 당시 가슴 아팠던 사연과 궁중 생활의 고충을 쓴 『한중록』을 집필했다. 이때 혜경궁 홍씨의 나이가 예순한 살이었다.

영조는 조선 왕조에서 가장 오랫동안 임금 자리에 있었는데, 재임기간이 무려 52년이었다. 또한 70세가 넘도록 생존한 임금은 태조와 영조뿐이었다.

영조는 여든이 넘어 왕위를 사도세자의 아들에게 물려주려고 했었다. 하지만 홍인한·정후겸·구선복 등이 반대했고, 이들은 사도세자의 죽음에 관련된 인물들이다. 그들이 사도세자를 죽게 한 자신들에게 화가 미칠까 두려웠기 때문이었다.

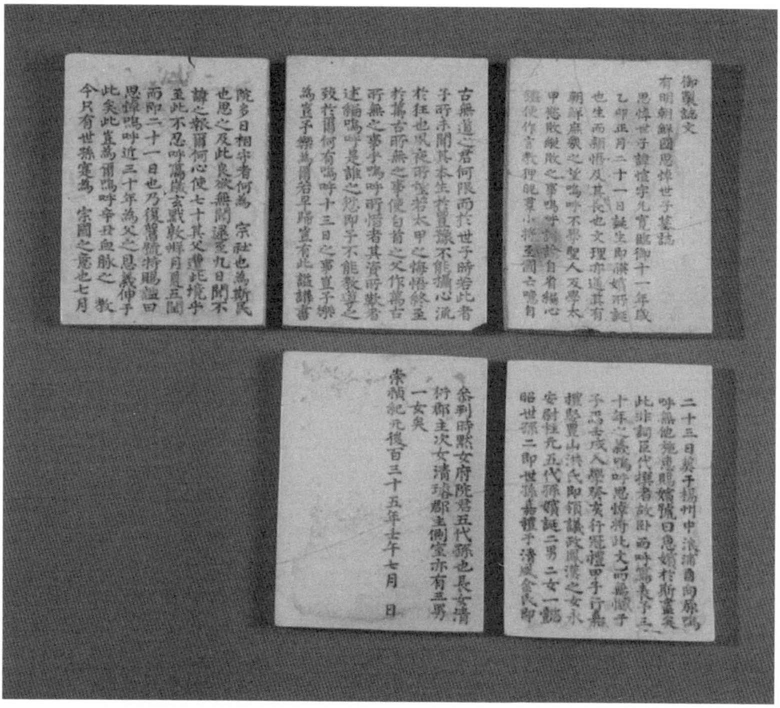

사도세자 묘비문

송충이를 씹어 먹은 효자 정조

정조는 아버지 사도세자가 억울하게 죽은 것을 한으로 생각하고 있었다. 자신이 왕위에 오르자 맨 먼저 사도세자의 죽음과 연관된 구선복을 참형하고, 문숙원·문성국·정후겸·홍인한·김상로 등에겐 사약을 내렸다.

이 중에서 문성국은 후궁 문숙의의 오빠였고, 홍인한은 영조의 외종조할아버지였다. 정조가 복수의 칼날을 휘두를 때 어머니 홍대비가 병풍 뒤에서 애원했다.

"전하! 친정 아버지의 제사를 모실 한 사람만 남겨주세요."

홍대비의 애원으로 정조는 외삼촌 홍낙임만 살려 주고, 홍봉한은 외할아버지였기 때문에 사약을 내리지 않았다. 홍술해의 아들 홍승범은 정조와 어머니가 다른 아우 은전군을 임금으로 추대하여 반란을 일으켰다. 그들은 자객을 시켜 정조를 시해하기로 했지만 사전에 발각되어 잡혀 죽거나 귀양을 갔다.

이들을 진압한 정조는 학문에 힘을 쏟아 규장각을 세우고 신분에 관계없이 학자들을 뽑아 학문 연구에 정진하게 했다. 이 무렵 조선은 상공업이 제법 발달하였다. 더구나 실학자들은 청나라의 문물을 받아들였다.

정조는 효성이 지극했는데, 아버지 사도세자를 사모해 베개가 항상 눈물에 젖어 있었다. 그러다가 양주에 있던 사도세자의 묘를 수원으로 이장해 왕릉보다 화려하게 꾸민 다음 매달 성묘를 갔다. 그 후 현륭원으로 이름을 개칭했다. 또한 경모궁을 세워 아버지 사도세자의 사당으로 사용했다.

어느 해였다. 정조가 현륭원에 성묘를 갔다가 소나무에 송충이가 번식해 솔잎들이 빨갛게 죽어 있는 것을 보았다. 그러자 정조는 신하들에 게 송충이를 잡아오게 했다.

정조는 잡아온 송충이를 손바닥에 올려놓고 꾸짖었다.

"네놈송충이들이 감히 내 아버님 산소의 솔잎을 갉아먹을 수 있느냐? 그럴 바에야 차라리 내 오장육부를 갉아먹어라!"

시원하게 꾸짖은 후 정조가 송충이를 삼켜 버리자 괴이한 일이 벌어졌다. 솔개와 까마귀떼가 갑자기 날아와 현륭원 소나무에 있던 송충이들을 모조리 잡아먹었다.

1800년 6월 정조가 49세로 죽자, 나이가 어린 세자가 조선 23대 순조 임금으로 즉위했다. 순조가 나이가 어려 영조의 계비 정순왕후가 수렴청정을 했다. 그러다가 1804년부터 순조가 친정했지만 나라가 혼란스러웠다.

당시 조정 안은 외척 안동 김씨들이 권력을 잡았고, 1812년 평안도 용강에서 홍경래가 평서대원수라 자칭하고 난을 일으켰지만 관군에게 진압되어 죽임을 당했다.

신정왕후와 흥선군

1834년 11월, 45세로 순조가 죽자 세자가 조선 24대 헌종 임금으로 즉위했다. 그러나 1894년 헌종이 23세의 나이로 단명하자, 다음 임금으로 사도세자의 손자 전계군의 아들이 조선 25대 철종 임금으로 추대되었다.

철종의 본래 이름은 이원범으로, 강화도에 살았기 때문에 강화도령이라고도 불렸다. 전계군은 사도세자의 후궁에서 태어난 세 아들 중 맏이인 은언군의 아들이다. 이원범의 할아버지 은언군은 김귀주의 모함으로 억울하게 사약을 받았다. 그 후 은언군이 억울하게 죽은 사실이 밝혀지면서 김귀주는 참형되었다.

당시 왕족들은 언제 어디서 무슨 일로 얽혀 죽을지 모르기 때문에 신분을 숨기고 살 수밖에 없었다. 이런 이유로 전계군 역시 강화도로 건너와서 숨어 살았던 것이다. 철종은 바로 전계군의 셋째 아들이었지만 가난한 농사꾼에 일자 무식이었다.

조정에서 대신들이 철종을 모시러 강화도로 내려갔지만, 전계군은 이미 세상을 떠난 뒤였다. 전계군의 집에 도착한 대신과 군사들은 황당했다. 더구나 집엔 아무도 없었고, 이에 대신들은 사람을 풀어 원범을 찾아오도록 했다. 얼마 후에 나뭇짐을 진 총각이 나타나 집 앞에 늘어선 군사들을 보자 순간 무서워하며 허둥댔다. 그때 대신 정원용이 정중하게 허리를 굽히고 절을 올리며 말했다.

"경하드립니다. 대비마마의 명을 받고 전하를 모시러 왔습니다."

이를 믿지 못한 원범은 뒤로 물러났다.

대원군

고종

"나… 나는 아무 죄도 없소이다."

그때 정원용은 그동안의 이야기를 자세하게 들려주었다. 그래서 의심이 풀린 원범은 대궐로 향했다. 이를 바라보고 있던 섬사람들은 부러움에 이구동성으로 말했다.

"가난뱅이 총각이 임금님이 되다니…."

원범이 대궐에 당도하자 조정 대신들은 별궁으로 모신 다음 덕원군이란 칭호를 올렸다. 원범은 순조의 왕비 순원대비 앞에 엎드리는 순간 대비는 와락 껴안으면서 기쁘게 맞았다.

"오! 내 아들이 왔구나. 어디 보자."

순원대비는 곧바로 성대한 즉위식을 거행했다. 철종은 글을 배우지 못했으며, 장가도 가지 못했다. 이런 그를 왕위에 올린 것은 안동 김씨들이 권력을 유지하기 위한 것이었다.

철종이 보위에 오르자 순원대비가 수렴청정했으며, 2년 후 김문근의 딸이 철종의 왕비가 되었다. 그로부터 나라의 권력이 김문근에게 모이면서 안동 김씨의 천하가 되었다. 그렇지만 나라의 민심이 흉흉해지면서 도둑떼가 들끓었다. 더구나 지방에서는 '명화적'이란 도둑들이 농민과 관을 괴롭혔다. 당시 가장 썩은 탐관오리는 진주의 백낙신으로 그는 백성들의 재물을 약탈하고 갑부들에겐 온갖 협박으로 돈을 빼앗았다.

1862년철종 13년. 탐관오리 백낙신을 핑계로 양반 유계춘과 이계열 등이 나무꾼들을 부추겨 반란을 일으켰다. 그들은 백낙신을 잡아 죄를 물었고, 관청 창고의 곡식을 백성들에게 골고루 나눠주었다. 이 난리는 5월까지 지속되었지만 조정에서는 아무런 대책을 세우지 못했다. 이때 천주교의 교세가 넓혀지면서 최제우가 동학을 일으켰다. 동학은 사람의 평등사상을 강조했으며 후에 천도교로 개칭했다.

1863년. 철종이 죽었지만 왕위를 물려받을 후사가 없었다. 이때 헌종의 어머니 조대비가 옥새를 손에 쥐고 있었다. 더구나 조대비는 왕실의 최고 큰어른이라 다음 임금을 결정할 권한을 가지고 있었다. 새 임금을 결정하기 위해 중신회의가 열렸을 때 조대비가 먼저 선수를 쳤다.

"경들은 흥선군 이하응의 둘째 아들 명복을 철종의 뒤를 잇게 하시오."

조대비는 안동 김씨 세력을 막기 위해 흥선군 이하응의 둘째 아들 명복을 조선 26대 고종 임금으로 추대했던 것이다.

그러자 세도가였던 안동 김씨들은 뒤를 이을 임금을 미리 정해 두지 못한 것을 후회했지만, 이미 때가 늦었다. 임금에 오른 고종은 겨우 12세로 아버지 흥선군의 노력으로 임금자리에 오르게 되었다.

흥선대원군은 인조의 셋째 아들 인평대군의 6대손인 남연군의 넷째 아들이다. 남연군은 어릴 때 영조의 아들인 사도세자와 궁녀인 숙빈

임씨 사이에서 태어난 둘째 아들 은신군의 양자가 되었다. 그래서 영조의 고손자가 되는 셈이다.

대원군 이하응은 12세 때 어머니를, 17세 때 아버지를 잃고 불우한 청년기를 보내다가 1843년 24세 때 흥선군으로 봉해졌다. 벼슬로는 도총관이 전부였다.

그는 안동 김씨들이 권력을 유지하기 위해 왕손을 척살하자 그 화를 피하기 위해 일부러 시정잡배들과 어울리며 방탕생활을 했다. 더구나 안동 김씨들을 찾아다니며 술을 구걸하고, 개 짖는 시늉도 서슴지 않아 붙은 별명이 '상갓집 개 궁도령'이었다.

왕위에 오른 고종이 나이가 어렸기 때문에 조대비가 수렴청정을 맡게 되었다. 하지만 조대비는 흥선군을 흥선대원군으로 봉한 뒤 나랏일을 맡기고 뒷전으로 물러났다. 그로부터 10년 동안 흥선군은 권력을 자기 마음대로 쥐고 흔들었던 것이다.

대원군은 안동 김씨 세도정치를 무너뜨리고 남인 계열의 자손들에게 기회를 열어주었다. 또 바닥으로 추락한 왕권을 되찾고 외세에 대적할 과감한 개혁을 추진했다. 불만의 온상이었던 서원을 철폐하고 탐관오리들을 처벌했다. 이와 동시에 양반과 토호들의 면세를 조사해 국가 재정을 마련했다.

그리고 백성들의 부담을 줄이기 위해 세금을 없애고, 궁중에 바치는 특산물 진상제도를 폐지했다. 더구나 나라의 재정에 도움이 되는 금·은 광산개발을 허용했다. 또한 군포세를 호포세로 바꾸어 양반도 세금을 내도록 했다.

국방쪽으로는 의정부를 부활시켜 삼군부로 하여 군국기무를 맡게 해 정무와 군무를 분리시켰다. 그리고 '대전회통' '양전편고' '육전조례' 등의 법전도 편찬하였다. 그의 단점은 무리한 정책과 세계 정세를 읽지 못하고 쇄국정책을 폈던 것이었다.

1865년고종 2년 4월, 임진왜란으로 불탄 경복궁을 중건하는 도중 화재로 전각들이 불타버렸다. 그는 공사비를 다시 마련하기 위해 이듬해 원납전 징수로 재정이 부족하자, 당백전을 발행하였다.

하지만 화폐가치가 폭락해 1867년에 폐지하고, 이에 앞서 2월부터 한양 4대문에서 통행세를 받았다. 1866년 고종보다 한 살 연상인 16세 민씨를 며느리로 맞았다.

대한제국의 흥망

19세기 말 조선의 운명

1866년[고종 3년] 1월, 흥선대원군은 천주교를 심하게 박해했다. 한때 천주교도들에 흥미를 가지기도 했지만 정치적 생명에 위협을 느껴 박해로 돌아섰다. 그는 1866년부터 1872년까지 8천 명의 신자들을 죽였다.

그 해 병인양요가 일어났는데, 프랑스 선교사 9명을 죽이자, 10월 프랑스는 군함 7척에 병력 1천 명을 거느리고 강화도를 점령했다. 이때 제주목사 양헌수가 정족산성에서 프랑스군을 물리친 사건이다.

또 손돌목 포격사건이 일어났는데, 대동강을 거슬러 올라온 미국 상선 제너럴셔먼 호가 평양 군사들과 백성들의 화공으로 침몰했다. 따라서 미국은 1871년[고종 8년] 4월, 셔먼호에 대한 배상요구와 통상관계 수립을 위해 군함 5척에 병력 1천2백여 명, 함포 85문으로 강화도를 침범했다. 그렇지만 조선군의 기습공격으로 물러난 사건이다.

한편 미국은 이 사건으로 보복 상륙작전을 벌이겠다고 위협하면서 평화 협상을 제의했다. 하지만 조선의 거부로 그들은 대대적인 상륙작전으로 강화도 초지진에 입성했다. 조선의 군사들은 광성보에서 싸움을 벌였지만 패하고 강화도는 미국의 손으로 들어갔다. 하지만 그들은 흥선대원군이 척화비를 세우는 등 강력한 쇄국정책에 밀려 점령 한 달 만에 강화도에서 물러났다.

1868년[고종 5년] 4월, 고종의 애희 궁녀 이씨가 완화군을 생산했다. 이때 민비는 권력을 잡기 위해 자신이 낳은 왕자가 필요하다는 것을 절실히 느꼈다. 민비는 후궁 이씨가 낳은 완화군을 원자로 책봉하려는 순간 흥선대원군과 대결할 수밖에 없다는 생각을 했다.

병인양요 당시 강화도를 침범했던 미 해군의 모습.

그래서 고아인 민비는 양자로 들어온 오빠 민승호를 불러 음모를 꾸몄다. 그런 후 민비는 자신의 세력을 넓히기 위해 대원군과 반대파였던 풍양 조씨의 거두 조영하, 안동 김씨의 거두 김병기, 고종의 형 이재면 등을 끌어들였다. 이와 함께 유림의 거두 최익현과도 손을 잡았다. 당시 유림들은 흥선대원군의 서원 철폐로 불만이 많았다.

1871년고종 8년 민비는 항문이 막힌 왕자를 낳았는데 죽고 말았다. 민비는 원인을 임신 중 흥선대원군이 산삼을 많이 주었기 때문이라고 생각했다. 공교롭게도 열세 살된 완화군도 갑자기 죽었다. 이것을 계기로 민비는 완화군의 생모 후궁 이씨를 궁궐에서 쫓아냈다.

1873년고종 10년 23세의 민비는 최익현에게 흥선대원군이 물러날 것을 상소하게 했다. 당시 흥선대원군이 벌인 경복궁 중건사업이 민생을 도탄에 빠지게 했다는 것과, 고종도 22세가 되었으니 친정을 해야 되기 때문에 섭정에서 물러나라는 내용이었다.

이에 대원군은 물러났고 운현궁과 창덕궁의 직통로 출입문까지 제거해 버렸다. 그러자 조정은 민씨 일가의 손에 들어갔고 1871년고종 11년 2월 민비는 둘째 아들 척순종을 낳아 이듬해 2월 왕세자로 책봉했다.

1875년고종 12년 대원군이 물러나자 일본은 조선의 개항을 서둘렀다. 그해 군함 운요호를 강화도에 보냈지만 조선 수비병의 포격으로 퇴각했다. 이듬해 전권대신 구로다 기요다키를 특명대사로 임명해 군함 7척과 병력 400명과 함께 경기도 남양만에 보내 회담을 요구했다.

1876년고종 13년 고종은 병자수호조약강화도조약을 맺었고, 이를 시발점으로 제물포항과 부산과 원산항까지 개항되었다.

그 후부터 고종은 미국·프랑스·러시아 등과 차례로 조약을 맺고 개항정책을 실시했다. 그러나 고종이 세계 정세를 제대로 읽지 못한 탓에 조선은 망국의 길로 접어들게 되었다.

3일천하로 막을 내린 갑신정변

1881년고종 18년 고종은 수신사를 일본에 보냈는데, 일본을 다녀온 김홍집은 청나라 외교관 황준헌이 쓴 『조선책략』을 고종에게 바쳤다.

책 내용은 조선·청나라·일본 등이 단결하여 러시아를 막아야 한다는 것이었다.

그 해 8월, 대원군파인 안기영과 권정호 등이 대원군의 서자 이재선을 왕으로 추대하기 위해 고종폐위 운동을 모의했다. 그러나 사전에 발각되어 이재선과 안기영은 참형을 당했다. 이것은 대원군과 수구파 유림을 탄압하는 호재가 되었다.

1882년고종 19년 민비는 민씨 일가의 정권 유지를 위해 민태호의 11살 딸 민씨순명효황후를 9살의 세자와 혼인시켰다. 더구나 민비는 자신의 영화를 기원하기 위해 금강산 일만이천 봉마다 제를 지내는데 탕진했다.

또한 민비는 일본 군사고문을 초빙해 양반 자제 100여 명을 선발해 별기군을 창설했다.

그렇지만 구식군대의 대우는 이루 말할 수 없을 정도로 형편없었다. 더구나 13개월이나 밀린 월급을 한 달 치밖에 주지 않았고, 지급한 쌀에는 돌이 반이나 섞여 있었다. 이에 분노한 군인들은 민겸호의 집으로 찾아가 쑥대밭을 만들었다.

이때 군인들은 대원군이라면 충분히 해결할 것 같다는 생각에 그를 따랐고, 대원군은 이들을 이용해 민씨 일파를 내쫓을 기회로 삼아 선동했다. 군인들은 여세를 몰아 민비 세력들과 일본공사관을 습격했고, 민비를 죽이려고 창덕궁으로 갔지만 민비는 대전별감 홍계훈의 등에 업혀 창덕궁을 빠져나와 장호원의 민응식 집에 숨었다.

한편 대원군은 고종으로부터 정권을 이양 받은 후 민비를 찾지 못하자 민비가 죽었다며 국상을 발표했다. 10년 만에 권력을 되찾은 대원군은 나라의 재정과 병권을 맏아들 이재면에게 맡긴 후, 청나라 톈진에 있던 김윤식에게 청군을 파병하라고 요청했다.

청나라는 일본을 감시할 목적으로 군사 4,500명을 보냈고, 일본은 공사관 습격을 구실로 공사 하나부사 요시모토가 1,500명의 군사를 데리고 인천으로 들어왔다.

그러나 대원군을 무시한 채 한성에 들어온 일본군은 대원군이 강한 불만을 표하자 인천으로 물러났다. 같은 해 청나라 제독 오장경은 대원군을 청나라로 납치하고 그날 밤 한성을 점령했다.

민비는 청나라군의 보호를 받으며 궁궐에 들어와 왕비를 꿈꾸던 의왕의 생모 장상궁을 죽였다. 일본군 역시 공사관 습격에 따른 배상 문제를 제기했다. 그러자 고종은 '제물포 조약'을 체결했는데, 이것은 일본군의 조선 주둔을 정식으로 허락한 것이 되었다.

정권을 되찾은 민영익을 대표로 하는 수구파들은 김옥균을 죽이라며 개화파를 탄압했다. 그러자 김옥균과 박영효 등은 민비의 친정 수구 세력들을 몰아낼 계획을 세워 1884년 10월 17일 거사를 일으켰다. 이때 민태호, 민영목을 죽이고 고종과 민비를 경우궁으로 납치해 일본군으로 하여금 지키게 했다.

이들은 즉각 개혁안을 공포한 후 각국의 공사관에 새로운 정부가 수립되었다고 알렸다. 그때 민비는 비밀리에 민영익과 경기감사 심상훈을 시켜 청군에 구원을 청했다. 그러면서 민비는 고종에게 창덕궁으로 옮기자고 우겼다. 그것은 창덕궁이 넓어 일본 군대가 수적으로 우세한

갑신정변의 주역들. 왼쪽부터 박영효, 서광범, 서재필, 김옥균.

청군을 막아내기 어렵다고 판단했기 때문이다.

김옥균이 재정문제 해결을 위해 잠시 자리를 비운 사이 민비의 요구를 일본공사 다케조에가 받아들여 창덕궁으로 되돌아가게 했다. 불안한 마음으로 밤을 지센 김옥균에게 이튿날 아침 원세개가 6백 명의 군사를 이끌고 찾아와 고종의 면회를 요구했다.

김옥균이 거절하자 오후가 되면서 청군은 1천5백 명으로 늘어났다. 이때 시민들까지 궁궐 앞에서 친일파 개화당을 죽이라고했다. 그러다가 갑자기 군중들의 공격을 받은 일본군은 싸우지도 않고 도망쳤다. 더구나 무기가 변변찮은 신정부군도 수적으로 열세해 패하고 말았다.

이때 고종과 민비는 홍영식과 박영교를 비롯해 몇 명 군사들의 호위를 받으며 궁궐을 탈출하여 청나라군 진영으로 들어갔다. 그러자 김옥균은 하는 수 없이 박영 · 서재필 · 서광범 · 변수 · 유혁로 등은 일본공사 다케조에 일행과 함께 일본공사관으로 도망쳤다.

다음 날 김옥균, 박영효 등은 다케조에 일행과 일본으로 가기 위해 인천항으로 갔다. 이때 공사관 직원들은 조선을 떠나기 전 기밀문서를 태우다가 화재가 일어나면서 공사관이 불타버렸다. 이에 개화독립당인 김옥균과 박영효가 일으킨 갑신정변은 3일 천하로 끝났다.

이후 일본은 갑신정변 때 공사관의 화재와 일본인 희생자들에 대한 배상을 조선에 요구했다. 이것으로 맺은 것이 '한성조약'인데, 일본의 조선 침략에 대한 기초가 마련된 것이라 할 수 있다. 이와 함께 청나라와도 양군의 철수나 파병이 있을 때 서로 통고하자는 '톈진조약'까지 맺었다.

갑신정변이 끝나고 조정의 요직은 모두 민씨들이 차지하면서 세도정치는 극에 달했다. 민비는 오직 자신의 정권 유지에만 힘썼고 백성들은 뒷전이었다.

조선에 부임한 러시아 공사 베베르는 사교계의 여왕인 아내와 함께 민비와 고종을 사로잡았다. 따라서 민비는 러시아 공사와 접촉하여 밀약을 맺으려고 했지만, 청나라에게 알려져 더 나쁜 빌미를 제공하고 말았다. 그러자 청나라는 민비의 세력을 약화시키기 위해 납치했던 대원군을 원세개와 함께 귀국시켰다.

조선을 둘러싸고 정복의 야심을 품고 있는 강국 청나라·러시아·일본 등의 세력 다툼에서 민비는 자신의 권력 유지에만 힘을 쏟았다. 이로 인해 조선은 서서히 멸망의 길로 접어들고 있었다.

갑오농민 반란

국내에 진출한 열강들의 틈바귀에서 민씨 정권은 나라와 백성들의 안위보다 오로지 자신들의 영달만을 생각했다. 그래서 보다 못한 농민들이 일어나 갑오농민 전쟁을 일으켰다.

철종 때 동학을 일으킨 최제우가 처형되었지만, 2대 교주 최시형을 중심으로 동학은 더 크게 발전하였다. 즉 동학 혁명은 만민평등이란 기치 아래 한국 역사상 최초로 일어난 시민혁명이라고 할 수 있다.

1893년 충청도 보은 집회에서 탐관오리를 제거하고 민생고의 해결과 함께 외세는 물러가라고 요구했다. 이것이 농민전쟁으로 확대된 것은 부정축재자 고부군수 조병갑 때문이었다. 조병갑은 군민들에게 과중한 세금을 부과하거나 재물을 빼앗고 이에 저항하면 형벌을 가했다. 이에 따라 동학혁명이 일어나면서 농민군들이 전주성을 점령했다.

고종은 농민들의 세력이 확산되자 청나라에 원병을 요청했다. 이때 일본도 톈진조약을 구실로 군대를 보냈다. 하지만 농민군과 관군은 '전주화약'을 맺고 전라도 53개 지역에 집강소를 설치해 치안과 행정을 처리키로 하고 싸움을 중단했다.

그러나 조선에 온 청 · 일 양국군은 철수를 거부하고 군대를 늘렸다. 이때 일본은 청나라에 조선의 내정개혁을 제의했지만 청나라는 거절했다. 이에 화가 난 일본공사 오오토리가 군대를 이끌고 궁궐로 쳐들어왔다. 그런 후 대원군을 허수아비 수장으로 앉히고 민씨 정권을 몰아냈고, 김홍집을 총리대신에 앉힌 다음 내정을 개혁했다.

이로써 모든 것이 일본에 유리했는데, 일본은 청나라에 선전포고

직후 청국 군함에 포격을 시작하면서 청일전쟁이 일어났지만 일본의 승리로 끝났다. 이 전쟁에서 승리한 일본은 조선의 내정간섭을 시작했고, 동학농민군의 봉기를 일본군이 진압하는 바람에 실패했다. 주동자 전봉준은 부하의 밀고로 순창에서 체포되어 처형되었다.

1895년 일본은 청나라와 맺은 시모노세키조약으로 요동반도를 일본에 주었고 더불어 조선의 완전독립을 선언했다. 또한 민비의 등장을 막고 대원군을 물러나게 했다. 이때 물러났던 김홍집을 총리대신으로 하여 연립내각을 만들도록 했고, 의정부를 내각으로 고쳐 일본인 고문관으로 하여금 내정 간섭을 강화했다.

하지만 일본은 청나라로부터 받은 요동반도를 러시아 · 독일 · 프랑스의 동맹국의 힘에 눌려 청나라에 되돌려주었다. 민비가 이것을 알고 친러정책으로 일본을 배척하여 러시아가 일본을 조선에 몰아내 주기를 바랐다. 이때 눈치가 빠른 매국노 이완용도 친러파가 되었다.

민비가 정책을 친러로 바꾸면서 친일파 내각 김홍집을 몰아내고 박정양 내각을 만들면서 이완용을 학부대신으로 임명하였다. 일본은 민비 때문에 러시아에게 밀리자, 일본공사 미우라의 지휘로 민비를 죽이기로 했다.

1895년 10월 8일 미우라는 대원군이 머물고 있는 공덕리 아소정에 일본군이 훈련시킨 조선군대와 일본 낭인들이 야간훈련을 빌미로 나타났다. 미우라는 대원군과 결탁하여 대원군을 앞세워 경복궁 앞에 도착했다. 이때 궁궐 수비대장 홍계훈이 가로막자 그 자리에서 죽이고 궁궐로 쳐들어가 민비를 찾았다.

이때 민비는 궁녀복으로 갈아입고 건청궁과 곤녕궁으로 오가면서 숨어있었다. 그러나 민비가 일본 낭인들에게 발각되자 내부대신

이경직이 두 팔을 벌려 가로막자, 이경직의 양팔목을 잘라버리고 민비를 난도질했다. 그들은 증거를 없앤다며 민비의 시체를 홑이불에 둘둘 말아 녹산으로 옮겨 화장했다. 타다 남은 뼈조각은 향원정 연못에 던져 버렸다.

민비가 죽자 일본은 압력을 넣어 폐서인시켰다. 하지만 그 해 일본은 국제적인 여론 때문에 사죄의 뜻으로 형식적인 조사와 함께 민비를 복원시켰다. 이 사건으로 위험을 느낀 고종은 러시아 공사 베베르와 이완용의 공작으로 러시아 영사관으로 몸을 옮겼다.

이후 고종은 박정양의 친러 내각을 세우고 이완용을 외대신에 기용했다. 이때 김홍집 등 친일 내각 대신들에 대한 체포령이 내려졌다. 하지만 김홍집과 어윤중은 군중들에 맞아 죽었다. 또한 이미 실시된 단발령을 복원시켰으며, 의병의 해산을 권고하고 조서까지 내렸다. 하지만 친러 내각이 들어서면서 위신이 떨어져 국권의 침해가 극심했다. 따라서 서재필 등 30여 명의 개화파들이 조직한 '독립협회'와 백성들은 고종이 대궐로 돌아갈 것을 청했다.

백성들의 권유로 1년 만에 러시아 영사관을 떠나 궁궐에 돌아온 고종은 연호를 광무光武로 고치고 황제에 올라 국호를 대한제국으로 고쳤다. 또 민비를 명성태황후로 추존했고, 시신 없는 민비의 능을 지금의 청량리 천장산으로 옮긴 후 홍릉으로 명명했다.

나라를 팔아먹은 오적五賊

1904년고종 41년, 광무 8년 러·일 전쟁이 일어났지만, 일본이 승리하면서 고종에게 한일의정서를 강요했으며, 1905년 11월 '을사보호조약'을 체결했다.

이때 고종은 이 조약을 극구 반대했지만, 일진회 수장 이용구·송병준과 친러파에서 친일파로 돌아선 학부대신이 된 이완용 등이 조약을 체결한 것이다. 이 조약에 참가한 오적은 외부대신 박제순, 내부대신 이지용, 군부대신 이근택, 학부대신 이완용, 농상공부대신 권중현 등이다.

고종은 이 조약의 무효를 호소하기 위해 미국 공사 헐버트에게 밀서를 보냈다. 그러나 미국은 필리핀에서 미국의 권리를 인정받은 대신 대한제국에 대한 일본의 지배를 인정하는 이른바 '가쓰라·태프트 협정'을 체결한 상태였다. 이에 따라 미국은 고종의 밀서를 받아들일 이유가 없었다.

또한 조선통감부에 의해 외교권을 빼앗기자, 고종은 네덜란드 헤이그에서 열리는 제2차 만국평화회의 특사로 이상설과 이준을 보냈다. 그리고 러시아 황제 니콜라이 2세에게 친서를 보내 특사의 활동을 지원해줄 것을 요청했다.

그러나 일본과 영국의 방로 밀사 계획은 수포로 돌아갔고, 이준은 분사했다. 이완용과 송병준 등의 친일 매국 대신들과 초대 통감 이토는 한일협약을 위배했다는 책임을 지고 고종을 물러나게 했다.

고종의 뒤를 이어 순종이 27대 조선의 마지막 왕으로 즉위한 후

고종은 태황제로 높여졌다.

1910년순종 3년, 융희 4년 일본은 대한제국을 합방했다. 그런 후 고종을 이태왕으로 격하시켰으며 같은 해 덕수궁에서 68세로 죽었다. 당시 고종의 사망 원인을 일본인의 독살이라는 소문이 나돌면서 국장일인 3월 1일을 기해 '3·1만세 운동'이 일어났던 것이다.

1910년 국권이 상실되면서 순종이 폐위되고 황태자는 왕세자로 격하되었다. 이로써 조선 왕조는 27대 519년 만에 멸망했다. 순종은 1926년 4월 25일 53세로 죽었고, 6월 10일 국장일에 '6·10만세운동'이 전국적으로 일어났다.

일본군에 맞선 의병들

일본의 억압으로 고종 황제가 물러나자, 유인석·이강녕·홍범도·신돌석 등이 전국에서 의병부대를 창설해 일본군과 싸웠다. 또한 이범윤과 최재형은 북간도와 연해주에서 의병을 일으켜 일본군에게 승리하면서 국내 상륙도 감행했다.

1908년 이인영을 총대장으로 허위가 이끄는 결사대가 동대문 밖 30리까지 왔지만 실패했다.

1908년 안중근은 대한의군 참모총장 겸 독립대장으로 의병군을 이끌었다. 그는 1909년 10월 26일 오전 7시에 만주 하얼빈역에서 침략의 원흉 이토 히로부미를 암살한 영웅이다.

당시 이토 히로부미가 쓰러지자, 안중근은 가슴에서 태극기를 꺼내 들고 만세를 불렀다. 이후 안중근 의사는 1910년 여순 감옥에서 32살의 나이로 사형 당했다.

1908년 3월 21일, 미국 샌프란시스코에서 한국 외교고문인 스티븐스가 일본의 한국 침략을 찬양한 글을 신문에 기고하자, 이에 분개한 정인환과 전명운이이 스티븐스를 저격했다.

을사 5적의 우두머리 이완용은 1909년 12월 명동성당에서 애국 청년 이재명의 칼에 맞아 큰 상처를 입었다.

3.1운동과 항일투쟁

조선총독부는 식민정책을 펴나가기 위해 일본이 세운 것으로 우리의 농업·어업·광업·임업 등 모든 분야를 비롯해 문화까지 착취했다.

이 무렵 제1차 세계대전이 연합군의 승리로 끝나고 4년 후인 1918년, 미국의 윌슨 대통령은 민족자결주의를 제창했다. 민족자결주의는 약소국들에겐 큰 힘이 되었는데, 이를 계기로 독립만세 운동이 전개 되었다.

3·1운동이 일어나기 전, 도산 안창호와 이동녕 등이 조직한 비밀단체 신민회 외에 독립의군부·광복회·국권회복단·국민회 등이 조직한 비밀단체들은 일본 헌병들의 눈을 피해 독립운동을 전개했다.

해외에선 항일 독립 투쟁의 기틀을 마련하기 위해 이시영과 이동녕이 서간도의 삼원보와 밀산부에 세운 한흥동이 조선독립운동의 기지였다. 또 연해주에 대한광복군 정부가 세워져 독립군의 무장 항쟁의 터전이 마련되었다. 국내 독립 운동가인 신규식은 상하이에서 동제사를 조직했고, 안창호와 이승만은 미주 지역에서 국민회를 조직하였으며, 박용만은 한인소년병학교를 세웠다. 상하이에서 조직된 신한청년단에서는 1919년 2월, 파리평화회의에 김규식을 민족 대표로 보냈다.

1919년 1월 6일엔 일본 도쿄의 조선기독청년회관에서 조선청년독립단이 조직되었고, 2월 8일엔 재일 유학생 4백여 명이 최팔용 등을 중심으로 독립을 요구하는 선언서와 결의문을 세계 만방에 선포하고, 일본 정부에 정식 통고하고 시위를 벌였다.

손병희 등 민족대표 33인이 거족적인 독립만세 운동을 계획하여

1919년 3월 1일 조선의 독립을 선언했다. 이 날 아침부터 파고다 공원에 모여들기 시작한 학생들과 시민들은 시위행진을 벌였고, 이와 때를 같이해 일어난 독립만세 시위는 전국적으로 동시에 일어났다.

그리고 만주와 하얼빈과 하와이 등 해외 동포들에게까지 퍼졌다. 일제는 헌병과 경찰을 총동원하여 무차별 총격을 가하면서 독립만세 운동을 탄압했다. 더구나 일본군대는 수원 제암리 부락의 교회에 신도와 마을 사람들을 모아놓고 문을 잠근 후 집중 사격을 가하고 교회와 마을에 불을 질러 1천여 명을 학살했다. 17살의 유관순은 고향으로 내려가 아우내 장날 만세 운동을 벌이다가 체포되어 모진 고문으로 세상을 떠났다.

한마디로 3·1운동의 영향은 우리나라 교육에 많은 의미를 던져주었다. 즉 민립대학 설립 운동이나, 조선교육회의 설립 등으로 인해 민족주의 교육이 일어났던 것이다.

3·1만세운동

청사에 빛나는 청산리 전투

3·1운동 이후 민족 지도자들은 독립정부를 세워야겠다고 생각했다. 3·1운동 이전부터 시베리아로 망명한 한국인 교포들은 '전로한족회'를 조직했다. 이 조직은 러시아에 흩어져 있는 우리 민족을 한곳으로 모은 애국단체로 유인석·이범윤·이동휘 등이 활약하고 있었다.

이 조직은 1919년 2월에 '대한민의회'로 이름을 바꾸었고 3 ·1운동이 일어나자 3월 17일에 독립선언서를 발표하고, 21일에 임시정부로 고쳤다. 당시 각료를 보면 대통령에 손병희, 부통령에 박영효, 국무총리에 이승만이었다.

한양에서도 이교헌·윤이병·이규갑 등이 임시정부를 만들기 위해 계획을 세웠다. 따라서 천도교·기독교·유교·불교 등 각계 대표 30명이 비밀리에 인천 만국공원에 모였다. 여기서 국민회의를 열어 파리강화회의에 대표를 파견하여 정부수립을 나라 안팎에 선포하자고 했다.

그래서 국민대회가 4월 23일에 열렸는데, 이 날 한성임시정부의 수립이 선포되고 결의사항 등이 인쇄되어 뿌려졌다. 각료에는 대통령에 이승만, 국무총리에 이동휘 등이 뽑혔으며, 13도의 대표 명단도 공포되었다.

1919년 4월 10일엔 중국 상하이에서는 독립 운동을 조직적이고 체계적으로 추진하기 위해 임시의정원을 구성했다. 이승만을 국무총리로 하는 국무원 내각을 발표했다. 이에 따라 상하이 임시정부가 탄생되었는데, 1919년을 대한임시 원년으로 정하고 국호를 '대한민국'이라고 선포했다.

13일엔 임시헌장을 발표했으며 국무원 내각에 이승만, 내무총장 안창호, 외무총장 김규식, 법무총장 이시영 등이 임명되었다. 따라서 시베리아 임시정부, 한성 임시정부, 상하이 임시정부가 하나로 통합되었다. 통합된 대한민국 임시정부를 상하이에 두었던 것이다.

1919년 9월 11일에 대한임시정부는 새로운 헌법을 공포하고 이승만을 집정관 총재로 선출하였다. 1926년 12월에는 김구가 주석이 되었다. 그러나 재정이 충분하지 못해 많은 어려움을 겪기도 했다.

1919년 9월 2일, 사이토가 우리나라에 취임하던 날 강우규는 서울역에 도착하여 마차에 타려는 사이토를 향해 폭탄을 던졌다. 그러나 안타깝게도 사이토는 죽지 않고 중상만 입었다. 이때 강우규 의사는 체포되어 처형되었다.

1923년 1월 23일엔 의열단원 김상옥이 종로경찰서에 폭탄을 던지고 붙잡히자 34살의 나이로 자살했다. 1923년 9월 1일, 일본 관동 지방에 대지진이 일어나 60여 만 호가 불타고 24만여 명이 죽었다. 천재지변인 지진을 이용해 동포들을 죽창으로 찔러 죽이는 등 학살 만행을 저질렀다. 이때 목숨을 잃은 동포는 약 6천여 명이나 되었다.

1924년 이들의 만행에 복수하기 위해 김지섭은 폭탄 세 개를 품고 일본 천황의 궁으로 몰래 들어갔지만 폭탄이 터지지 않아서 실패했다. 현장에서 체포된 김지섭 의사는 1928년 2월 44살의 나이로 감옥에서 죽었다.

1926년 7월, 의열단 나석주는 중국인으로 변장해 톈진에서 인천항을 통해 국내로 들어왔다. 그는 동양척식주식회사와 식산은행에 폭탄을 던졌지만 터지지 않았다. 실패한 그는 도망가다가 추격해 오는 일본 경찰 간부를 권총으로 쏘아 죽이고 자결했다. 36세의 젊은 나이였다.

1932년 1월, 이봉창은 상하이로 건너가 김구 주석의 지시로 도쿄에 들어가 마차를 타고가는 천황에게 폭탄을 던졌다. 하지만 그를 죽이지 못했다. 이때 일제는 이봉창 의사의 의거로 치를 떨었다.

1932년 4월 19일, 윤봉길은 김구 주석의 명령으로 상하이 홍코우 공원에서 물통과 도시락으로 꾸민 폭탄을 던졌다. 이때 일본군 최고 사령관과 일본인 고관들을 죽이거나 중상을 입혔다. 그 후 윤봉길 의사는 중국 낙양 군관학교에 특별반을 두어 독립군 양성에 주력하였다.

1929년 11월 3일, 광주여고 학생 박기옥이 일본인 남학생들에게 놀림을 당했다. 그러자 한국인 학생들이 들고 일어났는데, 일본인 학생과 큰 싸움이 벌어졌다. 이것이 발단이 되어 학생운동이 전국으로 퍼져나갔다.

그 당시 만주의 서북간도와 연해주엔 한민족이 1백만 정도가 살고 있었다. 따라서 이곳을 기반으로 삼아 무장 항일 운동 단체가 많았다. 대표적인 단체는 안무가 지휘하던 북간도 국민회군, 김좌진을 총사령관으로 하는 북로군정서군, 의병대장 홍범도의 대한독립군, 임시정부 소속의 지청천이 지휘하는 서간도의 서로군정서군, 이계가 지휘하던 서간도의 대한의군, 오동진이 지휘하던 남만주 광복군총영 등이다.

독립군들이 벌인 전투에서 '청산리 싸움'의 대승은 역사상 길이 빛나는 전공이다. 이 싸움은 1920년 10월20~23일까지 김좌진 장군과 이범석 장군이 지휘하는 독립군이 만주의 지린성 청산리 계곡에서 벌어졌다.

이때 전사한 일본군은 3천3백여 명이었지만 독립군 전사자는 60명 안팎이었다. 이후 일본은 청산리 전투의 패배로 독립군에 대한 탄압을 강화했다.

일제에 저항한 문인들

일제는 임진왜란과 마찬가지로 중국 대륙 정벌을 빙자해 대한제국을 보급기지로 삼고자 했다. 이에 공장을 세워 자원과 노동력을 착취했다. 1938년의 '내선일체' 즉, 일본과 조선은 한 몸이라는 구호를 내세워 국가 총 동원령을 내렸다. 이것은 문화와 전통을 없애려는 계략이었다.

1940년에 일제는 한글을 없애기 위해 한글판 조선일보와 동아일보의 신문과 잡지 등을 폐간시켰다. 또한 1942년에는 조선어학회와 진단학회를 해산시킨 후 간부들을 민족운동을 일으킨 주범이라며 감옥에 투옥시켰다.

특히 매월 1일에 신사참배를 강요하여 한민족의 얼을 빼려고 했다. 당시 주기철, 최봉석 목사는 신사참배를 끝까지 거부하다가 순교했다. 1940년에는 성과 이름을 일본식으로 고치는 창씨개명을 발표했다. 그렇지만 매국노나 그들의 집안을 빼놓고 대부분의 사람들이 거부했다. 그리고 전쟁에서 부족한 물자나 식량을 채우기 위해 강제적으로 공출을 받기도 했다.

1938년엔 사람까지 총알받이로 이용하기 위해 조선육군특별지원병 제도를 실시했다. 1941년까지 약 1만여 명의 청년들이 동원 되었다. 그래도 부족해 1943년 징병 제도를, 1944년에는 학병제를 실시해 약 40만여 명이 전쟁터로 보내졌다. 그리고 조선인 남자 4백85만 명을 강제로 징용하여 전쟁에 부역자로 충당했는데, 이들 중 6만여 명 이상이 끌려가 목숨을 잃었다.

이토록 극악무도한 민족 말살정책에도 굴하지 않고 민족운동은 당당하게 일어났다. 1921년 최현배와 이희승 등 사립학교 교원이 중심이 되어 조선어연구회를 만들었으며, 이것은 1931년부터 조선어학회로 이름이 바뀌었다. 1942년 10월, 일제는 조선어학회 회원 이윤재·장지연·최현배·이희승 등을 감옥에 가두었다. 이때 이윤재와 한징은 온갖 고문과 굶주림으로 안타깝게도 감옥에서 순국했다.

신채호는 해외 망명 중에『조선상고사』,『조선사 연구초』를 썼고, 최남선은 단군 이야기와 한국 고전을 간행하여 보급시켰다. 박은식·정인보·문일평·안재홍 등은 국사 연구와 한국고전 개발에 힘썼다. 최남선은 근대시를, 이광수는『무정』을 발표했다. 한용운·김소월·염상섭 등은 현대 문학을 발전시켰다.

이상화·이육사·윤동주 등은 시를 통해 민족의식을 고취했고, 1932년 방정환은 잡지『어린이』를 발간했다. 또한 같은 해 5월 1일을 어린이날로 제정했다. 홍난파는「봉선화」와「성불사의 밤」을, 안익태는 애국가를 작곡하였다.

조선왕조 야사 1

120인의 충절

태조가 경덕궁에 친히 나와서 과거를 시행하는데, 관을 벗어 던진 72인이 패랭이를 쓰고 거적대기를 짊어진 채 경덕궁 앞 재를 넘어 달아날 뿐 한 사람도 과거에 응시하지 않았다. 노발대발한 태조는 그들의 오막살이에 불을 지르라고 명령했다. -《왕조실록》 중에서

왕씨 왕조를 무너뜨리고 이씨 왕조를 일으켜 새로운 국가 건설의 의욕에 부푼 창업주 이성계에게 가장 고심스러운 문제는 구왕조의 유신들을 어떻게 달래서 자기 옆에 끌어들이느냐, 구왕족인 왕씨들을 어떻게 처분하느냐 하는 것이었다.

그중에서도 유신들의 마음을 자기 쪽으로 돌리는 일은 혁명의 성패를 결정짓는 가장 시급한 관건인데, 그 문제가 원하는 대로 시원하게 풀리지 않으므로 태조 이성계를 초조하게 만들었다.

사람이란 환경에 적응되기 마련인데, 지난 왕조에 벼슬했다고 해서 새 왕조에 등을 돌릴 사람이 과연 몇이나 되겠느냐 하는 것이 처음의

생각이었다. 그러나 실제에서는 그렇지 않아, 유신들의 적대적 기피와 은근한 저항은 그의 예상을 훨씬 뛰어넘었던 것이다.

물론 그의 옆에는 구왕조 중신이던 정도전, 조준, 남은, 심덕부, 배극렴, 정탁 등 쟁쟁한 인물들이 있어 큰 힘이 되어 주었으며, 그들의 협조로 이씨 왕조 기반 구축과 신국가 건설에 박차를 가할 수가 있었다. 그러나 태조가 정작 마음에 두고 있던 명신들은 한 사람도 그의 회유에 응하지 않았다.

벼슬이 삼중대광시중이었으며 높은 학덕으로 온 백성의 흠모를 받는 이색은 태조와 본래 친한 사이였다. 태조의 간곡한 부름에 마지못해 입궐하기는 했으나 왕에 대한 신하의 자세로 절하지 않을 뿐 아니라, 태조가 간곡한 말로 신국가 건설을 위해 좋은 말을 해달라고 하자,

"늙고 병든 선비가 이제 와서 무슨 할 말이 있겠습니까. 고향에 돌아가 해골 눕힐 자리나 보도록 해주시면 다행이겠습니다."

하고 어전을 물러나왔다.

정몽주, 이색과 함께 '고려 3은三隱'으로 이름 높은 길재는 태조의 다섯째 아들이며, 나중에 태종이 된 정안군 이방원과 함께 글을 배운 친구였다. 그는 이성계가 정권을 장악하여 한창 전횡을 일삼을 때 멋대로 창왕을 끌어내리고 공양왕을 옥좌에 앉혔을 때부터 분연히 관복을 벗어 던지고 물러나 늙은 어머니를 모시고 낙향해 여생을 보내고 있었는데, 그 역시 태조의 거듭된 부름에도 불구하고 끄떡도 하지 않았다.

조윤은 태조의 충신인 조준의 동생이었다. 일찍이 그는 형이 이성계에 붙어 반란의 뜻이 있는 것을 보고 눈물로 형에게 애원했다.

"우리 집안은 이 나라의 마룻대요, 들보입니다. 그런데도 나라와 운명을 같이 해야 할 형님이 반역을 꿈꾸시니, 세상에 이런 통탄스럽고

망칙한 일이 어디 있습니까."

그래도 조준은 아우의 신변 안전을 걱정한 나머지 본인 몰래 조윤의 이름을 공신 가운데에 끼워 넣었다. 그 바람에 조윤에게 호조전서 벼슬이 내렸다.

뒤늦게 그 사실을 안 조윤은 벼슬에 나가기는커녕, 자기 이름을 '조견'으로 바꿔버렸다. 그러고는 산에 숨어들어가 날마다 한양을 바라보며 통곡으로 세월을 보냈다.

원천석도 치악산 속에 숨어 버렸는데, 그를 아낀 태조가 몸소 찾아갔으나 일부러 피하여 만나 주지도 않았다.

그밖에도 김진양, 서진, 이숭인, 이집, 이고, 윤충보 등 이름난 대신들과 학자들이 고려에 대한 충성심에서 산야에 몸을 숨기고 철저하게 이씨 왕조를 외면했다.

그뿐이 아니었다. 일반 백성들조차 새로운 왕조의 출발을 기뻐하기는커녕 무관심과 냉대로써 대했다. 말하자면 새 왕은 당신네 몇 사람의 왕일뿐, 우리 하고는 상관없다는 식이었다.

상황이 그 지경이 되자 태조의 마음이 편할 수가 없었다. 썩고 병든 왕씨 왕조를 뒤엎고 국태민안의 비전을 제시하면, 누구나 환영하고 따라올 줄 알았는데, 전혀 그렇지 않은 것이다.

'내가 이다지도 덕이 없더란 말인가.'

새삼스럽게 자신을 돌아본 태조의 실망은 이만저만이 아니었다.

왕의 수심에 찬 얼굴을 쳐다보는 중신들이 어찌 할 바를 모르는 중에, 꾀주머니로 알려진 정도전이 건의를 했다.

"전하, 과거를 시행하면 어떨런지요?"

"과거를?"

"전조前朝에 벼슬했던 사람일지라도 이번에 응시하지 않을 경우 관작을 일체 인정하지 않는다고 명예심을 자극하면 그들도 마음이 흔들리지 않겠습니까. 구신들 가운데 한 사람이라도 과거에 응시하는 자가 있다면 다른 사람들도 움직일 것입니다. 혼자는 선뜻 움직이지 못하다가도 누가 먼저 나서면 뒤따르게 되는 것이 사람의 심리가 아닌가 합니다."

"글쎄, 과연 그럴까?"

"자격이 있으면서 이번 과거에 불응하는 자한테는 무거운 벌이 따를 것이고, 응시하는 자한테는 상급이 후할 것이라는 소문을 퍼뜨리겠습니다. 그러면 심약한 선비나 욕심 많은 무관은 틀림없이 응시할 것입니다."

그래서 새 왕조 들어 처음으로 과거를 시행하게 되었고, 그 소식이 방방곡곡에 전해졌다.

드디어 과거일이 닥쳐왔다.

그런데 결과는 참담하였다. 첫날은 문과, 다음날은 무과로 구분해서 과거를 시행했는데, 과거장이 썰렁할 만큼 응시자가 몇 명에 불과할 정도였다. 전국에서 구름같이 모여들어 성황을 이루던 지난날과는 너무도 대조적이었다.

그때, 암담하고 불쾌한 심정으로 경덕궁 정전에 나와 앉아 있는 태조의 눈에 이상한 광경이 목격되었다. 건너다보이는 언덕배기를 도포를 입고 패랭이 쓰고 등에는 거적대기를 짊어진 수상한 사람들의 무리가 이쪽에는 한눈도 팔지 않고 넘어가고 있었다.

"저들은 뭣하는 자들이냐?"

"글쎄올시다."

"가서 알아보고 오너라."

왕의 명령을 받고 나갔다가 돌아오는 신하의 표정은 어두웠다.

"그래, 알아보았느냐?"

"여쭙기 황송합니다만, 저들은 전조의 태학생들입니다."

"뭐가 어째!"

"전하, 진정하십시오. 정몽주 밑에서 오랫동안 주자학을 배운 선비들이라 마음이 매섭습니다. 무시해 버리는 것이 상책입니다."

붉으락푸르락한 태조를 달래느라고 모두 쩔쩔맸다.

어쨌든 과거는 무참한 꼴로 막을 내렸고, 태조를 비롯한 중신들은 깊은 수심에 잠기고 말았다.

'이렇게 되면 정면 돌파하는 수밖에 없다.'

태조는 무서운 결심을 했다. 무인 출신답게 그의 성격은 과격하고 행동적이었다. 그는 처음부터 조선을 건국하려고 했던 것은 아니었다. 그냥 고려의 왕위를 계승한 것으로 전조의 문무 유신들을 포용하고, 민심의 이반을 방지하면, 상국인 명나라의 심한 문책을 면할 수 있다고 생각했기 때문이다.

그러나 유신들은 그를 철저히 배척했고, 백성들은 닭이 소 보듯 외면했으며, 명나라로 망명한 일부 유신들은 온갖 소리로 그를 헐뜯고 있었다. 그렇고 보니 굳이 고려왕으로 행세해야 할 아무런 이유가 없어졌다.

'차라리 고려를 없애고 새로운 나라를 건설하리라.'

태조는 중신들과 더불어 신국가 건설에 박차를 가했다. 다행히 명나라로부터는 새 국호 '조선'을 인정한다는 윤허를 쉽게 받아낼 수 있었다. 당시 명나라는 원나라를 쓰러뜨려 몽고 세력을 몰아내고 중국 대륙을 겨우 회복했을 무렵이었기 때문에, 한반도 문제에 굳이 간섭할 필요도 겨를도 없었던 것이다.

국호 취득으로 고무된 태조는 고승 무학대사와 정도전 등의 건의를 받아들여 천도遷都를 결심하게 되었다.

송도개성는 고려 왕조의 멸망과 함께 도읍으로서의 기력이 쇠잔한 곳이므로, 새 왕조의 기반을 튼튼히 할 수 있는 복된 터전을 찾아야 한다는 취지였다. 그 결과 지금의 한양인 남경이 새 도읍지로 결정되었다.

막상 천도가 결정되자, 태조의 가슴 속에 새로운 부담이 생겼다. 송도에 남게 되는 왕씨 일족을 어떻게 처분하느냐 하는 것이었다. 자기가 계속 송도에 버티고 있는 한 아무런 문제가 없지만, 천도를 하고나면 그들이 유신들과 작당하여 무슨 일을 꾸밀지 모를 일이었다.

태조는 그 일족을 모조리 죽임으로써 후환을 없애기로 작정했다. 송도의 거리와 골목에는 다음과 같은 방문이 무수히 나붙었다.

왕씨 일족은 언제까지 어느 해변에 집결하라. 왕조가 갈리는 경우의 고금 상례에 따라 너희들을 잔멸함이 마땅하나, 성상의 관후한 처분으로 가까운 섬에 데려다 줄 것이니, 그곳을 새로운 삶의 터전으로 삼으라. 만일 이후에 눈에 띄는 왕씨는 죽음을 면치 못하리라.

이 방문을 읽은 왕씨들은 그렇지 않아도 자기들의 운명이 어떻게 결정될지 몰라 전전긍긍하던 참이라 가슴을 쓸어내리며 지정된 장소에 모여들었다.

그곳에는 그들을 싣고 갈 배들이 수십 척이나 정박해 있었다. 그들은 아무 의심도 없이 배에 올랐고, 마침내 배들은 출항하여 돛을 올렸다. 그런데 육지로부터 꽤 멀리 나왔을 때였다. 별안간 모든 배들의 밑창에서 바닷물이 콸콸 새어들기 시작했다. 그와 동시에 물에 익숙한 선원들은 모조리 바다에 뛰어들어 육지를 향해 헤엄쳐 달아났다.

배 위에서는 아비규환의 참극이 벌어졌다. 부모와 형제를 외쳐 부르고 울부짖는 소리가 하늘을 울리고 바다를 울렸다. 결국 배들은 모조리 가라앉았고, 탑승자 가운데 살아나온 사람은 한 명도 없었다.

한번 대대적인 피의 숙청을 단행하고 나자, 잔인성은 일종의 강박관념으로 태조의 뇌리를 압박했다. 그는 자기한테 끝끝내 불복하는 유신들을 용서할 수가 없었다.

특히 과거를 시행하던 날, 보란 듯이 초라한 행색으로 경덕궁 앞 언덕을 유유히 넘어가던 무리들이 눈 앞에 아른거렸다.

태조는 그들의 근황이 어떤지를 알아보라고 지시했는데, 올라오는 보고는 그의 가슴에 새로운 불을 지피고도 남았다.

"그들은 두문동에 은거하여 문을 닫아 걸고 여전히 세상을 등진 채 살고 있습니다."

"저런 고얀 놈들! 그래, 모두 몇 놈이나 되더냐?"

"서두문동에 유생 일흔 두 명이고, 동두문동에 무인 마흔 여덟 명입니다."

"왕명인데도 여전히 나올 생각들을 안 하더란 말이지?"

"그렇습니다."

"여봐라!"

태조의 눈에는 불이 철철 넘쳤고, 목소리는 포효처럼 듣는 사람의 간담을 서늘하게 했다.

"그곳에다 불을 질러라. 왕명이 무섭지 않을지는 몰라도 뜨거움에는 견디지 못하리라."

추상 같은 명령이었다.

마침내 동과 서, 두 두문동 둘레에 섶이 두텁고 높다랗게 쌓였다. 군졸들이 일제히 불을 당겼다. 마른 섶은 금방 불길에 휩싸였고, 붉은 화마는 무서운 기세로 타올랐다.

그렇게 빙 둘러가며 불을 놓기는 했지만, 사람이 빠져나올 수 있을 만한 통로는 마련해 두었다. 그런데 섶의 불이 지붕에 옮겨 붙어 마침내 온 동네가 불길에 휩싸였으나 한 사람도 도망쳐 나오지 않았다. 모조리 집 안에 앉아서 타 죽은 것이다.

두 번에 걸쳐 대량 살육을 감행한 태조는 뒤늦게 자기의 무모함을 후회했으나 이미 지나간 일이었다. 물은 엎질러졌고, 화살은 시위를 떠난 후였다.

태조는 유언비어를 퍼뜨리는 자한테는 죽음의 처벌을 내림으로써 그 사실을 묻어 버리고자 했다. 그러나 하늘이 알고 땅이 아는 사실이 어떻게 잊혀질 수 있으랴. 혹은 기록으로 혹은 구전으로 그 참극은 태조의 영원한 흠결로 남게 되었을 뿐 아니라, 그의 아들들이 피비린내 나는 형제간 싸움을 벌임으로써 원한의 보복을 받았던 것이다.

어쨌든 그렇게 고려가 망하고 조선이 일어섰다.

많은 충신 재사들이 구국의 마음을 불태우고 그토록 노력했음에도 불구하고 고려가 어찌 그처럼 허무하게 무너졌으며, 이성계가 숱한 살육과 순리 역행에도 불구하고 어찌 한 왕조와 국가를 건설하는 데 성공할 수 있었는지, 그 해답은 오로지 '명운'이라고 할 수밖에 없다.

태종왕후의 비애

태종의 비 원경왕후 민씨는 원래 고려 말엽의 중신이던 민제의 귀동녀로서 공민왕 14년에 태어났다.

어려서부터 영특해 아버지의 사랑을 한 몸에 받은 민씨는 장성하여 이씨 가문에 시집을 가면서 영예와 비극이 상충되는 기구한 인생을 살아가지 않을 수 없게 된 운명의 여인이었다.

시아버지인 이성계가 고려를 뒤엎고 조선을 건국하여 옥좌에 오르고 남편인 이방원이 왕자가 됨에 따라 민씨는 덩달아 왕자비로 신분이 하루아침에 격상되었던 것이다.

태조는 전처 한씨 소생인 여섯과 후처 강씨의 몸에서 난 둘까지 모두 여덟 명의 아들을 두었으나 맏이가 일찍 죽어 일곱 아들이 있었는데, 막상 세자를 책봉해야 할 시점에 이르렀을 때는 어린 막내아들 방석에게 마음이 기울어져 있었다. 아리따운 젊은 후처의 아양에 마음이 흐려졌기 때문이기도 했지만, 나이 들어 낳은 어린 아들이라 눈에 넣어도 아프지 않을 정도로 귀여웠던 것이다. 그러나 범장다리 같은 큰아들이 여럿일 뿐더러 기질로나 수완으로나 아버지를 빼닮은 다섯째 방원이 버티고 있는 이상 그 책봉이 순조롭게 이루어질 리가 없었다.

민씨가 생각하기에는 자기 남편인 이방원이 세자가 되어야 마땅했다. 위로 형이 셋이나 있지만, 그가 가장 출중할 뿐 아니라, 고려조의 기둥이던 정몽주를 쳐죽인 것을 필두로 해서 일등 개국공신 노릇을 톡톡히 한 이방원을 젖혀 두고는 새 왕조의 기틀을 다질 군왕 재목이 없었기 때문이다. 그것은 민씨 혼자의 아전인수격 판단이기에 앞서 대다수의 사람들이 그렇게 생각하고 있었다. 그러나 왕이 마음대로 결정할 일에 누가 감히 반대를 할 것인가.

정도전 등 중신들은 왕의 마음을 헤아려 젖비린내나는 막내왕자의 세자 책봉에 이의를 제기하지 않을 뿐 아니라, 한술 더 떠서 강씨와 한통속으로 돌아가고 있었다. 기가 센 방원보다는 한낱 어린애에 지나지 않는 방석을 옹립하는 것이 국정을 해나가는 데 유리하다고 본 것이다. 그런 조정의 공기를 이방원이 모를 턱이 없었다.

"나리, 그러고 계시면 어떻게 합니까."

민씨는 침울한 표정을 짓고 있는 남편을 슬며시 충동질했다.

"그럼 어쩌란 말이오."

"저희 두 분 오라버니를 비롯하여 나리의 주변에는 능력 있는 사람들이 많지 않습니까. 그분들의 지혜와 힘을 빌려 일을 도모하시면 무슨 방책이 나오지 않을까 합니다."

"음."

이방원은 고개를 끄덕였다. 그 역시 그런 생각이 없어서 손을 놓고 있는 것은 아니었기 때문이다.

그날부터 이방원의 집에는 처남인 민무구, 민무질 형제를 비롯해서 이거이, 조영무, 신극례 등 동지들이 모여 은밀한 대책 강구에 들어갔다. 그러한 움직임이 반대 세력의 집요한 감시를 피할 도리는 없었다.

태조 7년에 정도전, 남은, 심효생 등은 태조를 배알하고, 왕자들이 반란을 일으킬 기미가 있으므로 세자를 빨리 책봉하고 나머지 왕자들은 각각 적당한 지위를 부여하여 지방으로 분산시키자고 건의했다. 경우에 따라서는 말썽꾸러기 전실 소생 왕자들을 처단해 버리려는 후속 수단까지 강구한 그들이었다.

그 소식을 들은 이방원은 치를 떨며 처남들을 불러다 대책을 논의했다. 민무구가 태연히 말했다.

"나리는 아무 염려하지 마십시오. 저희 형제가 있고, 손발같이 움직일 동지들이 있지 않습니까."

"무슨 방법이 있겠나?"

"정도전 일파를 처치해 버리면 됩니다."

"아니, 뭐라고?"

이방원은 깜짝 놀랐다. 정도전은 개국공신 중에서도 으뜸일 뿐 아니라 부왕의 오른팔과 다름없고, 거슬러 올라가면 자기가 왕자의 지위를 누리는 것도 어느 정도는 그의 덕이 아니라고 할 수 없기 때문이었다.

이방원이 선뜻 단안을 내리지 못하고 있을 때, 그 논의를 옆방에서 엿들은 민씨가 문을 열고 들어섰다.

"무엇을 그렇게 주저하십니까. 나리께서 보위에 오르고 싶은 야망이 있으시다면 그 정도의 무리수는 각오하셔야 합니다. 부디 천추에 한을 남기지 마십시오."

아내까지 나서서 충동질하자, 마침내 이방원도 분연히 떨치고 일어났다.

그때가 8월 하순경이었는데, 마침 정도전, 심효생 등 중신들이 송현동에 있는 남은의 첩 집에 초대를 받아 술을 마시며 유쾌하게 놀고 있었다.

그 자리에 방원을 비롯한 민씨 형제, 이거이, 조영무, 신극례 등이 부하들을 거느리고 들이닥쳤다. 연회장은 삽시간에 수라장이 되었고, 중신들은 무참한 어육이 되고 말았다. 이방원은 내친 김에 이복동생인 방번, 방석까지 죽여 후환을 없애 버렸다.

태조의 놀라움과 분노는 극에 달하여 미친 듯이 발을 동동 굴렀으나, 조정은 이미 이방원 일파의 세력 아래 들어갔을 뿐 아니라 겁을 집어먹은 다른 중신들이 엎질러진 물과 같으니 어쩔 수 없지 않느냐고 달래는 바람에, 태조도 마침내 맥이 풀려 하늘의 운수로 돌리고 말아 그 정치 쿠데타는 흐지부지 무마되고 말았다.

이제 조정에서 이방원의 세력을 꺾을 자는 아무도 없었다. 늙은 태조 역시 마찬가지였다. 누구나 세자의 자리는 당연히 이방원에게 돌아갈 것으로 예상했고, 본인 역시 그렇게 믿어 의심하지 않았다. 그러나 책략이 깊고 용의주도한 민씨는 남편에게 조용히 충고했다.

"정도전이 없어진 지금, 조정 안에 나리의 뜻을 거역할 사람은 아무도 없습니다만, 세자 책봉 문제가 정식으로 대두되거든 나리께서는 사양하시고 영안군을 추천하십시오."

그 말을 들은 이방원은 깜짝 놀랐다.

"아니, 부인. 그것이 대체 무슨 말씀이오?"

"세상의 이목이 두렵습니다. 세자위를 선뜻 받으시면 사람들이 나리를 어떻게 생각하겠습니까. 그러니 일단 형님께 양보하셔서 사심이 없다는 인식을 안팎에 심어 놓으시고 후일을 도모하시는 것이 상책일 것입니다."

구구절절 옳은 말이었다. 그래서 이방원은 맏형인 풍양군 이방과를 세자에 천거했다.

태조 역시 개국 벽두에 생긴 슬하의 참혹한 골육상잔에 몸서리가 쳐져서 왕위 계승의 원칙을 엄격히 세워 놓았다. 즉 왕위는 맏아들이 잇고, 그 맏이가 일찍 죽은 경우 그 맏이의 장남이자 왕의 장손인 자가 물려받으며, 장자의 혈육이 없을 경우 나머지 왕자 중의 연장자가 같은 원칙의 연장으로 대신한다는 것이었다.

그러고도 치미는 울화를 다스릴 수 없을 뿐 아니라 강비마저 두 아들을 잃고 울다가 세상을 떠났으므로, 태조는 상심한 나머지 왕위를 세자에게 물려주고 고향인 함흥으로 갔다.

원래 심약한 정종은 호랑이 같은 동생에게 떠밀려 왕위에 오르긴 했으나 하루하루가 바늘방석에 앉은 기분이었다. 그래서 이방원을 세제世弟에 책봉하여 다음 왕위를 약속하는 것으로 자기의 안전을 보장받으려고 했다.

그러나 야심만만한 방원이 어느 세월에 자기 입에 떨어질지 모르는 감을 쳐다보며 가만히 있을 리가 없었다. 마침내 견디다 못한 정종은 불과 이태만에 세제에게 보위를 양보하고 상왕으로 물러나고 말았다.

마침내 제3대 태종이 보위에 오름으로써 그 아내 민씨는 하루아침에 국모가 되었고 슬하에는 건강한 4남 4녀를 두었으니, 그만하면 여자 인생의 최고 행복을 독차지한 셈이었다.

거기까지는 순조로웠다. 문제는 그 다음이었다.

태종이 즉위했다고 하지만 정종과 태조가 상왕과 태상왕으로 엄연히 존재함으로써 왕실의 위계질서가 이상하게 꼬여 있었고, 더군다나 태상왕은 태종을 미워하여 옥새도 전해 주지 않았다.

이를테면 직인도 보유하지 않은 대표 이사 같은 애매한 꼴이었던 것이다.

그렇게 되자, 왕의 처남인 민씨 형제들은 태종더러 어린 세자에게 왕위를 넘기고 물러나도록 권했다. 태상왕으로 하여금 노여움을 풀고 옥새를 내리도록 함으로써 나라의 창피를 면하고 왕권에 의한 제도의 올바른 시행을 도모한다는 이유였으나, 세자가 등극하면 지기들은 외척으로서 권세를 잡겠다는 야심 또한 없지 않았다.

그것을 보고 분연히 민씨 제거를 외치고 나온 사람이 태조의 아우이며 태종의 삼촌인 의안군 이화였다. 이화의 상소에 뒤이어 민씨 반대파들이 불같이 들고 일어나자, 태종도 할 수 없이 민무구, 민무질을 외딴 섬에 귀양 보내지 않을 수 없었다.

조정을 주무르던 세도에서 하루아침에 역적이 되어 절해고도에 떠밀려난 민씨 형제들은 울분을 이기지 못해 병이 들었고, 마침내는 사약을 받아 영영 불귀의 객이 되고 말았다.

두 오라버니를 잃은 민비의 상심은 이만저만이 아니었다. 그래서 남아 있는 동생들인 민무휼, 민무회의 손을 잡고 통곡하니, 세자와 왕자들도 덩달아 눈물을 흘렸다.

민무회는 세자인 양녕군의 손을 잡고 하소연을 했다.

"세자저하, 우리 형님이 역모를 꾸몄다니 천부당 만부당합니다. 아무쪼록 남은 우리 형제만은 화를 입지 않도록 도와 주십시오."

이런 말은 보통 때 같으면 아무렇지 않게 들릴 수 있다. 그러나 시기가 시기인 만큼 반대파의 신경을 건드리지 않을 수 없었다.

"민씨 형제는 세자저하께 아부하여 총명을 흐리게 할 뿐 아니라, 자기 형들의 복수를 꿈꾸고 있습니다. 나중의 시끄러움을 피하기 위해서는 그들을 죽임이 마땅합니다."

이런 상소가 빗발치고 보니 태종도 어쩔 수 없었다.

마침내 민씨 형제는 사약을 받았고, 이들 넷의 참혹한 죽음을 본 여흥부원군 민제는 늙기도 했거니와 그 충격을 이기지 못해 울화병으로 세상을 떠나고 말았다.

졸지에 아버지와 오라버니를 한꺼번에 잃은 민비는 눈물마저 메말라 버렸다. 국모의 신분으로서 혈친의 죽음을 두 눈 뜨고 바라보고만 있어야 하다니, 세상에 이런 모진 운명도 있단 말인가. 그러나 그녀의 마음 고생은 그것으로 끝난 것이 아니었다.

이번에는 자식들의 일로 가슴을 쳐야 했다.

가장 사랑하던 막내아들 성녕군이 열네 살의 나이로 죽었을 뿐 아니라, 세자인 양녕군이 신분에 어울리지 않는 망나니짓에 정신이 팔렸기 때문이다.

양녕은 공부를 게을리 하고 연날리기나 등주리로 새잡는 놀이 따위에 몰두하더니, 나이가 들어서는 밤에 몰래 궁궐 담장을 넘어가 시정잡배들과 어울려 기생집에 드나들기 일쑤였다. 뿐만 아니라 광주나 시흥 등지로 돌아다니며 며칠씩 돌아오지 않을 때도 있었고, 사대부의 첩을 빼돌려 정을 통하기도 했다.

그렇게 되니 자연히 조정 안에 폐세자 논의가 물 끓듯이 일어나, 마침내 태종 18년에 양녕군이 세자에서 쫓겨나고, 셋째인 충녕군이 새로 세자로 책봉되었다. 이 때문에 민비의 마음 고생이 이만저만이 아닐 수 없었다.

어질고 총명한 새 세자가 부모의 마음을 효성으로 헤아리고 형제들과 우의를 다지며 글공부를 열심히 하는 것이 민비로서도 불행중 다행이었으나, 첫째 아들의 못된 행동은 여전할 뿐 아니라 아우에게 밀린 둘째 아들은 머리를 깎고 중이 되어 버렸으니, 그 역시 어머니로서 쉽게 감내할 수 있는 일은 아니었다.

마침내 세종이 등극했으나 민대비의 마음은 별로 기쁘지도 않았다. 아들이 왕위에 오르면 자기 친정의 억울한 불명예를 벗겨줄 줄로 기대했으나, 어린 왕으로서는 부왕과 원로 대신들이 짱짱하게 살아 있는 마당에 아무리 외할아버지요, 외삼촌이라고는 하나 민씨 가문의 역적 낙인을 지워서 선대 조정의 처사를 잘못된 것으로 뒤집는 물의를 일으킬 수 없었던 것이다. 그러니 민대비의 친정은 여전히 적몰된 적의 가문이요, 그 후손들은 서인으로 뿔뿔이 흩어져서 어디에 사는지조차 알 수 없는 형편이었다.

'중전인 된들, 왕대비가 된들 무슨 영화가 있단 말인가.'

민대비는 이제 살아있다는 것 자체가 귀찮고 욕스러웠다. 그래서 대궐을 벗어나 여기저기 절을 찾아 불경을 읽고 친정 식구들을 위해 재를 올리는 것을 여생의 보람으로 삼았다.

마음의 상처가 워낙 깊은 데다 그처럼 고달픈 길나들이로 피로가 쌓이다 보니 양주의 문경사에서 그만 병을 얻어 쓰러지고 말았다.

효성이 지극한 세종이 모시고 돌아와 간병에 정성을 다했으나, 민대비는 끝내 일어나지 못하고 56세로 한 많은 생을 마쳤다.

양녕대군과 구걸 부부

세종 15년[1433년] 3월 11일 아침에 양녕대군은 전부터 자기를 따르던 임호와 박봉이 두 사람과 함께 한양을 떠났다.

목적은 팔도강산 구경을 하면서 세상에 알려지지 않은 충신, 효자, 열녀 등을 만나면 상을 주고 악한 자들에게 고통을 받는 사람들을 돕기 위해서였다.

양녕대군은 먼저 황해도 지방을 거쳐 평안도 지방을 만유하고 돌아와 다시 충청도 지방을 시찰하게 되었는데, 그동안 실로 많은 선인과 악인들을 만나는 계기를 마련하였다.

그 중에서도 특별한 사건은 공주읍에서 5리 떨어진 인근 남문 밖의 작은 마을에 임두성이라는 젊은 사람이 살고 있었는데, 그는 어렸을 때 부모를 여의고 근근이 자랐지만 부지런히 일하면서 성실하게 살았기에 작기는 하지만 집도 한 채 마련했고, 장가까지 들어 아내와 함께 한 쌍의 비둘기처럼 의좋게 살고 있었다. 그런데 임두성의 아내는 촌색시를 중에서는 보기 드문 뛰어난 미인이었으며, 나이가 어렸다.

읍에 장이 서는 어느 날 오후, 장에 가서 물건을 사 가지고 돌아오던 임두성의 아내는 별안간 소나기를 만나 길가에 있는 어떤 가게의 헛간으로 들어가 비를 피하게 되었다. 그런데 마침 그 고을의 호방인 김기동이라는 자가 주점에서 술을 마시다가 헛간의 그녀를 보게 되었다.

"여보소. 저 여자가 누군가?"

김기동이 관심을 보이며 묻자 술 파는 노파가 대답했다.

"에이, 호방님은 눈도 밝으시군. 저 여자는 남문 밖에서 사는 임서방의 처요."

"아, 두성이…… 그 애의 처야? 그나저나 대단한 미인이로군! 누구의 딸이지?"

"아니, 호방님은 이때까지 모르고 계셨군요. 저 애가 바로 딱쇠의 의붓딸이라오. 올 정월인가 언젠가, 딱쇠하고 살던 마누라가 죽었지요. 그 마누라가 데리고 온 딸이래요."

나이가 마흔 살에 가까운 김기동은 얼굴이 가무잡잡했으며 마음이 곧지 않은 사나이였다. 그는 남들에게 못할 짓을 도맡아 하여 땅마지기나 장만했으며, 여자를 좋아하여 첩을 두셋 씩이나 두고 사는 자인데, 임두성의 젊은 아내를 보고는 흑심을 품게 되었다.

잠시 후 김 호방은 딱쇠를 불러 어느 술집의 방으로 들어가 술을 권커니 잣거니 하다가 불쑥 말했다.

"그나저나 여보게, 자네와 함께 술을 마시는 것이 꽤 오래간만이야. 도대체 왜 이렇게 만나기가 힘든가?"

"아따, 호방님께서 별 말씀을 다 하시는구려. 만나 봤자 호방님께서 우리 같은 상놈과 함께 술을 잡수시겠소? 어쨌든 오늘 내가 횡재를 하는군. 좋은 꿈을 꾸지도 않았는데……."

딱쇠가 당치도 않다는 듯이 대꾸하자, 김 호방은 빙그레 웃으면서 말했다.

"아따, 이 사람! 자네야말로 별소리를 다 하는군. 그런 소리는 두 번 다시 하지 말게. 내가 생각은 늘 하지만, 항상 바쁘게 지내느라고 그렇게 된 거지. 그런데 요즈음 지내기가 어떤가?"

"항상 그렇지 별 수가 있겠습니까. 매일 노름판이나 찾아다니고 있으니…… 이젠 마누라까지 죽어버려서 꼴이 더 말이 아니게 되었습니다."

"아, 그래. 상처를 했다지? 가만 있자. 그런데 자네에게 딸이 하나 있었지?"

"예, 하지만 작년에 시집을 보냈지요. 그년이라도 있으면 뒷바라지를 해주어서 좀 나을 텐데, 방정맞은 마누라가 지랄 발광을 해서 서둘러 시집을 보냈답니다."

"오, 그래? 그런데 사위는 누구야?"

"남문 밖에서 사는 두성이입니다."

"오, 두성이! 그 애 가진 것이 좀 있나?"

"있기는 뭐가 있어요. 내 딸년이 별짓을 다 해서 먹여 살리고 있지요."

"허어, 그래? 그럼 자네에게 제대로 보태주지도 못하겠구먼?"

"예? 보태주다니요. 혹시 술값이라도 주지 않을까 해서 찾아가면 엄살만 잔뜩 부리는데 친자식이 아니라서 더한 것 같아요."

"그래? 그렇다면 여보게 좋은 수가 있네."

"예? 좋은 수라뇨?"

"자네가 한 번 힘을 쓰기만 하면 술과 밥에 젖을 수 있는 일이 있는데…… 어떤가? 해 보겠나"

"무슨 일이지요? 내가 할 수 있는 일이라면 하고말고요. 대관절 무슨 일이요? 어서 말해 보슈."

"그것이 다른 게 아니라 자네도 알고 있는지 모르겠지만, 내 작은 집이 얼마 전에 가지 않았나?"

"예? 진주집이 없어졌다고요?"

"진주집은 그대로 있지. 다 늙은 것이 어디로 가겠나. 대구집 이야기를 하는 거야."

"아! 작년에 데려왔다는 대구집이 갔다는 거요? 도대체 왜 간 거지요? 어딜 덜된 데가 있어서 내쫓은 건가요? 아니면……."

"허어, 이 사람! 혼자서 떠들어대지 말고 내 말을 좀 들어."

"그럽시다. 어서 말씀하슈."

"그래서 내가 자네에게 특별히 청하는데, 다른 게 아니라 자네의 의붓딸 말일세. 그 애를 내게 보내게."

"예? 시집가서 탈없이 살고 있는 그 애를 말이요? 그건 내가 할 수 있는 일이 아니지요. 그리고 그년이 제 서방을 웬만큼 좋아하는데 될 말이 아니오."

"바로 그거야, 이 사람아. 남편을 잘 섬기는 것이 마음에 들어 내가 탐을 내게 된 거야."

"하지만, 그런 계집은 천지에 많을 텐데, 하필이면 왜 그 애를 탐내시오? 사방에 그득한 것이 계집들이잖소. 그러니 다른 여자를 택하시오. 그러면 내가 목을 잡고 끌어서라도 데려와서 호방님께 바치겠소. 우리 어머니라도 끌어오리다."

"허어, 이 사람 실없는 말을 다하는군. 나는 지금 진정으로 말하고 있는 거야."

딱쇠는 원래 못된 짓은 하나도 빼는 것 없이 저지르고 다닐 뿐만 아니라 걸핏하면 공주읍이 떠들썩해지도록 싸움질을 하며 돌아다니는 자였다. 그래서 누구나 딱쇠라는 말만 들어도 고개를 돌리며 도망갈 지경이었다. 시집간 딸과 그녀의 남편 임두성은 더 그러했다.

딱쇠가 하루 걸러 찾아와서 "술 사 오너라" "노름 밑천을 내놔라" 하는 통에 진저리를 내고 있었던 것이다.

그러니 그런 딱쇠가 이치에 맞는 말을 한다고 해도 들을지 말지한데 옳지 않는 말을 한다면 들을 리가 만무했다. 물론 무지한 딱쇠도 그 정도의 생각은 했기에 "좋소, 내가 한번 해 보겠소." 하면서 대들지 못했던 것이다.

그래서 김 호방은 '아무래도 이 놈이 돈 구경을 해야 마음이 통하겠군!' 하고 생각하며 구렁이 잔등 같은 엽전 스무 냥을 꺼내 딱쇠에게 주면서

"여보게, 이걸로 한 잔 더 하시게. 나는 볼일이 좀 있어서 이만 일어나야겠네."

그러자 딱쇠의 태도가 슬그머니 바뀌었다.

"하지만 말이오. 아무리 내가 못할 일이 없는 딱쇠이긴 하지만, 그건 웬만큼 어려운 일이 아니요."

"허어, 어려운 일이기에 자네에게 부탁하는 것이지, 쉬운 일이라면 무엇 때문에 자네에게 부탁하겠나."

"알겠소. 하지만 이 스무 냥으로 뭘 어떻게 하라는 거요. 내가 빈털터리로 지내는 놈이기는 하지만, 돈 스무 냥쯤은 있어도 그만, 없어도 그만이요."

"이런 딱한 사람 같으니, 오늘만 날이고 내일은 날이 아닌가? 내가 지금 자네에게 줄 돈을 준비해 온 것이란 말인가? 갑자기 만났기에 우선 가지고 있는 돈을 조금 주는 걸세."

"그래요? 그럼 사례비를 얼마나 주실 거요? 이왕에 말이 나왔으니 확실하게 정합시다."

"암, 당연히 그래야지. 성사만 시킨다면 자네가 원하는 액수만큼 주겠네."

"에이, 성사시킨 후에라는 말은 믿지 못하겠소. 그러니 지금 당장 정해 주시오."

"아따, 그 사람 의심도 많군, 그럼 내일 내 집에 들르게. 한 백 냥 주면 되겠나?"

"그렇게 하시우. 그럼 내일 들르리다."

일이 그렇게 결정되자, 딱쇠는

'이게 웬 횡재냐. 역시 사람이 아주 죽으라는 법은 없는 거야. 한데 그년을 어떻게 구워 삶아야 할까?'

하고 입속말로 중얼거리며 딸의 집으로 향했다.

"애야, 안에 있느냐?"

딱쇠가 거적문을 열면서 부르자, 방 안에 있던 그의 의붓딸은 철렁하고 가슴이 내려앉는 것을 느끼며, "에그, 저 망나니 또 왔네." 하고 입속말로 중얼거렸다. 하지만 한동안 아비와 자식의 사이로 살았기에 억지로 웃으면서

"어서 들어오세요."

하고 반겼다.

"그래."

"그런데 어디서 또 그렇게 술을 잡수셨어요?"

의붓딸이 묻자, 딱쇠는 아랫목에 앉으면서 대꾸했다.

"많이 마시지는 않았다. 그런데 두성이는 어디 간 거냐?"

"조금 전에 건너 마을에 갔어요. 이제 곧 올거예요."

"그래? 그거 참 잘 됐다. 실은 내가 너에게 은밀히 할 말이 있어서 왔다."

"예?"

"생각해 보니 그동안 내가 너무나 너를 괴롭혔다. 그래서 오늘부터 술을 끊고 노름도 하지 않겠다고 결심했다. 그러니 내 말을 믿어주겠니?"

"원, 아버지께서도…… 참! 부모와 자식 사이에 믿고 안 믿고가 어디 있어요."

"그래, 네 말이 맞다. 한데 말이다. 네가 너무나 고생하면서 사는 걸 보니 내 마음이 항상 편하지가 않다."

"세상 사람들 사는 것이 다 그렇지요. 저처럼 고생하지 않는 사람들이 몇 명이나 되겠어요."

"아니다. 너만큼 똑똑한 아이라면 큰 집에서 얼굴에 분단장을 하면서 살아야 한다. 그런데 이게 무슨 꼴이냐. 이런 움막 같은 집에서 흙투성이가 되어 살고 있으니…… 너무나 딱한 일이다."

"에그, 아버지, 난데없이 왜 그런 말씀을 하세요? 많이 취하셨군요. 저는 뒷집에 잠깐 갔다가 올 테니 누워서 한숨 주무세요."

의붓딸이 자리를 뜨려고 하자, 황급히 딱쇠가 다시 술 냄새를 풍기며 말했다.

"나가지 말고 거기 좀 앉아라. 내가 정작해야 할 이야기를 아직 못했다. 너 성 안에서 살고 있는 김 호방을 알지?"

"알지요. 그런데 그 사람이 어쨌다는 말이에요?"

"그 김 호방이 글쎄, 너에게 반했다는구나. 그러니 네가 고개를 한번만 끄덕이기만 하면, 너의 신세가 단번에 바뀔 수 있는 거다."

"에그머니나! 어찌 그런 말을 하세요? 내가 친딸은 아니지만,

아버지가 되어 그런 망녕된 말을 하세요?"

의붓딸이 크게 놀라며 화를 냈지만, 딱쇠는 계속해서 말했다.

"얘야, 철딱서니 없는 소리는 그만해라. 지금 세상이 어떤 세상인지 아냐? 돈만 있으면 못할 짓이 없는 세상이야. 여북하면 '돈만 있으면 처녀 불알도 살 수 있다'는 말이 생겼겠니. 그러니 깊이 생각해 봐라. 네가 그렇게 하면 당장에 김 호방네 안주인이 되어 호강을 할 수 있게 되는 거다."

"그렇겠지요. 내가 잘 되기를 바라는 아버지의 마음에 대해서는 고맙게 생각해요, 하지만 말예요, 내가 혼인한 지 얼마 안 되는 데다가 임 서방이 돈은 없어도 얼마나 착한데요. 내가 혹 과부라도 됐다면 아버지 말을 따를 수도 있겠지만 시퍼렇게 살아 있는 서방을 놔두고 다른 서방에게 가라니요? 다시는 그런 말씀하지 마세요."

"오냐, 알았다. 듣고 보니 네 말이 맞구나. 그럼 나는 이만 간다. 내일 또 오마."

비척거리면서 일어나 밖으로 나간 딱쇠는 '카악—' 하고 가래침을 뱉고는 초저녁의 어둠 속으로 걸어가기 시작했다. 그리고 뒤에 남아 길게 한숨을 내쉬며 곰곰이 생각하는 표정을 짓고 있던 두성의 어린 처는 너무나 기가 막혔는지 방바닥에 엎드려 목을 놓고 엉엉 울기 시작했다.

울음소리에 이웃집 아낙네들이 우르르 몰려와 말렸기에 겨우 진정하기는 했지만 생각을 하면 할수록 너무나 분하고 원통해서

"에그, 남들은 부모가 곱게 길러서 과년하면 고르고 고른 신랑에게 시집을 보내면서 백 년 동안 변함없이 잘 살라는 축수를 빌건만 이년의 팔자는 어찌 이렇게 사나워서 천하에 못된 잡놈을 의붓아비로 삼게 되어

이렇게 무참한 일을 당한단 말인가."

하고 넋두리를 하면서 한참 동안 흐느껴 울었다.

그런데 건너 집에서 사는 복순네가 갑자기 숨이 턱에 닿아서 거적문을 젖히고 뛰어 들어오며 소리쳤다.

"이봐 새댁 큰일났어. 지금 임 서방이 저 앞의 개울 둑 위에 쓰러져 있어."

"예?"

두성의 처가 깜짝 놀라며 두 눈을 크게 뜨자 복순네가 다시 소리치듯이 말했다.

"어서 가 봐, 어서! 온몸이 피투성이가 되었으니 죽었는지도 몰라. 어떤 몹쓸 놈이 그렇게 만들었을까?"

그제서야 비로소 흩어진 머리를 주섬주섬 틀어얹은 두성의 처가 허겁지겁 달려가 보았더니, 과연 사랑하는 남편 두성이 둑 위에 무참히 쓰려져 있었다.

"아, 여보!"

두성의 처가 어쩔 줄 몰라 하며 울부짖자 뒤따라 온 이웃 사람들이 힘을 합쳐 두성을 집으로 옮겨다 눕히고 급히 의원을 청해 왔다. 진찰을 끝낸 의원이,

"누군가가 뒤에서 칼로 여러 번 깊이 찔렀기에 다리가 크게 상하기는 했지만 생명에는 지장이 없소이다."

라고 말하자, 두성의 처는 비로소 안심하며 얼마 후에 정신을 차린 남편에게 물었다.

"누가 당신을 찌른 거지요?"

그러자 두성은 힘없이 머리를 저으며 작은 소리로 대답했다.

"모르겠어. 날이 어두워지고 있었고…… 그 자가 복면을 하고 있었기에……."

"그래요?"

"이상한 일이야. 나는 이제까지 살아오면서 남에게 칼을 맞을 정도로 나쁜 짓은 하지 않았는데……."

그 말을 듣는 순간 두성의 처는 자기도 모르게 짚이는 데가 있었다. 하지만 내색을 하지 않으며 일단 남편의 몸을 회복시키는 데만 온 힘을 쏟아야 한다고 생각했다.

두성의 처는 남편의 약값을 마련하기 위해 거의 매일같이 발을 동동 구르며 돌아다녔다. 그러는 동안 한두 달이 지나가고 두성의 상처도 서서히 아물었다. 하지만 다리 하나는 쓸 수 없는 병신이 되어 걸음을 제대로 걷지 못했는데, 그즈음에 두성의 처는 한 입 건너 두 입 건너서 들려온 놀라운 소문을 듣게 되었다.

그것은 두성의 다리를 칼로 찌른 범인은 의붓아버지 딱쇠이며, 그가 김 호방에게서 돈 백 냥을 받은 뒤에 어딘가로 사라졌다는 소문이었다.

때문에 두성의 처는 사고가 났었던 날을 떠올리면서 자기의 생각이 맞았다고 확신하며,

'틀림없어. 나를 과부로 만들어 김 호방의 첩으로 보내기 위해 내 남편을 해치고 백 냥을 받은 뒤에 어딘가로 몸을 숨긴 거야. 내가 병신이 된 남편과 헤어지면 시치미를 떼고 다시 나타나겠지!'

하고 생각했다.

그래서 이를 북북 갈며 의붓아비 딱쇠를 찾아 남편의 원수를 갚으려고 했다. 하지만 남편을 보살피면서 막일까지 하며 약을 사느라고 꾸어서 쓴 돈을 갚느라고 하루하루를 정신없이 보내야 했다. 때문에 원수를 갚는

일은 고사하고 날이 갈수록 빚만 늘어갔으며, 그동안 빌려 쓴 돈 일곱 냥을 당장 갚으라는 독촉까지 받게 되었다. 물론 갚지 못하면 그 돈의 액수는 새끼를 쳐서 더욱 늘어날 것이다.

두 부부는 결국 서로 손을 잡고 눈물을 흘리면서 의논한 끝에 그들의 집을 빚 대신 채권자에게 주기로 했다. 그리하여 작은 보퉁이 하나를 머리에 인 두성의 처가 작대기를 짚은 두성을 부축하고 정처 없는 길을 떠나게 되었다.

하지만 산 입에 거미줄을 칠 수는 없고 하루에 한 끼니는 먹어야 했기에 문전걸식을 하게 되었는데, 그나마도 공주 땅에서 벗어나지 않아야 나을 것 같았기에 장터를 돌아다니다가 밤이 되자, 빈 가게 안으로 들어가 밤을 보냈다.

그날 밤, 임두성은 눈에서 흐르는 눈물을 손등으로 닦으며

"내 팔자가 왜 이리 기구하단 말인가? 나는 내 팔자 때문에 이렇게 되었다지만, 자네까지 이렇게 못할 짓을 시키니 딱해서 못 보겠네. 차라리 그 때 그놈이 나를 죽여주었으면 좋았을 텐데…… 허어!"

하고 한탄했다. 그러자 두성의 처는 남편의 등을 다독거리며 목소리에 힘을 주어서 말했다.

"에구, 그런 말은 하지 마시우. 사람이 살다가 보면 이런 일 저런 일 다 당하는 거지. 설마 영영 이러겠어요. 언젠가 때가 오면 우리도 잘 살게 되겠지. 나야 다리와 팔이 성하니 어려울 것이 뭐가 있겠어요. 당신이 다리를 못 쓰게 된 것이 원통할 뿐이지. 그놈을 만나기만 하면 내가 멱을 물어서 죽이고 간을 꺼내서 씹어먹을 거예요."

"여보 제발 그런 말은 하지 마. 그렇게 흉한 말을 왜 입에다 담는 거야. 아무리 우리가 죽게 되었어도 그런 악한 사람은 되지 않아야 해. 그렇지?"

"옳은 말씀이요. 하지만 웬만큼 분해야지요."

"자아, 그런 소리는 그만하고 어서 눈이나 붙이세. 그나저나 요새는 이런 데서라도 지낼 수 있지만, 겨울이 되면 추워서 어떻게 하지?"

"별 걱정을 다 하시우. 그때가 되면 어떻게 살 수 있는 수가 생기겠지. 그러니 어서 주무시기나 해요."

이처럼 임두성 부부는 서로를 위로하면서 장바닥 가게에서 이틀 밤을 보냈다.

다음 날 두 부부는 아침부터 북문 밖으로 나와 길가에 앉아서 오가는 행인들에게 한푼 두푼 구걸을 했다. 그런데 옆에 있는 버드나무 숲속에서 흉악하게 생긴 거지떼가 우르르 몰려나오더니 그중의 한 놈이 시비를 걸었다.

"허어. 이것들이 여기가 어디라고 버젓이 앉아있어. 썩 일어서지 못해?"

"예예, 보시다시피 다리 병신이외다. 그저 이렇게 동냥을 얻어 목숨을 보전하고 있으니 살려주시우, 여러분……."

임두성이 사정을 설명했지만, 그놈은 들은 척도 하지 않으며 큰 소리로 말했다.

"허어, 우리가 대대로 거지 동냥짓을 해 왔지만, 너희들처럼 경위 없는 짓은 하지 않았다. 그러니 헛소리 말고 어서 썩 물러가. 어? 이것들 보게. 애들아, 이것들을 저리로 끌어다가 버려라."

다음 순간 거지떼가 무슨 물건을 다루려는 것처럼 두 부부에게 달려들었다. 지나가는 행인들은 두 손을 비비면서 거지들에게 애원하는 젊은 부부의 모습을 망연히 바라보고 있었다. 때문에 도와주고 싶은 생각은 간절했지만 상대가 워낙 흉악한 거지떼였기에 두려워하며 슬금슬금

뒷걸음질을 치기만 했다.

그때 마침 양녕대군이 공주의 경치를 구경하며 그곳의 인정과 풍 속을 살피려고 통행인들과 함께 금강 쪽으로 걸어가다가 그 같은 광경을 목격하게 되었다. 그런데 잠깐 보기에도 임두성 부부가 불쌍해 보였을 뿐만 아니라, 그들의 행색이 거지같아 보이지 않았기에 이상하게 생각하며 앞으로 나아가 두성의 팔을 잡아서 끄는 거지의 손을 지팡이로 치면서 일갈했다.

"이놈들아, 피차간에 모두 구걸하며 지내는 모양인데, 무슨 일로 몸이 성치 않은 사람을 그렇게 잡아끌면서 야단이냐? 썩 놓아라."

그랬더니 그 거지가 양녕대군을 힐끗거리면서 투덜댔다.

"영감님은 모른 체 하시우. 이런 무법자는 버릇을 고쳐 주어야 하니까."

"글쎄, 그 사람이 무엇을 잘못했기에 그러는 거냐? 그렇다면 말을 해 보아라."

"그러지요. 글쎄 어디서 굴러먹던 것들인지 모를 이 연놈들이 아무런 인사 한마디도 없이 여기에 나타나 구걸을 하고 있으니…… 세상에 이런 법이 어디에 있단 말이요."

"오, 무슨 말인지 알아듣겠다. 그럼 내가 저 사람들을 대신해서 인사를 할테니 그만 용서해 주거라."

"그렇게 해 주신다면 용서해 줄 수 있지요."

"고맙다."

양녕대군은 봉이에게 시켜 거지들에게 돈 한 냥을 내주게 하고는 임두성 부부를 불러 사정을 물었다. 그랬더니 두 사람은 함께 머리를 숙이며 "누구신지 모르겠지만 정말 고맙소이다."라고만 말했다. 때문에 양녕대군은 두 남녀에 대해서 더욱 이상하게 생각하며 다시 한 번 그처럼 봉변을 당하게 된 사정이 무엇이냐고 물었다.

결국 임두성 부부의 사정에 대해 소상히 들은 양녕대군은

"듣고 보니 딱한 일이로군! 두성이는 아무쪼록 보물보다 소중한 아내를 끔찍하게 위해 주어야 하느니라. 자네의 아내는 나이가 어리지만 정렬이 지극한 여인이야."

하며 두성의 처를 칭찬한 뒤에 친필로 쓴 편지를 그에게 주면서 다시 말했다.

"원님께 가서 이 편지를 전하면 무슨 말씀이 있을 것이다."

그래서 임두성 내외는 그 길로 당장 관아로 갔는데, 그 편지는 원님에게 전해 지지 못했다. 왜냐하면 김 호방이 중간에서 가로챘기 때문이었다.

눈치 빠른 김 호방은 원님이 시킨 것처럼 꾸며 그들이 살았던 집을 찾아주고 돈 열 냥을 따로 주어 두 부부가 어려움을 면할 수 있게 해주었다. 그렇게 하여 양녕대군의 편지로 인해 드러나게 될 자기의 치부를 감춘 것이다.

임두성 부부는 원님에게 보내는 편지를 써서 준 사람이 양녕대군이라는 사실을 그로부터 얼마 후에야 알게 되었으며, 그때부터 아침저녁으로 정화수를 떠놓고 북향 사배를 하며 양녕대군이 장수하기를 축원했다고 한다.

안평대군 소첩의 첫사랑

선영창에 햇빛이 비쳐 눈이 부셨다.

한여름이었으나 새벽바람이 차가워서 닫았던 영창이다.

소옥小玉은 살며시 눈을 뜨면서 중얼거렸다.

“어마, 벌써…….”

대군大君이 새벽에 그 방에서 나간 후에, 다시 늦잠이 들었던 자신을 발견하고 깜짝 놀라며 소옥은 몸을 일으켰다.

풀어진 속적삼 사이로 소담하게 솟아오른 뽀얀 젖가슴이 자기가 보기에도 탐스럽기 짝이 없었다. 단속곳 허리띠도 풀어진 채였다. 넓은 단속곳 아래로는 발가락들이 다닥다닥 붙은 작고 예쁜 맨발이 보였다.

소옥은 흩어진 머리카락을 쓸어 올리며 가벼운 하품을 했다. 흠씬 애욕을 쏟아서인지 온몸이 나른했다. 거울을 들어다보면서 지난밤에 있었던 일을 떠올렸다.

소옥은 그냥 대군이 하는 대로 따라서 긴 밤을 보냈을 뿐이었다. 그가 주인이니, 그가 하는 대로 몸을 내맡기는 것이 그녀의 의무이기도 했다.

이곳에 온지 일 년이 지나자. 처음과 달리 이제는 잠자리에서도, 대군의 품속에서도 부끄러움이 적어졌다.

주인 나으리는 소옥이 하늘처럼 높이 올려다보아야 할 지체 높은 분이었기에 소옥의 방에 오는 것은 한 달에 보통 두세 번 많으면 네댓 번 밖에 안 된다.

부용이, 금련이, 자란이 등 여러 소첩들이 대군의 곁에 있기 때문이었다. 어쩌다 술이라도 거나하게 취하면,

"오늘은 네 방에 가마."

말하기도 하고 느닷없이 손목을 잡으며,

"가자, 네 방으로……."

하면서 소옥의 방으로 오기도 했다.

대군이 오겠다고 말할 때는 부끄러워서 살짝 몸을 틀어보이는 소옥이었으나, 그것이 기쁘다는 생각 같은 것은 없었다.

그렇다고 몹시 싫은 것도 아닌, 그렇게 해야 하는 것이라고 생각하는 소옥이었다.

어느 덧 일 년, 소옥의 나이는 이제 열여덟 살! 대군이 이제 막 피어나고 있는 소옥의 몸뚱이를 힘껏 끌어 안아줄 때, 그녀는 자기도 모르게 숨막히는 흥분을 느끼기도 했다. 그러나 그것은 그때뿐이었다. 그 밤이 지나면 소옥은 꿈에서 깨어난 것처럼 공허해지는 마음을 발견하고는 스스로 놀라기도 했다.

대군은 시부詩賦, 서화書畵, 가곡歌曲, 금고琴鼓에 모두 통달하여 당대의 제일이라는 찬사를 받고 있었다. 그를 일컬어 '풍류의 왕자'라고 했다.

30이 넘은 대군은 나이가 무색할 정도로 젊은 얼굴을 가지고 있었다. 용모 또한 준수했으며, 마음은 한없이 너그러웠다.

그러나 소옥은 웬일인지 1년 전 시골집에 있을 때, 이웃집 총각 덕만에게 느끼던 아기자기한 정을 그에게서는 결코 느끼지 못했다.

한 번 얘기를 나누어 본 적도 없었지만, 지금도 늘 그를 연연해 하고 있는 소옥이었다.

소옥의 집도 총각의 집도 몹시 가난했으며 지체도 볼품 없는 한낱 상것 집안에 불과했다. 소옥이가 집에서 받은 몸값으로 대군의 집 청지기에게 이끌려 꿈속에서도 못 입어 보던 비단옷으로 단장을 하고 집을 떠나올 때, 마을 뒤의 언덕에서 하염없이 그녀를 바라보고 있었던 덕만의 모습이 아직까지도 눈가에 어른거리고 있었다.

"아……."

소옥은 자기도 모르게 가냘픈 한숨을 짧게 내쉬며 풀어진 속적삼 옷고름을 매며 머리를 빗었다. 버선을 신고 백저白苧 치마를 입고 영창문을 활짝 열었다.

햇살이 가득 방 안으로 쏟아졌다. 소옥은 금침을 개어 얹고 뜰을 바라보았다. 뜰안의 온갖 아름다운 꽃들이 향기를 머금고 있었다. 여름 꽃들이 마냥 싱그럽고 고왔다.

넓디넓은 저택 울 안에는 대군의 소첩들이 거처하는 별체들이 마치 한 마을을 연상할 만큼 여기저기 자리잡고 있었다. 그리고 그 뒤로는 숲처럼 나무가 우거지고 넓은 그윽한 후원이 있었다.

문득 인기척을 느껴지기에 소옥은 아무 생각없이 그곳을 바라보았다. 소옥의 뜰을 쓸고 있는 궁노였다. 그런데, 비질을 하고 있는 궁노의 뒷모습이 어쩐지 낯설고 서툴러 보였다.

뒷모습이 전보다 젊어 보였기 때문이다.

새로 온 궁노일 것이라고만 생각하며 창문을 닫으려는 순간 소옥은 그만 돌아서는 궁노의 얼굴을 보며 자지러지게 놀랐다.

"아, 덕만이!"

"복이……."

두 사람은 다 같이 작은 목소리로 부르짖었다.

마을에서 부르던 소옥의 이름이 복이였다. 소옥은 대군이 지어 부르는 애명이다.

"복이!"

덕만이가 소옥의 영창가로 다가왔다. 소옥의 작은 가슴은 두방망이질 하면서 뛰었다. 당장 뛰어나가서 손이라도 잡고 싶은 마음이 간절했다. 그러나 소옥은 다가오는 덕만을 손짓으로 막았다.

상전의 소첩이 궁노와 가까이에서 말하는 것은 남의 이목이 두려운 일이었다.

"복이……."

소옥은 뜻밖에도 고향 사람인 덕만이를 보게 되자, 그동안 쌓였던 온갖 회포가 그만 눈물이 되어 쏟아져 내렸다. 그녀는 좌우를 살피며 이제 다 큰 총각으로 변한 덕만에게 속삭이듯이 말했다.

"밤에 후원 정자 아래로 와요."

그리고는 황급히 영창문을 닫았다.

그러자 덕만의 안타까운 목소리가 영창 밖에서 들려왔다.

"복이……."

"가요. 지금은 아는 척도 하지 말아요. 밤에 인경을 치거든 후원 정자 아래로 와요."

벽에 기대어 섰던 소옥은 멀어져가는 덕만의 발소리가 들리자, 다시 영창문을 열었다. 궁노의 복색인 산수피山獸皮 검정 벙거지에 검정

홋군복 옷매기를 입은 덕만의 멀어져가는 뒷모습이 보였다.

"덕만이……."

그 모습이 사라질 때까지 바라보던 소옥의 눈에 고인 눈물이 주루룩 흘러내렸다. 고향집에 있을 때의 여러 가지 일들이 눈물 속에서 아른거려 가슴이 터질 듯이 뛰었다. 소옥은 누가 보지 않은 것이 다행이라고 생각하며 다시 영창문을 꼭 닫았다.

때는 성왕 세종대왕이 나라를 다스리던 시대였으며, 안평대군은 바로 세종대왕의 셋째아들이다. 그는 천성이 호방하고 탕락蕩落하여 풍류를 즐기며 친구 사귀기를 좋아했다. 그의 사랑방엔 언제나 빈객들이 만좌했고, 술독엔 향기 높은 감로가 가득했다.

재기는 가인을 탐해야 하는 것인지 대군은 십여 명의 소첩들을 거느렸는데, 그들은 모두 다 뛰어난 미색이었다. 그러나 대군은 한낱 평범한 탕자가 아닌 큰 시인이었으며, 서가書家요, 화가였으며, 지음객知音客이었다.

붓을 들면 붓끝이 웅혼雄渾한 필치의 서회를 낳았고 금고琴鼓를 다루면 일세의 명수였다. 읊조리면 격이 높은 시부詩賦요, 노래를 부르면 명창이었다.

대군의 소첩들 중에도 시부 음곡에 각기 일가를 이룰 만한 여인들이 여럿 있었다.

대군은 낮에는 만좌한 빈객과 더불어 즐겼고, 밤이면 꽃그늘에 드새는 나비처럼 소첩의 품에서 날을 밝혔다.

소옥은 그날 하루를 어떻게 보냈는지 스스로 알 수가 없었다. 빈객들이 없었기에 대군은 소첩들을 한 자리에 모아 놓고 글짓기와 글씨쓰기로 소일을 했다.

소옥은 아직 글을 짓지 못했다.

일년 동안 대군에게 글을 배웠으나 글을 지을 만큼 통달치 못했기에 다른 사람들이 글을 짓는 동안 먹을 갈아주었고 틈틈이 대군이 시키는 대로 글씨를 썼다.

그러나 그날 이른 아침에 덕만을 만난 설레임이 종일 가라앉지 않았기 때문인지 제대로 글씨를 쓸 수 없었다.

덕만의 그 서글서글한 얼굴이 자꾸만 눈앞에 보이는 듯하여 제대로 붓끝을 다룰 수 없었던 것이다.

떠나온 뒤의 집안 일이며 어머니의 안부를 묻고 싶기도 했다.

아버지 없는 홀어머니와 동생의 일들이 늘 마음을 아리게 만들었던 것이다.

어쨌든 난데없이 덕만이를 만나게 된 것은 뭐라고 말할 수 없는 반가움과 기쁨이었다. 생각할수록 가슴이 뭉클해지며 눈물이 날 것만 같은 짜릿한 기쁨이었다.

"오늘은 웬일이냐? 소옥이의 글씨가 엉망이구나……."

대군의 말대로 소옥의 글씨는 획이 굵다가 가늘어지고 해서 매우 어지러웠다.

소옥은 마음 속의 일을 대군에게 들킨 것 같아서 가슴이 뜨끔했다. 그러나 대군의 얼굴에 다른 기색이 있는 것은 아니어서 마음이 놓였다. 그날 하루가 유난히도 긴 것 같아 소옥은 얼마나 지루했는지 모른다.

대군은 그날, 소옥의 방에 오지 않았다.

밤이 되자 소옥의 마음은 더욱 흔들렸다. 뜨는 듯 마는 듯 저녁상을 물렸는데, 시각이 흐를수록 더해지는 마음의 흥분을 누를 길이 없었다.

그것은 잠자리에 드는 대군에게서는 결코 느껴보지 못한 또 다른 흥분이었다.

대군은 귀한 분이며, 자기가 일생 동안 섬겨야 할 상전이라는 생각에 그분이 하는 대로 복종할 뿐이었다. 그녀는 대군이 죽으라면 죽어야 할 몸이었다. 싫지도 않고 그렇다고 좋아지지도 않는, 그냥 어려운 분일 뿐이었다.

소옥에게 아름다운 옷과 좋은 음식을 제공해 주고 며칠에 한 번씩 잠자리에서 그녀를 귀여워해 줄 뿐이었다.

그러나 덕만은 달랐다.

지나간 일 년 동안 가슴 속에서 두고 그리워하던 사람이다. 이웃에 가까이 있을 때는 그처럼 간절한 그리움이 없었다. 하지만, 떨어져 있는 일 년 동안 한가한 겨를만 얻으면 보고 싶어지는 사람, 그런 덕만이가 같은 울안에 있고, 또 이 밤엔 그를 만나보게 되었기에 너무나 즐거웠다.

'그런데 덕만이가 어떻게 이곳에 오게 된 것일까?'

소옥이 이 생각 저 생각을 하는 동안 밤이 깊어갔다. 소옥은 안절부절하며 서성거렸다. 인경을 치려면 시간이 얼마나 더 가야 할 것인가?

밤은 깊어가건만 잠은 저 멀리로 달아나고 있었다. 드디어 자정을 알리는 인경 소리가 들려오기 시작했다.

하나, 둘…… 스물네 번 울리는 인경 소리를 센 후, 소옥은 살며시 밖으로 나왔다.

그날 따라 달빛은 잠이 들어 별빛만이 더욱 총총했다.

누가 들을세라 발소리를 죽여가며 후원의 정자로 조용한 걸음을 빨리했다.

궁가宮家의 소첩이 외간 남자…… 더욱이 궁노와 깊은 밤에 몰래 만나는 것을 들키면 그야말로 무슨 형벌을 받지 모를 일이었다.

후원이 가까워지면서 코에 스며드는 풀냄새가 마냥 향기로웠다.

사방은 칠흑같은 어둠 속에 빠져 있었는데 풀벌레 우는 소리만이 요란했다.

소옥이 어두운 나무 그늘에서 잠시 연못가의 정자 언저리를 살펴보았다. 그리고는 발걸음을 더욱 조심스럽게 옮기며 정자쪽으로 다가갔다.

"왔어?"

소옥이가 정자를 향해 작은 소리로 입을 열었다.

"응! 복이야?"

대답하는 소리와 함께 정자 밑 어두운 한쪽 구석에서 검은 그림자가 나타났다. 두 사람은 살며시 다가섰다.

"복이!"

덕만의 굵직한 목소리에 소옥은 따뜻한 안도감을 느꼈다.

"응?"

소옥이가 채 대답할 겨를도 없이 덕만의 굵은 팔이 소옥의 몸을 끌어안았다.

"덕만아, 이곳에는 어떻게 왔어?"

덕만의 널찍한 품에 안긴 소옥이가 물었다.

"복이가 보고 싶어서 시골을 떠나왔지. 이곳 대군 궁에서 일하는 궁노가 되려고 얼마나 애를 썼는지 알아?"

왕족인 대군의 품속보다 덕만이 훨씬 더 포근했기에 소옥은 지그시 두 눈을 감았다. 그녀의 가슴은 기쁨과 두려움이 뒤섞여 두근거리건만…….

두 사람은 한동안 말없이 그대로 끌어안고만 있었다.

소옥이는 이윽고 덕만의 품에서 빠져나와 연못가 풀숲에 쪼그리고 앉았다. 덕만이도 그녀의 옆으로 와서 앉았다.

"밤이나 낮이나 복이가 그렇게 그리울 줄을 몰랐어. 그래서 왔지. 복이가 있는 집 안에서라도 살고 싶어서……."

"나도 그랬어."

"이젠 복이가 있는 여기서 죽을 때까지 살거야!"

"그렇지만 이러고 있는 것을 남에게 들키게 되면 큰일 나."

"남에게 들키게 되는 것이 그렇게 무서워?"

"……."

"뭐가 무서워, 형벌이?"

"아니, 덕만이와 다시 못 만나게 될까봐. 그것이 무서워……."

두 사람은 다시 서로의 몸을 끌어안았다. 소옥은 이대로 죽어도 여한이 없을 것 같다고 생각했다.

덕만의 손이 소옥의 몸 구석구석을 아끼듯이 어루만졌다. 소옥은 손으로 덕만의 얼굴을 쓰다듬고 있었다.

"상투를 맸네."

소옥이 말하자 덕만이 머쓱해 하며 대꾸했다.

"장가든 줄 알아? 머리꼬리가 보이는 것이 창피해서 궁에 들어올 때 헛상투를 썼지……."

그들 두 사람이 함께 꿈처럼 행복한 기분에 빠져들었을 때였다. 그때 누군가 갑자기

"궁중 상간이다. 꼼짝 마라!"

하고 벼락처럼 호통치면서 두 사람의 덜미를 움켜쥐었다. 때문에 덕만과 소옥은 기겁을 하며 자지러졌다.

다음 순간, 두 사람은 파랗게 질리고 말았다.

그들의 밀회 현장을 잡은 자는 대군궁의 수노였다.

"무엄한 불의로다. 가자! 옳치 네놈은 바로 새로 온 작노作奴놈이고……
이게 또 누구야…… 오라! 소옥 아씨로군."

어둠 속에서 살펴보며 수노는 계속해서 호통쳤다.

덕만과 소옥은 정신이 아찔해져서 숨통이 막힐 것만 같았다.

그러나 그들은 아무 말도 하지 않았다.

덕만은 능히 나이 먹은 수노가 움켜잡는 것을 뿌리치고 도망칠 수도 있었다. 그러나 혼자서 뛰기는 싫었다. 그는

'죽어도 복이와 함께 죽자.'

라는 생각을 하고 있었다.

수노의 호통소리에 집안사람들이 모이기 시작했다.

덕만과 소옥은 삽시간에 사람들에게 에워싸인 채 어쩔 줄 몰라 하고 있었다. 더운 여름날이라 잠이 깊게 들지 않았기 때문인지 집안 사람들이 모이는 속도가 빨랐다.

어둠속에서 사시나무 떨 듯하는 소옥의 모습이 덕만의 눈엔 무척이나 애처롭게 보였다.

별관에서 잠이 들었던 대군까지 그 일을 알게 되어 대군궁은 아닌 밤중에 발끈 뒤집히게 되었다.

등룡이 휘황하게 켜지고 두 사람은 궁인들에게 끌려가 별관 대청에 나와 앉은 대군 앞에 꿇어앉게 되었다.

"무더운 밤이어서 소인이 바람을 쏘이려고 후원에 이르렀을 때, 어디서 괴상한 인기척이 나옵기에 가만히 가까이 가서 보고 듣자오니 이 두 남녀가 서로 끌어안고 주고 받는 말이 하도 음란 망측하여 차마 입에 올리기 어렵기에 현장에서 붙잡아 왔습니다."

충직한 수노는 대군 앞에서 숨김없이 사실을 직고했다.

그 말을 듣고 있는 대군의 얼굴이 분노를 머금고 있음을 밤눈에도 알 수 있었다.

"놈은 누구더냐?"

"장차는 비부婢夫가 되겠노라고 2, 3일 전에 새로 작노하여 궁에 들어온 덕만이라는 놈이옵니다."

"음 그래, 네 이놈! 고개를 들렸다!"

대군의 위엄있는 호령에 덕만은 고개를 들었는데, 모든 것을 각오한 듯이 태도가 의연했다.

한참 동안 뚫어지게 덕만을 바라보던 대군이 조용히 물었다.

"네가 언제부터 소옥과 친했느냐?"

"이미 몇 해가 되옵니다."

"뭐? 몇 해가 된다고……."

"그렇습니다. 소인이 고향에 있을 때부터 이웃에서 살았으니까요."

"그럼 그때부터 상간했었느냐?"

"아니올시다. 그냥 알고 사모했을 뿐이옵니다."

"이놈! 바른대로 고하렸다. 서로 알았으면 상간하지 않게 될 이치가 있느냐?"

"서로 사모는 하면서도 사모한다는 말조차 입밖에 비친 적이 없사오니 상간이란 말은 당치도 않습니다요."

"그럼 이곳에 와서는 이미 상간을 했지?"

대군의 목소리가 분노로 인하여 점점 커졌다.

"그 말씀은 진정 부당하십니다. 소인이 주야로 잊지 못해 먼 발치에서나마 바라보며 살고 싶은 뜻은 있었사오나, 상간하지는 않았습니다. 또 오늘 밤에 비로소 만나기는 했으나 그동안의 서로의 안부를 말했을 뿐 상간이란 당치 않습니다."

덕만은 숨김없이 사실 그대로 당당히 말했다.

자기가 사모하는 사람과 그리움을 이기지 못하여 서로 만난 것은 결코 죄라고 생각되지 않았고, 그것으로 인해 형벌을 받게 된다면 달게 받을 결심도 이미 되어 있었다.

"서로 끌어안고 주고 받는 말이 음탕했다던데…… 이놈, 그래도 속이려드느냐?"

"아닙니다. 꼭 일 년만에 만나게 되어 반가워서 서로 끌어안고 몇 마디 말은 했으나 음탕한 말은 아니었습니다."

"소옥아!"

대군이 소옥을 불렀으나 그녀는 고개를 들지 못했다.

"내가 네게 무엇을 부족하게 했기에 그런 행동을 했느냐?"

"……."

"너 또한 저놈을 그리워했단 말이냐?"

"그렇사옵니다."

고개를 숙인 채 분명한 목소리로 소옥은 대답했다.

"지금은 어떠냐? 지금도 저놈을 사모한단 말이냐?"

"법으로는 나으리를 쫓사오나……."

소옥은 말을 맺지 못하고 흐느꼈다.

"법으로는 나를 따르지만……."

잠시 부드러워졌던 대군의 목소리는 다시 높아졌다.

"마음으로는 덕만을 사모하옵니다."

"으음, 그래?"

"네."

소옥이 비로소 당상을 바라보았다. 소옥의 눈길이 대군과 한참 동안 마주쳤다.

"진정으로 하는 말이냐?"

"나으리께 황송하옵니다."

소옥은 다시 고개를 떨어뜨렸다. 소옥의 말을 듣고 난 대군은 전신을 부르르 떨며 소리쳤다.

"그래, 너희들은 조금도 후회하지 않는단 말이지?"

그러나 뜰에 꿇어앉은 두 사람은 말이 없었다.

"네 이놈 덕만아, 그래 후회하지 않겠다는 거냐?"

"황공합니다."

"너 소옥은?"

"……."

"에이, 이 연놈을 광 속에 가두어라. 그리고 지금 당장 궁예宮隸들을 시켜 형조에 사실대로 알려서 이 무도한 두 연놈을 물고를 내라고 전해라."

대군은 자리를 차고 일어서더니 내당으로 들어갔다.

덕만과 소옥은 깊은 연민의 정이 담긴 눈으로 서로의 모습을 바라보았다. 대군이 형조에 명하여 물고를 내라고 명했으니 이제는 꼼짝없이 죽는 몸들이다. 하지만 두 사람은 죽음이라는 것이 그다지 두렵게 생각되지 않았다.

소옥은 덕만과 같이 죽는다면 차라리 기쁜 일이라고까지 생각했다. 드디어 그들은 캄캄한 광속에 갇혀 그날 밤을 보내고 이튿날 동이 틀 무렵 형조 집리執吏가 거느린 사령들에게 이끌려 가서 옥에 갇히게 되었다.

그날 아침 진시쯤이 되었을까.

두 사람은 다시 옥승獄丞 앞으로 끌려나왔다.

당상에 앉은 옥승은

"너희들 남녀는 마땅히 자기의 죄를 알렸다."

하고 크게 호령했다.

두 사람은 아무 말도 없이 고개만 숙이고 있었다.

'복이.'

'덕만이…….'

서로 아끼는 두 사람의 눈은 상대의 마음을 읽고 있었다.

'복이와 같이 가니…… 난 기뻐.'

'나도…… 너와 함께 가는 곳이라면…….'

두 사람은 서너 명의 형리에게 이끌려 전옥 당상청 앞을 물러나왔다.

교형을 집행하는 형실은 전옥서典獄署 안에 있었다. 두 사람의 죄수들은 드디어 형실의 문 앞에 이르렀다.

"너 덕만이 먼저 들어가거라."

형리들은 덕만을 향해 말했다.

드디어 마지막 순간이 온 것이다.

"복이!"

덕만의 애절한 사랑을 먹음은 목소리로 소옥을 부르며 안타까운 듯이 바라보았다. 소옥 역시 대답없이 덕만을 바라보기만 했는데, 그 고운 눈에 눈물이 맺혔다.

"어서 들어가! 시간이 없다."

덕만이 소옥의 몸에서 눈길을 떼지 않은 채 형실로 들어가려고 했을 때였다.

"기다려라!"

하는 소리와 함께 옥승이 당상청으로 통하는 문으로부터 나왔다. 옥승은 한 사람의 사령을 거느리고 있었는데, 그 사령의 팔에는 묵직한 전대가 드리워져 있었다.

"너희들은 물러가거라."

옥승이 명령하자 덕만과 소옥을 처형하려던 형리들이 물러갔다. 덕만과 소옥은 옥승 앞에 무릎을 꿇었다.

"안평대군의 각별하신 부탁으로 너희들의 엄형을 중지한다. 그 부탁이 조금만 늦었어도 너희들은 이미 형을 받고 죽었을 것이다. 궁중의 풍기를 바로잡기 위해 너희를 처형하고자 형조에 보냈으나, 물고시키기에는 불쌍하다는 고마운 말씀을 하셨다. 너희는 즉시 한양 백 리 밖으로 나가 다시는 도성 안으로 들어오지 말라는 분부이시다. 알겠느냐?"

옥승이 잠깐 말을 끊고 사령에게 눈짓을 하자 사령이 들고 있던 전대를 두 사람 앞에 내려놓았다.

"이것은 대군께서 내리시는 돈이다. 얼마인지는 나도 모른다. 너희들의 살림 밑천으로 주시는 돈인가 한다. 어쨌든 너희에게 주라는 분부셨으니, 이것을 가지고 어서 가거라. 지체하지 말라!"

옥승은 사령에게 두 사람을 뒷문으로 내보내라고 명령하고는 당상청으로 들어가 버렸다. 망연히 정말로 망연하게 옥승의 말을 듣고 있던 두 사람은 너무나도 꿈같은 사실에 넋을 잃고 있다가, 이윽고 사령들이 보는 것도 아랑곳하지 않고 서로 끌어안았다.

그들의 눈에서는 너그러운 대군의 넓은 은혜에 감격하는 눈물이 빗물처럼 쏟아졌다.

"이 사람들아! 너무 부러워진다. 끌어안고 싶거든 집에 가서 실컷 해라. 남의 앞이니 너무 그러지들 말고 어서 나가거라."

늙은 사령의 목소리에 제정신을 차린 두 사람은 눈물을 닦으면서 함께 웃었다.

두 사람은 얼마 후 동작 나루를 건너 남쪽으로 통하는 큰 길로 들어서게 되었다. 봇짐을 진 덕만과 선녀같이 예쁜 소옥이는 한양을 향해서 나란히 무릎을 꿇고는 절을 올렸다.

"대군마마, 고맙습니다."

"고맙습니다."

정성껏 절을 하고 난 두 사람은 이상하게 여기며 곁눈질하는 행인들을 뒤로 한 채 남쪽으로 걸음을 옮기기 시작했다.

구름 한 점 없는 하늘처럼 맑은 마음으로…….

뒷날, 안평대군은 형 세조대왕의 손에 무참히 죽었다.

덕만 내외는 고향에서 아들 딸 잘 낳고 남부럽지 않게 살면서 안평대군의 기일이 되면 남모르게 그늘에서나마 정성껏 그의 제사를 드렸다고 전해진다.

궁녀를 내친 현군 세종

어느 날 세종에게 함길도의 벼슬아치가 잘 기른 사슴 한 쌍을 바쳐 왔다. 그것을 본 세종은

"진귀한 날짐승과 기묘한 길짐승을 기르는 것은 옛 어른들도 경계했던 일이다. 과인은 백성을 보살피고 책을 읽는 것만 해도 바쁘고 벅찬데, 어느 겨를에 애완물을 즐길 수 있겠는가. 다시는 이런 물건을 보내지 말라."

하면서 물리쳤다.

세종은 보위에 오른 지 얼마 되지 않았을 때, 심한 탈수증에 걸렸다. 아무리 물을 마셔도 갈증이 해소되지 않으므로, 어의를 불러 진맥을 받았다.

진맥을 끝낸 후 물러나간 어의는 왕의 음식을 맡아서 장만하는 사선관한테 처방을 말했다.

"전하의 환후는 탕약을 드시느니보다 약되는 음식을 잡수시는 것이 가장 좋은 치료 방법입니다. 흰 수탉과 노란 암탉과 양고기를 한데

고아서 오랫동안 드시게 하면 나을 것입니다."

그 말을 들은 사선관은 그날로 닭고기와 양고기를 고아 왕의 수라상에 올렸다.

세종이 상을 받고 보니 전에 없던 음식이 놓여 있으므로, 사선관을 불러 물었다. 사선관이 의관의 말을 옮기자, 세종은 부드러운 말로 책망했다.

"이제부터는 이런 값진 음식은 올리지 말도록 하여라. 과인이 평소에 의복과 음식을 검소히 하는 것은 물건을 아끼자는 마음에서인데 이 무슨 사치스러운 음식이냐. 하물며 양은 우리나라에서 생산하는 짐승도 아니요, 멀리 외국에서 가져오는 동물이 아닌가. 내가 이런 음식으로 병을 고치자면 수백 마리의 닭과 양을 잡아먹어야 할 것이니, 그것이 백성들에게 얼마나 부담을 주는 일이 되겠느냐."

사선관은 어전에 엎드려 아뢰었다.

"전하. 아뢰옵기 황송합니다만, 우리 조선이 아무리 작은 나라라고 할지라도 존엄하신 전하 한 분의 환을 다스리기 위해 그 정도의 짐승을 잡는 것을 어찌 마다하겠으며, 그것이 백성들에게 무슨 큰 폐가 되겠습니까. 뿐만 아니라 양은 외국에서 들여오는 것이 아니라, 요즈음은 우리나라에서도 많이 기르고 있어서 조달에 어려움이 없습니다. 그러니 분부 거두시고 부디 이 약식을 오래 잡수셔서 옥체를 보전하십시오."

"무슨 소리냐. 아무리 미물일지언정 짐승을 함부로 죽여서도 안 되거니와, 백성들에게 조금이라도 민폐를 끼치는 것 역시 과인으로서는 못 할 노릇이다. 그러니 더 이상 아무 소리 말라."

사선관을 꾸짖은 세종은 끝내 그 음식을 들지 않았다.

왕위에 오른 지 얼마 되지 않았을 때 세종은 경복궁 후원에 있는 경회루 동쪽에 초가집 한 채를 지으라고 지시했다.

이윽고 초라한 초가집이 완성되자, 때때로 그곳에 거동하여 몸소 들어가 지내곤 하는 것이었다.

그 모양을 본 중신들과 궁인들은 해괴스럽고 민망해서 그냥 넘어갈 수가 없었다. 그래서 그런 행동을 중지하도록 간청하자, 세종이 말했다.

"과인은 한 나라의 왕자로 궁중에서 태어나고 자란 사람이다. 그러므로 가난한 백성들이 초라한 오두막 초가살이를 하는 것이 얼마나 괴롭고 불편한지를 알 수가 없다. 나라를 다스리는 몸으로써 백성들의 고초와 불편을 몰라서야 어찌 참된 군왕이라고 할 수 있으며, 그들을 복되게 다스릴 수 있겠는가. 과인은 백성들의 가난한 생활을 조금이라도 체험함으로써 이해하고자 이 초막을 짓고 그들과 똑같은 생활을 해보려는 것이다."

백성을 생각하는 정성이 그처럼 지극했으니, 본인의 말 그대로 구중궁궐에서 태어나 어려움이라고는 아무것도 모르고 자라난 사람으로서는 참으로 타고났다고 할 수밖에 없는 어진 마음이다.

세종은 그처럼 인후하고 사려 깊은 왕이었으며 국가 운영에 전심전력을 기울인 탁월한 명군이었지만, 그 역시 한 사람의 남자인 까닭에 여색에 대한 흥미만은 여느 임금에 뒤지지 않았다. 절대 왕권의 세상인 데다 아리따운 여인들이 항상 주위에 얼씬거리고 있었으니 당연히 그럴 수밖에 없었다.

궁녀들 가운데 특히 미색이 뛰어나고 재기가 발랄한 여자가 있어 한때 세종의 총애를 받았다.

그 궁녀는 갖은 교태로 왕의 마음을 사로잡았다고 생각되자, 어느 날 밤 베갯머리에서 가만히 속삭였다.

"상감마마 쇤네한테 간절한 소원이 한 가지 있습니다."

"무엇이냐?"

"들어주렵니까?"

"어디 말해 보아라."

사랑스러운 여인한테 소원이 있다는데 귀를 기울이지 않을 세상 남자는 없는 것이다.

"쇤네한테는 한 분 오라버니가 계십니다."

"그러하냐."

"오라버니가 지금 호조戶曹의 미관말직으로 봉직하고 있는데, 벼슬은 낮고 가난해서 살기가 힘들다고 합니다."

"그래?"

"오라버니 벼슬을 좌랑佐郞으로 올려주실 수 없겠사옵니까? 은총을 베풀어 주시면, 쇤네는 전하를 더욱 지극 정성으로 모시겠습니다."

좌랑이면 지금의 차관보 정도의 고위직이다.

그 말을 들은 세종은 그 자리에서는 가타부타 하지 않고 적당한 말로 때워 넘겼다.

이튿날 아침, 세종은 신임하는 내관을 조용히 불렀다. 그러고는 그 궁녀를 대궐 밖으로 아예 내보내라는 엄한 분부를 내렸다.

"어린 것이 그처럼 국사에 관계되는 중대한 일을 간청하는 것은, 과인이 분별없이 그 아이를 너무 가까이 한 탓일 터이다. 벌써부터 그런 소리를 하고 있으니, 장차 어떤 것을 요구할지 알 수 없구나. 그 폐단을 미리부터 차단하려는 생각이니, 다시는 내 앞에 보이지 않게 하라."

분별력과 균형 감각도 이 정도면 감탄하지 않을 수 없다.

세상의 영웅호걸과 관후장상들이 미색에 혹하여 실수하는 경우를 역사적 사실에서 가끔 발견하게 된다. 오히려 그래서 그의 인간적 면모를 확인하기도 한다. 그러나 그 인간적 실수는 자칫하면 확대될 수 있고, 그러면 그것이 큰 부작용을 불러일으킬 수 있다는 위험성을 경계해야 하는 것이다.

그런 측면에서 본다면, 세종은 대단한 현인이라 하지 않을 수 없다.

소년 성삼문을 일깨운 노인

성삼문이 어렸을 때, 그의 집은 몹시 가난했다. 하루 세 끼니 때우는 일을 걱정하지 않는 날이 드물었고, 무릎 해진 옷일망정 고맙게 입지 않을 수 없는 형편이었다.

그처럼 어렵게 살아가는 그의 집에 또 한 가지 크게 부담되는 일이 생겼으니, 그의 누이가 과년하여 시집을 가게 되었던 것이다. 성년이 되어 결혼하는 것은 인간사의 가장 큰 행복이요 즐거움이련만, 워낙 가난한 집이고 보니 그것이 도리어 큰 걱정거리가 되었다.

"이 잔치를 무슨 수로 치른단 말인가!"

가장인 성승은 나오느니 한숨뿐이었다. 혼례일은 하루하루 다가오는데, 아무것도 준비되어 있지 않았으니 답답한 노릇이었다.

궁하면 통한다더니, 노심초사하던 성승은 마침내 한 가지 방도를 생각해 냈다.

성승은 아들을 불렀다.

"너 아비 말을 잘 들어라. 성례할 날은 다가오는데 빈 손으로 대사를 치러야 할 판이니 부득이 비상 수단을 강구하지 않을 수 없구나. 지난날 우리 집에서 종살이하던 막언이란 녀석이 지금 황해도로 도망 가서 제법 괜찮게 산다는 소식을 들었다. 그 녀석한테 가서 사정 이야기를 하면, 옛날 일을 생각해서라도 도움을 거절하지는 않을 듯싶다. 그래서 이 아비가 가든지 네가 가든지 해야겠는데, 너의 생각은 어떠냐?"

"아버님, 그것이 무슨 말씀입니까. 종한테 빚을 얻다니, 그것은 선비의 집안에서 할 수 있는 일이 아니라고 생각합니다."

"난들 왜 그것을 모르겠느냐. 하지만, 그것밖에 다른 궁리가 없어서 하는 소리다."

"아버님 뜻이 정 그러시다면 제가 다녀오겠습니다."

"오냐. 마음을 정했으면 머뭇거릴 것 없이 얼른 다녀오너라."

"잘 알았습니다."

성삼문은 행장을 차린 다음 하인 하나를 앞세우고 말 위에 올라 먼 길을 떠났다. 마음이 바쁜만큼 세상 풍물을 구경하며 느릿느릿 여유를 부릴 겨를이 없었다.

며칠만에 황해도 땅에 접어들어 어느 산길을 지날 때였다.

날은 어두워지려고 하는데 마을이나 주막이 보이기는커녕 나무숲이 앞을 가려 어디가 어딘지도 분간할 수가 없었다.

"박 서방, 곧 날이 어두울 모양이니 말을 좀 더 빨리 몰아야겠어."

성삼문이 불안한 마음으로 재촉하자, 하인은 불만스러운 듯이 말했다.

"이렇게 될 것 같아서, 아까 주막집에 하룻밤 묵자고 하지 않았습니까."

"하지만 그때는 해가 많이 남아 있었잖아. 산이 이렇게 깊을 줄 누가 알았나."

"하여튼 소인은 모르겠소. 가다가 호랑이를 만나든지 말든지."

하인은 짓궂은 소리로 심술을 부리면서도 말을 재촉하여 걸음을 빨리했다.

그때였다. 별안간 뒤에서 누군가가,

"여보시오, 앞에 가는 분들!"

하고 부르며 달려오고 있었다.

성삼문이 고개를 돌려 바라보니, 키와 몸집이 크고 우락부락하게 생긴 사내였다. 사내는 한달음에 달려와서 성삼문에게 인사를 했다.

"어디로 가시는 공자이신지 모르겠으나, 이 깊은 산 속에서 고생이 많으십니다."

모습과는 달리 제법 공손한 말씨였다.

"노형은 뉘시오?"

"예, 저는 이 산 너머까지 갑니다. 그런데 그렇게 길을 따라가시면 내일 아침까지 걸어도 산을 벗어나지 못할 것입니다. 제가 지름길로 안내할 테니 따라오시겠습니까?"

성삼문이 가만히 생각해 보니, 다른 도리가 없을 것 같았다. 사내의 생김새를 보건대, 무슨 나쁜 흉계를 품고 있지 않을까 하는 의구심이 들기도 했지만, 설마 무슨 일이 있으랴 하고 자신을 달랬다.

"좋소. 그럼 수고스럽지만 안내해 주시겠소?"

"따라오십시오."

사내는 길을 벗어나서 산 속으로 성삼문을 안내했다. 나무가 빽빽한 숲 속이었지만, 사내는 신통하게도 보이지 않는 길을 따라 잘도 앞장서서 나아가고 있었다.

이제 날은 완전히 어두웠다. 나뭇가지 사이로 달이 보였으나, 숲이 워낙 깊어서 길 방향을 알 수가 없었다. 말조차도 가기를 싫어하는 비탈이 나타나고, 천 길인지 만 길인지 가늠할 수 없는 벼랑을 만나기도 했으며, 가파른 계곡의 개울을 건너기도 했다.

'이 자는 틀림없이 산적인가 보다. 공연히 따라와서 큰 변을 당하게 생겼으니 어쩌면 좋담.'

성삼문은 불안해서 견딜 수 없었으나, 이제는 돌이킬 수도 없는 일이었다. 목숨을 하늘에 맡기고 사내가 이끄는 대로 따라갈 수밖에 없었다.

험한 고개를 몇 번이나 오르내린 후 별안간 나타난 바다를 끼고 가파른 비탈길을 조심조심 돌아서 다시 산을 넘었을 때, 마침내 일행의 눈앞에 마을이 나타났다. 넓은 들을 끼고 있는 큰 마을이었는데, 집집에서는 불빛이 새어 나오고 있었다.

'아! 이젠 살았구나.'

성삼문은 몰래 안도의 한숨을 쉬었다.

"따라오시기는 했어도 무척 겁이 났지요?"

우락부락한 사내는 속을 다 들여다보고 있다는 듯이 웃으며 성삼문에게 말했다.

"그건 사실이오."

"이젠 다 왔습니다. 저 마을에 가서 묵어 가시지요."

성삼문이 마을에 도착하여 놀란 것은 집들이 하나같이 덩그런 기와집이라는 사실이었다. 상당한 부자 마을인 모양이었다.

사내는 그 주위에서 가장 크고 넓은 집으로 성삼문을 안내했다.

임금의 대궐이 부럽지 않을 만큼 고래등 같은 저택이었다.

사내는 높다란 대문 앞에 성삼문을 멈추게 한 후, 주인한테 이야기를 하고 나오겠다며 안으로 들어갔다.

성삼문이 말에서 내려 대문 안을 살짝 들여다보니 밝은 달빛 아래, 뜰안에는 이름 모를 기화요초가 무성하고 잘 꾸민 연못가에 정자가 오똑하니 들어앉은 풍경이 마치 신선의 동산 같았다.

'깊은 산 속에 이런 으리으리한 저택이 어떻게 있을 수 있단 말인가. 아마도《수호지》에 나오는 양산박처럼, 여기가 필경 대단한 도적떼의 소굴이 틀림없어. 그렇다면 호랑이 아가리 속에 들어온 셈이구나.'

사라졌던 불안감이 다시 밀려오며 오금이 저렸다.

그때, 조금 전의 사내가 나타나서 주인한테 안내할 테니 따라 들어오라고 했다.

성삼문은 그의 말을 따르는 수밖에 없었다.

높다란 대문과 넓은 마당을 지나서 마침내 큰 누각 아래 도착하니, 수염이 허옇고 신선 같은 모습의 노인 한 사람이 계단을 내려오며 반갑게 맞아주었다.

"뉘댁 공자인지 모르겠으나, 어서 오시게."

"실례가 되는 줄 알면서도 어쩔 수 없어 밤 늦게 찾아왔습니다."

노인의 모습과 태도를 보고 조금 마음이 놓인 성삼문은 정중하게 허리를 굽혔다.

"저는 집이 한양이고, 아버님 함자는 성자 승자이시며, 제 이름은 삼문이라고 합니다. 폐가 되는 줄 알면서도 부득이 찾아뵙게 되었습니다."

"사람의 집에 사람이 찾아드는 것은 당연한 법, 이리 올라오시게나."

성삼문을 전각 안으로 안내한 노인은 아랫사람들을 시켜 음식상을 들여왔는데, 삼문이 보니 태어나서 한 번도 구경하지 못한 산해진미였다. 워낙 시장하던 참이므로 배부르게 먹었다.

성삼문이 마침내 상을 물리자, 노인이 조용히 물었다.

"보아하니 가풍이 범연하지 않은 집안의 제자분 같은데, 대관절 무슨 일로 어디까지 가는지 사연을 말해 줄 수 없겠나?"

떳떳하지 못한 일이라 마음이 켕겼지만, 그렇다고 거짓말을 하기도 뭣하여 성삼문은 자기가 무슨 일로 어디까지 간다고 솔직히 털어놓았다.

가만히 듣고 있던 노인은 고개를 저으며 말했다.

"그것은 선비의 집안에 어울리는 일이 아닌 것 같군. 아무리 형편이 어렵다 하더라도 지켜야 할 체통이 있지 않은가?"

"아버님이나 전들 왜 그것을 모르겠습니까. 그렇지만 다른 도리가 없어서……."

"아무리 그렇더라도 길이 아닌 쪽으로 가서는 안 되지 않겠는가. 방법은 찾아보면 있는 법일세. 그 혼례 비용을 내가 변통해 줄 터이니, 자네는 집으로 돌아가도록 하게."

"말씀은 감사합니다만, 처음 뵙는 어른한테 어찌 그런 신세를 질 수 있겠습니까."

"옛날 종살이하던 붙이한테 부탁하는 것보다야 낫지, 뭘 그러나."

"……."

"내가 자네한테 그만한 호의를 베풀려고 하는 것은, 보아 하니 자네가 앞으로 귀하게 될 인물이므로 아끼는 마음에서일세. 어떤가?"

"그렇게까지 말씀하시니, 염치 없지만 높으신 뜻을 따르겠습니다."

"오늘은 여기서 자고 내일 아침에 집으로 돌아가게나. 그러면 내가 주선해서 보낸 것이 자네보다 먼저 도착해 있을 것이네."

성삼문은 믿을 수도 안 믿을 수도 없는 처지였다. 다시 한번 관심있게 노인을 쳐다보니 신선 같은 풍모와 그윽한 분위기가 속세의 사람 같지 않았다.

성삼문은 속으로 감탄하며 말했다.

“제가 감히 이런 말을 입에 올리기는 어려우나, 어르신께서는 들판같이 넓은 국량과 바다같이 깊은 식견을 가지고 계신 듯합니다. 그렇다면 큰 포부를 펴서 성명을 세상에 떨치시는 것이 마땅하다고 생각하는데, 어째서 이런 산 속에서 호젓한 생활을 하고 계십니까?”

“비는 공평하게 내리지만, 무성한 나무도 있고 메마른 나무도 있네. 본래 미천한 집안에서 태어났으니, 세상과 더불어 산들 어떻고 버림을 받은들 대수겠나. 이렇게 한가로운 생활을 하더라도 벼슬살이하는 것보다 못할 것 없지. 성현의 글을 읽음이 나한테는 임금이나 아버님을 대하는 것과 같고, 옛 사서를 읽음이 공무를 보는 것과 같고, 소설을 읽음이 광대를 보는 것과 같고, 시를 읊음이 가무 음률을 듣는 것과 같다네. 스스로 만족하니 그것이 곧 부귀요, 욕을 당하지 않으니 그것이 곧 영화며, 재앙이 없으므로 복이요, 애써서 할 일이 없으니 신선이 아니겠나. 그런데 더 무엇을 더 바라겠나.”

노인은 그렇게 말하고 껄껄 웃는 것이었다. 성삼문은 진심으로 탄복하여 머리를 조아렸다.

“참으로 좋은 말씀을 들려주셨습니다. 먼지에 찌들었던 가슴이 확 트이는 듯합니다.”

창을 통하여 방에 들어온 달빛이 옥같이 맑게 빛나고, 그 아래에 앉은 노인은 금방이라도 하늘로 올라갈 것 같은 신비로운 분위기를 자아내었다.

노인은 조용히 일어나 난간으로 나가 노래를 부르기 시작했다.

동서남북 다녀보아 뜬 세상인 공空이로다

하늘도 공, 땅도 공 답답한 인생이여
해도 공, 달도 공 오고 간들 무엇하며
논도 공, 밭도 공 임자만이 갈라놓네
금도 공, 은도 공 죽어지면 빈 손이요
아내도 공, 자식도 공 저승길에 못 만나리
대장경엔 공도 색 반야경엔 색도 공
아침은 여기, 저녁은 저기 인생인즉 벌이로다
꽃 찾아서 꿀 만들되 모름지기 공이어니
삼경 북 이제 듣고 오경 종 모르누나
궁굴려서 생각하니 어즈버, 꿈이로세

참으로 심오한 철학을 시사하는 노래였다.

성삼문이 경탄의 심정으로 그 내용을 음미하고 있을 때, 노인은 노래를 마치고 그에게 말했다.

"밤이 이미 깊었으니 사랑에 나가서 몸을 눕게. 그리고 내일 아침에 길을 떠날 즈음에는 서로 만나지 못할 것이니, 아예 작별하세."

"무슨 말씀이시온지요?"

"이 늙은이는 새벽에 어디로 가야 할 일이 있다네."

그렇게까지 말하는데 더 뭐라고 물어볼 수도 없었다.

성삼문은 노인한테 절을 하고 물러나와서 그 집 하인이 안내해 주는 사랑방에 들었다.

잠자리에 누웠으나, 피곤한데도 불구하고 잠이 쉽게 오지 않았다. 깊은 산 속에 이런 선경 같은 곳이 있다는 것이 믿어지지 않았고, 노인의 정체가 몹시도 궁금했다.

그러다가 어느 결에 깜빡 잠이 들었는데, 바깥에서 새소리가 들려오는 바람에 깨어 보니 어느덧 이른 아침이었다.

알맞은 시간에 아침상이 들어왔으므로 몇 숟갈 뜬 성삼문은 데리고 온 하인을 찾았다.

"김 서방, 어서 말에 안장을 얹게."

"벌써 출발하시려구요?"

"한양까지 수백 리 길이나 되니 가능한 한 빨리 움직여야지."

"집에 돌아가신다는 말씀입니까?"

"그래."

"아니, 도련님. 막언이란 놈 찾아볼 일은 어떻게 하구요?"

"그것은 김 서방이 걱정할 일이 아니잖아."

그는 하인에게 핀잔을 주고는 출발을 서둘렀다.

간밤에 이야기한 대로 노인은 이미 어디론가 떠나고 없었으므로, 성삼문은 다만, 그집 하인의 배웅을 받으며 그곳을 출발했다.

일러주는 방향대로 한양을 향하여 걸음을 재촉하는 성삼문의 가슴 속에는 이 생각 저 궁리가 한데 엉켜서 떠올랐다. 엄연히 눈으로 보고 귀로 들은 현실이면서도 꼭 무엇엔가 홀린 것 같은 기분이었다.

무엇보다도 그냥 집으로 돌아가도 될 일인지 걱정이 앞섰다. 노인은 혼례 비용을 아무 조건없이 변통해준다고 했고, 조금 전 그집 하인의 말에 의하면 누군가가 노인의 심부름을 받고 한양으로 미리 떠났다고 했지만, 과연 그 말을 믿어야 할지 어떨지 자신이 서지 않았다.

'만일 노인의 약속이 빈 말이었거나, 심부름꾼이 도중에 무슨 일을 당하여 한양에 올라가지 않기라도 한다면, 그건 상상할 수도 없는 일이 아닌가.'

그렇게 생각하자니까 노인의 말만 믿고 발걸음을 돌린 자기의 처사가 너무 경솔하지 않았는지 후회스러웠다. 그렇다고 이제 와서 다시 본래의 목적지로 가자고 하인에게 지시할 수도 없었다.

'에라 모르겠다. 모든 것은 하늘에 맡기자. 어제 저녁 이후 나한테 일어난 일은 아무래도 내 지식과 판단의 한계를 벗어난 것이다. 그렇다면 거기에 순응할 수밖에 없지 않은가.'

그렇게 생각한 성삼문은 마음을 느긋하게 먹기로 했다. 그러나 마침내 한양에 도착하여 동대문을 통과한 다음 집이 가까워지자 다시금 태산 같은 걱정이 가슴을 짓눌렀다. 무사히 돌아왔다는 안도감은커녕, 소가 도살장에 끌려온 것과 같은 심정이었다.

이윽고 집에 도착한 성삼문이 얼른 대문을 넘어서지 못하고 문 밖에서 머뭇거리며 우선 집안의 분위기를 살펴보니, 이상하게도 사람들이 어른 아이 할 것없이 모두 즐거운 얼굴로 분주하게 움직이고 있었다.

성삼문을 발견한 가족들이 달려나와 반갑게 맞았다.

성삼문은 말에서 내려 우선 아버지한테 인사를 올렸다.

"그동안 존체 안녕하셨습니까?"

"오냐, 고생 많았겠구나."

"소자가 아버님의 지시를 어기고 도중에서 돌아왔으니 그 죄가 큽니다. 처벌을 내려주십시오."

성삼문은 무릎을 꿇고 고개를 숙였다. 성승의 눈이 휘둥그레졌다.

"아니, 그것이 무슨 말이냐. 네가 돈을 천 냥이나 보내주어서 네 누이의 혼례 준비를 넉넉하게 할 수가 있었기에 온 집안 사람들이 이렇게 바쁘게 돌아가는 중인데."

"예에, 그렇습니까?"

성삼문은 고개를 끄덕였다. 그 이상한 노인이 자기와 약속한 바를 지켰다는 것을 비로소 알 수 있었다. 그는 어리둥절한 아버지한테 자기가 겪은 일을 소상하게 이야기했다.

고개를 끄덕이며 듣고 난 성승은 탄식하여 마지않았다.

"세상에는 이상한 일도 많다. 네가 만났다는 그 노인은 필경 예삿사람이 아닐 것이다. 네가 귀하게 될 인물이기 때문에 돕는다고 했으니, 그 뜻을 그대로 받아들임이 옳을 것 같다. 아무쪼록 그 말을 심중에 새겨 학업에 열중함으로써 하늘이 정하신 바에 스스로 그릇됨이 없게 하라."

"명심하겠습니다."

성삼문은 그 후 공부를 하면서 게으름을 피우고 싶거나 엉뚱한 짓에 유혹을 받을 때마다 이상한 노인을 생각하며 자신을 가다듬었고, 그리하여 마침내 과거에 급제했던 것이다.

황희 정승의 선견지명

황희는 전라도 장수 태생으로 태조에서 문종까지 다섯 임금을 섬겼으며, 일인지하 만인지상인 영의정을 오랫동안 지낼 정도로 관운도 좋고 국가에 많은 공훈을 남겼으나, 청렴하여 항상 가난을 면치 못했다.

황희는 성품이 더없이 너그럽고 인자하며, 신분이 낮은 사람이라고 절대 함부로 대하는 법이 없었다.

특히 어린아이를 좋아해서 하인의 자식들도 친자식이나 친손자를 대하듯 할 뿐 아니라 같이 웃고 장난치고 떠들기를 즐겼다. 그러다 보니 아이들은 조금도 어려워하는 법없이 흙 묻은 맨발로 사랑에 함부로 퉁탕거리며 드나들고, 써 놓은 글에 먹을 엎질러 망쳐 놓기도 하며, 밥상이 들어오면 달려들어 삽시간에 먹어치우기 일쑤였다. 심지어는 무릎에 올라앉아 수염을 쥐어뜯기도 하고 마구 때리기도 했다.

한번은 그가 어느 대신의 집에 갔을 때, 그 대신이 하찮은 일로 하인을 호되게 꾸짖는 것을 보고는 점잖게 타일렀다.

"저들이 비록 하인배이기는 하나 똑같은 천민이요. 이 나라의 백성이니, 너무 그렇게 나무라지 마시구려."

마침 그때 한 사람이 다리를 절면서 대문 앞을 지나가고 있었다.

그것을 본 대신이 무안한 마음을 감추고자,

"허허, 저기 지나가는 친구는 왜 한쪽 다리가 저렇게 짧지?"

하고 우스갯소리를 했다.

그러자 황희가 말했다.

"아니, 기왕이면 한쪽 다리가 길다고 하는 편이 낫지 않겠소?"

하루는 조정의 일을 마치고 집에 돌아오니 선비 한 사람이 기다리고 있었다.

벼슬이 정승쯤 되면 아무나 쉽게 찾아가서 만날 수 없는 신분이지만, 그의 집 사랑방은 개방되어 있어서 누구든지 아무 때나 드나들 수 있었고, 만남에 신분의 귀천을 가리지 않았다.

"노형은 무슨 일로 나를 찾아오셨소?"

나라의 정승으로부터 그처럼 정중한 인사를 받은 선비는 넙죽 엎드렸다.

"사실은 대감께 하소연하고 항의할 일이 있어서 찾아왔으나, 소생 같은 시골 출신의 하찮은 선비를 이처럼 대접해 주시니 황감하기 그지없어 그만 돌아갈까 합니다."

"무슨 일인지는 모르겠으나, 기왕 오셨으니 말씀을 해보시구려."

"대감께서 그렇게 말씀하시니 할 수 없이 여쭙겠습니다. 사실은 내가 어제 한강 동작 나루에서 대감댁 하인에게 큰 봉변을 당했기에, 대감으로 말씀드리면 만민이 우러러보는 어른이신데, 그 하인배가 그럴 수 있나 싶어 찾아온 것입니다."

그 말을 들은 황희는 깜짝 놀랐다.

"내 집의 하인이 행패를 부렸다면 그 허물이 주인되는 나한테 돌아오는 것은 당연한즉, 노형은 서슴지 마시고 자세히 털어놓아 보시오."

"그렇게까지 말씀하시니 사정을 여쭙겠습니다. 소생은 볼일이 있어서 어제 내자를 데리고 한양에 올라왔는데, 집이 가난한 탓으로 내자는 낡은 가마에 태우고 소인은 걸어서 왔습니다. 동작 나루터에 당도하여 나룻배를 타려고 하는데, 검은 옷에 벙거지를 쓴 사람이 술에 취해서 차례를 어기고 나룻배에 먼저 타려고 하므로, 소생이 말하기를 다 같이 타고 건널 터인즉 가마부터 태우는 것이 마땅하지 않느냐고 했지요. 그랬더니 그 사람이 버럭 회를 내며 '내가 누군 줄 알고 감히 이래라 저래라 하는 거냐, 나는 황희 정승댁 하인이다.'하고 소리치지 않겠습니까. 황 정승댁 하인이라는 말에 소인을 비롯한 일행은 겁이 나서 아무 말도 못 했는데, 그 사람은 끝내 성미가 풀리지 않는지 강을 다 건너와서는 소인의 가마꾼에게 오줌을 갈기며 별의별 욕을 다 퍼붓더군요. 그런 무참한 꼴을 당했기에 대감을 찾아뵙고 하소연을 하고자 한 것입니다."

"노형께서 내 집 하인에게 그런 봉변을 당하셨다니 뭐라고 사과를 하면 좋을지 모르겠소. 주인으로서 집안 하인배를 제대로 단속하지 못한 불찰이 크니 미안 막심하구려."

황희는 이렇게 사과의 말을 하고는 세상살이가 어떠니 시골 농사 형편이 어떠니 하는 쪽으로 화제를 끌고 가는 것이었다.

선비는 그가 공명정대하기로 소문난 재상이므로 문제의 하인을 불러 단단히 혼을 낼 줄 알고 기대했는데, 가만히 보자니까 그냥 덮고 지나갈 것 같은 느낌이 들었다. 그렇다고 처벌을 요구할 수도 없어 속만 끓이고 앉아 있었다.

마침 저녁때가 되어, 하녀가 대청 앞에 나타나 진짓상을 어떻게 할 거냐고 물었다.

"마침 손님이 계시고 하니, 이리 내오너라."

그렇게 해서 저녁상이 나오는데, 선비가 보니 좁쌀 미음 한 그릇에 소금 한 종지가 놓여 있을 뿐이었다. 시골에서 가난하게 사는 자기네가 먹는 것보다 못한 음식이었다.

황희는 저녁상을 들고 온 하녀에게 귓속말로 뭐라고 속삭이고는, 선비더러 같아 들기를 권했다.

그처럼 형편 없는 저녁을 대접 받고 나서도 선비는 얼른 일어서려고 하지 않았다. 정승이 문제의 하인에 대한 처벌을 이제나 내릴까 저제나 내릴까 하고 기다린 것이다.

그러나 황희의 입에서는 끝내 그런 말이 나오지 않았고, 그럭저럭 날이 어둑어둑해졌다.

마침내 선비는 일어나지 않을 수 없었다.

'황정승은 천하에 공명정대한 양반이라지만, 알고보니 속과 겉이 다르구나.'

이런 불쾌한 심정으로 황희의 배웅을 받고 사랑을 나선 선비는 막 중문을 나서다 말고 이상한 광경을 목격했다.

하인 하나가 곤장을 들고 서 있고, 그의 발부리 쪽에는 둘둘 만 거적이 놓여 있었다.

선비를 본 하인이 허리를 굽히며 말했다.

"어제, 나리를 욕보인 놈의 버릇을 고쳐 주려고 대감마님의 분부대로 곤장 서른 대를 때려 이렇게 눕혀 놓았습니다."

"아나, 뭐라고!"

"대감마님께서는 나리의 기분을 언짢게 하지 않으려고 소인네더러 조용히 처리하라고 하셨습니다."

그 말을 들은 선비는 새삼 황희의 인격에 감복하는 한편, 자기의 경솔함을 탄식해 마지않았다.

황희 정승이 관직에서 물러나 늙은 몸으로 병석에 누웠을 때였다.

병이 하루하루 깊어 가서 회복의 기미가 보이지 않을 때, 옆에 앉아 눈물짓는 부인을 보고 황희가 말했다.

"내가 황송하게도 여러 임금을 모셨을 뿐 아니라 이만큼 살았으니 무슨 여한이 있겠소. 부인은 너무 상심하지 마시오."

"대감께서는 그렇게 말씀하실 수 있겠지만, 남게 되는 가족들의 일은 어떻게 합니까. 특히나 우리 막내의 혼사가 걱정입니다."

"허허, 어떻게 되지 않겠소."

"어떻게 되다니요. 대감 생전에 출가시키려고 해도 혼수 마련할 일이 난감하여 걱정인데, 하물며 대감께서 돌아가시고 나면 이 노릇을 어찌한단 말씀입니까."

당시 황희의 슬하에는 과년한 막내딸이 있었는데, 워낙 가난해서 혼례 비용 마련이 어려운 데다 집안 어른이 병중이어서 그럭저럭 미루다 보니 혼기가 지나 있었다.

"그 애 혼수는 걱정마시오. 영남 사는 광대 바우쇠가 마련해 줄테니."

"그게 무슨 말씀입니까?"

"아무튼 두고 보시오."

부인은 영감이 노환이 깊다 보니 헛소리를 하나 싶어 더 캐묻지 않았고, 얼마 후 황희는 세상을 떠났다.

그로부터 3년이 지나 막내딸이 마침내 시집을 가게 되었다. 그러나 워낙 가난한 살림이어서 혼렛날 입을 변변한 옷 한 벌, 가지고 갈 이불 한 채 마련하지 못했다. 날짜는 다가오고 아무 준비는 되지 않고 하여 온 집안이 수심에 잠겼다.

그러던 어느 날, 갑자기 대문간이 떠들썩해서 하인들이 나가보니, 관복을 입은 사람 여럿이 짐짝 여남은 개를 대문간에 부리고 있었다.

"어디서 오신 분들이십니까?"

"우리는 이조별례방에서 나왔네. 정경부인 마님께 기별 올리게."

별례방은 나라에서 임시로 지출하는 비용을 맡아 처리하는 부서였다.

깜짝 놀란 하인이 달려가서 정경부인을 모시고 나오자, 별례방 관리들이 공손히 말했다.

"오늘 상감마마께서 황 정승댁 작은아가씨 혼수를 공주마마 혼수와 똑같이 마련하여 보내라 하시므로, 소인들이 어명을 거행하는 중입니다."

그 말을 들은 정경부인의 놀라움은 컸다. 도무지 뭐가 어떻게 된 영문인지 알 수 없었다.

황망한 중에 짐짝을 받아 풀어보니, 그 속에는 주단 포목은 물론이고 칠보와 의장까지 값비싼 혼수품이 없는 것 없이 갖추어져 있었다.

정경부인이 뜻하지 않은 하사품에 감격의 눈물을 흘리며 차근차근 연유를 알아보니 그 내용은 다음과 같았다.

당시 조정에 경사가 있어 연회를 베푸는 경우 삼남 각지의 이름난 광대를 불러 공연을 즐기는 것이 하나의 관행으로 되어 있었다.

경상도의 광대 바우쇠는 줄을 잘 타기로 유명했는데, 마침 궁중에 연회가 있어서 바우쇠가 불려 올라왔다.

비우쇠는 왕을 비롯하여 문무백관이 경회루에 모여 앉아 술을 마시는 동안 그 옆에서 흥을 돋우기 위해 줄을 타며 너풀너풀 나비춤을 추었다.

그렇게 줄 위에서 나비춤을 다 춘 다음, 이번에는 꽁무니에 갔던 수건을 끌러 이쪽 궁둥이에 붙였다, 저쪽 궁둥이에 붙였다 우스꽝스런 시늉을 하며 큰 소리로 떠들어댔다.

"이것은 찢어지게 가난한 황 정승 정경부인 마님이 속곳 하나로 작은 아가씨와 돌려가며 입는 것이렸다!"

그 말을 듣고 모두 박장대소를 했는데, 왕은 도무지 궁금했다. 그래서 영의정 허주에게 저것이 도대체 무슨 소리냐고 물었다.

"예. 몇 해 전에 세상을 떠나신 황희 대감댁의 가난함이 하도 사람들 입에 오르내리다보니 광대패의 사설로까지 읊어지게 되었나 봅니다."

"아니, 생전의 황 정승 청렴이야 과인도 잘 아는 바지만, 형편이 그다지도 궁색하단 말이오?"

"황공하옵니다. 대감께서 돌아가셨으니 더더욱 어렵지 않겠습니까."

왕은 황희의 유가족이 사는 모습이 어떤지 몰래 알아보라고 분부했는데, 다녀온 사람의 보고인즉 막내딸이 혼수가 없어 혼례도 못할 지경이라는 것이었다.

그 말을 들은 왕은 탄식해 마지않았다. 생전에 국가에 끼친 공로가 얼마나 큰데 가족들이 사는 형편이 그 지경이란 말인가. 그래서 왕은 특별히 그 딸의 혼수 전부를 공주의 혼수와 똑같이 마련해서 지급하라고 했던 것이다.

정경부인은 그제야 남편이 임종 전에 한 예언이 허튼 소리가 아니었음을 깨닫게 되었으니, 이 한 가지 일화만 보더라도 황희 정승이 얼마나 청렴했고 선견지명이 있었는지를 알 수 있다.

조선왕조 야사 2

의심 많은 세조

김종서, 황보인, 안평대군 등 자기 야망의 구현에 방해가 되는 대신들과 형제까지 살해한 후 어린 조카 단종을 몰아내고 왕위에 오른 세조는 불의하게 찬탈한 왕권을 지키기 위해 성삼문·하위지 등의 사육신을 몰살시킨 이후, 심심산골 단양에 귀양 가 있는 어린 조카 단종까지 뜨거운 군불로 데워 죽이는 등 험악하고 잔인한 짓을 많이 했으나, 군주다움은 있어서 신숙주나 한명회 등 유능한 대신들의 보좌에 힘입어 대체로 부국애민富國愛民의 정치를 폈다.

그러나 자기가 한 일이 있는 만큼 남을 믿지 못하여, 누가 불충한 뜻을 품고 역모를 꾸미지 않나 항상 경계를 게을리하지 않았다. 그러면서도 풍류로 대신들을 즐겁게 하고 파격적인 예우로써 꼼짝 못하게 수완을 발휘하는 면도 있었다.

어느 날 저녁, 세조는 편전에 앉아 글을 읽다 말고 갑자기 대신들을 입궐시키라는 분부를 내렸다.

전갈을 받은 대신들이 무슨 영문인지 모른 채 허겁지겁 궁궐로 달려오자. 사옹원司饔院에 미리 지시하여 준비해 두었던 향기로운 술과 기름진 안주를 내오게 했다.

"경들을 급히 부른 까닭은 다름이 아니라, 봄기운에 하도 마음이 산란하고 심심하기도 하여 술이나 한 잔 하자는 것이오. 그러나 전쟁할 때 군령이 있는 것처럼 술을 마실 때는 주령酒令이 있어야 하겠으니, 과인이 부르면 당사자는 즉시 대답을 해야 하오. 특히 이것은 좌상과 우상한테 해당되는 영이니 명심하시오."

좌의정은 신숙주였고, 우의정은 이조판서에서 갓 승진한 구치관이었다.

대신들은 왕이 또 무슨 장난을 치려는구나 하고 생각했다.

"만약 한 분이라도 대답이 틀릴 경우 똑같이 죄를 물어서 큰 잔으로 벌주를 내릴 터이니, 두 분은 주의해야 할 거요."

그렇게 선언한 다음 왕은 "신정승!"하고 불렀다.

신숙주가 "예이."하고 대답하자, 세조는 껄껄 웃었다.

"과인이 부른 것은 그대가 아니라 신임 정승이라오. 신임 정승을 불렀는데 좌상이 대답했고, 정작 대답해야 할 우상은 대답을 하지 않았으니, 두 분 정승은 벌주를 마셔야겠소."

대접에 철철 넘치게 술을 부어 신숙주, 구치관 두 사람으로 하여금 마시게 한 세조는 이번에는 "구정승!"하고 불렀다.

구치관이 "예이"하고 대답하자,

"이번에는 '옛 舊구 자' 즉, 먼저 정승된 사람을 부른 것인데, 당사자인 좌상은 입을 다물고 있고, 우상이 대답을 했으니 역시 벌주를 마셔야겠군."

하며, 또 술을 따라 주었다.

그러고 나서 또 "신정승!" 하니, 두 대신이 동시에 대답했다.

"한 사람을 부른 것인데 두 사람이 동시에 대답을 하였으니, 역시 주령을 어긴 것이오."

역시 벌주를 내린 세조는 다시 "구정승!"하고 불렀다.

이번에는 누가 대답해야 할지를 몰라 두 사람은 똑같이 입을 다물고 있었다.

"성을 불렀든 정승 임명의 차례로 불렀든 간에 임금이 부르는데 대답하지 않으니, 이런 무례 막심한 일이 있나."

이번에도 두 사람은 어김없이 벌주를 마셔야 했다.

그러다보니 신숙주와 구치관은 얼마 안 가서 대취해 버렸다.

그 모양을 본 세조는 기분이 좋아서 껄껄 웃었고, 다른 대신들도 덩달아 흥겨워했다.

"경들 가운데 어느 한쪽이 성을 갈지 않고는 견디지 못할 것이오. 내가 딴 성을 정해 줄 터이니, 어느 분이 성을 갈겠소?"

세조로부터 그처럼 조롱을 당하자, 신숙주가 혀 꼬부라진 소리로 말했다.

"전하께서 내신 문제는 저희가 아무리 재주와 지혜를 짜내더라도 도저히 당할 수 없으니 항복하겠습니다. 그러나 전하의 장기인 팔씨름이라면 신에게도 어느 정도의 승산이 있으므로 황송하오나 허락해 주시면 감히 겨루어 보고, 패하는 경우 깨끗이 승복하겠습니다."

그 말을 듣자 세조의 입이 쩍 벌어졌다. 팔씨름은 그가 자랑하는 특기였기 때문이다.

"경은 젖먹던 힘까지 내더라도 과인을 못 당할걸. 글 읽기라면 또 모르되, 경 같은 골생원이 팔씨름에서 과인을 당할 수 있을 것 같은가."

"황공합니다. 그러나 길고 짧은 것은 대보아야 알지 않겠습니까."

"그럼 어디 겨루어 보오."

그렇게 해서 삼판 양승제로 왕과 신하가 오른팔 소매를 걷어붙이고 다가앉아 팔씨름에 들어갔는데, 팔 힘이 센 세조가 두 판을 연거푸 간단히 이겨 버렸다.

"그런 허약한 팔을 가지고 어찌 과인을 당할 수 있나. 스스로 원한 일인 만큼, 약속대로 경은 이제 성을 갈아야겠지?"

"황공합니다. 신에게 비술이 있어서 상대가 항우라도 능히 이길 수 있으나, 신하로서 차마 불경한 짓을 할 수 없어 일부러 진 것입니다."

그 말을 들은 세조는 이맛살을 찌푸렸다.

"패장은 할 말이 없는 법인데, 경은 두 번을 지고도 승복하지 않고 큰 소리를 치니 용서할 수 없군. 정 그렇다면 다시 한번 기회를 주겠는데, 이번에는 팔목이 부러져도 할 말이 없겠지?"

"여부가 있겠습니까."

그렇게 되어 세 판째의 팔씨름이 벌어졌다.

그런데 어찌된 셈인지 이번에는 신숙주가 몸의 자세를 이상하게 비틀며 손목에 힘을 가하자 맞잡은 두 손목이 신숙주 쪽으로 쑥 기울어졌다. 그와 동시에 세조의 얼굴이 고통스럽게 일그러지며 비명 같은 소리가 튀어나왔다.

"아야, 아야! 아파서 못 견디겠으니 팔을 놔. 과인이 졌어."

그 광경을 본 모든 대신들의 얼굴이 흙빛으로 변하는 가운데, 나중에 왕위에 올라 예종이 된 세자가 붉으락푸르락한 표정으로 신숙주를 흘겨보니, 구치관이 얼른 신숙주의 옆구리를 찔러 만류했다.

취한 가운데서도 눈치 빠르게 알아들은 신숙주는 슬며시 왕의 손을

놓고,

"황공합니다. 이번에는 신의 운이 좋았을 따름입니다. 전하께서 먼저 두 판을 제압하셨으므로 승패는 이미 판가름 났으니, 원하건대 팔씨름은 비긴 것으로 해서 신의 성을 가는 벌칙만은 면하도록 해주시면 감사하겠습니다."

하고 짐짓 혀 꼬부라진 소리로 말한 다음 비틀거리며 제자리로 돌아갔다. 그렇지만 자존심을 꺾인 세조의 표정이 밝을 수가 없었고, 그러다 보니 자연히 흥이 깨진 연회는 흐지부지 끝나고 말았다.

모두들 집으로 돌아갈 때, 한명회가 신숙주의 청지기를 가만히 불렀다.

"자네 대감께서 오늘 너무 술이 과하셨구나. 대감은 평소에 아무리 취해서 주무시다가도 이른 새벽에 일어나 글을 읽는 습관이 있는 줄로 아는데, 요즈음도 그러시겠지?"

그렇다고 청지기가 대답하자, 한명회는 신신당부를 했다.

"그렇더라도 오늘밤에 또 그 습관대로 했다가는 큰일을 당할 것이다. 대감께서 귀가하여 잠자리에 드시거든 자네가 지키고 있다가 방 안의 촛대를 모두 치워 감추어라. 만약 잠이 깨더라도 불을 못 켜시게 말이다. 내 말 명심해서 시행하지 않았다가는 대감께 좋지 않은 일이 일어날 것이니, 그때는 자네 목숨을 부지하지 못할 줄 알라."

과연 그날 밤 삼경쯤 되어 신숙주는 잠이 깨었다. 그래서 평소의 습관대로 책을 읽기 위해 불을 켜려 했으나, 아무리 더듬어도 부시와 촛대를 찾을 수 없었다.

옆방에서 자는 청지기를 깨우려 했으나, 그 또한 술을 마셨는지 곯아떨어져서 꿈쩍도 하지 않으므로 할 수 없이 도로 잠자리에 들어 아침까지 늘어지게 자버렸다.

한편 세조는 연회가 끝나고 나서도 불쾌한 기분을 달랠 수가 없었다.

성격이 날카로운 데다 숱한 피를 보며 왕권을 탈취한 자격지심으로 의심이 많은 그는 신숙주의 행동을 예사로 생각할 수가 없었다.

'제깐 놈이 역모까지는 아니더라도 나를 업신여기는 것은 아닐까? 그래서 술기운을 핑계로 평소의 마각을 드러낸 것인지도 모른다. 그렇지 않고서야 여러 사람이 보는 앞에서 어찌 그런 창피를 줄 수 있나.'

그렇게 생각한 세조는 내관 하나를 가만히 불러 엄명을 내렸다.

"너 오늘 밤 좌상 댁에 가서 담 너머로 몰래 좌상대감의 침방에 밤 사이 불이 켜지는지 잘 살펴보고 오너라. 어김이 있어서는 안 되느니라."

명령을 받은 내시는 밤을 꼬박 새우며 신숙주의 집 동태를 살피고는 날이 밝자 돌아왔다. 그러고는 자기가 줄곧 감시했지만, 신숙주의 방에 불이 켜지지 않았다고 보고했다.

그제서야 세조의 얼굴에 미소가 떠올랐다.

'그러면 그렇지. 내가 저한테 베푼 은공이 어떠한데 감히 딴마음을 품으랴. 그러고 보니 그 사람이 어제 벌주에 어지간히도 취했던가 보구나.'

세조의 일등공신 신숙주도 한명회의 지혜를 도움받지 못했다면 하루아침에 불행한 꼴을 당하고 말았을 것이다.

김종서 손자와 공주의 사랑

세조는 일찍이 딸을 하나 두었는데, 그 딸은 어려서부터 덕성이 갸륵하고 총명할 뿐 아니라 사리 판단이 곧고 정확해서 아버지의 사랑을 받았다.

아버지 수양대군이 한바탕 피보라를 일으키고 왕권을 찬탈하여 즉위하니, 그 딸은 자연히 공주로 신분이 격상되었다. 그러나 공주는 그와 같은 일신의 광영을 조금도 탐탁하게 여기지 않을 뿐 아니라, 오히려 부왕의 처사를 부끄럽게 여겼다.

정권욕에 눈이 어두워 친조카인 왕과 충신들을 무참히 척살했을 뿐 아니라 피를 나눈 형제들까지 가차없이 죽이니 어찌 인륜으로서 그럴 수 있느냐는 생각이었다. 그래서 통탄한 나머지 식음을 전폐하다시피 했고, 기회 있을 때마다 부왕에게 그 부당함을 눈물로써 호소하곤 했다.

세조도 처음에는 민망한 생각으로 딱한 표정을 지으며 공주의 말에 고개를 끄덕이기만 했으나, 그런 호소가 자꾸 거듭되자 자격지심이 발동하여 화가 치밀었다. 부녀간의 애틋한 정이 차츰 식어서 껄끄러운 관계로 변한 것이다.

그러던 중에 세조가 단종의 모후인 권씨가 묻힌 소능을 파헤쳐 백골을 강물에 띄워 버리는 잔인한 짓을 하자, 부왕 앞에 나아가

"아바마마, 어찌 이런 무참한 짓을 하십니까. 다 썩은 백골이 무슨 죄가 있다고 그러십니까."

하고 울면서 항의했다.

마침내 세조는 노발대발하여 고래고래 소리를 질렀다.

"어린 것이 무얼 안다고 감히 그런 무엄한 소리를 하느냐! 사사롭게는 아버지요, 나라로 보면 임금인 나에게 버릇없이 대드는 것을 보니, 너는 아무래도 내 자식이 아닐 뿐 아니라 살고 싶지 않은 모양이구나. 다시는 꼴도 보기 싫으니 물러가서 처분을 기다려라."

자기 약점이 건드려지는 것을 병적으로 싫어하는 세조였다. 그런 문제에서는 혈친이고 뭐고 없는 불같은 성미였다.

그렇게 되자 누구보다 고통을 느낀 사람이 중전인 정희왕후였다. 남편의 성정을 누구보다도 잘 아는 중전은 자칫하다가 사랑하는 딸을 잃게 될까 봐 간이 콩알만해졌다. 친형제와 친조카를 가차없이 죽이는 사람이 자기 딸이라고 죽이지 않는다는 보장이 어디 있는가.

중전은 황급히 공주의 유모를 불러 은밀히 지시했다.

"전하의 진노가 저런 정도니, 까딱하다가는 내 눈앞에서 딸자식이 죽는 꼴을 보게 생겼네. 그러니 자네가 공주를 몰래 모시고 나가서 목숨을 부지하도록 보살펴 주게나."

그렇게 말한 중전은 얼마간의 보화를 싸서 유모한테 주었다. 모녀가 눈물로 이별을 서러워한 뒤, 공주는 유모를 따라서 몰래 궁궐을 빠져나와 정처 없는 도망길에 나섰다.

공주를 피신시킨 중전은 세조한테 공주가 부왕의 꾸중을 듣고 상심하여 몹시 앓아 누웠다고 거짓말을 하고는, 뒤미쳐 공주가 끝내 죽었다는 소문을 내었다.

한편, 구중궁궐에서 금지옥엽으로 모든 사람한테 떠받들려 자라나 몇 십 걸음도 걸어본 적이 없다가 졸지에 부모의 따뜻한 품 안에서 내팽개쳐져 황망히 도망을 치는 신세가 된 공주는 고생이 이만저만이 아니었다.

온종일 종아리에 멍울이 생기도록 걸어도 단 십리를 갈 수가 없었으나, 언제 왕명을 받은 금부 벼슬아치가 뒤쫓아올지 모르기 때문에 마음놓고 쉴 수도 없어 아픈 다리를 끌고 낮과 밤 구별없이 걸음을 재촉하지 않을 수 없었다.

두 주종은 그렇게 고생고생하면서 어느덧 충청도 보은 속리산 근처에까지 다다랐다.

약한 다리로 4백 리를 걸은 데다 한양에서 어느 정도 멀리 도망쳐 나오고 보니 마침내 기진맥진하여 한 발짝도 더 내디딜 수 없는 지경이 되고 말았다.

배는 고프고 날은 어둑어둑해지는데 마을은커녕 외딴 오두막집 하나 눈에 띄지 않는 산길에서 주저앉고 보니 신세도 처량하려니와 두렵기도 하여, 공주와 유모는 얼싸안고 눈물을 흘렸다.

마침 그때, 산길 아래쪽으로부터 웬 떠꺼머리 총각이 지게를 지고 올라오다가 두 사람을 보더니 눈이 휘둥그레졌다.

두 사람 역시 지옥에서 부처님 만난 것만큼이나 총각이 반가웠다.

"여보, 총각. 우리 모녀가 너무 먼 길에 지친 데다 배도 고파서 옴짝달싹 도 못할 지경이니 좀 도와줄 수 없겠나. 그 보답은 톡톡히 하겠네."

유모가 간곡히 애원하자, 총각이 말했다.

"마나님이나 저 어여쁜 아가씨를 보아하니 시골 사람은 아닌 것 같은데, 무슨 일로 이런 궁벽한 곳까지 오셔서 고생하십니까?"

"우리는 한양 사람인데, 집안에 난리가 나서 도망치는 길이라네."

"집안에 난리가 나다니요?"

"뼈아픈 사연일랑 묻지 말게나. 여북하면 우리 모녀가 이런 꼴로 여기까지 흘러왔겠는가."

유모가 울먹이며 말하자, 총각은 웬일인지 눈물을 철철 흘리면서 한동안 말이 없더니 깊은 한숨을 내쉬고,

"마님의 사정도 참 딱하십니다. 사실은 저 역시 한양 사대부집 자식으로 태어났으나, 집안의 화를 피해 이렇게 도망 와서 벌써 이태나 숨어 살고 있습니다."

그 말을 듣고 유모가 다시 한번 자세히 보니, 얼굴은 때묻고 핼쑥하며 의복이 너덜너덜했으나 준수한 용모라든지 말하는 품이 보통 시골뜨기 같지는 않았다.

"그렇다면 동병상련으로라도 우리 모녀를 좀 도와 주시게나."

"알겠습니다. 저는 저 위의 토굴 속에서 살고 있는데, 오늘 나뭇짐을 장에 갖다 팔고 곡식을 조금 사서 돌아오던 길이랍니다. 두 분만 괜찮으시다면 거기서 하룻밤 쉬었다 떠나시지요."

"고마운 말씀이네. 그런데 이 어미는 그렇다치고, 딸아이는 워낙 연약해서 한 걸음도 떼어놓을 수 없는 지경이니 이 노릇을 어쩌나."

"따님만 괜찮으시다면, 제 지게에 올라앉아 가셔도 됩니다만."

체면이고 뭐고 따질 경황이 아니므로, 공주는 못 이긴 척 총각의 부축을 받아 지게의 곡식 자루 위에 올라앉았다.

그렇게 해서 공주와 유모는 총각의 토굴에 도착하여 요기를 하고 잠자리를 얻어 눕게 되었는데, 너무나 고생한 끝에 모처럼 긴장이 풀리고 보니 공주는 그만 신열이 들어 온몸이 불덩어리처럼 뜨거웠다.

그렇게 되니 날이 밝아도 일어나서 길을 떠날 수 없게 되었다. 어딘가 목적지가 있어 급히 가던 길도 아니었으므로, 공주와 유모는 할 수 없이 총각의 토굴에 더 머물지 않을 수 없었다.

남녀유별이라 총각은 토굴 안쪽을 두 사람한테 제공하고 자기는 바깥쪽에서 거적대기를 덮고 잤으나, 조금도 싫은 기색을 보이지 않을 뿐 아니라, 오히려 두 사람에 대한 보살핌이 지극했다.

그렇게 며칠을 지냈어도 공주의 건강은 회복되지 않아 언제 다시 길을 떠날 수 있을지 기약할 수 없게 되었으므로, 유모는 할 수 없이 총각을 불러 말했다.

"딸아이는 저렇게 거동을 못할 지경이고, 그렇다고 총각의 형편도 넉넉하지 못한데 언제까지 식량을 축낼 수도 없으니 이를 어쩌겠나. 마침 나한테 돈이 될 만한 물건이 약간 있으니, 그걸 가지고 가서 적당한 값에 팔아 약도 좀 짓고 양식도 충분히 장만해 오시게."

그러면서 패물 한두 가지를 내놓았다. 그것을 본 총각의 눈이 휘둥그레졌다.

"마님, 제가 보아하니 이 물품은 왕실에서나 사용함직한 것입니다. 보통 사람은 구경하기도 힘든 물건인데, 어떻게 이런 귀중품을 가지고 계십니까?"

"출처는 알 필요 없으니, 팔아서 약과 식량이나 어서 사오시게."

총각은 겁이 나는 눈치였으나, 아가씨의 병을 보거나 식생활 문제를 보거나 그 부탁을 거부할 수 없게 되어 있었으므로 할 수 없이 물품을 받아 가지고 장터로 나갔다. 그리하여 비교적 후한 값에 물품을 처분해서 약을 짓고 식량을 사들고는 부리나케 돌아왔다.

약을 달여 먹은 공주는 가까스로 기운을 차리고 자리에서 일어났는데, 젊은 남녀간의 감정 교감은 오묘하기 짝이 없어서 총각과 공주 사이에는 어느덧 뜨거운 시선이 몰래 오가게 되었다. 그러다 보니 사주 단자와 납폐가 오가고 육례를 갖출 사이도 없이 부부의 인연을 맺고 말았다.

그제야 공주는 총각을 보고 조용히 말했다.

"이제 우리가 하늘 아래 갈라설 수 없는 관계가 되고 말았으니 피차 무엇을 숨길 필요가 있겠습니까. 먼저 서방님부터 가슴에 맺힌 이야기를 털어놓으시지요."

공주로부터 그런 요구를 들은 총각은 눈물을 흘리며 자기 내력을 고백하는데, 그 이야기를 듣는 동안 공주와 유모는 경악을 금치 못했다.

총각은 선왕 단종이 즉위하던 해 겨울날 밤, 세조 일파의 철퇴에 맞아 죽은 김종서의 손자였다. 할아버지뿐 아니라 아버지 김승규까지 무참하게 살해되고 온 집안이 풍비박산될 때 어린 혼자의 힘으로는 원수를 갚기는커녕 자기 목숨마저 부지할 수 없음을 깨닫고, 차라리 종적을 감추어 집안 혈통이나 보전하여 제사나 모시다가 기회가 오면 할아버지와 아버지의 불명예를 벗겨드려야겠다고 생각하여 혼자 도망쳐 이곳까지 흘러왔던 것이다.

그러나 세상 돌아가는 소문을 들으니 기어코 단종이 폐위되고 사육신이 참살당했을 뿐 아니라, 급기야 폐주廢主 단종마저 비명의 화를 입고 말았다 하지 않는가. 절망한 그는 자기 신세를 한탄하며 토굴을 거처 삼아 산에서 나무를 해다 팔고 가까운 마을에 내려가서 날품도 팔아 근근이 생활해 오던 중에 두 사람을 만나게 되었다는 속 사정을 털어놓았다.

호랑이한테 물려본 사람이 호랑이 무서운 줄을 진정으로 안다는 것처럼, 김 총각은 자기가 그런 참담한 화를 입었기에 모녀간이라는 두 사람도 필시 비슷한 정치적 피해자일 것이라 생각하여 속으로 동정해 마지않았으나, 자기와 백년가약을 맺은 여자가 금지옥엽이자 원수의 딸인 줄 꿈엔들 상상이나 했으랴.

자기의 고백을 듣는 아내와 장모가 목놓아 우는 모습을 보고, 김 총각은 이상한 생각이 들었다.

"나는 가슴에 맺힌 한이 너무나 커서 생각만 해도 피눈물이 흐르오마는, 두 분은 어찌하여 그렇게까지 슬피 우시오?"

그제서야 공주가 자기 신분과 이곳까지 피신해 온 사연을 털어놓으니, 김총각으로서는 마른 하늘에 날벼락이 아닐 수 없었다.

너무나 기구한 운명이요, 인연임을 알게 된 두 사람은 부둥켜안고 통곡해 마지않았다.

한참을 울고 나서, 공주가 말했다.

"우리가 이렇게 맺어짐은 어른들 사이의 원념을 아름다운 사랑으로 해소하라는 하늘의 뜻인 줄로 압니다. 저는 이제 한낱 촌아낙으로서 죽는 날까지 낭군님을 지성으로 모실까 하오니, 낭군님은 부디 저를 배척하지 말아주십시오."

그 말을 들은 김 총각도 한숨을 쉬고 말했다.

"옳은 말씀이오. 지나간 일을 이제 와서 돌이킬 수도 없으려니와 우리가 이미 이렇게 맺어졌으니, 하늘의 뜻을 따를 수밖에……."

그렇게 해서 두 사람은 서로를 위로하며 변함 없는 사랑으로 평생을 함께 하기로 맹세했다.

마침내 단종 때의 충신들이 다 죽거나 쫓겨나고 그럭저럭 조정 풍파가 가라앉자, 세조의 마음도 어지간히 풀어졌다. 그뿐 아니라 반대파에 대한 한명회, 정인지 등 조정 실세들의 경계도 누그러졌다.

그제서야 김 서방은 공주가 궁궐을 떠나면서 가져온 패물을 슬금슬금 팔아 속리산 밑에 집도 짓고 논밭도 장만하여, 비록 크고 넉넉하지는 않으나 사람다운 생활을 영위하게 되었다.

그러는 동안에 귀여운 자식이 3남매나 태어났고, 어머니처럼 의지하던 유모는 세상을 떠났다.

세조는 만년에 이를수록 지난날 자기가 저지른 죄업에 회한을 느꼈다. 더군다나 전신에 심한 피부병을 앓게 되니, 그것 역시 천벌이 내린 것이 아닌가 싶어 견딜 수 없었다. 그래서 부처님께 빌어 지난 죄를 면하려고 속리산 법주사를 찾아가게 되었는데, 공교롭게도 그 행차가 김 서방네 집 근처를 지나가게 되었다.

그때, 세조는 길가에 놀고 있는 아이들이 자기를 무척 닮은 것을 보고 깜짝 놀랐다. 그래서 행차를 멈추게 하고는 뒤따르는 신하를 시켜 그 아이들을 가까이 데려오라고 했다.

보면 볼수록 자기와 닮은 구석이 많고 귀여운 아이들이어서 어루만지고 쓰다듬으며 말을 붙이고 있는데 울타리 너머에서 난데없이 흐느끼는 소리가 흘러나왔다.

"이것이 웬 울음소린고?"

세조가 신하에게 묻는데, 아이가 냉큼 대답했다.

"우리 엄마가 우시는 거예요."

"너희 어미가?"

"예. 아까부터 임금님 수레를 보시고는 울고 계셔요."

"그러하냐."

세조는 이상한 생각이 들어 배종하는 신하들의 만류도 뿌리치고 수레에서 내려와 아이들의 집으로 들어가 보았다.

그러자, 한 아낙이 버선발로 달려와 넙죽 발 앞에 엎어지며 대성통곡을 하는 것이 아닌가.

"너는 누구며, 왜 우느냐?"

"아바마마 죽여 주옵소서!"

"아니, 뭐라고!"

세조는 하마터면 쓰러질 뻔했다.

"네가 누구란 말이냐?"

"불초 여식이옵니다. 지난날 아바마마께서 준엄하신 꾸지람을 내리시니, 어마마마께서는 저에게 큰 벌이 내릴까 염려하시어 유모한테 딸려 저를 피신시켜 주셨습니다. 그래서 멀리 떠나 이곳에 이르러 죽지 못하고 오늘까지 구차한 명을 잇고 있습니다."

"아! 네가 죽은 줄만 알았더니, 이렇게 살아있었더란 말이냐."

세조가 탄식을 하며 딸을 부둥켜안고 눈물을 흘리니 모든 신하들이 따라 울었다.

"그래, 너의 남편은 누구며, 지금 어디 있느냐?"

"놀라지 마시옵소서. 제 남편은 김종서 대감의 손자입니다."

"아니, 지금 뭐라 하였느냐."

"그분 역시 가문이 화를 당하자 피란하여 이곳에 와 있다가 우연히 저를 구출해 주어 부부의 인연을 맺게 되었는데, 대가大駕가 이쪽으로 지나가는 것을 알고 두려운 나머지 피하여 숨었나 봅니다."

세조는 하늘을 쳐다보며 깊은 회한의 한숨을 내쉬었다.

"하기야 김종서인들 무슨 죄가 있겠느냐. 그 손자가 하필이면 내 사위라니, 하늘 아래 어찌 이런 기막힌 일이 있을 수 있단 말인가."

그러고는 공주를 보고, 나중에 가마와 말을 보낼 터이니 한양에 올라와 자기 곁에서 지내도록 하라고 분부했다.

이윽고 왕의 행차가 지나간 다음 집에 돌아온 김 서방은 아내로부터 자초지종 이야기를 듣고 한참 생각했다.

한양에 올라가면 부마로서 부귀영화를 누릴 수 있을지는 모르나, 소위 공신이란 무리들이 눈을 시퍼렇게 뜨고 자기를 노려볼 터이니 그들한테 무슨 모함을 당하거나 자객의 손에 할아버지나 아버지와 같은 꼴을 당하지 않는다는 보장이 없었다. 거기에 비하면 비록 넉넉하지는 않을망정 사랑하는 아내와 자식들과 더불은 민초의 삶이 얼마나 홀가분하고 행복한가. 그렇게 생각한 김 서방은 아내를 설득했다.

"데리러 오면 안 갈 도리가 없고, 안 가더라도 여기에 머물면 후에 어떤 험한 일을 당할지 모르니, 차라리 다시 몸을 숨기는 것이 어떠하오?"

그 말을 들은 공주도 찬성이었다. 그래서 두 사람은 이튿날로 아이들을 데리고 어디론가 종적을 감추었으며, 뒤늦게 한양에서 데리러 온 승지는 헛탕을 친 채 돌아가고 말았다.

신하를 아끼는 성종의 지혜

조선조 9대 임금인 성종은 어려서부터 영특하고 인정 많고 호탕해서 27대에 이르는 여러 임금 가운데, 세종 다음 가는 성군으로 평가받는 분이다.

세조의 둘째 아들로서 형인 세자가 일찍 죽은 덕에 왕위를 물려받은 이가 예종인데, 그 예종도 겨우 1년 만에 자식도 없이 갑자기 세상을 떠남으로써 왕위 계승 문제가 미묘해졌다. 그렇게 되면 이치적으로 세조의 장손인 월산대군이 왕권을 이어받아야 마땅하지만, 정희대비 윤씨가 선대왕의 유지를 내세워 장손 대신 차손을 지목하는 바람에 형을 제치고 왕위에 오르는 행운을 차지했던 것이다.

성종이 보위에 올랐을 때는 겨우 열세 살이었으므로, 처음에는 할머니인 정희대비가 수렴청정을 했다. 그러나 어려서부터 할아버지를 비롯한 주위의 주목을 받은 총명함이 한 살, 두 살 나이를 더해 감에 따라 점점 빛을 발하여, 몇 해 후에는 소년 왕으로서 직접 국정을 처리하게 되었다.

성종은 참으로 성군이었다. 백성들의 농사일이 얼마나 고생스러운지 실제로 경험해 보고자 대궐 후원에 밭을 일구어 손수 호미질을 해 보았고, 학문을 숭상하여 선비들을 우대했으며, 조회할 때 백관들의 불편을 덜어주기 위하여 엎드리지 않고 그냥 고개만 살짝 숙이도록 관행을 처음으로 고친 것도 그였다.

밤이면 가끔 미복 차림으로 대궐 밖에 나가서 한양 밤거리를 돌아보는 것은 성종의 별난 취미였다. 백성들이 사는 형편을 알아보고 어려움을 파악하여 국정에 참고로 삼겠다는 뜻이었는데, 그 바람에 학문이 높으면서도 길을 얻지 못하여 초야에 묻혀 있던 선비가 등용되기도 하고, 억울한 사정이 있어도 높은 관청의 문턱을 넘지 못해 애태우던 백성이 염원을 푸는 일도 있었다.

어느 날 밤, 성종은 미복을 한 채 두 명의 별감과 무예청 나장들을 멀찍이 뒤따르게 하고 대궐을 나서서 민정 시찰에 들어갔다. 한참 돌아다니다 광통교를 지날 무렵이었다. 문득 다리 밑에서 인기척이 들리기에 내려다보니, 웬 중년 사내가 보따리를 하나 옆에 두고 앉아서 담배를 피우고 있었다. 호기심이 생긴 성종은 헛기침으로 인기척을 낸 다음 주춤주춤 다리 아래로 내려가서 말을 붙였다.

"노형은 왜 이 다리 밑에 앉아 계시오?"

"여기서 밤을 새려고요."

"이런 데서 밤을 새다니, 집이 없다는 말씀이오?"

"집이야 있지요. 경상도 합포지금의 마산에 있어서 그렇지."

"합포라……. 멀리서 오셨군. 그런데 한양에는 아무 연고가 없는가 보군요."

"없소이다."

"주막에라도 들면 되지 않소."

"가진 돈이 있어야 주막에 들지요."

"이런 딱한 양반 보겠네. 그런데 한양에는 무슨 일로 올라오셨소?"

"임금님을 만나뵈려구요."

너무나 뜻밖의 대답이었다.

이에 호기심이 부쩍 일어난 성종은 더욱 친근한 말씨로 사내를 구슬려 보았다.

"임금은 왜 만나려고 하시오?"

"어진 임금께서 바른 정치로 우리 같은 백성들이 배불리 먹고 잘 살게 해주시니 이처럼 황감할 데가 어디 있겠소. 그래서 감사하는 마음으로 엿을 고아 가져왔는데, 만나 뵐 방법이 있어야 말이지요. 결국 몇 푼 노자도 떨어지고 하여 이렇게 노숙을 하고 있는 거라오."

"지금 임금이 그렇게도 정치를 잘 한다고 생각하오?"

"아니, 무슨 말씀을 그렇게 하시오. 고금을 통틀어 드문 성군이시라고 칭송이 얼마나 자자한데. 노형은 한양에 살아서 잘 모르시는 모양이오만, 백성들은 모두 태평성세를 노래하며 임금님의 만수무강을 빌고 있다오."

성종은 사내의 말에 감동했다. 자기에 대한 칭찬보다도, 임금에게 드리겠다는 정성으로 엿을 고아 천리 길을 걸어와서 광통교 다리 밑에 앉아 있는 사내의 소박한 인간미에 끌려서였다.

"노형의 성의는 지극하오만, 임금을 만나기가 그렇게 쉽지 않을 거요."

"그래서 걱정이오. 무슨 방법이 없을까요?"

"글쎄, 내일 내가 알아보면 어쩌면 가능할 듯도 싶군요. 그건 그렇고, 이렇게 노숙하다가 병이라도 나면 큰일이니, 내가 잠자리를 마련해 드리리다."

"고맙소이다. 나는 김춘실이라 하오만, 노형은 함자를 어떻게 쓰시오?"

"북한산 밑에 사는 이 생원이오. 잠깐 기다리고 계시구려."

성종은 다리 위에 올라가서 별감을 보고 사내를 데리고 가서 조용히 잘 대접하라고 지시했다.

누구네 집인지도 모른 채 별감의 집에서 편안히 자고 난 김춘실은 대궐에서 내관이 자기를 데리러왔다고 하는 바람에 눈이 휘둥그레졌다.

'이처럼 간단히 임금을 배알할 수 있도록 주선해 주다니, 간밤에 만난 그 선비는 과연 어떤 신분의 소유자인가?'

의아하게 생각하고 어쩌고 할 겨를이 없었다. 집주인이 일러주는 대로 임금을 뵙는 예법을 간단히 익힌 김춘실은 엿이 든 보퉁이를 들고 내관을 따라서 입궐했다,

이윽고 편전 뜨락에 당도한 김춘실은 주위에서 시키는 대로 넙죽 엎드렸다.

"네가 과인을 보려고 합포에서 올라왔다는 김춘실이냐?"

임금의 목소리가 머리 위에 떨어졌다.

김춘실은 갑자기 오한이 든 것처럼 온몸이 떨려 땅바닥에 코를 박았다.

"예이, 그, 그러하옵니다."

"얼굴을 들어 과인을 보아라."

몇 번의 재촉을 받고서야 간신히 고개를 조금 들어 임금을 쳐다본 김춘실은 깜짝 놀라 자기도 모르게 망발이 튀어나왔다.

"아니, 어제 저녁에……."

옆에 서 있던 내관이 "쉿!" 하고 주의를 주는 바람에 김춘실은 말을 꺼내다 말고 입을 다물었다. 성종은 껄껄 웃으며 인자하게 물었다.

"그래, 네 옆에 있는 그 보퉁이 속에 든 것이 엿이냐?"

"그러하옵니다."

"임금을 위하여 그 먼 데서 엿을 고아 오다니, 정성이 갸륵하구나. 아무튼 잘 먹겠노라."

"황공무지로소이다."

성종은 김춘실을 상대로 먼 지방 백성들의 살림살이를 자세하게 알아본 다음, 후한 상을 주어 고향으로 돌려보냈다.

성종은 선비를 몹시 아꼈다. 그래서 학식이 높고 문장이 탁월한 선비는 모두 등용하여 맑은 정치를 해보려고 노력했다.

대신들 중에서도 손순효는 당대의 문장으로 유명했으나, 술을 너무 좋아하는 데다 이따금 주정하는 버릇이 있었다. 그래도 성종은 손순효의 재주를 아껴 몹시 총애했다.

어느 때 중국에 급히 국서를 보내야 할 일이 생기자, 성종은 손순효를 찾았다. 중요한 국서를 작성할 문장으로는 그를 따를만한 인재가 없었기 때문이다. 그런데 공교롭게도 손순효는 집에 없었다. 갈 만한 곳은 샅샅이 뒤졌으나 찾을 수가 없었다.

애가 탄 별감과 집안 하인들이 이리 뛰고 저리 뛴 후에 간신히 찾아내서 보니, 손순효는 청계천 술집 마루에 네 활개를 뻗은 채 코를 골고 있었다. 기가 찬 별감이 한참이나 흔들었을 때에야 겨우 눈을 떴다.

"음, 왜 잠을 깨우고 귀찮게 구느냐?"

"빨리 입궐하시라는 어명이오."

"뭐라고!"

어명이라는 소리는 그래도 귀에 쏙 들어가는지, 손순효는 벌떡 일어났다.

"정말 전하께서 찾으신단 말이냐?"

"그렇고말고요."

"허, 이것 야단났군. 하지만 어쩔 수 없지."

손순효는 부스스 털고 일어나 입궐 채비를 했다. 그러나 술에 취한 것은 그렇다손 치더라도 도포자락은 걸레처럼 구김살이 지고 갓양태는 찌그러져서 말이 아닌 데다 걸음걸이마저 비틀거렸다. 그렇지만 워낙 시간이 촉박하므로 그대로 입궐하지 않을 수 없었다.

이윽고 손순효가 임금 앞에 나아가니, 세상 누구보다 호인인 성종도 얼굴을 찌푸렸다.

"아니, 조정 대신이 대낮부터 술을 취하도록 마시다니, 그게 무슨 꼴인가?"

"황송합니다."

"상국에 올릴 국서를 경으로 하여금 쓰게 하려고 했더니 안 되겠구나."

"상관없습니다. 좀 취했기로서니 그쯤이야 못 쓰겠습니까."

"만일 제대로 쓰지 못하면 벌을 받겠는가?"

"전하의 처분대로 따르겠습니다."

그렇게 말하면서도 여전히 몸의 중심을 가누지 못하여 비척거리는 손순효를 보고 성종은 쓴웃음을 지었다.

"그럼 어디 지켜보리라. 지필묵을 대령하라!"

임금의 명령에 따라 내관이 먹을 갈고 종이와 붓을 내놓으니, 손순효는 조금도 망설임이 없이 소매를 걷고는 붓을 들어 먹을 흠뻑 찍어 쓱쓱 써 내려갔다. 성종이 그것을 받아 읽어보니, 한 자 한 구절 흠잡을 곳 없는 명문이었다.

"참으로 뛰어난 문장이구려. 술 먹는 손 아무개 하고 글 쓰는 손

아무개 는 아마도 다른 사람인 모양이오."

성종은 감탄하여 마지않으면서도, 한편으로는 그런 손순효가 술 때문에 필경 몸을 망치지 않을까 걱정이 되었다. 그래서 어떻게 하면 그를 자제하도록 할 수 있을까 하고 궁리한 끝에 한 가지 기발한 계교를 생각해 내었다.

"내가 이제 경한테 한 가지 명령을 내릴 것이니, 어김이 없어야 할 것이오."

"황공한 말씀입니다. 신하로서 어찌 전하의 어명을 따르지 않겠습니까."

"스스로 한 말이니 명심하시오."

성종은 그러면서 은잔 하나를 내밀었다.

"그렇게 즐기는 술을 아주 끊기는 어려울 것이니, 이 잔으로 하루에 석 잔 이상은 절대 마시지 마오. 아시겠소?"

"명심하겠습니다."

손순효는 허리를 굽혀 그 은잔을 받고 보니 기가 막혔다. 그 작은 잔으로 홀짝거린다는 것은 목구멍에 기별도 가지 않을 노릇이었다. 그렇지만 어명이 지엄한데 어떻게 하랴. 낙심 천만한 손순효는 집에 돌아와 그 은잔을 들여다보며 무슨 좋은 방법이 없을까 하고 궁리에 궁리를 거듭했다.

'옳거니!'

손순효는 무릎을 탁 쳤다. 그러고는 하인더러 즉시 은장이를 불러오라고 지시했다. 이윽고 은장이가 당도하자, 손순효는 그 은잔의 두께를 얇게 하여 크기를 최대한 늘여 달라고 주문했다.

그 주문에 따라 은장이가 은잔의 안쪽을 두들겨서 웬만한 대접처럼 크게 만들어 바치자, 손순효는 그제야 입이 벌어졌다. 그리하여 그 잔으로 하루에 석 잔씩 술을 마시니 그전처럼 흠뻑 취할 정도는 되지 않아도 기분이 좋을 만큼은 되었다.

어느 날, 성종이 또 급한 일이 있어서 손순효를 갑자기 찾았는데, 나타난 그의 얼굴을 보니 안색이 불그레할 뿐 아니라 술 냄새가 코를 찔렀다. 성종은 눈살을 찌푸리며 준엄하게 꾸었다.

"과인이 전에 한 말이 있는데, 경은 어째서 왕명을 어기고 그처럼 술을 많이 마셨는가?"

"황송합니다만, 신은 어명을 어긴 일이 없는 줄 아뢰오."

"과인이 준 잔으로 하루에 석 잔만 마시라고 했는데, 그대로 지켰다면 그렇게 취하지 않을 것 아닌가."

"신은 전하께서 주신 잔으로 틀림없이 석 잔만 마셨습니다."

"뭐라고? 그럼 즉시 그 잔을 가져와 보라."

왕명이 떨어졌으므로, 손순효는 집에 달려가서 문제의 잔을 가지고 다시 입궐했다. 성종이 보니, 자기가 준 잔이 아니었다.

"이것이 어째서 과인이 준 잔이란 말인가?"

"신이 어찌 감히 거짓으로 여쭈겠습니까. 전하께서 하사하신 잔이 틀림없습니다. 다만, 은장이를 시켜 크기를 좀 늘렸을 뿐입니다."

"아니, 뭐라고!"

"무게를 달아 보면 아실 것입니다."

성종이 내관을 시켜 잔을 저울로 달아 보았더니, 손순효의 말 그대로 잔의 무게는 종전과 똑같았다. 성종은 하도 기가 막혀 웃음을 터뜨리고 말았다. 그도 풍류를 아는 남아였다. 술 즐기는 손순효의 심정을 모를 리가 없었다.

"할 수 없구나. 임금이 하사한 물건을 멋대로 변형한 것은 분명 죄가 되나 특별히 용서할 터이니, 앞으로 과인의 마음이 그 은잔처럼 좁을 때가 있거든 경은 이것처럼 늘려 주기 바라오."

그러고는 즉석에서 그 은잔으로 어주 석 잔을 하사했다. 그 임금에 그 신하라고 할 수 있다.

학문을 숭상하고 선비를 아끼는 마음이 지극하다 보니, 성종은 파격적인 등용으로 물의를 일으키는 경우가 가끔 있었다. 그날도 별감과 무예청 나장 두어 명을 데리고 미행을 간 성종은 남대문 안 창동 부근을 지나다가 문득 글 읽는 소리를 들었다. 걸음을 멈추고 귀를 기울이니, 다 쓰러져 가는 초가집에 불도 켜지 않은 방 안에서 누군가가 춘추강목春秋綱目을 읽는데, 그 소리가 너무도 청아할 뿐 아니라 조금도 막힘이 없이 유창했다.

'저 어려운 글을 저렇게 술술 외울 수 있다니!'

발이 땅에 붙은 것처럼 꼼짝없이 오랫동안 그 소리를 듣고 있던 성종은 이윽고 별감더러 그 집을 잘 기억하라고 지시한 다음, 한숨을 쉬고 조용히 그곳을 떠났다.

이튿날 아침이 되자마자 성종은 별감을 불러 그 선비를 데리고 오라고 지시했다. 이윽고 문제의 선비가 편전에 들어오는데, 유심히 바라보니 기대한 대로 미목이 청수하고 기상이 있어 보였다. 성종은 부드러운 말로 물었다.

"이름은 무엇이고 나이는 몇 살인가?"

"이덕림이라 하며, 금년 마흔다섯 살입니다."

"과인은 그대의 학문이 깊은 줄을 알고 있다. 왜 출사하여 벼슬을 하지 않는가?"

"황공스러운 말씀입니다. 과거 운이 없어서 그런지 매번 낙방의 고배를 마셨습니다."

"그래?"

성종은 고개를 갸웃했다. 마음속에 어두운 그늘이 잠깐 끼었다. 혹시나 과거를 주관하는 벼슬아치들의 편파 행위가 있었지 않았을까 하는 의심이 일어났기 때문이다.

"그럼 어디 이 자리에서 강講을 해보아라."

이덕림이 지시를 받고도 얼른 입을 열지 못하고 머리를 조아리고만 있었으므로, 성종은 '춘추강목' 중에서 이 대목 저 구절을 지적하며 외워보라고 했다. 이덕림도 어쩔 수 없는 듯 목을 가다듬고 글을 외우기 시작하는데, 그 낭송이 말 그대로 청산유수였다.

이어서 '사서경', '악기樂記', '곡례曲禮' 등 어려운 과목으로 질문의 화살이 옮겨졌으나, 이덕림은 조금도 막힘이 없이 달달 외웠다.

성종은 너무나 반한 나머지 깊이 탄식했다.

"그대 같은 수재를 나라에서 뽑지 않았다니, 과인이 부끄럽구나."

"황공하오신 말씀이십니다."

"그대를 한림학사에 발탁할 것이니, 그동안 익힌 학문으로 과인을 도와 더욱 바르고 밝은 정치가 펴지게 하라."

"성은이 망극합니다."

일이 그렇게 되자 온 조정이 술렁거렸다. 어디서 굴러먹던 선비 나부랭이인지도 모를 작자를, 그것도 과거라는 정식 절차를 거치지 않고 벼슬을 주었으니 그럴 만도 했다. 사간원을 필두로 하여 임금의 처사를 나무라는 상소가 빗발쳤다.

대신들이 그렇게 한 목소리로 반대하자, 성종은 아무 말도 않고 이덕림을 이조정랑에 특진시켰다. 정랑이면 지금의 차관보쯤이다. 그러니 조정 대신들이 가만히 보고 있을 리가 없었다. 당연히 지난번보다 준열한 내용의 상소를 올려 그 부당성을 지적했다.

그러자 성종은 이덕림을 호조참판에 진급시켰다. 이렇게 반대하는 목소리가 나오면 그때마다 한 단계씩 벼슬을 올린 것이다. 이를 본 대신들이 비로소 입을 다물자, 성종 은 대신들을 보고 말했다.

"경들의 반대를 빌어 이덕림의 벼슬을 더 높이는 것이 짐이 바라는 바였는데 뜻대로 안 되고 말았구려."

알고 보면 임금이라고 독단적으로 무엇이나 할 수 있는 것은 아니다. 사간원이라고 해서 임금의 잘잘못을 따지는 것을 주 임무로 하는 관청이 있었는가 하면, 임금이 뭔가 바르지 못한 일을 한다 싶으면 온 조정 대신들뿐 아니라, 재야의 유생들까지 들고 일어나는 판이었다.

그와 같은 반대의 목소리를 제압할 수 있었던 임금은 태종이나 세조처럼 피바람도 마다하지 않는 억센 임금이거나, 연산군 같은 덜 떨어지고 패륜도 불사하는 임금이었다. 어진 임금은 대체로 귀가 얇아서 대신들의 기세에 눌리거나 적당히 타협하는 태도로 평온을 유지해 나갔던 것이다.

그런 면에서 볼 때, 성군으로 이름난 성종이 이덕림의 문제에서 신하들의 반대를 일축하고 자기 고집대로 의지를 관철한 것은 특이하다고 할 수 있다.

연산군의 폐륜

태조로부터 왕위를 물려받은 2대 정종은 형이 일찍 죽어버리는 바람에 왕위에 오르기는 했으나, 아우 방원이 두려운 나머지 주저없이 그에게 왕권을 넘겼다.

보위에 오른 3대 태종은 위의 두 아들을 제치고 셋째 아들한테 4대 왕위를 물려주었으니 이가 곧 세종이다. 이렇게 태조에서 4대 세종까지의 왕위 승계는 장자가 왕위를 계승하는 순리적 승계가 아니었다.

장자 장손 승계 원칙은 5대 문종과 6대 단종에 이르러 비로소 제대로 이루어지는 듯했지만, 단종의 숙부인 수양대군이 어린 조카를 죽이고 왕위를 찬탈함으로써 정상적인 승계는 다시 뒤틀리기 시작했다.

세조를 뒤이은 예종, 성종도 변칙적 절차에 의해 왕이 되었고, 얼마 후에 발생한 두 번의 왕실 변란도 순리적 승계와 완전히 동떨어진 결과를 가져왔다. 이렇게 조선의 왕위 승계는 순탄하게 된 적이 거의 없었다.

세조에게는 두 아들이 있었다. 그래서 당연히 장자가 왕세자로 책봉되었는데, 불행히도 왕세자는 옥좌에 앉아보지도 못한 채 아버지보다 먼저 죽고 말았다. 그렇게 되면 왕세자의 장남이 왕세손에 책봉되어 할아버지의 뒤를 이어야 마땅하지만, 세조는 맏손자 월산대군보다 작은 손자 자을산군이 더 자질이 뛰어나다 하여 예뻐하고 사랑했다.

그러나 왕위라고 하는 존엄한 자리는 아무리 왕이 절대적인 결정권을 쥐고 있다 하더라도 독단으로 이러고저러고 할 수는 없는 법이어서, 합리적 논의에 따라 왕위는 결국 세조의 둘째 아들한테 돌아가게 되었다. 그래서 보위에 오른 이가 8대 예종이다.

예종은 개인적으로나 국가적으로나 왕이 되지 말았어야 했다. 원래 몸이 약질인 그는 국상을 치르느라고 오랫동안 무리한 데다 변변히 먹지도 못한 탓에 건강을 크게 해쳐 몸져 눕고만 것이다. 상중이고 뭐고 왕이 앓아 드러누운 것 이상으로 나라에 큰일이 있을 수 없었다. 온 대궐과 조정이 발칵 뒤집힌 것은 말할 필요도 없다. 모두 얼굴이 사색이 되어 종종걸음을 치는 가운데, 극진한 간호와 1백 가지 좋은 약도 다 소용없이 예종은 회생의 가망이 없이 그 생명이 바람 앞의 촛불과 같이 아슬아슬했다.

왕의 죽음이 임박함에 따라 국가적으로 가장 큰 문제는 누가 그 뒤를 잇느냐 하는 것이었다. 슬하에 자식이라도 있으면 문제는 또 다르겠지만, 예종은 일찍이 아들 하나를 보았으나 금방 죽고 말았다. 따라서 왕권의 향방은 현왕의 조카들인 월산대군과 자을산군 두 사람 중의 한 사람한테 돌아가지 않을 수 없는 형편이었다.

그것은 극히 예민하고 위험한 문제여서, 대신들 중에 아무도 그것을 먼저 입밖에 꺼내는 사람이 없었다.

잘못하다가는 나중에 어느 서슬에 목이 달아날지 모르는 일이기 때문이었다. 그러나 왕의 목숨이 경각에 달린 것을 보고는 더 이상 머뭇거리고 있을 수가 없었다. 한명회, 신숙주, 정창손 등 대신들이 종종걸음으로 자미당에 불리어 들어갔다.

나이는 가장 젊지만 영의정으로서 신숙주가 대신들을 대표하여 병석의 왕 앞에 무릎걸음으로 나아가 엎드렸다.

"전하, 신들이 대령하였습니다."

그러나 왕은 아무 대꾸가 없었다. 이미 의식이 오락가락하는 지경이었다.

"전하, 신들에게 하실 말씀이 없으십니까?"

"……."

"무엇보다도 종사宗社 부탁할 분을 지정하여 주십시오."

그때였다. 늘어져 있는 발 뒤에서 세조의 아내인 동시에 현왕의 어머니로서 왕실의 가장 어른인 정희대비의 음성이 들려왔다.

"사직社稷은 자을산군이 승계하도록 하라는 세조대왕의 분부가 이미 계셨고, 상감께서도 조금 전에 그 뜻으로 하명이 계셨으니까, 그렇게들 아시고 준비를 하세요."

맏손자를 제치고 둘째 손자한테 왕위를 물려준다는 것이다. 누구의 지시라고 감히 토를 달 것인가. 만조백관들은 그저 "예이!" 소리만 하고는 머리를 조아릴 뿐이고, 방안 공기마저 딱 멈춘 질식할 듯한 분위기 속에서 사관은 붓 소리도 가볍게 그 결정 사항을 기록했다.

마침내 그날 저녁 예종은 왕위에 오른 지 겨우 1년 2개월이라는 짧은 영화와 스무 살이라는 아까운 나이로 생을 마감하고 말았다. 1469년 을축년 동짓달 스무아흐렛날이었다.

그 뒤를 이어 왕위에 오른 이가 명군 성종이니, 그때의 나이 겨우 열세 살이었다. 그와 같은 왕위 승계 결정과 관련하여 가장 억울한 사람은 아우한테 밀린 꼴이 된 월산대군이지만, 그에 못지 않게 가슴을 친 사람은 그의 아내인 귀인 박씨였다. 순리대로였다면 남편은 왕이 되어야 하고 자기는 왕비로서 부귀영화를 누려야 마땅한데 그 복을 남한테 가로채였으니, 열다섯 살짜리 어린 여자의 소견으로 마음이 편하지 못한 것은 당연한 노릇이었다.

'세상에 이런 법이 어디 있담.'

박씨는 가슴에 멍이 들었지만, 그렇다고 드러내놓고 불만을 나타낼 수도 없었다. 왕실의 안방 세력으로는 대왕대비 정희왕후를 비롯하여 중전의 자리에 올라보지 못한 자기 시어머니, 방금 세상을 떠난 왕의 아내인 대비 장순왕후, 이제 갓 중전이 되어 새로운 세력을 형성하게 될 손아랫 동서 등 여러 갈래가 있는 만큼 선불리 자기 속을 드러내거나 입을 잘못 놀렸다가는 어떤 꼴을 당할지 모르는 일이었다.

영리한 박씨는, '오로지 운명이고, 나의 복이 이 정도인 모양이구나' 하는 체념으로 모든 정을 삭이려고 노력했다.

그런 측면에서 누구보다도 처신이 어려운 사람은 역시 월산대군이었다.

왕조 창건 초기에 일어난 왕자의 난을 비롯하여 친조카를 죽이고 왕위를 찬탈한 할아버지 세조까지 왕실에서 일어난 골육상잔이 얼마나 많은 피를 흘리게 했던가. 만일 대신들 중의 누군가 자기 입지를 강화하기 위하여 월산대군이 불만을 품고 역모를 꾸미고 있다는 등의 없는 사실을 그럴싸하게 부풀리거나, 실제로 권력의 욕심을 품고 자기한테 은근히 접근해 오는 경우에는 자기의 진심이 어떻든 간에 죄를 면할 수 없는 입장에 몰릴 것이 불을 보듯 뻔했다.

거기에는 변명의 여지가 없었다. 오로지 자의건 타의건 왕위에 대한 미련의 기미가 보여졌다는 혐의 하나만으로 목숨을 부지할 수 없게 되는 것이 관행이었다.

아우가 왕위에 오름으로써 입장이 미묘해진 월산대군은 지금의 덕수궁인 경운궁을 사저로 하여 나가 살고 있었는데, 아우인 왕을 가능한 한 자주 찾아보고 형제애를 보이는 한편, 자기 주변에 사람이 접근하는 것을 철저하게 배제함으로써 말썽의 소지를 차단하려고 애썼다.

성종 또한 도량 깊고 너그러운 성품이어서 형의 그런 처지를 동정하고 이해했다. 그래서 수시로 형을 대궐로 청해다가 잔치를 베풀고, 그러지 못할 때는 간절한 내용을 담은 편지나 시를 전하며 형을 그리워했다.

그것은 형에 대한 진정이기도 했지만, 그런 모습을 주위에 널리 보임으로써 이간질하려는 자들이 끼어들지 못하게 하려는 일종의 시위이기도 했다.

"사사롭게는 나의 아우이지만, 전하께서는 참으로 성군의 자질이 충분하신 분이오. 우리를 생각해 주시는 품이 얼마나 고마우신……."

월산대군이 그렇게 말하면, 박씨는 다소곳이 고개를 끄덕였다.

"생각해 보구려. 대궐에는 할머님이신 대왕 대비마마를 비롯하여 여러 안어른들이 내려다보고 계시고, 거기에 빌붙어 세력을 다투는 무리들의 시새움과 경쟁이 얼마나 치열한가 말이오. 전하께서도 그렇지, 여러 원로 대신과 백관들이 국사 하나하나의 처결에 간섭하여 "이것은 이러시오, 저것은 저러시오" 하고 시시콜콜 말을 거드니, 말하기 좋아 나랏님이지 얼마나 갑갑하시겠소. 거기에 비하면 나는 조롱을 벗어난 새요, 웅덩이에서 강으로 나온 고기와 같지 않겠소. 더군다나 신분으로 말할 것 같으면 임금의 형으로서 부귀영화가 보장되어 있으니 더 무엇을 바랄 것이 있겠소."

"어련하시겠습니까. 하기는 그렇게 마음 편하게 가지시는 것이 좋기는 하겠지요."

"부인은 그렇게 말씀하실 것 없어요. 중전마마로 말할 것 같으면, 주위에 수백 명의 아리따운 궁녀가 임금의 총애를 받기 위해 경쟁하는 가운데 둘러싸여 있으니, 하루인들 마음 편할 때가 있을 것 같아요? 거기에 비하면 부인은 오로지 당신만을 사랑하는 지아비가 항상 곁에 있으니, 여자로서 그보다 더 행복할 수 있겠소?"

"그것은 사실입니다."

두 사람은 서로 마주 보며 웃었다. 그러고는 자기들이 누리고 있는 현상의 행복에 만족했다. 다만 아쉬운 것이 있다면 슬하에 자식이 없다는 점이지만, 그래도 두 사람 다 아직 젊기 때문에 절망적으로는 생각하지 않았다.

그러나 호사다마라는 말처럼 생각지도 않은 불행이 닥쳐왔다. 월산대군이 시름시름 앓다가 갑자기 죽은 것이다. 워낙 금슬이 좋은 부부였기에 박씨의 충격과 슬픔은 말할 수 없었고, 일시적으로 청맹과니 증세를 보이기도 했다.

박씨는 종친으로서 몸가짐을 조심해야 하는 처지인 데다 홀몸까지 되었으므로, 대궐에 드나드는 일까지도 삼간 채 거의 집안에만 틀어박혀 있었다. 그러니 대궐과 자연히 사이가 멀어 서먹서먹한 관계가 되었다.

그러던 중에 성종이 세상을 떠났다. 1494년 갑인년 섣달, 왕의 나이 겨우 서른아홉 살 때였다.

성종은 인간적 품성으로나 정치적 측면에서는 상당히 훌륭한 왕이었지만, 여색을 좋아하여 스캔들이 그치지 않았다.

금지옥엽으로 떠받들려 행동이 자유롭지 못한 왕으로서 주위에 널려 있는 아리따운 여자에 한눈을 파는 것은 유일한 도락이라고 할 수 있을 뿐더러, 당시 궁중의 관습으로서 왕의 색탐은 당연한 것으로 간주되었다.

그런데 왕비 윤씨는 질투심이 유난한 여자였다. 왕이 자기 아닌 다른 여자를 가까이하는 것을 참아내지 못했다. 여자로서 그런 질투심은 누구나 있겠지만, 윤비의 경우는 정도가 아주 심한 편이어서 걸핏하면 부부싸움이 벌어졌다.

왕의 부부싸움은 평민의 경우와 같은 것으로 취급될 수는 없는 것이어서 그것이 결국에는 국모로서의 자질 시비로 발전했다. 윤비는 왕실 어른들과 조정 원로 대신들의 미움을 받아 중전의 자리에서 쫓겨났고, 그래도 반성의 기미가 없다는 이유로 사약을 받고 원망에 찬 생애를 마감하고 말았다.

성종은 그 사이에 다시 새 왕비를 맞아들였고, 윤비 문제는 당시로써는 일과성 바람으로 겨우 가라앉은 셈이었다. 그러나 세자가 열아홉 살의 나이로 부왕의 뒤를 이어 옥좌에 오른 시점에 가서는 문제가 달라지지 않을 수 없었다.

신왕 연산군은 일찍이 세자에 책봉되어 왕도의 교육을 받고 순리적 절차에 따라 왕위에 올랐는데, 어려서는 친어머니의 비극적 죽음에 대해서 잘 알지 못했다. 그러다가 왕위에 오른 뒤에는 출세욕과 정권욕에 사로잡힌 간신배의 충동질과 외할머니의 원념어린 호소에 의해 친어머니의 비극적인 죽음을 알게 된 것이다.

'적어도 나는 이 나라의 군왕인데, 내 어머니가 죄인으로 몰려 사약을 받고 돌아가시다니!'

연산군은 눈이 뒤집히고 말았다. 당장 그것을 문제 삼아, 지난날 자기 어머니의 죽음과 관련하여 손톱만큼이라도 책임을 물을 만한 대상이면 가차없이 처단해 버렸다. 이른바 수십 명의 목숨을 앗아간 '무오사화戊午史禍'의 피바람이 그것이다.

그러나 그렇게 하고 나서도 연산군의 마음은 후련하지 못했다. 어머니의 죽음에 대하여 가장 큰 책임을 물어야 할 대상은 바로 자기 아버지이기 때문이었다. 말하자면 아버지가 원수인 셈이니, 자기를 태어나게 하고 잘 길러서 왕위를 물려준 아버지를 어떻게 원수로 돌릴 수 있단 말인가. 이미 어머니의 원수 갚음을 한 것만으로도 아버지에 대해서는 돌이킬 수 없는 불효를 저지른 셈이다.

연산군은 심한 정신적 갈등에 빠지고 말았다. 번민에서 헤어나기 위해 만취 상태가 되도록 술을 마시고 여색에 탐닉했다. 그런 상황이 반복되다 보니 점점 정신 파탄 상태가 되어, 결국에는 돌이킬 수 없는 황음무도한 폭군의 길을 걷게 되었다.

월산대군의 아내 박씨는 밖에서 벌어지는 그와 같은 엄청난 사건에 대해서는 초연한 태도를 보이며 오로지 집안에만 틀어박혀 있었다. 죽은 남편의 명복을 빌며 여승처럼 조용히 살다가 생을 마감할 작정이었다. 그러나 하늘은 그런 소박한 희망을 외면한 채 그녀에게 보다 가혹한 운명의 손길을 던졌던 것이다.

어느 날, 박씨가 거처하는 경운궁이 갑자기 술렁거렸다.

"월산대군 부인 박씨는 즉시 입궐하라는 상감마마의 어명이오!"

대전 별감이 와서 외치는 소리를 듣고, 박씨는 공연히 불길한 생각으로 가슴이 철렁 내려앉았다.

'오랫동안 대궐과 담을 쌓다시피하고 죽은 듯 살아온 나를 새삼스럽게 왜 부르실까? 더군다나 전하께서 나를 기억하실 리가 없는데.'

그러나 어찌되었든 간에 왕이 부른다는데 나아가지 않고 배길 도리는 없었다. 박씨는 황급히 격식에 맞는 옷차림을 하고, 자기를 태우러 나온 가마에 몸을 실었다. 입궐한 박씨는 자미당에서 연산군을 만났다.

"지아비를 여읜 죄인으로 죽은 듯 목숨을 보전하고 있는 중에 입궐하명을 받고보니 놀랍고 황망합니다. 전하께서는 옥체 만강하십니까?"

박씨는 공손히 절을 올리며 속으로 입술을 깨물었다. 주객이 전도되었다는 느낌, 오랜 세월이 흘렀음에도 불구하고 가슴 밑바닥에 남아 있던 감정의 비늘이 슬며시 일어섰던 것이다.

연산군은 너털거리며 반갑게 맞았다. 낮술을 마셨는지, 왕의 얼굴은 불그레했고 눈이 풀려 있었다.

"너무 그렇게 격식 차릴 필요 없어요. 사사롭게는 과인한테 큰어머니신데. 그것은 그렇고, 이제 보니 우리 큰어머니 대단한 미인이군요."

"황공스러운 말씀입니다."

박씨는 원래 양가의 아리따운 규수로 자라나서 결혼과 동시에 고귀한 신분이 되었을 뿐 아니라 출산의 경험도 없었기 때문에, 그때 나이가 마흔 살이 넘었으나 30대 초반으로 보일 만큼 본래의 아름다움을 간직하고 있었다.

아무리 그렇더라도 큰어머니를 보고 그런 소리를 하는 것은, 더구나 왕의 신분으로서는 망발이 아닐 수 없었다.

박씨가 불쾌감을 꾹 참고 왕이 자기를 부른 이유를 들어보니, 뜻밖에도 원자아기의 양육을 맡아 달라는 것이었다.

당시만 해도 사람의 평균 수명이 40년을 밑돌았을 뿐 아니라 유아 사망률이 대단히 높았고, 그 점에서는 왕실이라고 해서 일반 백성들의 사회보다 별로 나을 것이 없었다. 그래서 연산군은 자기 뒤를 이을 아들이 태어나자 무사히 자라나기를 갈망하는 한편, 왕가의 법도에 걸맞은 조기

교육을 시키고 싶은 욕심이 일어났던 것이다. 패륜적 폭군이기는 해도 자식 사랑에서는 여느 어버이와 다를 바가 없었던 모양이다.

물론 대궐에는 왕자의 양육을 맡길 만한 사람이 없지 않았으나, 자기가 낳은 자식처럼 알뜰하게 잘 기르면서도 왕자다운 소양을 주입시켜 줄 수 있는 고아한 품성의 양육인 자격을 갖춘 사람은 찾기 어려웠다. 그래서 여러 가지를 알아본 끝에 월산대군 부인인 귀인 박씨가 혈연 관계로나 인품으로나 최적격자라고 판정하게 되었던 것이다.

거절할 수 있는 처지도 아니긴 했지만, 박씨는 그 직책을 흔쾌히 받아들였다. 아이를 가져보지 못한 여자의 모성 본능이 발동했고, 왕실의 종친으로서 중대한 일을 맡았다는 보람과 기쁨 또한 작지 않았다.

박씨는 아예 대궐 안에 거처를 정하고 어린 왕자를 지성으로 보살폈다. 더럽혀진 기저귀를 가는 일조차 다른 손을 빌리지 않을 정도였다. 그녀는 실로 오랜만에 웃음을 되찾았고, 화색을 띤 얼굴은 활짝 핀 목련 같았다.

그런 어느 날 밤이었다.

아이를 돌보는 일에 피곤해진 박씨는 곤하게 잠이 들었다. 얼마나 잤을까, 별안간 무엇에 짓눌린 듯 가슴이 답답해서 얼핏 잠이 깨었다. 다음 순간, 박씨는 소스라칠 정도로 놀랐다. 칠흑 같은 어둠 속에 누군가가 자기 몸을 덮쳐 누르고 옷을 풀어 헤치려고 하지 않는가.

"아니!"

"쉬이, 조용히 해요."

소리 지르려는 박씨의 입을 틀어막으며 괴한이 속삭였다. 남자였다. 술 냄새가 코를 찔렀다.

"누, 누군데 이런 무엄한……."

"허허, 나라니깐."

"아!"

박씨의 입에서 탄식도 비명도 아닌 소리가 새어 나왔다. 천만 뜻밖에도 연산군이었기 때문이다. 상대방이 누구인지를 안 순간, 박씨의 몸에서는 갑자기 힘이 쑥 빠져나가고 말았다.

'세상에, 세상에 어찌 이런 일이…….'

박씨는 천길 낭떠러지에 떨어지는 듯한 절망을 느끼며 속으로 외쳤다. 추한 짐승에게 자기 육체를 갈갈이 뜯어먹히는 심정이었다. 눈에서는 뜨거운 눈물이 흘러넘쳤다. 그 눈물은 야욕을 채울 대로 채운 왕이 새벽녘에 방에서 나간 후까지도 샘처럼 솟아나왔다.

충동적인 야욕으로 박씨를 욕보인 연산군은 그녀를 아예 비빈으로 삼아서 드러내놓고 자기 여자로 만들려고 했다. 그러나 그의 패륜적 행위를 규탄하거나 말릴 만큼 용기 있는 사람은 아무도 없었다.

그러나 연산군이 다시금 박씨를 찾았을 때는 이미 그녀가 남몰래 대궐에서 자취를 감춘 뒤였다. 그렇다고 자기 사저인 경운궁에 돌아간 것도 아니었다.

연산군이 안달이 나서 빨리 찾으라고 호령을 해도 허사였다. 월산대군의 묘를 관리하는 사람이 무덤 앞에 초라한 행색으로 죽어 있는 박씨를 발견한 것은 그로부터 얼마 후였다.

김안국의 주경야독

초여름 밤, 창밖에는 환한 달빛이 훈훈한 꽃향기에 젖어 있었고, 이름 모를 풀벌레가 애처롭게 울어댔다.

"관관저구關關雎鳩는 재하지주在河之洲요, 요조숙녀窈窕淑女는 군자호구君子好逑로다……."

김안국은 낭랑한 음성으로 《시경詩經》의 구절을 읽으며, 그 뜻을 새기고 있었다.

'암오리는 숫오리를, 숫오리는 암오리를 서로 부르며 물가를 빙빙 돌듯이, 천하를 다스리는 영웅 군자의 대업도 내조하는 현숙한 아내가 있어 금술 좋게 어울려야 가능하다는 뜻이 아닌가. 참으로 의미심장하고 비유가 적절한 글귀로다. 그렇다면 요조숙녀란 어떤 여자란 말인가. 첫째로 물론 아름다워야겠지. 그러나 선녀 같은 아름다움이 전부일 수는 없는 법, 그렇다면……'

다시 김안국은 옛 중국의 시인 두자미의 강촌 생활을 그런 시 한 구절을 찾아 읽었다.

'노처화지위기국老妻畵紙爲棋局하고, 치자고침작조구稚子敲針作釣鉤라…….'

김안국은 스스로 무릎을 쳤다.

'그래, 바로 이런 것이다. 남편이 한가롭게 낚시질을 하는 옆에서 종이에다 바둑판을 그려 바칠 정도의 여자……. 또한, 옛 중국의 성군 문왕의 아내는 손수 칡덩굴을 끊어다가 껍질을 벗겨 갈포 치마를 짜서 입었다지 않는가. 나한테도 그런 요조숙녀가 시집와 주었으면…….'

그런 생각을 하자, 문득 눈앞에 떠오르는 모습이 있었다. 바로 이웃집 처녀였다.

당시 그는 친척집에 와서 공부하는 중이었는데, 이따금 담 너머로 앵두나무 밑에 얼씬거리곤 하는 아리따운 처녀를 볼 때가 있었다.

이름을 물어보는 것은 물론이려니와 눈길 마주치는 것조차 경계해야 할 노릇이었지만, 김안국은 그녀를 보는 횟수가 한 번에서 두 번으로, 두 번에서 세 번으로 거듭됨에 따라 어느덧 사모하게 되었던 것이다.

그러나 그는 기질이 바르고 심지가 굳은 청년이었다. 한 여인에 대한 연정 때문에 공부를 게을리하거나 할 위인이 아니었다.

'내가 이런 엉뚱한 잡념에 빠질 때가 아니지.'

그는 다시 마음을 고요히 가다듬고 책을 펼쳐 읽기 시작했다.

그럴 즈음이었다.

문득 방문을 가볍게 두드리는 소리가 나더니 문이 스르르 열리며, 한 젊은 여인이 밤공기를 몰고 소리없이 들어왔다.

'이것이 귀신이냐, 사람이냐!'

김안국은 속으로 상당히 놀랐으나, 겉으로는 아무렇지 않은 듯 여전히 책에서 눈을 떼지 않고 글을 읽었다.

여인은 문을 닫고 그림처럼 가만히 서 있었는데, 젊은 여인의 상큼한 체취가 코에 스며드는 것을 보면 귀신은 아님이 분명했다.

마침내 김안국이 입을 열었다.

"그대는 누구이며, 무슨 연유로 사나이 혼자 있는 방에 들어왔소?"

그러자 여인이 들릴락 말락한 소리로 대답했다.

"소녀는 이웃에 살고 있는데, 도련님이 항상 글 읽으시는 소리가 하도 듣기에 좋아서 부끄러움을 무릅쓰고……."

그러고는 더 말을 잇지 못했다.

김안국은 속으로 깜짝 놀라 고개를 들어 여자를 쳐다보았다. 아니나 다르랴, 바로 코 앞에 서 있는 여인은 자기가 사모하는 그 처녀가 아닌가. 눈을 살며시 내리깔고 있는 갸름한 얼굴이며 날씬한 몸매가 그렇게 매혹적일 수가 없었다.

김안국도 더운 피가 흐르는 청년이었다. 자기를 사모하여 몰래 들어온 처녀를 은근히 끌어당겨 가슴에 품고 싶은 욕망이 꿈틀거리지 않는다면 이상한 일일 것이다. 그러나 학문으로 갈고 닦은 기개와 천부의 양심이 그의 흔들리는 마음을 바로잡아 주었다.

"이웃집 아가씨라니 참으로 실망스럽소. 보아하니 상민의 집안 같지도 않은데, 깊은 밤중에 외간 남자 홀로 있는 방에 들어오는 것이 양가의 규수로서 할 수 있는 행동이오?"

"……."

"솔직히 말하건대, 나 역시 처자의 모습을 한두 번 담 너머로 넘겨다보고 흠모하는 마음이 없지 않았소. 그래서 내 학문이 어느 정도 성취되는 날, 집안 어른들께 여쭈어 통혼이라도 할까 생각하던 중이었소. 그렇지만, 나 스스로 담을 넘어 처자의 방에 침입하는 짓 따위는 죽어도 감히 엄두도 못 낼 일이오."

"……"

"하물며 여자의 경우야 말해 무엇하겠소. 그런데도 처자는 놀랍게도 월담하여 이렇게 찾아왔으니, 그 행동의 경솔함과 해괴함에는 놀라지 않을 수가 없소. 그로하여 그대를 향한 나의 기대를 물거품으로 만들고 말았으니, 사람이란 겉만으로는 그 진면목을 알 수가 없구려."

그렇게 말한 김안국은 밖에 나가서 회초리를 하나 가지고 들어왔다.

"우리의 인연은 물거품이 되었으나, 나는 그대가 참된 요조숙녀로 다시 태어나서 좋은 지아비를 만나 행복하게 살기를 빌겠소. 그런 의미에서 나는 지금부터 처자의 일시적 과오를 벌하려 하니 종아리를 걷으시오."

"잘 알겠습니다. 그 말씀 뼈에 새기겠어요."

처녀는 눈물을 쏟으며 치맛자락을 끌어올렸다. 무처럼 하얗고 미끈한 종아리가 드러났다.

김안국은 눈을 감고 회초리를 사정없이 후려쳤다. 메마른 것과 연한 것이 부딪히는 소리와 함께 처녀의 종아리에는 금방 붉은 줄이 생겼다. 그 붉은 줄은 두 가닥이 되고 세 가닥이 되었으며, 나중에는 몇 가닥인지 알 수 없게 되었다.

한동안 매질을 계속하던 김안국은 드디어 회초리를 내던졌다. 그러고는 눈물을 펑펑 쏟고 있는 처녀에게 조용히 말했다.

"오늘 밤의 일은 죽는 날까지 내 입에서 절대 나오지 않을 것이니, 처자는 소문일랑 걱정하지 말고 부디 근신해서 부덕을 쌓기 바라오. 그럼 다른 사람의 눈에 띄기 전에 어서 물러가시오."

"도련님 말씀을 따르겠나이다. 내내 평안하시어요."

처녀는 들어올 때처럼 소리없이 방에서 나갔고, 김안국은 흐트러진 마음을 가다듬기 위하여 눈을 감고 상체를 흔들며 다시 글을 읽기 시작했다.

그날 이후로 김안국은 이웃집 처녀의 모습을 볼 수 없었다. 그뿐 아니라 얼마 후에는 그 집이 먼 곳으로 이사를 가고 말아 한여름날 밤의 꿈같은 사건은 그의 가슴 속에 어느덧 빛 바랜 기억으로 남게 되었다.

김안국은 이듬해에 과거를 보아 진사에 급제한데 이어 다시 문과 급제로 벼슬길에 들어섰으며, 좋은 기문의 규수와 결혼하여 가정도 꾸몄다.

관운도 좋아서 지평으로 시작한 벼슬이 감사, 판서를 거쳐 대제학에 올랐을 뿐 아니라, 중년부터는 학문과 지조가 높은 대학자로 명성을 떨쳤다. 그러나 탄탄대로를 달리는 듯하던 그에게도 시련이 닥쳐왔다.

중종 14년 남곤, 심정 등이 일으킨 기묘사화로 조광조를 비롯한 70여 명의 어진 선비들이 참형을 받거나 파직당할 때, 김안국도 거기에 연루된 것이다.

미련없이 벼슬을 내던진 그는 경기도 여주로 낙향하고 말았다. 전원생활은 원래 그가 꿈꾸던 것이었다. 그래서 연못을 파 고기를 기르고, 동산에 나무를 심었다. 들에 물을 끌어들여 논을 개간했으며, 자드락을 파서 밭을 일구었다. 낮에는 괭이와 호미를 들고 농사꾼들과 어울리며, 밤에는 글을 읽고 학문을 연마하는 주경야독의 생활에 재미를 들였다.

두루미 하늘에서 우짖는 소리 들판에 울리고
물고기들 깊은 못 얕은 물가에 노니나니
즐거워라, 정원의 송백은 푸르르고
앞산의 바윗돌은 희뜩하구나

이런 《시경》의 글귀를 읊조리기도 하고,

"농민들은 하늘에 구름이 이는 것만 보아도 우선 나라의 밭에 먼저 비가 내린 다음 내 밭에 물이 미치기를 바라는 공심公心으로 농사를 지어야 한다."

"모심기하고 남은 모종 한 포기나, 수확하고 남은 이삭 하나라도 농사 못 짓는 과부들을 생각해서 버리지 않는 마음씨가 필요하다."

하고 사람들을 가르치기도 했다.

말만 앞세우는 것이 아니라 몸소 실천함으로써 다른 사람들한테 모범을 보였다.

"아니, 점잖으신 나리께서 어쩌자고 손수 이삭 줍고 싸래기를 쓸어 모으십니까."

누군가가 옆에서 딱하다는 듯이 말하면 그는 그 잘못된 생각을 바로 잡아주었다.

"쌀 한 톨일망정 사람의 생명을 위하여 생긴 물건인데 어찌 함부로 버릴 수 있겠나. 나 한 사람이 이렇게 해서 한 말 곡식을 더 얻는다고 한다면, 이 나라 백만 농가가 모두 그렇게 하는 경우 10만 석의 곡식이 늘어나는 것이니, 그만하면 큰 전쟁의 군량을 대고도 남을 양이네."

김안국은 스스로 알뜰히 곡식을 모으는 한편, 마을 사람들도 똑같은 방법으로 양곡을 비축하게 했다. 그것을 모아서는 연못가에 정자도 만들고 동산에 강당도 지었다. 그러고는 농사꾼과 그 자녀들을 모아 놓고 틈틈이 글과 예절을 가르쳤다.

당시 아이들의 교과서라 할만한 《동몽선습童蒙先習》도 이때 저술했다.

그뿐 아니라 부녀자들까지 모아놓고 글과 행실을 가르치는 한편, 빈궁한 사람들에게는 비축한 곡식을 풀어 구제하기도 했다. 그러다 보니 그의 문전에는 고아나 과부 같은 생활이 어려운 사람들이 줄을 지어 드나들었고, 인근에서 그를 칭송하지 않는 사람이 없었다.

김안국의 이야기는 한양까지 소문으로 전해졌다.

한편 기묘사화를 일으킨 장본인인 심정·남곤 일당은 그 소문을 듣고 옳다구나 싶었다. 그렇잖아도 기묘사화에 걸려 관직에서 내쫓긴 반대파와 유림들의 동태를 염탐하던 참이라, 그와 같은 소문을 빌미로 잡아 김안국을 결정적으로 제거할 수 있게 되었기 때문이다.

"김안국이 시골 과부들을 유혹한다고 한다."

"가난한 백성들의 됫박 곡식을 갈취하여 정자를 짓는 등 사리사욕을 취한다고 한다."

그런 정도의 악의적 평판은 차라리 약과였다.

"소인배 김안국이 무식한 백성들을 교화한다는 핑계로 농촌의 젊은이들을 끌어모아 작당을 하는 꼴이 아무래도 심상치 않다. 기묘년에 있었던 일의 분풀이를 겸해서 조정을 뒤엎으려는 역모의 낌새가 짙다."

그처럼 터무니 없는 모함이 계속되었고, 그래서 마침내 엄중히 조사하여 처벌하자는 쪽으로 조정 공론이 기울어졌다.

당시의 사헌부라고 하면 관료사회의 기강 확립을 담당하는 기관으로서, 지금으로 치면 감사원과 검찰을 합친 정도인데, 그 최고위직인 대사헌은 양사헌이었다. 그리고 그의 아우도 감찰 벼슬을 함으로써, 두 형제의 서슬이 시퍼랬다.

어느 날, 양씨 형제는 조정에서 일을 마치고 집에 돌아와서는 늙은 어머니한테 귀가 인사를 올린 다음, 자기들의 손에 떨어진 김안국의 처리 문제를 화제로 삼아 이야기를 주고받았다.

"기어코 김안국을 잡아올려야 할 모양인데, 그 자한테 역모의 혐의를 씌우는 것이 과연 타당할지 모르겠군."

"소인에다 간사한 자이고 보면 역적질하고도 남지 않겠소?"

"그가 소인이라고?"

"아, 쌀 한 톨과 보리 한 알갱이를 주워 모은다고 하니, 그게 소인의 짓거리지 어찌 글 읽은 양반의 행동이라고 하겠소. 더군다나 그의 집에 인근 과부들이 줄을 지어 드나든다고 하니, 미풍양속을 위해서도 그냥 지나칠 수 없는 일입니다."

"하기는 고명한 학자인 척하며 그렇게 소인 같은 처신에다 음란한 행위까지 하는 자이고 보면 역적질을 하고도 남겠군. 잡아올려서 호되게 조리를 돌려야지."

그러자 옆에서 듣고 있던 어머니가 정색을 하고 끼어들었다.

"너희들 지금 무슨 이야기를 하고 있는 거냐? 김안국이란 분을 역적에다 소인배라고 했느냐?"

"그렇습니다. 어머님은 그저 흘려 들으십시오."

"그럴 수 없다. 내가 허리에 치마 두른 여자로서 감히 국사에 간섭하는 것이 도리에 어긋날지는 모르겠으나, 너희 형제가 법관으로서 만의 하나 일을 그르칠까 봐 걱정이 되어서 그런다. 김안국 어른은 그럴 분이 아니다. 절대 역적질할 분이 아니란 말이다."

"아니, 어머님께서 김안국이란 사람을 어떻게 아신다고 그런 말씀을 하십니까."

"알다마다. 그분이 얼마나 고매한 인격의 소유자인지, 부득불 이 어미가 그 증거를 보여 주어야겠구나."

노 부인은 처연한 얼굴로 그렇게 말하고는 일어서서 치맛자락을 걷어 올렸다.

"자, 너희들 이 어미의 종아리를 자세히 보아라."

양씨 형제는 눈이 휘둥그레져서 어머니의 종아리를 살펴보았다. 그러고는 깜짝 놀랐다. 늙기는 했어도 아직도 하얀 피부 그대로인 어머니의 종아리에 매맞은 상처 자국이 뚜렷하게 남아있지 않은가.

"이 흉터는 옛날 그 어른한테 호되게 회초리를 맞은 흔적이니라. 무슨 소린지 못 알아듣느냐."

양씨 형제가 그 곡절을 이해할 수 있을 리가 없었다. 어안이 벙벙하여 쳐다보는 아들들에게 노부인은 평생의 부끄러운 비밀로만 간직해 온 처녀적의 사건을 처음으로 털어놓았다.

"생각해 보아라. 그처럼 어두운 밤에도 양심을 지키며 여자를 멀리하던 어른이신데, 이제 와서 여러 사람의 눈도 아랑곳없이 그런 음란한 짓을 하시겠느냐. 이 어미는 그때 그 어른의 호된 꾸지람을 듣고 깊이 뉘우쳐 평생 동안 행실을 조심하고 부덕을 쌓으려 노력해 왔느니라. 오늘의 내가 있고 또한 너희들이 있음은 그 어른의 덕이라 해도 과언이 아니다."

어머니의 말이 계속 이어졌다.

"그렇듯 하나를 보면 열을 알 수 있는 법인데, 그 어른이 역모를 꾸미다니. 온전한 정신을 가진 사람으로서 무식하고 힘 없는 농사꾼들과 더불어 그런 큰일을 도모하려고 하겠느냐? 너희 형제가 만일 그 어른의 억울함을 바로잡아 주지 않는다면, 사사롭게는 은혜를 악으로 갚는 짓이나 다름없을 뿐더러, 대국적으로 본다면 큰 인물 하나를 죽이는 짓이니라. 이렇게까지 말해도 깨닫지 못하겠느냐?"

어머니의 말을 들은 양씨 형제는 인간 김안국에 대해서 새삼 감복해 마지않았고, 자기들의 경솔함을 부끄럽게 생각했다.

이튿날 아침 조정에 나아간 양사헌은 김안국의 무죄를 역설하는 한편, 남곤 일파의 모함 행위를 신랄하게 비판했다. 관료사회의 기강을 책임지고 있는 대사헌의 주장이고 보니 말발이 서지 않을 수 없는 것이다.

그리하여 김안국은 무고한 죄를 벗었을 뿐 아니라, 나중에 조정 간신들이 쫓겨나고 바른 세상이 왔을 때 대제학의 벼슬로 다시 조정에 소환되었다.

김안국은 이별을 아쉬워하는 제자들을 두고 한양으로 올라가면서 자기가 지어놓은 강당에 이런 시를 써서 붙였다.

숨어 살아 편안했네, 전원생활 19년
남은 생애에 또다시 대궐을 볼 줄이야
공사간의 나고 듦은 모두가 천명인가
거룩한 세상 거룩한 님의 백성되고지고

임백령의 운명적 정인情人

임백령은 중종 때 20대 약관의 나이로 과거에 장원급제한 수재이다. 그는 곧장 홍문관 부수찬으로서 한림학사가 되어 출세가도에 들어섰는데, 우연히 옥매라는 기생을 사랑하게 됨으로써 처음부터 살벌한 정쟁의 한복판에 휩쓸리는 운명이 되고 말았다.

임백령이 옥매를 처음으로 본 것은 과거에 급제하고 왕을 뵙는 자리에서였다.

대신들이 벌려 서 있는 사이로 걸어들어가 왕에게 절하고 어사화御賜花를 받아 돌아나오는데, 들어가고 나올 때 장악원 기생들이 축복의 노래로 '지화자'를 불렀다. 그런데 그 기생 중에 유난히 아름답고 목소리가 청아한 기생 하나가 임백령의 눈을 어지럽게 했던 것이다.

그 기생을 두 번째 본 것은 고향 선배와 친구들이 마련해준 축하연에서였다. 향기로운 술과 맛있는 음식에는 관심이 없고, 오로지 그녀가 그 자리에 나와 앉아 있다는 사실만으로 임백령의 가슴은 터질 듯이 벌렁거렸다.

이윽고 그녀가 곁에 와서 술을 따라줄 때, 임백령이 수작을 걸었다.

"이름이 무엇이냐?"

"옥매라고 하옵니다."

"나이는?"

"열여덟 살입니다."

"고향이 어디지?"

"평양입니다."

"너는 어찌 그리 선녀처럼 아름다우냐."

"과찬이십니다. 나리야말로 참으로 미남이십니다."

젊은 정열은 접촉하자마자 불꽃을 일으켰다. 시골에서 성장하여 여자 보는 눈이 소박할 수밖에 없었던 임백령으로서는 정말이지 선녀가 하늘에서 내려와 자기 옆에 앉아 있는 것처럼 황홀했고, 영악한 옥매는 이제 막 출세길에 들어선 순진한 남자를 잘 후려 놓으면 결과가 뻔한 화류 인생을 일찌감치 그만두고 팔자를 고칠 수 있지 않을까 하는 기대감에 부풀었던 것이다.

그 후 임백령은 대궐에서 공무를 마치고 나오면 꼭 옥매의 집에 들렀다가 처소에 돌아가곤 했다. 아예 옥매의 집에서 자기도 했고, 어떤 때는 며칠이고 묵을 때도 있었다. 일찍 못 만난 것이 한이라도 되는 듯, 젊은 남녀는 뜨거운 사랑을 나누느라고 세월 가는 줄 몰랐다.

그러던 어느 날, 임백령이 퇴근길에 옥매의 집에 들렀더니, 옥매는 없고 몸종 계집아이가 뜻밖의 말을 했다.

"아씨는 윤 판서댁 놀이에 가셨어요."

"윤 판서댁에?"

"오늘은 몸이 불편해서 밖에 못 나간다고 거절했는데도 여러 번 데리러

와서 할 수 없이 따라가셨어요. 나리께서 들르시면 기다리시래요."

윤 판서는 왕의 계비였던 정경왕후의 친정 동생 윤임이었다. 중종은 처복이 없었던지 첫 부인 단경왕후를 일찍 잃은데 이어 두 번째 부인 장경왕후마저 세상을 떠나자, 세 번째로 문정왕후 윤씨를 맞아들였다.

장경왕후는 일찍 죽긴 했지만 다행히 아들을 남겼고, 그 아들은 국법 절차 에 따라 세자로 책봉되었다. 그러므로 윤임은 삼촌 자격으로 세자를 보살피는 입장일 뿐 아니라, 왕비 간택에서 절대적 영향력을 행사할 수 있는 신분이었다.

그렇기 때문에 윤임의 세도는 막강했고, 그의 주변에는 권력의 단꿀을 빨려고 하는 아첨꾼이 수도 없이 모여들었다.

그런 위세 당당한 윤임의 놀이에 옥매가 노리갯감으로 불려갔다니, 임백령은 끓어오르는 질투심과 불쾌감으로 미칠 것 같았다.

날이 꽤 어둑어둑해서야 옥매가 피곤한 모습으로 돌아왔다.

"나리, 오래 기다리시게 해서 죄송해요. 빨리 오고 싶었지만, 도중에 일어설 수도 없고 해서……."

"흥! 잘 놀다 왔으면서, 뭘 그러느냐."

"저는 가고 싶은 생각이 추호도 없었지만, 세도 대감의 성화를 어찌 끝까지 거절할 수 있겠어요. 그러니까 나리께서 잘 되시어 저를 기안妓案에서 하루 빨리 빼주세요."

옥매가 하소연하면서 눈물을 보이자 심통이 났던 임백령도 풀어지지 않을 수 없었다.

"돈만 있다면 오늘 당장이라도 자네 몸값을 치르고 기안에서 빼내고 싶지마는, 어디 가난한 시골 선비에서 갓 입신한 몸이라 돈이 있어야 말이지."

"그러기에 어서 어서 높은 벼슬자리에 오르셔서 권세를 잡으시라니까요. 제 소원이에요."

어리광부리듯 품에 안기는 옥매를 꼭 끌어안으며, 임백령은 마음속으로 출세욕을 불태웠다. 그러나 그들의 사랑은 날이 갈수록 위기를 맞게 되었다. 윤임이 옥매에 눈독을 들여 무슨 수로든 자기 여자로 만들려고 했기 때문이다.

시도 때도 없이 놀이를 벌여 옥매를 부르는가 하면, 정도 이상의 후한 화대로 환심을 사려고 했다. 그뿐 아니라 장악원 기생들을 관장하는 대전별감이나 기둥서방인 춘방사령에게도 촌지를 내리며 옥매를 잘 구슬려 주도록 요구했다.

윤임의 그런 야욕을 손바닥 들여다보듯 뻔히 알고 있는 옥매는 갖은 핑계로 몸을 사렸다. 윤임의 놀이에 부름을 받아도 아프다거나, 아버지 제삿날이라고 하거나 심지어는 생리일이라는 이유를 대며 나가지 않으려고 많은 노력을 했다.

한두 번은 통했지만, 번번이 그런 식이다 보니 윤임도 마침내 옥매의 심보를 알아차렸다. 더더욱 불쾌한 것은 새파란 신출내기인 임백령이 옥매의 연인이란 사실이었다.

'고얀 연놈들 같으니! 내가 누군 줄 알고……'

윤임은 이를 갈았다. 그는 춘방사령을 불러 엄한 지시를 내렸다.

"너 기생 옥매를 오늘 당장 내 집에 아주 데리고 오너라. 알겠느냐?"

"예, 분부대로 시행하겠습니다."

누구의 명령인데 거역할 수 있겠는가. 춘방사령은 벌벌 떨며 머리를 조아렸다.

윤임은 옥매의 몸값으로 많은 돈을 지불하고, 한편으로는 장악원에 영향력을 행사하여 옥매의 이름을 기안에서 아주 빼버렸다.

춘방사령으로부터 그 사실을 전해 들은 옥매는 눈앞이 캄캄해졌다. 기안의 굴레에서 풀려난 것은 꿈에서도 원한 일이었기는 하지만, 그 대신 또 다른 족쇄에 구속당하는 신세가 된 것이다. 더군다나 사랑하는 남자와 이제는 영영 헤어지지 않을 수 없게 되었다.

옥매는 빨리 가자고 재촉하는 춘방사령을 달래 놓고 눈물로 임백령에게 편지를 썼다.

생이별에는 생초목에 불이 붙는다고 하지요. 뜻밖에 윤임의 부름을 받아 할 수 없이 가게 되니, 이 길로 다시는 만날 기약이 없을 듯합니다. 보내는 사람의 마음도 아프겠지만, 가는 사람의 창자는 끊어진답니다. 지척이 천리니 꿈에서나 만나기로 하지요. 내내 귀하신 몸을 중히 하셔서 높이 되시고 이름을 떨치십시오.

옥매는 편지를 문갑 위에 올려놓고 가마에 올라 윤임의 집으로 향했다.

그날 저녁에 평소처럼 옥매의 집에 들른 임백령은 사정을 알고나자 온몸의 피가 거꾸로 흐르고 사지가 부들부들 떨렸다. 더구나 옥매의 편지를 읽고나니 가슴을 칼로 후비는 것 같았다.

'윤임, 너 이놈! 내 눈에 흙이 들어가기 전에 반드시 너의 비참한 최후를 보고야 말리라.'

그토록 이를 갈고 있는 임백령에게, 어느 날 윤원형이 사람을 보내와 은밀히 만나자고 했다. 윤원형은 현재의 중전인 문정왕후의 오빠로서, 아직은 세력이 그리 크지 않지만, 내일을 바라보고 있는 야심만만한 인물이었다.

그런 윤원형이 잘 알지도 못하는 자기를 특별히 찾는 것을 보고, 임백령은 출세와 사랑의 복수 두 가지 길이 열리는 것 같아 기뻤다.

임백령이 찾아가자, 윤원형은 좋은 술과 음식을 대접하며 넌지시 말했다.

"임 학사 같은 유능한 인재는 장차 나라의 기둥이 될 것이므로 내가 중전마마께 적극 추천하여 크게 쓰도록 할 테니, 앞으로 자주 찾아오시오."

"저 같은 사람을 그렇게 인정해 주시니 감사합니다."

"그런데 듣자니까 윤임이란 자가 노형한테 아주 못할 짓을 했다지?"

"아니, 그 이야기는 어디서 들으셨습니까?"

"온 장안 사람이 다 아는 사실인데, 내가 왜 모른단 말이오. 제아무리 세자의 외삼촌이지만, 어찌 그런 짐승 같은 짓을 할 수 있담. 그러나저러나 얼마나 분하오."

"분하면 어쩌겠습니까. 상대는 날아가는 새도 떨어뜨릴 정도로 세도가 당당하나 저는 미천한 한 유생에 불과하니 말입니다."

"낙심하지 말고 훗날에 대비하시오. 내가 적극 도울 것이니."

윤원형은 임백령의 손을 지그시 잡았다. 그로써 두 사람은 동지로 결속되었고, 한바탕 살벌한 피바람을 일으킬 불씨가 생겨났다.

당시 조정의 사정을 들여다보면, 조광조의 신진 유림 세력을 몰아낸 심정이나 남곤 등 소위 중종반정의 공신들이 경빈 박씨와 결탁하여 한 세력을 이루고 있었고, 윤임·김안로 등이 세자를 싸고 돌며 거기에 맞서고 있었다.

따라서 두 세력 사이에는 머잖아 큰 싸움이 일어나지 않을 수 없었고, 그렇게 되면 그 승자와 윤원형 일파의 또 한판 승부가 불가피한 실정이었다. 그러나 그것은 조정 대신들 사이에 벌어지는 세력 다툼이라는 측면의 관점이고, 배경에는 왕위 계승권의 향방이 걸린 높은 차원의 싸움이 전개되고 있었다.

세자는 이미 기득권을 확보하고 있어서 유리한 위치에 있기는 하나, 중전 윤씨한테서 태어난 경원대군과 경빈 박씨한테서 태어난 복성군이 각각 타의에 의한 경쟁자로 떠올라 있는 실정이었다. 따라서, 그 두 마당의 보이지 않는 싸움은 복합적으로 맞물려 치열하게 전개되고 있었다.

그런 사정을 잘 아는 임백령은 윤임에 대한 복수의 일념에서 윤원형과 적극 손을 잡는 데 주저하지 않았다.

이때 윤원형에게는 난정이라고 하는 이름의 애첩이 있었는데, 얼굴도 예쁘고 붙임성이 좋을 뿐 아니라 머리가 비상하여 윤원형의 일급 참모 역할을 톡톡히 했다.

난정은 이따금 윤비를 찾아가서 재미나는 이야기도 들려주고 책도 읽어주면서 각별한 총애를 받았는데, 어느 날 윤비를 만난 자리에서 의미심장한 말을 넌지시 던졌다.

"그러고 보니 세자마마의 생신이 2, 3일밖에 남지 않았군요."

"그런가 보다. 그런데, 밑도 끝도 없이 동궁의 얘기는 왜 꺼내느냐?"

윤비가 시큰둥하게 대꾸하자, 난정은 눈을 가늘게 뜨면서 목소리를 낮추어 말했다.

"쇤네가 다 요량이 있어서 드리는 말입니다."

"요량이라니."

"한 팔매로 두 마리의 새를 잡겠다는 거지요."

"무슨 소린지 모르겠구나."

"중전마마께서는 그저 모른 척하고 계십시오. 쇤네가 다 알아서 일을 만들겠습니다."

이심전심이라는 말이 있다. 영리한 윤비는 더 이상 캐묻지 않았다. 무슨 일이든 조심해서 하라는 한 마디로 끝냈다.

세자의 생일날, 동궁에서는 깜짝 놀랄 일이 벌어졌다. 동궁의 담 모퉁이 당행나무 가지에 불에 타서 죽은 쥐 한 마리가 매달려 있었기 때문이다. 생일을 맞은 세자한테 누가 저주의 주술을 걸었다는 것이다.

온 대궐 안이 발칵 뒤집혔고, 설왕설래 끝에 그 혐의는 결국 경빈 박씨한테 돌아갔다. 그럴 수밖에 없는 것이 경원대군은 아직 열 살짜리 어린애인데 비하여 복성군은 이미 장성한 나이로서, 만약 세자가 주술에 걸려 죽는 경우 세자 지위의 계승에서 상대적으로 유리한 위치에 있기 때문이었다.

물론 꼭 그렇게 된다는 보장은 없었지만, 윤비와 윤원형 쪽에서 그런 식으로 적극 분위기를 몰아가는 바람에 경빈 박씨와 복성군은 꼼짝없이 죄를 뒤집어쓰고 말았다. 그와 같은 분위기 몰이에 윤임 일파가 방관 내지 동조의 입장을 보인 것은 말할 것도 없다.

결국, 경빈 박씨와 복성군은 사약을 받아 억울한 죽음을 당했고, 심정 일파 역시 비참한 최후를 맞고 말았다.

얼마 후 중종이 세상을 떠나고 세자가 뒤를 이어 인조로 등극하자, 나라의 실권은 왕의 오랜 후견인이었고 외삼촌이기도 한 윤임에게 돌아갔다. 그러나 뛰는 놈 위에 나는 놈이 있는 법이다.

윤임이 세상을 한 손에 넣고 기고만장해 있을 때, 윤원형·임백령 일파는 암암리에 세상을 뒤집어 놓을 계략을 수립하고 추진했다. 그 결과 인종은 즉위한 지 불과 8개월에 독살의 의문이 다분한 갑작스러운 죽음으로 채 피지도 못한 채 시들었고, 그 뒤를 이어 열한 살의 경원대군이 보위에 오르니 그가 곧 13대 임금 명종이다.

왕이 어리기 때문에 대비 윤씨가 수렴청정을 하게 되었다. 그러니 조정 실권이 송두리째 윤원형의 손에 들어가게 된 것은 물론이다.

그 같은 세상의 뒤바뀜을 누구보다 기뻐한 사람이 임백령이였다. 그토록 이가 갈리는 사랑의 원수 윤임에게 복수할 기회가 마침내 찾아온 것이다.

결국 윤임은 역적으로 몰려 그의 일족은 참화를 모면하지 못했다. 남자는 모조리 죽고, 여자는 관청의 계집종이 되었다.

그 무렵 어느 날, 윤원형이 특별히 임백령을 자기 집으로 불렀다. 난정이 솜씨껏 장만한 주안상을 앞에 놓고 건배를 하면서 윤원형이 말했다.

"오늘의 이 모든 것이 임 대감의 공이오. 내 그 고마움을 갚는 뜻으로 특별한 선물을 하나 할까 하니 받아 주시겠소?"

"선물이라니오?"

"보시면 알 것이요."

윤원형은 그렇게 말하고, 뒤를 돌아보며 "이리 오너라." 하고 불렀다. 그러자 병풍 뒤에서 한 아리따운 여인이 나오는데, 임백령이 무심코 쳐다보니 꿈에도 그리던 옥매가 아닌가.

"아니!"

임백령은 하마터면 술잔을 떨어뜨릴 뻔했다.

"나리, 그동안 안녕하셨습니까?"

사뿐히 절을 하는 옥매의 눈에서는 눈물이 비오듯 흘렀다.

사랑의 달콤한 열매가 맺기도 전에 쓰라린 이별의 슬픔을 겪어야 했던 두 사람은 우여곡절 끝에 그처럼 극적으로 만난 것이다.

유성룡의 바보 형님

임진왜란이 일어나기 3년 전의 일이다.

당시의 조선 조정은 영의정 이산해, 좌의정 유성룡, 우의정 이양원 등 세 재상들이 정치의 큰 틀을 짜고 일사불란한 팀워크로 국사를 처리하고 있었는데, 그중에서도 유성룡은 젊은 장년 재상으로서 선조의 신임이 매우 두터웠다.

유성룡은 학문이 깊을 뿐만 아니라 국량이 커서 국가의 중요한 정책은 대체로 그의 머리에서 나오고 처리된다고 해도 과언이 아니었다. 특히 중국과 일본을 상대로 하는 껄끄럽고 복잡한 외교 업무는 그의 전담 사항이었는데, 상대적 이해가 걸린 문제를 하도 깔끔하게 잘 처리하는 바람에, 유성룡 이름 석 자는 그 두 나라에서도 유명했을 뿐 아니라 두려움의 대상이었다.

유성룡에게는 이름이 유운룡이라고 하는 형이 있었는데, 너무나 바보 불출이어서 모르는 사람이 없었다. 실제로는 그렇게 형편없는 바보가 아니었지만, 동생이 하도 유명하다 보니 상대적으로 남의 주목과 손가락질을 받게 되었던 것이다.

어쨌든 유운룡은 워낙 주변머리가 없고 어리석어서 세상 사람들의 눈총을 받는 것은 물론이려니와 일가친척들 사이에서도 사람 취급을 받지 못했다. 그러다 보니 정상적인 생활이 불능하여 아우의 집에 얹혀 살게 되었다.

유운룡이 아무리 세상 사람들로부터 손가락질을 받는 바보라고 하지만 유성룡에게는 피를 나눈 형이었다. 그래서 유성룡은 집안 사람들을 엄격히 단속하여 함부로 대하거나 소홀히 대접하지 못하도록 하고는, 후원에 작은 별당을 하나 마련하여 거기서 편안하게 지내도록 했다.

아우의 정성어린 배려 속에 유운룡은 거의 온종일 방 안에 틀어박혀 있었다. 다른 사람이 보기에는 글을 읽는 것 같았지만, 천하 바보 천치가 글을 알면 무엇을 얼마나 알겠느냐, 공연히 책을 펴 놓고 읽는 척할 뿐이 아니겠느냐고 집안 사람들, 특히 하인들은 수군대며 이죽거렸다.

유성룡은 그런 형에 대해서 항상 측은해 하는 마음으로 가능한 한 섭섭하지 않게 해주려고 노력했지만, 워낙 국사로 바쁜 몸이라서 뜻대로 되지 않았다. 집에 돌아와서도 업무의 연장에다 쉴 새 없이 찾아오는 방문객을 맞아 상대하느라고, 어떤 때는 한 달이 지나도록 형의 얼굴을 못 보는 경우도 있어서 은근히 미안하게 생각하고 있었다.

어느 날 저녁, 유성룡이 모처럼 한가한 시간을 얻어 형을 찾아가 보리라고 문득 생각하는데, 마침 형이 제발로 나타났다. 형이 스스로 바깥 사랑에 나오는 것은 극히 드문 일이었으므로, 유성룡은 한편 놀라우면서도 반가웠다.

"형님, 어서 들어오십시오."

"요즘 아우의 얼굴을 보기 힘들어, 모처럼 이야기나 좀 나눌까 하고 나왔네. 방해가 되지는 않겠는가?"

"방해는요. 잘 오셨습니다. 그러잖아도 바쁘다는 핑계로 자주 형님을 뵙지 못하여 죄송하게 생각하고 있었습니다."

"무슨 소리를 하나. 아우는 나라에 매인 몸이니, 사사로운 일보다 국사를 당연히 우선으로 해야지."

그렇게 이해심 많은 소리를 하는 형이 유성룡은 무척이나 고마웠다. 형제는 실로 오랜만에 마주 앉아 이런저런 대화를 나눴는데, 무슨 이야기 끝에 유운룡이 문득 뜻밖의 화제를 꺼냈다.

"그런데 아우가 바둑을 잘 둔다지? 나하고 바둑 한 판 두지 않겠나?"

"형님과 말씀입니까?"

유성룡은 은근히 놀랐다. 형이 바둑을 두는 것을 본 적도 없거니와, 바둑을 둘 줄 알리라고는 꿈에도 생각해 본 적이 없었기 때문이다. 반면 그 자신은 일찍이 바둑에 입문하여 그 실력이 당대의 최고수로 꼽히는 실정이었다. 그런 그에게 천치 소리를 듣는 형이 바둑을 두자고 했으니 놀란 것도 무리가 아니었다.

"아니, 형님이 언제 바둑을 배우셨습니까?"

"뭐 특별히 배운 적은 없으나, 흑과 백 두 가지 돌을 번갈아 놓아서 상대방을 가두어 잡고 집이 많은 쪽이 이긴다는 정도는 알고 있네. 왜 시시해서 두기 싫은가?"

"형님도, 그럴 리가 있겠습니까."

유성룡은 혹시나 형의 마음을 상하게 할까 봐서 얼른 웃는 낯으로 얼버무리고는, 퇴창을 열고 하인을 불러 바둑판을 차리라고 시켰다. 하인은 눈이 휘둥그레졌다. 주인 대감마님과 반편이 형님이 바둑을 두겠다고 하는 것이다. 감히 군말을 못하고 윗목에 치워져 있는 바둑

판을 들어다 두 사람 사이에 놓고 물러간 하인은 그 기막힌 뉴스를 다른 사람들한테 이야기했고, 그래서 온 집안이 그 뜻밖의 사건으로 술렁거렸다.

바둑판을 앞에 놓고 마주 앉은 두 사람은 돌을 가렸는데, 유운룡이 먼저 백돌을 이우에게 밀어놓고 자기가 흑을 잡았다.

"저한테 백을 주시는 겁니까?"

"아우는 나라의 쟁쟁한 재상이고, 또한 국수 칭호를 듣는다는데 처음부터 흑을 쥐어서야 되겠는가."

유성룡은 나오려는 웃음을 참느라고 애썼다. 사회적인 신분을 대접해서 백돌을 넘긴다는 것이니, 기가 막힐 노릇이 아닐 수 없었다. 어쨌든 그렇게 하여 뜻밖의 바둑 대국이 시작되었는데, 한 점, 한 점 두어 나가는 동안 유성룡은 속으로 대단히 놀라고 말았다.

처음에는 형을 얕잡아보고 그저 되는대로 판 위에다 돌을 갖다 놓았으나, 흑의 착점이 기리棋理에 맞지도 않고 허한 듯하면서도 실제로는 주변의 쌍방 세력과 조화를 이루며 빈틈이 없다는 것을 깨닫고는 신중한 자세로 자기의 착점에 정신을 집중하지 않을 수 없었다. 그러다보니 어느덧 그도 상대를 잊고 바둑 삼매경에 빠지고 말았다.

이윽고 한 판의 대국이 끝나 집 계산을 해보니, 흑의 한 집 반 승이었다. 유성룡으로서는 기가 막힐 노릇이 아닐 수 없었다.

"제가 졌군요. 형님께서 이렇게 바둑을 잘 두시는 줄은 몰랐습니다."

"아우가 이 형을 대접하느라고 대강대강 두어서 그렇지, 아무러면 내가 상대가 될라구."

"아닙니다. 정말 놀라운 기력棋力이십니다. 제가 깨끗이 졌습니다."

"그럼 어디 한 판 더 두어보세. 이번에는 내가 백을 쥐어도 되겠는가?"

"형님이 첫 판을 이기셨으니, 당연히 백을 쥐셔야지요."

말은 그렇게 시원시원하게 했지만, 바둑 두는 사람의 심리대로 유성룡은 속으로 오기가 발동하는 것을 어쩔 수 없었다. 천하의 국수로서 그런 참패는 일찍이 당해 본 적이 없는 그였다.

이번에는 첫 착점부터 신중에 신중을 더했다. 선착의 유리함을 살리면서 자기가 좋아하는 모양으로 포석을 하고 백의 약점을 노리려고 했는데, 백의 응수가 그것을 허용하지 않고 이쪽의 허점을 예리하게 찔러오는 것이어서 도무지 뜻대로 판이 짜여지지 않았다.

유성룡으로서는 정말이지 혼신의 힘을 다한 대국이었다. 그런데도 결과는 두 집 반 패였다. 세 번째 판은 유성룡이 전의를 불태우며 적극 원해서 두어진 대국이었다. 이제는 웃을 기분이 아니게 된 유성룡은 부릅뜬 눈으로 판을 응시하며 입에서 단내가 나도록 온 기량을 쏟았는데, 이번에도 결과는 유성룡의 형편없는 불계패로 끝나고 말았다.

유성룡은 기진맥진해 물러나 앉았다.

"아이고, 도저히 형님을 못 당하겠군요."

"아우가 형 대접을 착실히 하느라고 그랬겠지."

"아닙니다. 형님이야말로 국수이십니다."

유운룡은 빙그레 웃으며 바둑판을 한쪽에 밀쳐 놓고 담배를 한 대 피워 물었다. 그러고는 부드러운 어조로 말했다.

"내가 쓸데없는 소리를 하는지는 모르겠으나, 아우를 생각하는 마음에서 한 마디 할까 하네."

"기탄없이 말씀하십시오. 경청하겠습니다."

"사람이 세상을 살아나감에 있어서 항상 자기를 돌아보고, 남을 생각하며, 먼 눈으로 사물을 관찰하고 판단해야 할 것이네. 무엇을 잘 한다고 거기에 만족하여 우쭐해져서는 안 되며, 일국의 권세와 지위를 한몸에 차지하고 있다고 교만 방자해서도 안 되겠지. 아우는 국수 호를 듣던 처지에, 오늘 이 어리석은 형한테 바둑을 지리라고 꿈엔들 생각했겠는가. 그러나 바로 이런 것이 세상사의 불가사의인즉, 아우는 지위가 높아가고 명망이 두터워질수록 몸과 마음을 삼가도록 하게. 알겠는가?"

"명심하겠습니다. 참으로 금과옥조 같은 말씀이십니다."

유성룡은 끓어오르는 감동에 자기도 모르게 무릎을 꿇고 고개를 숙여 진심으로 형한테 경의를 나타내었다. 솔직히 말해 그 역시 형을 온전한 사람으로 생각하지 않았었다. 그런데 오늘 보니 형은 바보 천치이기는커녕 국량이 깊고 총명하기가 이를 데 없지 않은가. 함께 자랐고 한 지붕 밑에서 지내면서도 형의 그런 진면목을 파악하지 못한 자기야말로 현재 누리고 있는 지위와 명망을 부끄러워해야 할 인간이라는 자책감이 가슴을 쳤다.

"아우가 새겨들어주니 고맙군. 아울러서 한 가지 특히 당부할 말이 있네."

"말씀하십시오, 형님."

"사흘 후면 금강산 유점사에서 나왔다는 웬 중이 아우를 찾아올 것이네. 그 중은 필경 하룻밤 자고 가겠다고 눌러붙을 것인즉, 무슨 이유를 대든지 간에 재우지 말고 내 거처로 보내란 말일세. 알겠는가?"

"형님 분부대로 하겠습니다만, 도무지 무슨 영문인지……."

"그것은 나중에 알게 될 것이네. 아무튼 그 중을 물리치지도 말고 꼭 내 거처로 보내는 것을 잊지 말게. 덧붙여서 말하거니와 아우는 국운을

양 어깨에 짊어졌다고 해도 과언이 아닌 막중한 신분이므로, 항상 주위를 살펴 상서롭지 못한 일을 당하지 않도록 각별히 몸조심하게."

"명심하겠습니다."

이윽고 형이 자기 처소에 돌아간 다음, 유성룡은 착잡한 생각에 잠겼다. 무엇보다도 형이란 인물의 진면목을 확인한 것 자체가 경이였다. 누구한테나 손가락질을 받는 바보 천치인 형이 사실은 여간 인물이 아닌 것이다. 그 엄청난 바둑 실력이며, 듣는 이의 가슴을 치는 준론은 그가 대단한 사람임을 증명해 주고 있었다. 더군다나 미래를 예측하는 듯한 그 말투가 몹시 마음에 걸렸다.

'사흘 뒤에 웬 중이 찾아올 것이라니, 과연 그것이 사실일까? 형님의 어조를 보면 그 중이 뭔가 곡절을 가지고 있는 모양인데, 그렇다면 그 정체가 뭐란 말인가?'

그런저런 생각에 유성룡은 밤이 늦도록 잠을 이루지 못했다. 그러고 나서 사흘째가 되는 날까지, 유성룡은 그날 밤 형으로 말미암은 놀라움을 머리 속에서 떨쳐낼 수 없었다. 더구나 형이 말한 사흘째가 되는 날에는 아침부터 공연히 마음이 초조하고 긴장되어 조정에 나가 공사를 보면서도 그 생각에서 놓여나지 못했다.

착잡하고 무거운 기분으로 하루를 보낸 유성룡은 집에 돌아와 이제나저제나 문제의 중이 나타나기를 기다렸다. 마음 한켠에는 한 가닥 의구심이 없지 않으면서도, 형의 예언이 실현될 것으로 확신하고 있었던 것이다.

어느덧 해가 지고 땅거미가 짙게 깔렸다.

바로 그때, 대문을 두드리는 소리가 들렸다. 하인이 나가서 대문을 여는 기척에 이어 발소리가 들리더니 잠시 후 마당에서

"나무아미타불! 소승이 대감께 삼가 문안올립니다."

하는 우렁우렁한 소리가 들려왔다.

유성룡이 바짝 긴장하며 퇴창을 열고 내다보니, 먹장삼에 가사를 걸치고 등에는 바랑을 짊어진 중이 마당에 서 있다가 유성룡을 보고는 허리를 굽히며 합장을 했다. 장년의 나이를 넘지 않은 듯하고, 훌쩍 큰 키에 체구도 튼튼하게 생긴 중이었다.

"대사는 어느 절에서 오시는가?"

"예. 금강산 유점사에서 왔습니다."

그 말을 들은 유성룡은 가슴이 철렁 내려앉았다. 그래도 시치미를 떼고 수작을 했다.

"멀리서 오셨구먼. 그래, 한양에는 웬일로?"

"마침 계절이 가을철이라 소승은 팔도의 명산 대찰을 찾아다니며 유람 행각을 하는 중인데, 함경·평안·황해 3도를 거쳐 삼남 지방으로 내려가다가 마침 한양을 지나게 되었기에, 평소부터 존엄하신 명성을 듣고 흠모해 온 유 상공 어른을 찾아뵙고 하룻밤 높으신 교훈의 말씀을 얻어들을까 하고 들렀습니다."

"그러면 내 집에서 묵으시겠다는 뜻인가?"

"아무쪼록 사랑방에서 하룻밤 자게 해주시면 감사하겠습니다."

"이걸 어쩌나. 나도 불경을 대강은 읽었기에 모처럼 대사와 같이 불경 강론이나 하고 또 금강산 이야기를 듣는 것도 좋겠지마는, 내가 몸이 몹시 불편하여 일찍 쉬고 싶을 뿐 아니라, 집에 말 못할 사정이 있어서 오늘만은 외인을 일절 재울 수 없으니 말이네. 그렇다고 속인도 아닌 불제자를 몰인정하게 물리치기도 뭣한 노릇이니 원……. 정 뭣하면 저 후원 외딴 별채에 계시는 내 가형한테 부탁드려 주지. 거기라면 하룻밤 묵으시는 것도 상관없을 듯하니까."

"관세음보살! 그렇게라도 배려해 주시니 감사합니다."

중은 다시 한번 합장을 했다.

이윽고 중은 하인의 인도를 받아 후원의 유운룡 거처로 갔다.

유 상공의 칠푼이 형님 이야기는 세상에 모르는 사람이 없는 사실이므로 중이 호기심으로 유운룡을 바라보니, 보잘것없는 풍채에다 사람을 맞아들이는 태도가 좋게 표현하면 무골 호인이고 나쁘게 표현하면 소문 그대로 바보 푼수였다.

"유 상공 어른은 학문이 깊고 도량이 큰 인물로 평판이 자자하신데, 그 가형되시는 어른께서는 어찌 이런 후미진 곳에 거처하십니까?"

중이 짐짓 묻는 소리를 듣고, 유운룡은 허허롭게 웃었다.

"나야, 아우한테 얹혀 사는 처지니 어쩌겠소."

"그래도 사람의 도리가 그렇지 않은 것입니다."

"아무러면 어떻소. 그보다도 대사, 마침 적적하던 참에 잘 만났으니 조용히 술이나 한 잔 합시다."

"어른께서는 별말씀을 다 하시는군요. 출가한 중이 술은 무슨 술입니까."

"그럼 술 대신 곡차는 괜찮겠군."

"허허허. 원, 어르신도."

중은 웃음을 터뜨렸다. 술이나 곡차나 마찬가지 말이기 때문이었다. 언제 준비해 두었던지, 유운룡은 벽장에서 술 단지와 안주감을 꺼냈다. 술은 향취가 그윽하고 안주는 먹음직해서, 중은 어쩔 수 없이 구미가 동하고 말았다.

권커니 잣커니 하다보니 큰 술 단지가 어느덧 바닥을 드러내었고, 두 사람 모두 어지간히 취하고 말았다. 그들은 이부자리를 펴고 드러누웠다. 유운룡이 먼저 코를 골기 시작했고, 은근히 그의 기척을 살피던 중도 어느새 잠이 들었다. 얼마나 시간이 흘렀을까.

깊이 잠든 것 같던 유운룡이 슬며시 일어나 중이 벗어놓은 바랑을 헤쳐보았다. 놀랍게 바랑 속에는 천으로 칭칭 감아 감춘 일본도 한 자루가 들어 있었다. 유운룡은 이번에는 중에게 살금살금 기어가서 가슴을 풀어 헤쳐보았다. 작은 칼자루가 손에 잡혔다. 비수를 품고 있었던 것이다. 유운룡은 그 비수를 뽑음과 동시에 중의 가슴 위에 올라타며 호통을 질렀다.

"네 이놈!"

깜빡 잠들었던 중은 질겁을 하면서 깨어났다. 유운룡은 중의 턱밑에 비수를 들이대고 호령했다.

"네놈이 아무리 날고 긴다 해도 내 눈을 속이지는 못한다. 뭐? 유점사 중놈이라고?"

"어, 어르신네. 도대체 무슨……."

"이놈! 아직도 허튼 수작을 하려는 거냐. 유 상공이 네놈을 나한테 보낸 것도, 네놈이 찾아올 것을 미리 알고 정체도 이미 꿰뚫어 보고서 나더러 적당히 처치하라는 뜻이 있었느니라. 그래도 이실직고하지 못하겠느냐?"

"사, 살려 주십시오. 사실은……."

그 중의 정체는 왜국 첩자였다.

머잖아 조선을 상대로 전쟁을 일으키려는 야심을 품은 도요토미 히데요시는 조선 8도의 지리를 염탐하는 한편, 누구보다 장애가 되고 두려운 존재인 유성룡을 암살하라는 특명을 부여하여 날랜 부하를 중으로 가장시켜 내보냈던 것이다.

사랑방에서 자다가 유성룡을 해칠 계획이었으나 후원 별채로 내몰림을 당한 첩자는 그런대로 유운룡 곁에서 자다가 한밤중에 살며시 일어 나 사랑채로 나가서 목적을 달성한 다음 그 길로 내뺄 작정이었다.

그런데 그만 유운룡의 수단에 걸려 독한 술을 마시는 바람에 곤한 잠에 빠져 들었다가 그 곤욕을 치르게 된 것이다.

첩자의 실토를 받아낸 유운룡은 비로소 비수를 거두고 방바닥에 내려와 앉으며 준엄하게 꾸짖었다.

"잘 들어라. 너의 주인인 도요토미라는 작자는 잘못 생각해도 한참 잘못 생각하고 있구나. 명민하고 국량 깊기로 삼국에 명성이 떠르르한 천하의 유 상공이 어찌 너희 나라의 그릇된 계획을 꿰뚫어 보지 못하고 계시겠느냐. 그러니, 도요토미가 어설픈 군력과 준비를 믿고 전쟁을 일으킨다면 필시 제 몸을 망치고 말리라. 네 죄를 묻기로 한다면 마땅히 목을 딸 것이지마는, 네까짓 한 놈 죽인들 무슨 소용이 있으랴. 살려서 돌려보낼 터이니, 너희 나라로 돌아가 주인한테 쥐새끼 같은 좁은 생각의 그릇됨을 자세히 아뢰어 불행한 꼴을 당하지 않도록 하여라. 알겠느냐?"

"예, 명심하겠습니다."

혼이 반쯤 나간 첩자는 바랑도 팽개친 채 식은 땀을 흘리며 허겁지겁 달아나고 말았다.

임진왜란 전 과정을 통하여 전쟁 수행에 누구보다 공이 컸던 유성룡, 그의 눈부신 활약은 어쩌면 천하의 바보로 알려졌던 형의 두뇌에서 나왔던 것인지도 모를 일이다.

조선왕조 야사 3

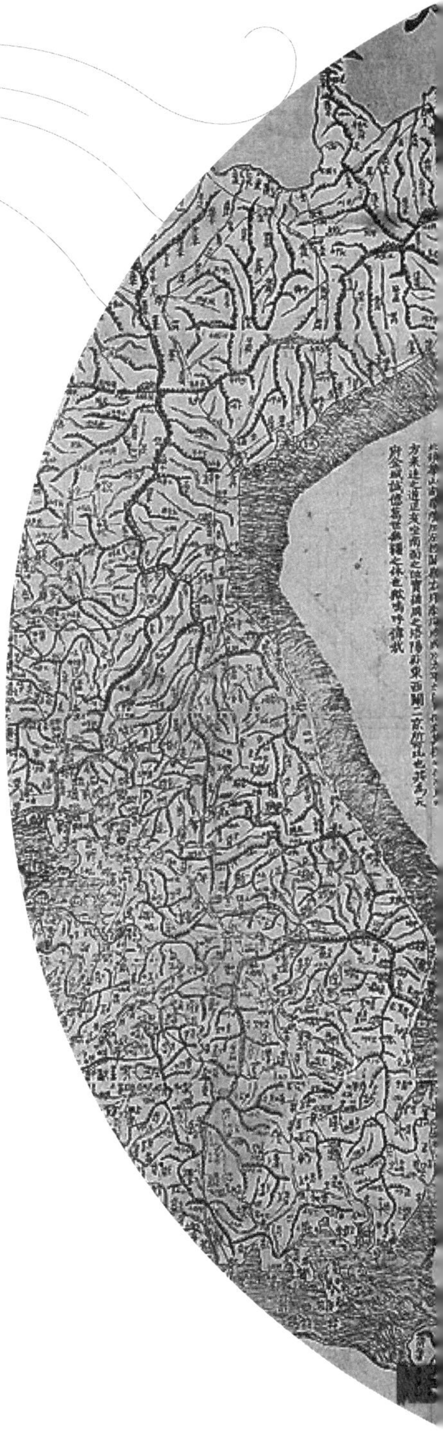

촌부에게 혼이 난 명나라 장수 이여송

임진왜란 때 명나라 장수 이여송은 구원병을 이끌고 조선에 들어와 첫 번째 평양성 싸움에서 왜군을 크게 깨뜨리자, 적을 너무 얕잡아본 나머지 공명에 눈이 어두워 개성, 파주를 거쳐 의기양양 맹렬한 추격전을 전개하다가 벽제관에서 결정적인 반격을 받았다.

대패의 쓴잔을 마신 이여송은 왜군이 만만하지 않다는 것을 처음으로 실감했다. 그래서 조선의 대신인 유성룡·김명원·유홍 등은

"장군, 승패는 병가상사인데 무얼 그렇게 낙심하십니까. 여기서 전열을 정비해 가지고 다시 한양으로 진격하십시오. 그러면 한강 쪽에서 조선군의 응원이 있을 것입니다."

하고 간곡히 말리는 것도 뿌리치고 임진강을 허겁지겁 건너 평양까지 한달음에 도망치고 말았다. 그런 다음에는 싸울 의욕을 상실하고 몇 달 동안이나 성안에 틀어박혀 술과 향락으로 시름을 달래고 있었다.

때는 전쟁이 일어난 이듬해 음력 2월, 얼음이 풀린 대동강은 기름같이 흐르고 곱다란 아지랑이에 담긴 봄기운이 멀고 가까운 산야를 포근히

감싸고 있었다.

그날도 이여송은 장수들을 데리고 연광정에다 잔치를 베풀었는데, 기생이 아름다운 목소리로 권주가를 부르고 모두 흥겨워서 잔을 기울이는 중에 유난히 그 자리의 우두머리인 이여송만은 난간 너머의 풍경을 바라보며,

"아하! 참으로 금수강산이로구나."

하고 탄식해 마지않았다.

그가 보기에 조선은 땅덩어리 전체가 절경이었다. 산세는 웅장하고 강 흐름은 도도하며 평야는 기름졌다. 저절로 흥취를 느끼게 하며 모든 시름을 잊게 하는 이 아름다운 고장에서 살벌한 전쟁을 치러야 하는 것이 억울하기 짝이 없었다.

'더군다나 내 나라의 운명이 달린 싸움도 아니요, 우리 황제 폐하께 충성하자는 도리도 아니지 않는가.'

그가 그렇게 싸움에 흥미를 잃어버린 이유 중에는 당시 조선 조정의 무능과 무대책도 한 몫을 했다. 왕이든 대신이든 명나라 구원군을 만나면 눈물부터 짜면서 도움을 청하기만 했지, 차분하게 상황을 분석하여 합동 대비책을 강구하려는 사람이 없었다.

그래서 명나라 장수 곽몽징은,

"당신네 나라 사람들은 임금이든 신하든 어찌 송사訟事하는 것처럼 울며 호소하는 것밖에 모르오."

했고, 또 어떤 장수는

"귀국이 부질없이 대국의 문물을 본받는답시고 뼈는 연한데다 예법과 의관만 무거운 꼴이구려."

하고 비꼬기도 했다.

또한 그들의 눈에는 조선 장병들이 나약하기 짝이 없어서 왜군과의 싸움에 조금도 보탬이 되지 않고 순전히 자기들의 힘에만 의존하려는 것으로 비쳤다. 그러니 남의 싸움에 목숨을 걸고 과감히 나설 의욕이 나지 않는 것도 어쩌면 당연한 일인지도 모른다.

'이처럼 아름답고 비옥한 강토와 순한 백성들이 제대로 된 주인을 만나지 못하여 험한 고난을 겪고 있구나. 차라리 왜놈들한테서 이 나라를 되찾은 다음 내가 주인 노릇을 해보면 어떨까?'

한편으로는 엉뚱한 야심이 슬며시 고개를 쳐들기도 했다.

술에 취하여 흥겹게 떠들썩한 다른 부하 장수들과는 달리 그런저런 생각으로 심란한 기분에 젖어 있는 이여송의 귀에 문득 아래쪽에서 이상한 소리가 들려왔다.

가만히 내려다보니 연광정 앞 모래밭을 늙은 농부가 소를 타고 지나가고 있었고, 그것을 본 명나라 병졸들이,

"이런 버릇없는 늙은이! 여기가 어디라고 감히 소를 타고 지나가느냐. 대국의 노야 이여송 장군이 지금 정자 위에 계시다. 냉큼 소에서 내리지 못할까!"

하고 윽박지르는 중이었다.

그래도 노인은 그 소리가 귀에 들어오지도 않는지 그냥 유유히 지나가고 있었다.

화가 치민 병졸들이 노인을 끌어내리려고 달려들었다. 그런데 이상한 일이었다. 병졸들이 아무리 쫓아가도 노인한테 접근하지 못했다. 뜀박질을 하는데도 느릿느릿한 소걸음을 따라잡지 못하는 것이었다.

'저런 괴이한 노릇이 있나.'

그 광경을 내려다보던 이여송은 부쩍 호기심이 솟구쳤다. 노인의

행동이 말할 수 없이 괘씸하기도 했다. 칼을 들고 벌떡 일어나 정자 아래로 내려가 자기의 명마에 훌쩍 올라탔다. 그러고는 벌써 저만치 가고 있는 노인의 뒤를 쫓기 시작했다.

'건방진 늙은이! 한 칼에 목을 날려 버리리라.'

그렇게 생각하며 채찍을 가하자 말은 힘차게 내닫기 시작했다.

참 괴이한 노릇이었다. 그의 말은 이름난 준마로서 걸음의 빠르기가 이를데 없는데도 느릿느릿 걸어가는 소를 따라잡을 수가 없었다. 소와 말의 사이에는 더도 덜도 아니고 여전히 1백여 보의 간격이 있었다. 말에 아무리 채찍질을 가해도 마찬가지였다. 말은 진땀을 흘리며 콧김을 거칠게 내뿜었고 이여송도 마찬가지였다. 마침내 분노로 미칠 듯이 되고 말았다.

한참을 그렇게 달려 산모롱이를 돌았을 때, 강가의 호젓한 초가집 한 채가 눈에 들어왔다.

그 집 앞에 이르러 노인은 비로소 고삐를 당겨 소를 멈추게 하고는 등에서 내렸다. 그러고는 뒤미처 허겁지겁 도착하는 이여송에게 웃는 낯으로 정중하게 목례를 했다.

"존귀하신 장군을 누옥에 모시기 위해 잠시 악의 없는 장난을 했으니, 너그러이 용서해 주십시오."

잡기만 하면 다짜고짜 목을 치려고 달려왔지만, 상대방이 그렇게 나오는데 필부의 졸렬한 오기를 그대로 드러내는 것은 체면이 아니었다.

이여송은 훌쩍 말에서 내리며 노인을 보고 소리쳤다.

"너는 대국 군병들 앞에서 감히 나를 욕보였으니, 모가지가 몇 개나 된단 말이냐!"

"보잘것 없는 늙은이가 어찌 감히 대인께 욕을 보일 뜻이 있었겠습니까. 사실은 매우 중대하고 긴요한 말씀을 드려야겠기에 잠시 꾀를 부려 이리로 모신 것입니다."

그 말을 듣고 흥분을 가라앉혀 생각하니, 자기가 거기까지 오게 된 경위를 보건대 노인이 범상한 인물이 아님을 짐작할 수 있었다. 그래서 낯빛을 조금 부드럽게 하고 호령했다.

"그래, 그 긴요한 얘기란 대체 무엇이냐? 빨리 말하라."

"예. 소인의 집 후원에 있는 사랑방에 지금 어린 자식놈이 글을 읽고 있습니다. 그런데 이놈이 평소에 입버릇처럼 하는 소리가 '건방진 이여송이란 자를 잡아죽이겠다'는 것입니다."

"아니, 뭐라고!"

이여송은 어처구니가 없고 화도 치밀었다.

"내가 누군 줄 알고 감히 그런 망발을 한단 말이냐."

"그러게 말입니다. 이여송 장군은 대국의 으뜸가는 장수로서 우리 나라를 구원해 주기 위해 대병을 이끌고 오신 분인데, 어찌 그런 무엄한 소리를 할 수 있느냐고 꾸짖으면 '그까짓 허풍선이가 무슨 대장군입니까, 전쟁하러 와서 적을 겁내어 싸움은 하지 않고 허구한 날 술이나 퍼마시고 있으니 졸장부 중의 졸장부지요.' 하는 것입니다. 글쎄, 그런 버릇없는 놈이 어디 있겠습니까. 그래서 이 늙은이는 대인께서 제 자식 놈의 버릇을 고치든지 더 이상 망발을 못 하게 멱을 따줍시사 하고 이렇게 모시고 온 것입니다."

그 말을 들은 이여송은 화가 불같이 치밀었다. 자기가 누군데 아무리 본인 귀에 들어가지 않는다고 감히 어린 시골뜨기가 그런 불경스런 말을 지껄인단 말인가.

노인은 이여송의 화를 잔뜩 돋운 다음, 후원을 향해 소리쳤다.

"얘야! 네가 그렇게 길가의 돌멩이 차듯이 함부로 말하던 이여송 장군을 모시고 왔다. 냉큼 나와서 절하고 잘못을 빌어라."

그러자 문이 열리면서 어린 청년이 손에 죽도를 들고 뛰어나왔다.

이여송은 기가 찼다. 하룻강아지 범 무서운 줄 몰라도 분수가 있지, 상대가 누구인데 겨우 죽도로 대항하려고 하다니. 그러나 한편 생각하면 상대가 젖비린내 나는 어린 것이든 병기답지 않은 죽도를 들었든 간에 자기한테 무엄한 소리를 한 것만으로도 용서할 수 없었다.

그래서 집이 떠나갈 듯한 호령과 함께 청년을 향해 번개같이 장검을 휘둘렀다. 그런데 이것이 어찌된 노릇인가. 검은 빈 허공을 갈랐을 뿐이고, 피보라를 뿌리며 쓰러져야 할 청년은 훌쩍 뛰어 저만치 피해 서 있는 것이 아닌가.

이여송은 놀라움과 분노로 재차 검을 마구 휘둘렀다. 그러나 청년은 죽검으로 이여송이 든 검의 칼등이나 넓은 면을 쳐서 공격을 무력화시키며 요리조리 몸을 피하기만 하니, 이여송은 헛힘만 쓸뿐 청년의 머리카락 하나도 건드릴 수가 없었다.

그러던 중에 청년이 날카로운 기합 소리와 함께 죽검을 내리치자, 손등을 얻어맞은 이여송은 아픔을 못 이겨 검을 놓치고 말았다. 그 광경을 본 노인이 허겁지겁 달려와서 아들을 나무랐다.

"네 이 녀석! 이 어른으로 말할 것 같으면 우리나라를 구하기 위해 대군을 이끌고 오신 고마운 은인인데, 네가 그 작은 재주를 믿고 그토록 무안을 줄 수 있단 말이냐. 썩 물러가지 못할까!"

그러고는 이여송 앞에 고개를 숙이며 정중하게 말했다.

"장군, 자식놈의 불민을 대신 사과드리겠습니다. 기왕 이렇게 오셨으니, 누추하나마 잠시 들어오셔서 몇 마디 들어주시면 감사하겠습니다."

그렇게 되자 이여송도 생각이 달라지지 않을 수 없었다. 노인의 행동거지나 어린 청년의 무술 솜씨를 보건데, 이들이 보통 사람은 아니라고 여겨졌기 때문이다. 솜씨 겨룸에서 여지없이 패한 것이 엄연한 사실인 이상, 거기서 성미를 부리고 어쩌고 하는 것은 오히려 주제꼴만 더 우스워질 뿐인 것이다. 그래서 노인의 청에 못 이긴 척 따라서 방에 들어갔다.

마주 앉자, 노인은 눈을 빛내며 조용히 입을 열었다.

"이 늙은이가 오늘 연광정 앞에 나타난 것부터 조금 전의 일까지 사실은 자칫 비뚤어지려는 대인의 마음을 바로잡아 크게는 대국과 조선의 불행을 해소하고, 작게는 대인 자신의 파멸을 예방케 해드리자는 수단이었습니다. 대인께서도 벽제관 싸움에서 경험하셨을 것이오만, 왜군의 세력은 만만히 볼 것이 아닙니다. 그래서 그들의 힘을 하루빨리 꺾지 않았다가는 우리 조선뿐 아니라 대국까지도 그 화를 입게 될 것입니다. 조선이 왜의 손아귀에 완전히 들어가면, 저들은 기고만장하여 이번에는 대국을 넘볼 것입니다. 실제로 저들은 명나라로 가는 길을 터달라는 핑계로 이 땅에 건너오지 않았습니까? 그러므로 대인께서 황공하옵신 귀국 황제 폐하의 분부에 따라 대군을 거느리고 이 땅에 들어오신 것은 조선을 도와서 국난을 면케해주려는 것일 뿐 아니라, 귀국의 재난을 미연에 방지하기 위한 것입니다. 대인께서는 거기까지 생각이 미치지 않았을 터이나, 귀국 군병의 파견에는 그런 명분이 따르는 것입니다."

노인의 논조는 정연하고 듣는 사람의 마음을 제압하는 힘이 있었다.

이여송은 잠자코 귀를 기울였다.

"그런데도 대인께서는 한 번의 싸움에 패했다고 전의를 잃고 이처럼 허송세월을 하고 있으니, 이것은 적으로 하여금 전열을 가다듬게 하는 이적 행위와 다름없을 뿐 아니라 황제 폐하의 지엄하신 분부를 소홀히 하는 처사로서 나중에 책임 추궁을 받더라도 변명할 여지가 없을 것입니다. 대인을 시기하는 자가 있어 귀국 조정에다 그런 고변을 하는 경우, 대인 처지가 어떻게 되겠습니까?"

그 말을 듣는 이여송의 잔등에 식은땀이 흘렀다. 구구절절 옳은 말이었기 때문이다.

"더군다나 대인께서는 우리 조선을 얕잡아 보시고 주인 노릇을 해볼까 하는 야망까지 은근히 품고 계시니, 그것은 귀국 황제 폐하께 불충일 뿐 아니라, 이 나라 전체의 원한을 사는 당치 않은 생각인 것이니, 그러고도 대인의 앞날이 어찌 광영스럽고 무사할 수 있겠습니까."

노인의 말이 거기까지 이르렀을 때, 이여송은 마침내 견디지 못하고 자신도 모르게 두 손으로 방바닥을 짚고 노인을 우러러보았다.

"참으로 이 사람의 어두운 마음을 일깨워 주는 고마운 말씀입니다. 높으신 어른을 진작 알아뵙지 못하고 함부로 굴었으니 낯을 들 수 없습니다."

"무슨 말씀을! 대인은 우리 조선의 은인으로 오신 분이니, 늙은 촌부에게 이러심은 예가 아닙니다."

노인은 이여송을 일으켜 앉힌 다음 옷깃을 여미고 말을 이었다.

"이번에는 우리 조선에 대한 대인의 인식이 그릇되었음을 말씀드리겠습니다. 대인을 비롯하여 명나라 장졸들은 조선인들이 위아래 통틀어 제나라 하나 건사할 줄도 모르는 무능 무력한 백성이라고 생각하겠지요. 그러나 그것은 하나만 알고 둘은 모르는 단견입니다. 우리 한민족은 원래 유능제강柔能制剛한 백성이며, 드러난 것보다 초야에 숨은 인재가 무척 많습니다. 외람된 말입니다만, 소인에게서 얕은 재주를 배운 제 어린 자식놈만 해도 천하 제일의 명장인 대인을 능히 대적하지 않았습니까? 일시적으로 왜군의 예봉에 밀리기는 했으나, 지금 조선의 능력 있는 장수들이 도처에서 승전고를 울릴 뿐 아니라 의인 열사들이 구국의 기치를 들고 일어나 '키 작은 무리'들의 간담을 서늘하게 하고 있습니다. 바다에는 이순신 장군이 적선을 얼씬도 못 하게 때려 부수고, 행주산성에서는 권율 장군이 왜병 수만 명을 죽였으며, 김천일 장군의 의병이 왜군의 발목을 잡고 있습니다. 이래도 조선에 사람이 없다고 생각하십니까?"

"……."

"만일 대인께서 조선을 만만히 보시고 난리 토평에 무성의하게 거드는 흉내만 내다가는 큰 낭패를 당하여 천추에 부끄러운 이름을 남기게 될 것이요, 조선인들의 숨은 힘과 의기를 믿고 협력하여 왜군을 친다면 반드시 성공하여 은혜로운 위엄이 이 강토에 남을 뿐 아니라 의로운 이름이 중원 천지에 떨칠 것입니다. 이상으로 이 촌부는 당부를 끝낼까 하오니 대인께서는 깊이 생각하셔서 현명하게 처신하시기 바랍니다."

이여송으로서는 선계에 올라 신선의 가르침을 받는 느낌이었다. 이윽고 노인의 배웅을 받고 귀로에 오른 이여송은 탄식을 금치 못했다.

'내가 이 나라를 업신여겼더니, 하마터면 큰코 다칠 뻔했구나. 보잘것없는 촌부와 그 자식놈의 재주가 저렇고 보면, 이 땅에 이인재사異人才士가 얼마나 많을 것인가.'

그렇게 크게 깨달은 이여송은 평양성으로 돌아오자마자 해이해진 장졸들의 기강을 바로잡고 군비를 충실히 했으며, 마침내 4월에 대군을 이끌고 개성으로 한양으로 진군했던 것이다.

임진왜란의 기구한 유랑

임진왜란 때의 비극적 사연이다.

원병을 이끌고 우리나라에 온 명나라 장수 중의 하나인 양원은 전라도 남원을 지키고 있었다.

당시 그는 중국 군사뿐 아니라 조선 군사까지 지휘하고 있었는데, 그 조선 군사 중에 정생이라고 하는 군관이 있었다. 정생은 군인이면서도 퉁소를 잘 불고 노래 잘 하기로 남원 고을에 평판이 자자한 사람이었다.

왜장 가토 기요마사가 이끄는 왜군이 전라도 지방으로 진출함으로써 바야흐로 일전을 피할 수 없는 형편이 되어 남원성의 운명이 시시각각으로 위급해졌을 때, 정생은 아내 홍도에게 말했다.

"아무래도 안 되겠으니, 임자는 아버님 모시고 아이와 함께 지리산으로 피하는 것이 좋겠네."

그러자 홍도가 말했다.

"싫어요. 나는 죽어도 서방님 옆에 붙어 있을 것이니, 아버님과 우리 몽석이만 피난을 시킵시다."

정생이 아무리 설득해도 아내 홍도는 끝내 듣지 않고 어린 아들만 시아버지한테 딸려 피난을 보내고 자기는 남장을 하여 군사들 틈에 섞여 있었다.

마침내 가토 기요마사의 왜군이 조총을 쏘며 물밀듯이 남원성을 공격하기 시작했고, 명나라 조선 합동군은 양원의 지휘 아래 결사적으로 싸웠으나 견디지 못하고 성이 함락되는 비운을 맛보았다.

그리하여 모든 군사가 사방으로 흩어지는 와중에 정생과 홍도는 서로를 잃어버리고 말았다.

양원을 따라 성을 간신히 벗어난 정생은 아내가 어찌 되었는지 몰라 가슴이 찢어지는 아픔을 맛보았다.

'재치가 있는 계집이니, 응당 성 밖으로 빠져 나왔겠지. 나를 만나리라는 생각에서 어쩌면 명나라 군병들 속에 섞여 있을지도 모르겠구나.'

이런 생각을 한 정생은 철수 대열을 헤치며 남장한 아내의 모습을 눈이 빠지도록 찾아보았으나 좀체 눈에 띄지 않았다.

그럭저럭 하는 동안에 그는 명나라 군사에 휩쓸려 중국 절강성까지 흘러가게 되었는데, 거기에 가서도 아내를 못내 잊지 못해 이리 기웃, 저리 기웃하며 혹시나 그리운 모습을 발견하지 않을까 하는 실낱 같은 희망을 버리지 못했다.

그러던 어느 날 밤이었다.

휘영청 밝은 달이 높이 떠서 푸른 달빛을 사방에 흩뜨리는데, 그 아름답고 신비로운 야경을 바라보고 있자니 감회가 끓어올라 가슴속이 미어지는 것 같았다.

"달아, 밝은 달아! 너는 안 가는 곳 없고 안 보는 것 없으니, 내 아내가 어디에 있는지 알겠구나. 그렇지만 말 못하는 물건이니 나한테 무슨 소용이 있겠는가."

그렇게 탄식하는 정생을 본 명나라 군관 한 사람이 동정한 나머지 그를 위로하기 위하여 강으로 데리고 나가 배를 띄웠다.

강물 따라 흘러가는 배 위에서 술잔을 기울이자니, 물결은 고요한데 이따금 고기 뛰어오르는 소리가 감흥을 자극했다. 그래서 정생은 끓어오르는 감회를 참을 수 없어 눈물을 흘리며 허리춤에 찼던 퉁소를 들어 입에 대고 상사곡 한 곡조를 구성지게 뽑았다.

고요한 달빛 속에 청아한 퉁소 소리가 절묘한 고저장단을 타며 온 강 위에 울려 퍼지니, 산야는 숨을 죽이고 물결은 바르르 떠는 것 같았다.

마침 정생이 탄 배는 강물의 흐름을 타고 강어귀로 내려가서 어느 큰 배 옆을 지나고 있었는데, 그 배에서 여자의 탄식 소리가 들려왔다.

"아아, 참 기막히게도 잘 분다. 내가 예전에 듣던 퉁소 소리와 어쩌면 저렇게 같을꼬. 곡조도 내가 아는 상사곡이 아니냐."

그 말을 들은 정생은 뒤통수를 얻어맞은 것처럼 정신이 확 돌아왔다.

'저것은 홍도의 음성이다. 틀림없어! 홍도가 아니라면 상사곡을 어떻게 알랴.'

그렇게 생각한 정생은 다시 한번 확인할 요량으로 지난날 아내와 같이 부르던 노래 한 곡조를 목청 좋게 뽑았다.

그 노래가 끝나기도 전에 다시 통곡하는 소리가 들려왔다.

"여보, 서방님! 거기 서방님이 틀림없지요? 나 홍도예요. 아아, 이게 웬일이랍니까."

"아니, 임자! 임자가 틀림없구나."

정생도 큰소리로 외치며 덮어놓고 그 옆의 배에 오르려고 서둘렀다.

그러자 동행한 군관이 황급히 그를 말렸다.

"안 되네. 저것은 남만南蠻의 장삿배라, 자네가 지금 올라가서 소동을 부리다가는 살아남을 수 없을 거야."

"그렇다 해도 저 속에 지금 내 아내가 잡혀 있는데, 어찌 가만히 있을 수 있겠나. 여태까지 아내를 그리며 찾느라 얼마나 애썼는 줄 아는가. 말리지 말게."

"만용을 부리지 말고 내 말을 듣게. 내일 아침 저 배가 떠나기 전에 내가 잘 조치해 줄 터이니."

그렇게 간곡히 만류한 군관은 약속대로 이튿날 아침, 남만 장사치한테 은 수십 냥을 주고 홍도를 구해 내는데 성공했다.

홍도는 남원에서의 마지막 때와 마찬가지로 남장을 하고 있었으나 오랜 고생으로 몰라볼 만큼 모습이 찌들어 있었다.

그처럼 기구하게 상봉한 부부가 얼싸안고 얼굴을 비비며 통곡을 하니, 보고 있던 사람들이 모두 눈물을 흘렸다.

한동안 울고 난 다음, 정생이 아내한테 물었다.

"그래, 그동안 얼마나 고생이 많았나. 대관절 정유년 난리 이후에 어찌 되었는지 궁금하니 이야기해 보게."

그러자 홍도는 다시 눈물을 쏟으며, 고개를 저었다.

"서방님은 그 비참하고 쓰라린 이야기를 어찌 입에 올리라고 합니까. 나는 차마 말하고 싶지 않아요."

"남자인 나 역시 그러니, 여자인 임자가 겪었을 고난과 곡절이야 오죽했을라고. 똑같이 산전수전 겪은 뒤에 하늘이 도와서 상봉했으니, 이런 다행한 경사가 어디 있겠나. 이제는 다 지난 일이니, 주저 말고 이야기해 보게."

정생이 그렇게까지 간곡히 청하자, 홍도는 마침내 마음을 움직였다.

"서방님이 그렇게까지 나오니 할 수 없군요. 그럼 이야기하지요. 남원성이 왜적의 손에 떨어지던 날, 서방님이 간 곳을 알아볼 틈도 없이 왜군에게 사로잡혀 왜 나라로 끌려가지 않았겠어요. 그러나 내가 여자인 줄은 아무도 알아보지 못합디다. 그래서 다른 남정네들과 마찬가지로 저 남만의 장삿배에 팔리고 말았답니다. 모질고 야만한 놈들의 밑에서 할 일, 못할 일 가리지 않고 밤낮없이 고된 일을 하다 보니 내 꼴이 이렇게 변하지 않았겠어요?"

그렇게 말한 홍도는 지난 기억이 되살아나서 또다시 뜨거운 눈물을 흘렸다.

"풍랑에 떠돌아다니는 중에 몇 번이나 물에 몸을 던져 죽으려고 했으나 모진 목숨을 차마 끊지 못하겠기에, 힘드는 뱃일을 참아가면서 오늘까지 견뎌왔답니다. 사실은 놈들이 절강성으로 오는 줄 알고는 기회를 보아 도망칠 작정이었지요. 그렇지만 감시의 눈이 하도 번득여서 결행하지 못하고 마음만 졸이던 중에 서방님의 퉁소 소리를 들었으니 얼마나 놀랐겠어요. 덕분에 이렇게 놓여나 밝은 세상을 보게 되고 서방님을 만났으니, 도중에 목숨을 끊지 않은 것이 천만다행입니다."

정생은 그 기막힌 고생담을 듣자니 쏟아지는 눈물을 걷잡을 수 없었다. 그는 가엾은 아내의 등을 쓰다듬으며 위로를 했다.

두 사람은 그날로 이역만리에서 사랑의 보금자리를 꾸였다. 오랜 이별 끝의 맺어짐이고 보니 그 사랑은 더욱 절절할 수밖에 없었다.

사연을 들은 중국 사람들도 동정하여 은을 준다, 쌀을 준다, 옷을 준다 하며 두 사람의 새 출발을 축복해 주었다.

한 해가 지나자 두 사람 사이에 옥동자가 태어났다. 그들은 이름을 몽진이라고 지었다.

자라나는 몽진을 사이에 두고 두 사람은 행복한 웃음 속에 세월을 보내니, 어느덧 아들의 나이 열일곱에 이르렀다.

이제는 장가를 들일 때가 되었으므로, 정생 부부는 적당한 혼처를 여기저기 알아보았다. 그러나 중국 사람들은 통혼을 허락하지 않았다.

"미안한 노릇이긴 하나 조선 사람한테 딸을 줄 수는 없는걸."

"나중에 내 딸자식을 조선으로 데리고 가버리면 그 노릇을 어찌하라고."

정생 부부가 낙심천만하여 아들의 장가 들일 일로 골머리를 싸매고 있는데, 어느 날 예쁘고 민첩하게 생긴 처녀 하나가 찾아와서 뜻밖의 말을 했다.

"귀댁 도령님의 혼처가 아직 정해지지 않았다면, 부끄럽습니다만 소녀를 거두어 주시는 것이 어떠하신지요."

그 말을 들은 정생 부부는 깜짝 놀라며, 한편으로는 뛸 듯이 기뻐했다.

"그렇게 해주기만 하면 우리로서야 더 바랄 나위 없지만, 소저는 대체 무슨 연유로 이렇게 직접 찾아와서 우리 아이에게 시집 오겠다고 하는가?"

정생이 까닭을 묻자, 처녀는 눈물을 흘리며 대답했다.

"저희 아버님은 지난 전쟁 때 원정군에 참가하여 조선에 가신 후로 돌아오시지 않았습니다. 그러니 제가 귀댁 도령님한테 시집가서 나중에 조선에 나가게 되면 아버님의 소식을 알 수 있지 않을까 합니다. 만일 돌아가셨으면 초혼제라도 지내고, 천만다행으로 살아계신다면 시부모님과 함께 여생을 극진히 모시려는 생각입니다."

그 말을 들은 정생 부부는 자기들의 지난날을 생각할 때 남의 일 같지 않고, 더구나 처녀의 지극한 효성에 감복하지 않을 수 없었다. 그래서 기쁜 마음으로 며느리로 맞아들이기로 즉석에서 승낙했다.

그렇게도 원하던 아들이 장가도 들었으므로, 정생 부부는 남부러운 것없이 여생의 즐거움을 누리게 되었다.

그러나 호사다마라고 무오년인 1618년에 요하 지방에 큰 난리가 일어났는데, 그것은 3년 전에 만주에서 나라를 일으킨 청나라 태조가 군사를 일으켜 명나라 공략에 나선 것이다.

원래 군문에 매인 몸인 정생은 이번에도 명나라 제독 유종 장군의 막하가 되어 북정길에 따라가게 되었다.

산 설고 물 설은 남의 땅에 외로이 처자를 남겨두고 생사조차 기약할 수 없는 전쟁터로 떠나는 정생의 비애란 이루 말할 수 없었고, 가족들은 부둥켜안고 또다시 눈물로 이별을 슬퍼했다.

마침내 전쟁터에 다다른 정생은 비록 남의 싸움이기는 하나 원래 의협심이 강한 사람이라 지혜와 용기를 다하여 싸웠다. 그러나 명나라는 이미 국운이 쇠잔할 대로 쇠잔했고, 청나라는 신흥국으로서 그 뻗어나는 기세가 하늘을 찌를 듯했으므로, 싸움의 결과는 이미 정해져 있는 것이나 다름없었다.

마침내 명나라 군사는 대패를 면치 못하고 지리멸렬 흩어지는 중에, 정생은 청나라 군사에 사로잡히는 몸이 되고 말았다.

이제는 꼼짝없이 죽게 되자, 정생은 발이 손이 되도록 빌었다.

"나는 원래 조선 사람입니다. 기구한 운명으로 명나라 군복을 입게 되었을 뿐이니, 제발 내 나라로 돌아가게 해주십시오."

당시 청나라는 명나라에 대해서는 적대적이지만 조선에 대해서는 전략상 우호적인 관계를 원하고 있었으므로, 그런 점이 십분 감안되어 정생은 천만다행히 목숨을 건지게 되었다.

무사히 놓여나기는 했으나 거기서 절강성까지는 너무나 먼 길일 뿐 아니라 가는 도중에 어떤 일을 당할지 알 수 없었다. 그래서 할 수 없이 압록강을 건너 조선으로 돌아오고 말았다.

참으로 오랜만에 고국 땅에 발을 딛게 된 정생은 감개무량하여 고향 남원을 바라보고 발걸음을 재촉했다. 그렇게 수십 일 동안 부르튼 발을 이끌고 강행군을 하다보니 다리에 종기가 나서 더 이상 걸을 수가 없게 되었다.

그가 다다른 곳은 충청도 노성군이었는데, 그곳에 마침 아주 용한 의원이 있다기에 물어서 찾아가 보니 중국 사람이었다.

종기 치료를 끝낸 다음 이런저런 이야기를 하다보니, 그 의원은 바로 작은아들 몽진의 장인이 아닌가. 극적으로 만난 두 사람은 두 손을 부여잡고 이야기로 시간 가는 줄을 몰랐다.

이윽고 정생의 종기가 낫자 몽진의 장인은 의원 일을 때려치우고 사돈을 따라 남원 길에 올랐다.

정생이 남원에 도착하니, 그동안에 부친은 세상을 떠났고, 큰아들 몽석은 이미 장년이 되어 처자를 거느리고 훌륭하게 한 집안을 이루고 있었다. 20여 년만에 극적으로 만난 아버지와 아들은 부둥켜안고 통곡해 마지않았다.

그렇게 하여 정생은 생전에 고향 땅을 밟고 그리운 아들을 만나기는 했으나, 기쁜 중에도 멀리 타국에 두고 온 아내와 둘째 아들 식구들을 생각하면 가슴이 찢어지는 것 같았다.

한편 홍도는 남편을 죽을 곳으로 보내고 나서 날마다 눈물로 보내던 중 명나라 군사가 싸움에서 패했다는 소식을 들었다. 그러고 나서도 남편이 끝내 돌아오지 않으니, 필경 죽었다고 생각했다.

'남편도 없는 마당에 만리 이역에서 여생을 보낼 필요가 뭐가 있단 말인가.'

그렇게 생각한 홍도는 배를 마련하여 아들 내외와 함께 귀국길에 올랐다.

세 사람은 다 남자 복색을 했는데, 홍도는 일본 옷을 입었고, 아들은 조선옷을 입었으며, 며느리는 중국 옷을 입었다. 그래서 도중에 중국 배를 만나면 며느리가 나서서 상대하고 일본 배를 만나면 홍도가 일본 사람 행세를 하는 임기응변으로 신변의 안전을 도모하면서 동쪽으로 항해하기를 두어 달, 식량과 물이 거의 바닥이 드러날 때 마침내 한 섬을 발견했다.

'중국 땅을 출발하여 망망대해를 지나기 두어 달이나 지났고 처음으로 땅을 발견했으니, 저곳은 필경 조선의 섬이 틀림없다.'

그렇게 판단한 홍도는 기쁜 마음으로 배를 댔으나, 그곳은 제주도 서쪽에 있는 '외가도'란 이름의 작은 무인도로, 물도 없고 먹을 것을 구할 수도 없어 도저히 머무를 만한 곳이 못 되었다.

낙심 천만한 세 사람은 할 수 없이 다시 배를 띄웠다.

사방을 둘러보아도 칼날 같은 수평선 뿐, 배를 댈 곳도 없고 마실 물도 없어서 기진맥진한 그들은 오로지 하늘에 모든 것을 맡긴 채 배 위에 드러눕고 말았다.

그렇게 하여 정처없이 흘러가던 어느 날, 혼수상태에 빠져 있는 몽진의 귀에 누군가가 부르는 듯한 소리가 들렸다.

환청인가 보다 생각하면서도 부스스 일어나 바라보니, 천만 뜻밖에도 큰 배 한 척이 지나가지 않는가. 지옥에서 부처님 만난 심정으로 허겁지겁 일어나 옷을 벗어 흔들며 고함쳐 부르자, 그제야 사람이 있음을 알아본 그 배가 가까이 다가왔다.

그 배는 조선 통제영 수군의 군선이었다. 수군들은 먹을 것을 주어 허기를 면하게 해주는 한편, 밧줄로 홍도의 배를 끌어주었다. 그렇게 하여 하루만에 도착한 곳이 순천 근처였다.

비로소 고국 땅에 발을 디딘 홍도와 아들 내외는 걸음을 재촉하여 남원의 옛집을 찾아가 두루두루 그리운 얼굴들을 만나게 되니, 그날 온종일 그 집에서는 기쁨의 울음 소리가 그치지 않았다.

전란으로 불행하고 기구한 운명을 경험한 사람들의 이야기는 많고 많지만, 정생과 홍도는 그중에서도 가장 극적인 경우라 하지 않을 수 없다.

용장 박엽과 청태조

광해군 때의 사람, 박엽은 탁월한 재주를 가졌음에도 불구하고 광해군의 동서라는 이유 하나만으로 임금의 몰락과 함께 억울한 죽음을 당하고 말았는데, 그의 죽음이 본인 한 사람의 불행으로 끝나지 않고 나라의 환난으로 이어졌으니 안타까운 일이 아닐 수 없다.

박엽은 어릴 적부터 기운이 장사여서, 오줌을 눌 때 아랫배에 힘을 주면 오줌발이 지붕을 넘을 정도였다.

글을 읽은 뒤부터 사서삼경에 능통할 뿐 아니라 천문과 지리와 병서까지 두루 꿰뚫었고 술수에도 조예가 깊어 축지법으로 하루에 수백 리를 바람같이 달릴 수 있었다.

박엽은 일찍이 과거에 급제하여 벼슬이 차차 오르다가 광해군 5년에 평안감사로 나갔는데, 그가 관서 지방을 다스리는 동안 그의 위엄이 평안도 한 곳에만 떨쳐진 것이 아니라, 만주에까지 닿아 오랑캐들도 은근히 무서워하게 되었다.

그의 평양감사 재직 기간만 해도 10여 년이나 되었는데, 조정에서 그에게 그처럼 오랫동안 평안도 한 곳을 맡긴 것은 만주 오랑캐의 기세가 심상하지 않을 뿐 아니라 자주 우리 국경을 침범했기 때문이다. 그만큼 박엽이 국방의 최적임자였던 셈이다.

당시 만주의 오랑캐 중에 누루하치라는 영웅이 나타나 다른 부족들을 차츰 정복하여 세력을 불리다가 마침내 금나라를 세웠으며, 곧이어 청나라로 국호를 고치고 태조가 되었다.

청태조는 머잖아 명나라를 쓰러뜨리고 중원의 패권을 차지하려는 야심을 키우고 있었는데, 그러자니 배후의 조선이 신경 쓰였다.

조선은 오랫동안 명나라와 깊은 관계를 맺고 있으니 만큼, 자기들이 명나라와 싸우게 되는 경우 협공당하지나 않을까 염려되었던 것이다. 그러다보니 조선과 청나라 사이에는 견제와 경계의 미묘한 기류가 흐르지 않을 수 없게 되었다.

"여봐라! 호방비장을 불러라!"

어느 날 밤, 자다말고 일어난 박엽의 느닷없는 호령이었다. 밤중에 급한 부름을 받은 호방비장이 선화당에 당도하자, 박엽은 뜻밖의 지시를 했다.

"날이 밝는 대로 급히 쓸 것이니, 술과 안주를 잘 장만하여 멀리 가져가기 편하도록 꾸려 두게."

호방비장은 어처구니가 없었으나, 감히 불평하지 못하고 물러나와 지시대로 부랴부랴 술과 안주를 만들었다.

이윽고 아침이 되어 호방비장이 술병과 찬합을 갖다 바치자, 박엽은 비장들 중에서도 제일 튼튼하고 영리한 사람을 불러 조용히 말했다.

"이 술과 안주를 가지고 곧장 중화 고을 매지고개로 가거라. 거기서 기다리고 있으면 건장한 두 사내가 지나갈 것이다. 그러면 그 사내들한테 이것을 대접하며 '너희들이 국경을 넘어와 함부로 돌아다니는 줄 아는 사람이 한둘이 아니니다, 냉큼 돌아가지 않으면 살아남지 못하리라. 고생이 심했을 것이므로 이 음식을 대접하니 돌아가서 너희 주인더러 엉뚱한 마음 먹지 말라고 하여라' 하고 단단히 일러서 보내어라. 알겠느냐?"

"예, 분부 받들겠나이다."

절을 하고 물러나오기는 했으나, 비장은 속으로 이것이 무슨 미친 짓인가 싶었다. 그러나 사또의 명령이니 만큼 군말없이 시행하지 않을 수 없었다.

마침내 목적지인 매지고개에 다다른 비장은 말을 길가의 나무에 매놓고 넓적한 바위 위에 올라앉아 땀을 식혔다.

'아무리 사또 어른의 재주가 영민하다지만, 이런 얼토당토 않은 노릇이 있나. 아무래도 내가 덕분에 잘 먹고 잘 취해서 산놀이 잘 하고 가게 되나 보다.'

비장이 이런 생각을 하며 무료하게 시간을 죽이고 있을 때, 문득 고개 아래쪽으로부터 인기척이 들려왔다.

순간 긴장하여 바라보니, 이윽고 괴나리 봇짐을 지고 지팡이를 끌며 올라오는 두 사내의 모습이 시야에 들어왔다. 과연 두 사내 다 건장한 체격에 우락부락한 인상이었다.

'옳거니! 저놈들이로구나.'

비장은 감사 박엽의 신통술에 찬탄을 금치 못하며,

"여보시오. 나 좀 봅시다."

하고 우렁우렁한 음성으로 말을 붙였다.

"왜 그러시오?"

"여기 술과 안주가 있으니 올라와서 자시고 가는 것이 어떠하오?"

두 사내는 걸음을 멈추고 서로를 쳐다보더니, 두말없이 바위 위로 올라왔다. 목이 마르고 출출한 판이라 거절할 이유가 없었던 것이다.

비장은 술과 안주를 대접하며 말했다.

"솔직히 말하면 나는 평안 감영의 구실아치이고, 이 술과 안주는 우리 감사또 어른이 보낸 것이라오. 나더러 노형 두 분을 기다렸다가 대접하라고 지시하셨소."

그 말을 들은 두 사내는 눈이 휘둥그레졌다.

"두 분이 국경을 넘어와 염탐하고 돌아다니는 줄을 아는 사람이 한둘이 아니오. 붙잡아서 당장 요절을 낼 판이지만, 특히 우리 감사또 어른은 생각이 깊은 분이라 이런 호의를 베풀면서 나더러 잘 타이르라고 하십디다. 돌아가거든 당신네 주인한테 똑똑히 이르시오. 우리나라에는 박엽 감사또 어른과 같은 이인재사가 수두룩하니 엉뚱한 야망으로 노략질하여 화근을 만들 생각은 아예 말라고 말이오. 노형들은 이 술과 안주를 자시고 한달음에 돌아가도록 하시오. 괜히 어정거리다가는 목이 열 개라도 모자랄 테니……."

두 사내는 넙죽 엎드려 비장에게 절을 하며 한 마디씩 했다.

"그렇게 선처해 주시니 그 은혜가 하늘과 같습니다."

"박엽 어른이 듣던 바와 같이 참으로 대단한 분인 줄 이제 똑똑히 알았습니다."

그러고는 술과 안주를 채 비우지도 못하고 허둥지둥 달아나고 말았다.

'우리 감사또 어른은 참으로 귀신이구나.'

비장은 탄복해 마지않으며 돌아와 박엽에게 그 경위를 보고했다.

"그랬느냐. 수고가 많았다."

"그 두 사내의 정체는 무엇이며, 감사또께서는 그들이 그곳을 지나갈 줄 어떻게 아셨습니까?"

"그것은 차차 알게 될 것이다."

박엽은 빙그레 웃기만 했는데, 비장이 고개에서 만난 두 사내는 바로 청태조의 용맹스러운 장수인 용골대와 마부대였다. 두 사람은 그 후 병자호란 때 선봉이 되어 우리나라에 쳐들어 왔거니와, 전쟁에 대비하여 청태조의 밀명을 받고 미리 조선의 산천 지리를 미리 조사하고 나라 안 사정을 염탐할 목적으로 들어왔다가 박엽에게 걸려든 것이었다.

자기 나라에 돌아간 용골대와 마부대는 청태조한테 자초지종을 보고한 다음,

"박엽은 천하에 둘도 없는 무서운 장수이므로 경계해야 합니다."

하고 충언을 올렸다.

"아하! 조선에 그 같은 인물이 있는 이상 함부로 범할 수 없구나."

청태조는 탄식해 마지않았다.

어느 날 밤, 박엽은 수청드는 기생을 보고 웃으며 물었다.

"너 지금 나를 따라가서 좋은 구경을 해보겠느냐?"

"좋습니다. 가고말고요."

"그러면 따라 나서거라."

기생을 가만히 데리고 나간 박엽은 마구간에서 자기의 애마를 끌어내었다. 그러고는 기생의 눈을 수건으로 가린 다음 말에 태우고, 자기도 올라타서 두 몸뚱이를 피륙으로 둘둘 말아 묶었다.

박차를 가함과 동시에 말이 내닫는데, 얼마나 빨리 달리는지 기생의 귀에는 세찬 바람 소리밖에 들리지 않았다.

얼마를 그렇게 달렸을까, 마침내 박엽은 고삐를 당겨 말을 멈추고 기생의 몸을 피륙과 수건으로부터 해방시켜 주었다.

기생이 둘러보니, 달빛 아래 무수한 군막이 끝이 어딘지도 모르게

쳐져 있는데, 박엽은 그중에서 가장 큰 군막 안으로 기생을 데리고 들어갔다.

군막 안에는 교탁을 사이에 두고 의자만 두 개 놓여 있을 뿐 아무도 없었다.

"여기가 대관절 어딥니까?"

기생이 눈이 휘둥그레져서 묻자, 박엽은 싱긋 웃었다.

"차차 알게 될 것이니, 우선 저 장막 뒤에 숨어라."

기생은 영문도 모른 채 시키는 대로 했다.

잠시 후, 요란한 말발굽 소리가 나더니 장막 밖에서 멈추었다. 한 무리의 기마대가 들이닥친 것이다.

뒤이어 한 장수가 군막 안에 들어서는데, 키가 여덟 자나 되고 몸집이 황소 같았으며, 붉은 갑옷을 입었고 손에는 보검을 들고 있었다. 그 장수는 박엽을 보자마자 우렁우렁한 목소리로 말했다.

"오! 과연 와 주었구나."

"대장부가 어찌 약속을 어기겠나."

"여러 말 필요없이, 오늘 밤에는 검술로써 자웅을 가리자."

"여부가 있겠는가."

그와 같은 수작에 이어 두 장수는 군막 밖에 나가서 칼솜씨를 겨루기 시작했는데, 그 손놀림이 어찌나 빠른지 칼은 보이지 않고 부딪치는 불똥과 금속성만 눈을 부시게 하고 귀를 아프게 할 따름이었다. 나중에는 한 덩어리 눈부신 검광이 공중에 떠올라 어지럽게 움직일 뿐 사람의 모습마저 보이지 않았다.

기생은 무작정 따라나선 것이 여간 후회되지 않았다. 간이 콩알만한 중에도 박엽이 제발 다치지 않게 해 달라고 하늘에 빌고 빌었다. 자칫하다가는 자기마저 돌아가지도 못하고 험한 봉변을 당할 판이었기 때문이다.

한참 그렇게 칼바람이 일어나던 중에 '쨍그렁' 하는 소리와 함께 한 사람이 땅 위에 털버덕 떨어졌다.

"자, 어떠냐?"

상대자가 그렇게 물으며 뒤미처 땅 위에 내려섰는데, 기생이 들으니 박엽의 음성이었다.

"아! 내가 졌소. 일찍이 장군의 명성을 익히 들었더니, 과연 명불허전이로군. 깨끗이 승복하리다."

"그 솔직한 태도가 마음에 드는구려."

박엽은 그 장수를 일으켜 데리고 장막 안에 들어왔다. 그러고는 미리 준비해 온 술과 안주를 내놓고 술판을 벌였다. 두 사람은 언제 살벌한 칼부림을 했더냐는 듯 친구처럼 대화하며 술을 마셨다.

이윽고 그 장수가 먼저 돌아갈 뜻을 비쳤다. 두 사람은 군례로써 작별 인사를 했고, 그 장수는 말에 올라 먼지를 일으키며 부하들을 데리고 사라져 버렸다.

"사또 어른!"

기생이 기다렸다는 듯이 달려나오자, 박엽은,

"아직 그대로 있거라."

하고 교의에 올라앉은 그대로 눈을 감고 뭐라고 중얼거렸다.

잠시 후, 그곳을 떠났던 장수가 후줄근한 꼬락서니로 되돌아와 박엽 앞에 한쪽 무릎을 꿇고 말했다.

"장군, 내가 이미 승복했는데, 더 무엇을 시험할 필요가 있다고 이러시오?"

그 장수는 돌아가다가 난데없는 회오리바람을 만나 부하들을 모두 날려보내고는, 그것이 박엽의 조화술에 의한 것임을 알아차리고 목숨을 구걸하기 위하여 되돌아왔던 것이다.

박엽은 한껏 위엄을 부리며 준엄하게 말했다.

"그럼 들으시오. 내가 여기 올 때는 그대를 죽여 화근을 없앨 작정이었으나, 보아하니 그대는 크게 융성할 천운을 타고났으므로 차마 죽일 수가 없어 돌려보내는 것이오. 그러나 만일 교만한 마음을 품고 나중에 우리 조선을 넘보는 날에는 내가 그 천운을 꺾어 버리고 반드시 살려 두지 않을 것이니 부디 명심하시오."

"잘 알았소."

그제야 박엽은 회오리바람을 거두고 그 장수가 돌아갈 길을 터주었다. 그러고는 비로소 장막 뒤의 기생을 불러내어 올 때와 마찬가지로 꾸며 가지고 귀로에 올랐다.

"사또 어른. 쇤네는 도무지 꿈을 꾸는 것 같고, 아직도 두근거리는 가슴을 달랠 수가 없습니다. 대관절 어떻게 된 연유입니까?"

"구경만 잘 했으면 되었지, 곡절은 알아서 무엇하느냐."

박엽은 기생의 궁금증을 그런 식으로 받아 넘기기만 했다.

기생으로서는 꿈에도 짐작할 수 없었지만, 그들이 갔던 곳은 오랑캐들의 소굴인 심양이었고, 군막들은 군사를 교련하는 연무장이었으며, 문제의 장수는 바로 청태조였다. 청태조는 용골대와 마부대가 돌아와서 박엽에 대해 침이 마르도록 이야기를 하므로 그가 과연 그렇게 무서운 인물인지 확인해 보고 싶어 은밀히 연락을 취하여 만나게 되었던 것이다. 그런데 만나서 검술을 겨루고 술잔을 주고받으니 소문대로 굉장한 인물임에 틀림없었다.

진심으로 감복한 청태조는 박엽이 있는 한 조선을 넘보아서는 안 되겠다고 생각했다. 그러나 하늘의 뜻 역시 어쩔 수 없는 것이다.

박엽이 조정 정변의 소용돌이에 휩쓸려 억울하게 목숨을 잃게 되니, 나라로서는 크나큰 화근을 사서 불러일으킨 격이요, 청태조로서는 춤을 추어야 할 일이 아닐 수 없었다.

어느 날, 박엽은 자기 휘하의 요직에 있는 구인후를 불러 뜻밖의 지시를 했다.

"내 일찍이 홍전紅氈 열 바리를 준비해 둔 것이 있으니, 상경하게 될 때 가지고 가오."

홍전은 짐승의 붉은 털로 짠 피륙이었는데, 그 말을 들은 구인후는 어안이 벙벙했다.

"사또, 갑자기 상경은 웬 상경이며, 홍전은 또 열 바리씩이나 어디에다 쓰라는 말씀입니까?"

"두고 보시오. 영감은 반드시 상경할 일이 있을 것이니. 그때 홍전을 가지고 가면 요긴하게 쓰일 데가 있을 것이오."

구인후는 평소의 박엽이 앞일을 훤히 꿰뚫어 보는 재주가 있는 줄은 알지만, 도무지 납득이 가지 않았다.

그런데 며칠이 지나 김유·이귀 등 인조반정을 꾀하는 사람들로부터 빨리 상경하라는 기별이 왔다. 구인후 또한 그 동아리였던 것이다.

구인후는 박엽의 식견에 다시 한 번 감탄하며 찾아가 작별 인사를 하자, 박엽이 뜻밖의 부탁을 했다.

"영감, 이번에 헤어지면 또 만나기 어려워지게 될 거요. 내가 간곡히 부탁할 일이 하나 있소."

"무엇입니까?"

“내가 죽거든 내 시신을 영감이 거두어주기 바라오.”

“아니, 그게 무슨 해괴한 말씀입니까?”

구인후가 깜짝 놀라서 묻자, 박엽은 쓸쓸히 웃었다.

“하늘이 정해준 운수를 내 무슨 재주로 피하겠소. 영감도 나중에 알게 될 것이오.”

구인후는 영문을 알지 못한 채 박엽이 주는 홍전 열 바리를 가지고 상경길에 올랐다.

광해군 15년 3월 30일 밤, 반정을 꾀하는 사람들이 드디어 행동을 개시할 무렵이었다.

박엽은 홀로 촛불을 밝히고 칼을 어루만지며 광해군의 운명을 한없이 슬퍼했다.

그때, 밖에서 기침 소리가 들려왔다.

“거 누구냐?”

“용골대올시다.”

“음, 그대가 찾아올 줄 알았다.”

박엽은 그를 불러들였다.

“어찌 왔느냐?”

“중요한 의논을 드릴 것이 있어서 왔습니다.”

“무엇인가?”

“저희 황제께서는 머잖아 귀국에 큰 정변이 일어날 것이라고 하셨습니다. 그렇게 되면 필경 장군께서 화를 입게 될 것이므로 걱정이라며, 저더러 찾아뵙고 도움 말씀을 올리라고 하셨습니다.”

“흠, 너희 군주도 보통 위인이 아니지. 그래, 도움말이란 대체 어떤 것인가?”

"정변이 일어나 세상이 바뀌는 경우, 장군께서 취하실 방안에는 세 가지가 있습니다. 첫째, 군사를 일으켜 남쪽을 경계하고 우리나라와 통하면 임진강 이북의 조선 북서부 땅은 장군의 차지가 될 것이므로, 그것이 상책입니다."

"중책은 무엇이냐?"

"장군께서 휘하의 군대를 이끌고 상경하여 반정을 진압하는 것입니다. 그러나 그 승패는 점칠 수 없으므로 중책이라고 생각합니다."

"그럼 하책은?"

"장군께서 대대로 국록을 받은 가문의 명예를 생각하셔서 오직 조정의 명령이 떨어지기를 기다려 순응하는 것입니다."

"그렇다면 내 마땅히 하책을 따를 수밖에 없지 않겠느냐."

"그러실 줄 알았습니다."

용골대는 한숨을 쉬며 자리에서 일어나 인사를 하고 물러가 버렸다.

조선의 사정을 염탐하다가 반정의 움직임을 포착한 청태종은 가장 마음에 걸리는 존재인 박엽이 어떤 태도를 취할지 알아보려고 용골대를 보냈던 것이다. 그런데 박엽이 스스로 죽는 길을 택하겠다 함으로 기쁘지 않을 수 없었다.

박엽이 죽고 나면 조선의 장수 재목으로는 임경업 밖에 없는데, 자기가 보기에 그 또한 머잖아 화를 입을 운수였다. 따라서 이제는 조선에 대하여 아무리 함부로 굴더라도 꺼릴 구석이 없어지는 셈이었다.

박엽은 광해군의 동서로서 특별한 신임을 받고 있었고, 그래서 오랑캐들의 불안한 움직임을 감안해 그를 오랫동안 서북쪽 국방 책임자로 앉혀 두었던 것이다.

과연 반정이 성공하여 인조가 즉위한 뒤 조정에서는 박엽의 처분

문제로 의견이 분분했는데, 광해군의 동서이므로 후환이 두려워서도 죽이지 않을 수 없다는 쪽으로 결론이 났다. 그러나 그가 용맹하고 재주 많은 장수이기 때문에 섣불리 건드릴 수 없어 다들 걱정일 때, 구인후가 말했다.

"박엽은 범 같은 용맹을 가졌으나 그 기개는 순수한 사람입니다. 나라의 명령이면 순순히 복종할 것입니다."

그의 선견지명에 감복하여 구명 운동에 앞장섰던 구인후도 대세가 기울자 어쩔 수 없었던 것이다. 그리하여 도원수 한준겸이 평양으로 가서 박엽을 만났다.

"어명이니, 죄인 박엽은 나와서 처분을 받으시오."

"내가 여태 오직 나라를 위하여 살아왔는데, 어째서 죄인이라고 하오?"

"세상이 바뀌었기 때문이오."

"흠, 그렇군. 새 전하께서는 어지신 분이나 김유와 같은 부류의 소인이니, 앞으로 나라의 일이 걱정이구려."

박엽은 탄식하고 엎드려 목을 늘여 순순히 칼을 받았다. 당시의 국방 정세가 꼭 필요한 인물을 그처럼 허망하게 없애고 만 것이다.

그런데 인조반정이 일어나던 날 밤, 반정 지휘자는 어둠 속에서 관군과 반정군을 어떻게 구별할지 몰라 고민이던 중에 문득 박엽이 구인후 편으로 보낸 홍전이 생각나서, 그것으로 털벙거지를 만들어 반정군이 하나씩 쓰게 함으로써 문제를 해결했다.

털벙거지의 유래는 바로 여기서 시작된 것이다.

조선 제일의 명사수 박의

인조 2년 10월에 나라에서는 식년과式年科를 실시했다.

과거는 봄에 시행하는 것이 원칙인데도 그 해의 경우 가을로 시기를 늦춘 것은, 전년도에 평안병사 이괄이 반란을 일으켜 그 난리가 봄까지 계속된 바람에 제때에 과거를 실시할 수가 없었기 때문이었다.

과거라고 해도 항상 문과를 중요시하고 무과는 대수롭지 않게 취급하는 것이 관행이었지만, 이번 경우는 반란 사건에 혼이 난 직후이기도 해서 무과 쪽에 더 큰 관심을 두게 되었다.

무과의 시험 과목은 궁술과 마술, 검술 같은 기능시험과 '무경칠서', '육도삼략', '손자병법'같은 학과시험 두 가지를 보았고, 두 과목 다 통과해야만 비로소 합격이 되었다. 그렇지만 이번에는 무술을 중요시한 까닭에 학력이 부족한 응시자는 특별히 총술로써 학과시험을 대신할 수 있도록 했다.

훈련원에 마련된 과장에는 8도에서 모여든 무사들이 구름처럼 둘러선 가운데, 시험관으로 나와 앉은 도원수 장만과 부원수 정충신은 기예를 펼치는 응시생들을 하나하나 눈여겨보았다.

그러나 시험이 이틀째 계속되도록 별로 눈에 띄는 인물이 보이지 않아, 장만과 정충신은 실망이 대단했다.

"이번 과거에서 출중한 인재를 얻을까 했더니, 너무 기대에 어긋나는구려."

"그러게 말입니다. 나라의 장래를 생각하건대, 큰일이올시다."

두 사람이 그런 말을 주고받는데, 문득 한 장사가 과장으로 나왔다. 큰 키와 번득이는 눈빛이 첫 인상에도 보통이 아닌 것 같았다.

"흠!"

장만과 정충신은 새로운 기대로 사내를 주시했다.

과연 그 장사는 지금까지 출전한 사람들과 달랐다. 다른 사람과 달리 왼손잡이 자세로 활을 쏘는데 시위를 떠난 화살은 1백 걸음 앞에 서 있는 과녁의 한가운데를 '딱' 소리와 함께 보기 좋게 꿰뚫었다.

"와!"

"명중이다!"

함성이 일어나는 동시에 두 번째 화살이 시위를 떠났다. 날아간 화살은 첫 번째 화살을 떨어뜨리고 그 자리에 꽂혔다.

다시금 박수 갈채와 환호성이 터져나왔다.

장사는 화살 다섯 개를 쏘아 다섯 개 모두를 과녁 한가운데에 명중시켰다. 실로 신기에 가까운 궁술이었다.

그 다음은 마술을 펼칠 차례였다. 장사는 여러 필의 안장 없는 말들 가운데에서 크고 잘 생긴 말 대신 제주도 조랑말을 한 필 고르더니 번개같이 말등에 뛰어올랐다. 벽력 같은 소리와 함께 채찍을 휘두르자 말이 내닫기 시작하여 수구문으로 빠져나가는데, 어찌나 빠른지 말 다리가 보이지 않을 지경이었다.

장만이 무릎을 치며 칭찬했다.

"대단하구나, 대단해! 이보시오, 부원수 영감. 이제야 제대로 된 재목 하나 건지나 보오."

"그러게 말입니다."

정충신 역시 기뻐하며 그 장사의 단자를 가져오라고 하여 보았더니 이름은 박의, 본관은 무안, 나이 스물다섯, 집은 전라도 고창이었다.

장만과 정충신이 그 단자를 돌려가며 다 보기도 전에 박의는 반환점을 돌아 다시 훈련원 기마장에 나타났다. 나무랄 데 없는 기마술이었다.

"응시자 박의는 첫 시험에 통과했으니, 병조에 가서 무경武經에 응시하라."

중군이 두 시험관의 판정을 받아 그렇게 명하자, 박의가 말했다.

"소인은 본래 글을 배우지 못했으므로 무경에는 응시할 수 없습니다. 그 대신 총술에 응시하겠습니다."

그러고는 조총으로 1백 걸음 밖의 버들가지를 다섯 번 쏘아 모조리 명중시켰을 뿐 아니라, 1천 걸음 밖에서 포를 쏘아 목표물인 소나무를 보기 좋게 부러뜨렸다.

이제는 더 볼 필요도 없었다. 장만은 박의를 불러 기쁜 얼굴로 말했다.

"그대는 이번 무과의 가장 큰 수확이다. 당당히 출신出身이 되었으니, 앞으로 나라의 은혜에 보답하라."

문과 합격은 '급제'라 했고, 무과 합격은 '출신'이라 했다.

어쨌든 한낱 시골 무사에서 이제는 벼슬길에 오르게 된 박의는 머리를 조아려 감사했다.

부원수 정충신은 원래 전라도 태생인 데다 그도 보잘것없는 문벌 출신이어서, 박의의 출신을 마치 자기 일인 것처럼 기뻐했다.

그러나 박의는 최종 판정에서 장원, 방안榜眼 다음의 3등인 탐화探花로 처리되었다. 모두들 그의 출중한 무예가 장원감에 손색이 없다고 믿었으나, 오직 병조판서만이,

"물론 무예도 중요하지만, 병법을 모른다면 지휘관으로서 결격입니다. 따라서 병서兵書를 읽지 않은 자한테 단순한 무예만 봐서 장원을 준다는 것은 무리라고 생각합니다."

하고 반대했기 때문이다.

박의는 자기 출신이 보잘것없는 만큼 그와 같은 대우를 부당하다고 생각하지 않았다. 근위부대의 소대장급인 부장에 임명되어 6개월 동안 착실히 근무한 다음, 함경도 변방 국경지대인 서작동의 초소장인 권관으로 전보 발령을 받았는데, 권관은 부장보다 한 계급 높지만 서작동이라면 워낙 오지이기 때문에 실제로는 좌천이나 마찬가지였다.

그래도 박의는 아무 불평도 하지 않고 머나먼 회령에 가서 직속 상관인 북병사한테 신고한 다음 임지인 서작동에 부임했다.

임지에 도착한 박의는 실망하지 않을 수 없었다. 원래 편제상의 병력은 2백 명이지만 군량 보급이 제대로 되지 않아 실제는 4분의 1밖에 되지 않고, 그나마도 절반씩 갈라서 번을 서기 때문에 현재의 병력수는 겨우 20명 남짓했다. 그뿐 아니라 무기라고는 화승총 5정, 녹슨 칼과 창이 합하여 20여 자루에 불과했다. 그 대신 화약만은 재고량이 의외로 많았다.

박의는 임지에 도착하는 즉시 부하들을 재촉하여 무기를 손질하고 무너진 진지를 손보는 등 군비를 착실히 했다. 그러고는 모두 숙소에 돌아가지 말고 오늘 밤에는 진지를 지키라고 지시했다.

군졸들은 자기네 상관이 부임하자마자 유난을 떤다고 생각하여 불평을 하고 이죽거리기도 했으나, 박의는 왠지 예감이 불길했던 것이다.

아니나 다를까, 그날 밤에 1백여 명의 오랑캐들이 초소에 기습을 가해 왔다. 그렇지만 이쪽은 만반의 대비를 하고 있었기 때문에 효과적인 반격을 했고, 특히나 천하 명사수 박의가 쏜 총에 세 놈이 거꾸러지니, 오랑캐들은 혼비백산하여 무기를 팽개친 채 줄행랑을 놓고 말았다.

"아니, 알고보니 우리 나리는 여간 대단한 분이 아니셔."

"그러게 말일세. 이런 상관을 모시게 되었으니 얼마나 다행인가."

군졸들은 박의를 다시금 쳐다보며 칭송해 마지않았다.

다음날 즉시 회령으로 보고를 올리자, 처음에는 무식한 촌놈인 데다 남쪽 지방 출신이라고 박의를 하찮게 대했던 북병사는 자기의 경솔을 뉘우치고 몹시 기뻐했다.

자기 휘하에 그런 유능한 장교를 두게 된 것이 여간 다행이 아니었기 때문이다. 그래서 즉시 병조에다 보고를 올리면서 박의에 대한 특진을 상신했다.

보고를 받은 병조에서는 의논 끝에 박의를 평안도 위원 고을의 직동만호로 승진 발령했다. 만호라는 직위는 지금으로 치면 소단위 독립부대장 비슷한 직책이다. 보고가 올라오고 내려가는 시간상의 문제로 반년 정도 경과되기는 했지만, 사실로 따지면 권관이 되자마자 공을 세워 금방 만호로 승진한 셈이니 행운이라고 하지 않을 수 없었다.

북병사한테 진정으로 감사의 인사를 한 박의는 즉시 행장을 차려 새로운 임지로 향했다.

그런데 박의의 직속 상관인 방어사를 겸하고 있는 위원군수는 무능하고 욕심 사나운 탐관오리의 전형과 같은 인물이었다. 그러니

고지식하고 임무에만 충실한 박의가 그런 인물과 화합할 수 있을 리가 없었다.

그러던 중에 변방의 각 부대에 지금으로 치면 기동훈련이라고 할 수 있는 습진령習陣令이 내렸는데, 위원군수의 심복으로 도사령 벼슬을 하는 이 아무개가 술이 취한 채 직동 병사들이 습진하는 곳에 나타나서 행패를 부리는 것을 본 박의는 군율을 내세워 그 자의 목을 베고 말았다.

작전시의 즉결 처분권은 지금이나 옛날이나 엄정한 것이지만, 그 이 아무개는 위원군수의 애첩인 기생의 양아버지여서 일이 묘하게 되었다.

"아니, 이놈이 나를 어찌 보고 감히 이런 짓을 한단 말이냐!"

위원군수는 노발대발했다. 더구나 애첩이 자기 양아버지를 죽인 원수를 어떻게 할 것이냐고 다그치는 바람에, 위원군수는 무슨 수를 써서라도 박의를 혼내지 않을 수 없었다.

입장이 불리함을 안 박의는 차고 있던 관인과 병부를 끌러서 냉큼 군수 앞에 던졌다.

"사또와 반목하는 이상 하관으로서는 임무 수행이 어렵겠소이다. 옜소, 이걸 받으시오."

말을 마치자마자 훌쩍 말에 올라 달리기 시작했다.

욱하는 성미에서 나온 행동이기는 했지만, 관인과 병부를 팽개친 것은 잘못이었다. 무관은 문관과 달라서 제멋대로 벼슬을 내팽개치고 자기 임지를 이탈할 수 없게 되어 있었던 것이다.

뒤늦게 자기 잘못을 깨달은 박의는 평안병사가 있는 안주로 향했다.

부원수 겸 평안병사는 정충신이었다. 당시 만주의 여진족에 누루하치라는 영웅이 나타나 금나라를 세우고 중국을 본떠 황제를 자칭하면서 우리나라에 침범해 올 가능성이 농후했으므로 조정에서는 장수로서의 자질이 특출한 정충신으로 관서지방을 방비하도록 했던 것이다.

"아니, 그대가 갑자기 웬일인가?"

정충신은 한편 반갑고, 한편 놀라워하면서 박의를 맞았다.

박의는 아버지처럼 공경하는 정충신을 대하자 감정이 북받쳐서 눈물을 흘렸다.

"소인이 한낱 촌민으로 지내다가 환로에 올라 만호의 벼슬을 하게 된 것은 오로지 부원수 사또께서 사랑하시고 잘 이끌어 주신 덕입니다. 그런데도 기대에 보답하지 못하고 잘못을 저질러 이런 꼴로 찾아뵈오니, 소인을 처벌해 주십시오."

자초지종 사연을 듣고 난 정충신은 한숨을 쉬었다.

"듣고보니 도사령이 한 놈을 처단한 것은 군율을 시행한 것이라 잘못을 물을 일이 못 되지만, 네 멋대로 군직을 팽개치고 임지를 이탈한 것은 처벌받아 마땅하다. 원칙대로라면 하옥을 시켜야 하나 그대의 장래를 생각해서 본관의 직권으로 해유解由 처분을 내리니, 고향에 가서 때를 기다리라."

해유란 의원 면직이다. 징계 면직은 복직하기가 까다롭지만, 의원 면직으로 처리되면 언제든지 임관될 가능성이 있다는 것이 다르다.

박의는 정충신의 호의에 또 한 번 감격하며, 하직 인사를 올리고 상경길에 올랐다.

마침내 한양에 도착한 박의는 병조에 들러 평안병사의 해임장을 접수시킨 다음, 그리운 고향을 향해 발걸음을 재촉했다.

마침내 고향에 도착한 박의는 사냥으로 소일하며 나라에서 다시 불러줄 때를 기다렸다.

그러던 중에 오랑캐들이 대군을 몰아 국경을 넘어 쳐들어왔다.

금나라를 세운 누루하치가 명나라를 집어삼키기 위해 전쟁을 벌였다가 부상을 입고 죽는 바람에 그의 아들 홍타시가 뒤를 이었는데, 국호를 금나라에서 청나라로 고치고 아버지의 유지를 받들어 중국 대륙의 무력 통일을 꿈꾸는 그는 명나라와 전쟁을 벌이는 경우 후방에 뒤탈이 발생하는 것을 피하기 위해서는 명나라와 오랜 친분 관계를 지속하고 있는 조선을 자기편으로 끌어들이거나 최소한 중립하겠다는 약속을 받아낼 필요가 있었다.

그러나 조선 조정에서는 확실한 언질을 주지 않을 뿐 아니라, 명나라와의 관계를 계속하고 청나라를 견제하는 듯한 태도를 보였다. 그러한 조선의 태도를 괘씸하게 생각한 홍타시는 아들 아민에게 수만 명의 군사를 주어 내려보냈다.

청나라 군대가 그처럼 쉽사리 압록강을 넘을 수 있었던 것은 조선 조정이 어처구니없이 우둔한 실수를 한 탓이었다. 부원수 정충신을 충청도 당진으로 귀양을 보냈던 것이다.

이괄의 반란을 진압하는데 누구보다 공이 컸던 정충신은 조선을 대표하는 뛰어난 무장이었을 뿐 아니라, 포괄적인 정세를 분석 판단하는 두뇌가 비상했다. 그래서 그는 조정에 대하여 청나라와 가급적이면 친하게 지내는 것이 유리하다는 충언을 했다.

"만주는 새로 발흥하는 나라이므로 그 기세가 대단합니다. 맞서 싸우기보다는 잘 어루만지는 정책으로 나아가야 할 것입니다."

그 말을 들은 조정의 어리석은 문관들은 코웃음을 쳤다.

"아니, 명색이 군을 책임진 무장으로서 어찌 이런 덜떨어진 소리를 할 수 있단 말인가."

"정충신이 오랑캐와 화친하기를 주장하는 것은 그들과 내통하고 있음이 틀림없다."

이런 모함으로 임금을 부추긴 대신들은 뒷일을 생각지도 않고, 국방의 주춧돌이라고 할 정충신을 붙잡아 올린 다음 옷을 벗겨 귀양처로 내쫓고 말았던 것이다. 그러니 청나라로서는 절호의 기회가 아닐 수 없었다.

정충신이 없으므로 지휘 공백 상태가 된 조선군은 변변히 싸워보지도 못하고 무너지는 바람에 승승장구한 청나라 군사는 안주·평양을 휩쓸고 황해도 해주까지 쳐내려왔다.

조선 조정은 비로소 당황했다. 인조가 강화도로 급히 피신하는 한편, 최명길이 적진에 들어가서 갖은 소리로 화친을 청한 끝에 겨우 그들의 마음을 달래어 돌아가도록 하는 데 성공했다.

청나라 군사의 침략 소식을 듣고 참전하기 위해 한양으로 달려 올라왔던 박의는 그들이 싱겁게 돌아가는 바람에 도로 고향에 내려가게 되었다. 그래서 도중에 귀양살이를 하는 정충신을 찾아가 보니, 그는 병이 들어 몹시 쇠약해져 있었다.

"사또! 소인 문안드립니다. 어찌 이처럼 병이 깊으십니까."

박의는 은인의 너무나 다른 모습을 보고 울음을 터뜨렸다. 정충신 역시 눈에 눈물을 보이며 박의의 손을 잡았다.

"목숨을 보전하니 자네를 만나는구나."

"오랑캐가 물러갔다 하고 복직도 쉽게 되지 않아 고향에 내려가는 길입니다만, 당분간 곁에 머물러 사또의 병구완이나 할까 합니다."

"그런 수고를 끼쳐 내 마음이 편하겠는가."

정충신은 사양했지만, 박의는 짐을 풀어놓고 열과 성을 다하여 병간호를 했다.

그러던 중에 마침 조정에서 사면 조치를 취하여 정충신이 한양에 올라가게 되었으므로, 박의도 그와 동행했다.

한양에 올라온 박의는 낮이면 대기 발령 처지에서 병조에 나가고, 밤이면 정충신의 병석을 지키며 불안한 시국 걱정을 했다.

그 무렵, 청나라는 조선이 화친의 정신을 살려 명나라와 관계를 끊고 자기들과의 유대를 강화하는 조치에 적극성을 보이지 않는다고 불만을 표시하다가 마침내 최후통첩 성격의 요구를 해왔다.

첫째, 조선 왕은 대청 황제에 대하여 신하임을 밝힐 것. 둘째, 해마다 조공을 올리고 속국이 될 것. 셋째, 이 두 조건을 듣지 않을 경우 군사를 보내어 죄를 물어도 후회하지 말 것. 넷째, 15일 이내에 회답을 줄 것.

이와 같은 요구 조건을 들고 사절의 신분으로 들어온 장수 용골대는 의주부윤 임경업이 정부의 지시에 따라 입국을 거절하자 쫓겨 들어가면서 '푸를 靑청'자 한 자를 써서 던지고 갔다.

조정 안의 생각이 얕은 벼슬아치들이 비웃었다.

"우스운 놈들 다 보겠군. 돌아가면 돌아갔지, 뭔 생각이야."

"마음을 혼란스럽게 만들려는 수작이겠지. 그러니까 오랑캐 아니겠나."

병석에 누웠던 정충신은 박의가 병조에서 들은 그 이야기를 하자 벌떡 일어났다.

"한심한 사람들 같으니! 그렇게도 뭘 모른단 말인가. 여보게, 박만호."

"예, 사또."

"용골대란 놈이 공연한 수수께끼 놀음을 한 것이 아니야. 푸를 청 자를 파자破字하면 12월이란 뜻이 되네. 즉, 금년 섣달에 침공하겠다는 예고일세. 그런데도 다들 그 함축된 의미를 모르고 있으니……."

"그렇다면 조정에 급히 알려야 할 것 아니겠습니까?"

"어리석은 사람들이 병든 늙은이의 말을 귀담아 듣겠는가."

"정말 딱한 노릇입니다."

"내가 자리에서 일어나기만 하면 한쪽을 방어할 자신이 있고, 다른 한쪽은 임경업 장군이 능히 맡을 능력이 있으니 걱정이 없겠는데, 일어나기는커녕 5월까지도 목숨을 부지하기 어려울 것 같으니……."

"사또, 왜 그렇게 약한 말씀을 하십니까?"

"아무래도 나라가 지난번보다 더 큰 변을 당하게 될 모양인데, 그것도 천운이라면 천운이겠지. 그러니까 자네는 오늘 당장 고향으로 내려가서 힘을 길렀다가 유사시에 출전하여 국은에 보답하게. 내가 그때까지 살아 있거든 시월을 전후해서 꼭 올라오고, 내가 죽었다는 기별이 들리면 올라오지 말고 임기응변으로 대처하게. 알았나?"

"명심하겠습니다."

말을 마치고 기진하여 털썩 쓰러지는 정충신을 보고, 박의는 뜨거운 눈물을 흘렸다.

고향으로 내려온 박의는 정충신의 뜻에 따라 동지들을 모아 무예를 연마시키는 한편, 자기 단련도 게을리하지 않았다.

그러던 어느 여름날 저녁, 하루종일 무예 연마에서 쌓인 피로를 풀려고 잠시 눈을 붙이고 있었는데, 홀연히 부원수 정충신이 갑옷 차림으로 들어서는 것이 아닌가.

"아니, 사또께서 이 먼 데까지 웬일이십니까?"

박의가 깜짝 놀라서 묻자, 정춘신이 말했다.

"멀리 떠나게 되어 자네를 마지막 보려고 찾아왔네. 지난번에 내가 당부한 말은 잊지 않았겠지?"

"잊을 리가 있습니까."

그러면서 정충신을 맞아들이려고 하는데 그의 모습은 홀연히 사라져 버리고, 박의는 옅은 꿈에서 깨어났다.

'아뿔싸! 은인께서 세상을 떠나셨구나.'

문득 깨달은 박의는 즉시 여행 채비를 하여 한양으로 향했다.

워낙 걸음이 빠르기도 했지만, 마음이 급하고 보니 닷새만에 한강 동작 나루터에 도달했다. 그래서 나룻배가 오기를 초조하게 기다리고 있는데, 그 나룻배가 웬 상여를 싣고 건너왔다. 지체가 높은 사람의 장례인 듯 행상 치레가 하도 번듯하여 선두의 명정을 쳐다보니, 갖은 직함을 장황하게 나열한 끝에 '五衛都摠府都摠管錦南君光州鄭公之柩오위도총부도총관금남군광주정공지구'라고 적혀 있었다.

박의는 달려들어 명정대를 부여잡고 울부짖었다.

"소인은 오로지 사또 한 분만을 숭배하고 의지해 왔습니다. 그런데 이렇게 돌아가시니, 저는 이제 누구를 믿고 따라야 하며, 위기에 처한 이 나라는 누가 보전하겠습니까!"

그 처절하고 애달픈 통곡 소리에 눈물을 흘리지 않는 사람이 없었다.

정충신의 장례를 마치고 고향에 내려온 박의는 한동안 실의에 빠져 있었다. 그러나 언제까지 그러고 있을 수는 없었다. 정충신의 당부도 당부지만, 그 자신 나라의 어려움이 예견되는 상황에서 나름대로 대비하지 않으면 안 되었기 때문이다.

드디어 1636년 동짓달 찬 바람이 몰아치는 가운데 청태종은 친히 대군을 거느리고 압록강을 건너왔다. 치욕의 병자호란이 터진 것이다.

청나라 군사는 명장 임경업과의 충돌을 피하여 지름길로 비호같이 내닫았으므로, 조선은 미처 효과적인 방어진을 구축할 겨를이 없었다.

한양은 간단히 오랑캐의 수중에 들어가고 말았고, 강화도로 달아나려다가 그 기미를 안 청나라 군사들이 재빨리 길목을 차단하는 바람에 발걸음을 돌려 남한산성으로 들어간 임금과 조정 대신들은 적군의 포위망 속에서 어려운 농성 작전으로 맞섰다.

고향에서 나름대로 힘을 기르고 있던 박의에게 소집령이 떨어진 것은 그 무렵이었다.

'방금 오랑캐 군사가 우리나라를 침범하여 주상 전하는 남한산성으로 파천하시고 팔도의 근왕병을 부르시니, 즉시 무기를 휴대하고 공주 금강 백사장으로 나오라.'

전라병사의 전갈을 받은 박의는 드디어 나설 때가 되었구나 생각하고 아우들과 아들을 불렀다. 그에게는 아우가 셋이었는데, 먼저 인서와 인명 두 아우한테 간곡히 당부했다.

"너희들은 농사에 힘쓰고 분수에 넘치는 짓을 삼가하여 아무쪼록 가문을 유지하라."

그리고는 아들에게 말했다.

"너는 삼촌들을 아비처럼 섬길 것은 물론이려니와, 가정의 큰일, 작은 일은 모두 의논을 드려 허락을 받고 처리하여라."

마지막으로 그는 항상 자기를 따르며 무예를 익혀 온 아우 인순을 보고 말했다.

"너는 기어코 이 형을 따르겠다고 하니 말리지는 않겠다. 지금 나는 군령이 급하여 먼저 갈 테니, 너는 내 편지를 가지고 각처의 동지들을 끌어모아 뒤따라 합류하도록 하라."

그렇게 말한 박의는 말을 타고 한달음에 공주로 달려갔다.

전라병사 김준룡은 박의의 특출한 능력을 감안하여 그를 별총대장으로 삼았다. 별총대란 조총을 주무기로 한 기병대였다.

"오랑캐들은 어렸을 때부터 사냥질만 해오던 놈들이라 날래고 용맹하지만, 아직까지 총술에 대해서는 모르는 모양이오. 그래서 총술 로 대적하는 것이 좋겠다 싶어 총수 50명을 특별히 선발 편성했소. 그대는 일찍부터 신묘한 총술로 이름을 떨쳤으니, 이들을 잘 조련하여 사격전으로 놈들을 깨뜨릴 방안을 강구해 주시오."

박준룡은 그렇게 간곡히 말하며, 박의에게 별총대의 지휘권을 부여했던 것이다.

일단 공주에서 관할 지방 각처의 군사를 끌어모으고 박의의 아우 박인순이 데리고 온 1백여 명 의병들까지 재편성하여 기세를 올린 전라도 근왕병은 드디어 진격을 개시했다.

그들이 성환 부근에 다다랐을 때 한양 쪽으로부터 떼를 지어 내려오는 피난민들과 마주쳤는데, 그들의 이야기에 의하면 남한산성은 오랑캐들한테 철통같이 둘러싸인 바람에 보급이 차단되어 임금은 끼니를 굶고 산성의 함락도 시간 문제라는 것이었다.

그뿐 아니라, 맨 처음 도착한 충청도 근왕병이 경기도 광주 싸움에서 참패했으며, 오랑캐들의 노략질과 행패는 이루 말할 수 없다고 했다.

'내 이놈들을!'

박의는 의분을 참지 못하고 부들부들 떨었다. 일찍이 북방 국경에서 근무할 때의 일이 생각나며, 당시 자기의 지위가 보잘것없어서 오랑캐들을 결정적으로 때려 부수지 못한 것이 한이 되었다.

그 무렵 수원 용인 일대는 청태종의 아우 다탁이란 자가 점령하고 있었는데, 전라병사 김준룡은 그들을 첫 타겟으로 삼아 작전에 들어갔다.

우선 박의를 선봉으로 삼아 적에게 기습 공격을 가하게 하고 스스로 중군을 인솔하여 기병 전술에 의한 요격을 감행했다.

박의는 별총대를 25명씩 두 패로 나누어 한쪽은 자기가 지휘하고 다른 쪽은 아우에게 지휘하도록 하여 산골짜기 양편에 매복해 있다가 청나라 유격대를 급습했다.

연전연승으로 기세가 높을 대로 높아서 돌아다니던 유격대는 수백 명이 목숨을 잃는 참패를 당하자 허겁지겁 달아나고 말았으며, 그와 때를 같이하여 김준룡의 본진은 용인 광교산 전투에서 오랑캐 장수 50여 명과 1천여 명의 군졸을 죽이는 전과를 올렸다.

그 소식을 들은 남한산성에서는 환호성을 올렸고, 놀란 다탁은 친히 휘하의 군대를 총동원한 인해전술로 나왔다.

상황이 그 지경에 이르자, 아군들 중에 동요가 일어났다. 병력의 수효로 보건대 너무나 뻔한 싸움이므로 일단 후퇴하자는 것이었다.

그에 대하여 박의가 결연히 반대했다.

"물러서는 것은 우리가 스스로 죽음의 길을 택하는 것이며, 또한 나라에 충성하는 본의에 어긋나는 짓이므로 그럴 수 없소."

그 말에 좇아 김준룡 역시 같은 결의를 보였으므로 후퇴 논의는 일단 고개를 숙이고 말았다.

뒤이어 양쪽 군사가 부딪쳤고, 결과는 스스로 퇴로의 차단을 원하여 죽음을 무릅쓰고 결사 항전한 조선군의 승리로 끝났다.

어이없는 참패를 당한 다탁은 기가 꺾여 후퇴를 하려고 했다.

그러자 양고리가 반대하고 나섰다.

"무슨 말씀이오. 우리가 지금껏 한 번도 후퇴한 일이 없었는데, 적의 적은 군사를 겁내어 물러선다면 전군의 사기가 어떻게 되겠소?"

양고리는 청태조의 사위라는 막강한 신분이었다. 그런 그가 반대하고 보니 다탁으로서도 도리가 없었다. 그래서 양쪽 군대는 대치 상태를 유지하며 소모적인 싸움을 계속했는데, 문제는 기후였다.

그 해 겨울의 추위는 기록에도 언급이 될 만큼 혹독하기 짝이 없어서, 따뜻한 남쪽 출신인 김준룡의 군대는 동상자와 동사자가 속출했다. 더군다나 보급이 되지 않아 제대로 먹이지 못하니 병사들은 용감하게 싸울 기력이 없었다.

그 반면에 오랑캐들은 추위에 익숙한 체질들일 뿐 아니라 조선군에 비하여 보급이 넉넉했으므로 추위에 시달리고 허기에 지친 조선군에게 맹공을 가하여 단번에 결판을 짓는다는 계획을 세웠다.

마침내 이듬해인 정축년 정월 초이렛날, 결정적인 순간이 닥쳐왔다.

하늘도 무심한지 아침부터 안개가 자욱하고 진눈깨비가 쏟아졌기 때문에, 조선군들은 몸을 움직이기도 힘들 뿐 아니라 시야가 가려져서 목표물을 겨냥하여 방아쇠를 당길 수도 없었다. 그나마도 있는 탄환과 화살을 거의 소모하여, 이제는 맨주먹으로 싸울 수밖에 없는 처지였다.

조선군의 총소리가 그치고 화살도 날아오지 않는 것을 본 오랑캐들은 드디어 승기를 잡을 수 있게 되었다고 판단하여 함성을 지르며 쇄도해 왔다.

시시각각으로 다가오는 위기 앞에서 박의는 김준룡에게 말했다.

"병사또, 안 되겠으니 어서 피하십시오."

"아니, 그게 무슨 말인가?"

"사또께서는 나라의 간성이니, 여기서 싸워 죽느니보다 몸을 아껴 설욕전을 준비하셔야 합니다."

"나도 그대와 함께 여기에 뼈를 묻겠노라."

"안 됩니다. 그것은 만용일 뿐 아니라 불충한 짓입니다. 여기는 소인한테 맡기고 어서 탈출하십시오."

박의의 간곡한 권유를 쫓아 김준룡은 할 수 없이 소수의 군대를 이끌고 포위망을 격파하며 탈출하는 데 성공했으나, 뒤미처 아군의 방어선도 무너지고 말아 군사들은 뿔뿔이 흩어지고 말았다.

홀로 남은 박의는 탄환과 화약이 얼마나 남았는지 살펴보았다. 겨우 한 방 쏠 것밖에 없었다. 탄식한 박의는 그 탄환과 화약을 장전했다.

'마지막으로 한 놈 큼직한 놈을 잡고 말아야지.'

그렇게 생각하며 장전을 마친 박의는 목표물을 찾았다.

바로 그때, 박의의 눈에 띈 것이 적장 양고리였다. 머리에 홍꼭지 마래기를 쓰고 큰 칼을 빼어든 양고리는 큰 말을 탄 채 군사를 호령하고 있었다.

'옳지, 이놈!'

박의는 엎드린 채로 총을 겨누며 혼잣말을 했다.

"총아, 총아! 나와 너는 오랫동안 한 몸처럼 붙어 있었으니 내 마음을 잘 알 것이다. 이제 네 힘을 빌려서 나라의 대적을 죽이려고 하니, 부디 내 소원을 이루게 도와다오."

말을 마친 박의는 정신을 집중하여 방아쇠를 당겼다.

'탕!'

화약이 터지는 소리가 났다 싶자, 말 위의 양고리가 비명을 지르며 굴러떨어졌다. 탄환이 그의 이마를 정통으로 맞추었던 것이다.

오랑캐의 진영에서는 난리가 났다. 자기네 임금이 사랑하는 사위가 그 꼴이 되었으니 이만저만한 사고가 아니었다. 허겁지겁 시체를 운반한다, 저격병을 수색한다 하며 법석을 떨었다. 그러나 해가 저물도록 수색을 해도 저격병을 발견하지 못하자, 할 수 없이 저희들의 진중으로 돌아가고 말았다.

광교산 전투의 대미를 멋지게 장식한 박의는 포위망을 뚫고 탈출하는 데 성공하여 재편된 근왕군에 참가해 용감하게 싸웠다.

그러나 결국 인조는 더 이상 견디지 못하고 남한산성에서 내려와 오랑캐 임금 앞에 무릎을 꿇음으로써 치욕의 병자호란은 끝이 났고, 울분을 이기지 못한 박의는 고향에 돌아와 세상을 한탄하다가 일생을 마쳤다.

여장부 부랑의 용맹

임진왜란의 참화에 뒤이은 광해군의 폭정으로 삐걱거리는 나라의 기틀을 바로잡기 위해 김유·이귀·김자점·이괄 등이 반정을 일으켜 폭군을 몰아내고 왕의 조카 능양군을 옹립한 것이 1623년의 일이었다.

새로 왕위에 오른 인조는 공신들의 도움을 받아 구악을 일소하고 부국안민의 새 정치를 심으려고 했으나, 그 의욕이 채 뿌리를 내리기도 전에 엄청난 국난을 피할 수 없게 되었으니, 그것이 바로 등극 이듬해 정월에 일어난 '이괄의 반란'이었다.

이괄은 무과 출신으로서 인조반정에 누구보다도 실질적인 공이 큰 사람이었다. 그런데도 논공행상에서는 별로 한 일이 없는 사람보다 낮은 2등급을 받았을 뿐 아니라, 벼슬도 조정 중신이 아니고 외직인 한성판윤에 임명되었다.

이괄에 대한 그와 같은 대우에는 본인의 불만도 불만이지만, 일반의 객관적인 공론에서도 불공정하다는 소리가 따랐다.

그러다가 그해 여름 북쪽 오랑캐들의 기운이 심상치 않아 국방을 강화하지 않을 수 없게 되자, 조정에서는 장만을 북방군 총사령관격인 도원수에 임명하고 이괄을 부원수 겸 평안병사에 임명했는데, 이괄은 그와 같은 조정의 처사가 자기를 지방으로 내쫓기 위한 것이라고 크게 오해하고 말았다.

장만은 후방인 평양에 원수부를 두어 북방군에 대한 총지휘권을 행사했고, 이괄은 보다 일선인 영변에 진을 치고 주력 부대를 지휘하게 되었다.

이괄은 군사력을 강화하기 위해 대대적인 모병을 실시했는데, 당시 그의 영웅적 명망이 널리 알려진 덕분에 날랜 장졸들이 속속 모여들어 마침내 휘하의 병력이 1만 2천 명에 이르렀다. 이괄은 이들을 잘 훈련시켜 짧은 기간 동안에 강병으로 만들었다.

그 무렵 조정에 불길한 고변이 들어왔는데, 이괄을 괴수로 하여 그의 아들 이전, 귀성부사 한명련 등이 반역을 꾀한다는 내용이었다. 그래서 조정에서는 사실을 조사하기 위하여 이전과 한명련을 체포해 오도록 선전관과 금부도사를 파견했다.

이괄이 생각하니 아무래도 진구렁을 피할 도리가 없었다. 반역 혐의를 쓰고 잡혀가게 되었으니 아들은 이미 죽은 목숨이나 다름없고, 따라서 그 아비되는 자기 역시 어떤 꼴을 당하게 될지는 불을 보듯 뻔한 노릇이었다. 생각할수록 왕과 조정의 처사가 괘씸하기 짝이 없었다.

'누구 덕에 임금이 되고 고관대작이 되었는데, 나한테 이럴 수 있나.'

화가 뻗친 이괄은 선전관과 금부도사의 목을 베고 칼을 높이 들어 외쳤다.

"지금 조정에는 간신들이 가득차서 임금을 속이고 세상을 어지럽히고 있다. 그들을 벌하여 나라 기강을 바로잡고 백성들을 편안하게 하고자 한양으로 쳐들어갈 것이니, 모든 장졸은 나를 따르라. 만일 군령을 어기는 자는 살아남지 못하리라!"

그 험상한 기세에 눌려 아무도 이의를 제기하는 사람이 없는 중에 출병 준비 명령이 떨어졌고, 그래서 병영은 갑자기 크게 술렁거리기 시작했다.

이괄은 정월 스무이튿날을 출진 날짜로 잡았다.

출진 전날 밤, 그 막바지 준비도 끝나 모든 장졸이 깊은 잠에 곯아 떨어졌을 때, 이괄의 병영을 가만히 빠져나온 한 젊은 기마병이 있었으니, 지금으로 치면 소대장쯤에 해당하는 초장 지위에 있는 부랑이었다.

부랑은 평안도 북쪽의 자성군 출신으로, 목축과 사냥을 가업으로 삼은 집안의 외동딸이었다.

어려서부터 쾌활한 말괄량이로 자라나 사내아이들과 어울려 말 타고 창검을 휘두르고 활 쏘는 재미에 시간 가는 줄 몰랐는데, 도저히 계집아이답지 않은 행동을 보고 아버지가 걱정을 하면,

"아버님은 늙어 가시는데 집안에 사내 형제라고는 없잖아요. 그러니 가업을 잇기 위해서라도 제가 모든 것을 익혀 놓아야지요. 또 나라에서 군병을 모집하는 경우 늙으신 아버님이 어떻게 군역을 감당하겠어요? 그러니 부득불 제가 대신 나가야지요."

하고 태연히 말하는 것이었다.

마침 영변 군영에서 대대적인 모병령이 내리자, 부랑은 아버지를 졸라 남장으로 본색을 숨기고 응소했다. 그리하여 승마와 창검술, 궁술 등 모든 부문에서 실력을 인정받아 초장 지위에 올랐던 것이다.

부랑이 출진 준비의 그 어수선한 분위기 속에서 가만히 생각하니 이괄의 주장이나 행동이 영락없는 반역이었다. 따라서 그의 지휘

아래 무작정 따르다가는 반역도의 졸개로서 비참한 꼴을 당할 것이 틀림없었다.

'내가 아버님의 반대를 무릅쓰고 거짓 사내가 되어 군문에 몸담은 목적이 결코 이것은 아니었잖은가.'

그런 생각이 들자 더 이상 머뭇거리고 있을 수가 없었다. 그래서 출진 전날 밤 몰래 날랜 말 한 필을 끌어내어 야반도주를 놓았던 것이다.

밤을 새워 부랑이 달려간 곳은 안주성이었다.

안주 목사는 정충신으로 문무에 통달하고 지혜와 경륜이 뛰어난 인물이었다. 정충신은 귀순한 부랑을 단독 면담하여 적에 대한 정보를 캐물었다.

"역도의 진영에서 빠져나와 위급을 알려주니 기특하구나. 네가 보기에 이괄이 어떠한 전략을 쓸 것 같으냐?"

"소인이 생각하기에 적의 입장에서 쓸 수 있는 방책에는 세 가지가 있습니다. 그중의 상책은 정예한 군세를 질풍같이 휘몰아 그대로 한강을 건너, 그때쯤은 몽진蒙塵하고 계실 상감마마의 수레를 뒤쫓는 것입니다. 그렇게 되면 사태가 참으로 걷잡을 수 없게 됩니다."

"흠, 그렇겠구나. 그럼 중책은 무엇인가?"

"평안도와 황해도를 장악한 다음, 지금 가도에 도망와 있는 명나라 장수 모문룡과 손잡고 장기전으로 버티는 것입니다. 그러면 이쪽에서 손을 쓰기가 무척 어려울 것입니다."

"그것도 그렇겠다. 그럼 하책은?"

"한양을 점령한 다음 그것으로 만족하여 더 이상 군사를 움직이지 않는 것입니다. 말하자면 빈 성만 차지하고 이쪽에 시간을 벌어주면서 스스로 독 안의 쥐가 되는 격이니, 그것은 전혀 염려할 것이 없습니다."

"그렇다면 이괄은 어느 방법을 쓸 것 같은가?"

"소인이 보기에 이괄은 성질이 급하고 계략이 깊지 않으므로 하책을 택할 것입니다."

"그렇군. 일리가 있는 말이다. 그러면 이 지경을 당하여 본관이 어떻게 대처하면 좋을까?"

"장군께서는 빨리 평양 원수부로 가셔서 도원수 어른을 보필하여 적을 깨뜨릴 방책을 강구하셔야 합니다."

"그러나 이 안주성은 요지 중의 요지인데, 이곳을 지켜야 하는 책임을 어찌 소홀히 할 수 있겠느냐."

"이괄은 한 걸음이라도 빨리 서울에 입성하기 위해 마음이 조급할 것이므로 지름길을 택하지, 이쪽으로 돌아서 갈 리가 없습니다."

정충신이 듣고보니 여간 명민한 판단력이 아니었다. 그래서 부랑 같은 인재를 얻은 것을 기뻐하며, 안주성을 숙천부사 정문익에게 부탁하고는 부랑과 함께 말을 달려 평양으로 향했다.

원수부에 도착한 정충신이 전후 사정을 보고하자, 도원수 장만은 즉시 조정에 보고를 올리는 한편 대책 회의를 소집했다.

회의에서는 이괄의 중군장 이윤서, 별장 유순무 등 본심은 그렇지 않으면서도 어쩔 수 없이 가담했음직한 사람들더러 내응하거나 이탈하라는 이간 편지를 몰래 전하고, 반란군이 통과함직한 길목 여러 곳에 귀순을 종용하는 방문을 붙여 장졸들의 탈주를 부추겼다.

그 계책이 효과를 보아 영변 출발 닷새가 지나 자산 자모산성 아래에서 야영할 때 이윤서·유순무·이신 등이 군영을 발칵 뒤집어 놓은 채 평양으로 도망치고, 그들 휘하의 군졸들도 뿔뿔이 흩어져 버렸다.

삽시간에 유능한 장수들과 3천여 명의 병력을 잃은 이괄은 노발대발하여 단속을 더욱 엄중히 하면서 진군을 서둘렀다.

한편 한양에서는 이괄의 반란이 확실해지자, 인조는 강경파들의 압력에 못 이겨 이괄의 가족과 형제뿐 아니라 평소에 이괄과 친분이 있는 사람들까지 수십 명을 잡아들여 죽여버리는 지나치고 과격한 실수를 저질러 빈축을 사기도 했다.

반란군이 부랑의 예상대로 평양 쪽은 거들떠보지도 않고 지름길을 택하여 곧장 한양으로 향하자, 도원수 장만은 정충신을 전부대장을 삼아 즉시 추격대를 출발시켰다. 부랑은 정충신의 참모로서 동행하게 되었다.

반란군과 관군이 처음으로 부딪힌 곳은 황주에서 멀지 않은 신교라는 곳이었는데, 이괄의 매복 작전이 주효했을 뿐 아니라 관군은 전후방군의 호응이 제대로 이루어지지 않으므로 선봉장 박응서가 죽고 병력 손실이 많아 관군의 일방적 패배로 끝나고 말았다.

첫 전투에서 이긴 이괄은 기세등등해졌고, 장만은 흐트러진 군사를 황주에다 일단 집결시켜 전열을 재정비했다.

장만의 군대가 뒤에서 이괄의 발목을 잡으려고 기를 쓸 때 반란군의 진격로 쪽을 담당하고 있던 방어사 이중로, 풍천부사 박영신, 평산부사 이확, 연안부사 이인경 등은 강심이 깊은 저탄이란 곳에 진을 치고 있었다. 그것을 안 이괄은 사잇길로 몰래 건너 한밤에 기습을 가하니 방심하고 있던 관군은 손 한 번 제대로 쓰지도 못한 채 참패하고, 방어사 이중로 등 장수들이 모조리 죽고 말았다.

정충신의 군대가 그곳에 도착한 것은 상황이 끝난 다음 날 아침이었다.

이괄은 이중로 등 일곱 장수의 머리를 베어 물 건너 정충신의 진중으로 정중하게 보내니, 그것은 고도의 심리전술이었다. 아니나 다를까, 그 참혹한 모양을 본 장졸들의 안색이 하나같이 변했다.

그때 부랑이 정충신의 귀에 뭐라고 속삭였다. 이를 얼른 알아들은 정충신은 큰소리로,

"본관이 진작부터 방어장과 친분이 있어 그의 얼굴을 잘 아는데, 이것은 다른 사람의 머리가 틀림없다. 우리 장졸들의 마음을 어지럽혀 사기를 꺾으려는 잔꾀에 불과하니 절대 동요하지 말라!"

하고 외쳐 군심을 수습하는 데 성공했다.

정충신이 일단 대치 상태로서 다음 작전을 준비하는 동안, 이괄은 질풍같이 군사를 몰아 2월 7일에는 경기도에 들어섰고, 8일에는 임진강을 건너 경기감사 이서, 수원부사 이흥립, 파주목사 박효립 등의 관군을 깨뜨림으로써 그 기세가 하늘을 찌를 듯했다.

임진강 방어선이 무너진 것을 안 조정에서는 난리가 났고, 인조는 대비와 종묘의 신주를 모시고 허겁지겁 피란길에 나서서 한달음에 공주까지 달아나 버렸다.

2월 10일, 텅 빈 서울에 입성한 이괄은 선조의 열 번째 아들 흥안군을 보위에 앉히고 새로운 왕권의 출발을 선언한 다음 창고를 열어 식량을 나누어 주고 죄수들을 석방함으로써 일시적으로 민심을 크게 얻는 한편, 조정에 불평불만하던 무리를 최대한 끌어모아 세력을 불렸다.

이괄의 반란군을 추격해 온 도원수 장만은 고양군과 파주군 사이에 있는 혜음령 고개 위에 진을 치고 작전 회의를 열었는데, 급전을 벌여 끝장을 보자거니 한양을 포위하여 지구전을 펴자거니 하고 의논이 엇갈렸다.

그때 정충신이 결연히 말했다.

"이괄은 미련한 인물이 아닙니다. 우리가 시일을 끌수록 그는 도성 인심을 수습하고 배치 정돈하여 힘을 축적할 것입니다. 다만 그는 성질이

오만하여 지금은 기고만장해 있을 것입니다. 병법에도 '교만은 패의 근본'이라고 했으니, 여유를 주지 않고 싸움을 걸어 지형지물을 활용하는 효과적인 작전을 구사하면 적을 깨뜨릴 수 있을 것입니다."

그 말이 결정적인 역할을 하여 즉각적인 일대 결전을 벌이기로 의견이 모아졌다.

이때 부랑이 정충신에게 가만히 말했다.

"적의 군세가 만만하지 않으므로 관군은 높은 데 미리 진을 치고 적을 불러내어 내려다보며 싸워야 유리합니다."

"옳은 말이다. 그러면 어디에 진을 치는 것이 좋을까?"

"길마재지금의 무악재가 최적지입니다."

"거기에는 적의 봉화대가 있기 때문에 우리의 움직임을 즉시 알아 차리고 대비에 들어갈 텐데."

"소인이 야간 기습을 하여 먼저 점령하겠습니다."

정충신의 허락을 받은 부랑은 그날 밤 날랜 기병 20기를 인솔하고 가만히 길마재 쪽으로 진출했다.

초봄이라고 하나 땅바닥에는 눈얼음이 깔려 있었고, 설상가상으로 바람이 몹시 불어 기습이 이만저만 고역이 아니었다. 그러나 바람 소리가 한편으로는 적의 눈과 귀를 속이는 데 큰 도움이 되기도 했다.

그렇게 하여 봉화대를 기습적으로 점령한 부랑은 평소와 다름없다는 뜻의 봉화를 계속하여 성안의 적을 안심시켰고, 정충신의 관군은 쉽사리 이동하여 포진을 마쳤다.

날이 밝아 그 사실을 안 이괄은 노기 충천하여 즉시 갑옷을 주워입었다.

그때, 이충길이라는 그의 부장이 꾀를 내었다.

"지금 적의 주력 부대가 몽땅 선봉으로 나섰고, 도원수 장만은 고단한 일부 군사를 거느리고 뒤에 처져 있습니다. 일부 군사로 하여금 창의문으로 몰래 빠져나가 세검정으로 해서 장만의 본진을 깨뜨린 다음 안팎 협공을 가하면, 정충신은 독 안의 쥐가 되는 것입니다."

그 말을 듣고 크게 기뻐한 이괄은 전부대장 이욱에게 정병 1천 명을 딸려 창의문으로 나가 장만의 본진을 공격하게 하고, 자기는 한명련과 함께 당당하게 정면 공격을 감행했다.

길마재 중턱에서 벌어진 싸움이 처음에는 관군 쪽에 불리한 양상으로 전개되었다. 선천부사 김경운이 전사하고 많은 군사를 잃어 관군은 부득불 산 위로 일시적인 후퇴를 하지 않을 수 없었으나, 정충신은 재빨리 전열을 정비하고 맹렬한 반격을 퍼부어 전세를 호전시키는 데 성공했다.

한편, 이욱의 부대는 창의문을 나가자마자 관군의 기습 공격을 받아 상당한 피해를 입었는데, 그것은 미리 짐작한 부랑의 의견에 좇아 정충신이 그쪽에 포수 2백 명을 매복시켜 두었기 때문이었다. 그러나 너무 큰 병력 차이 때문에 기습 효과는 한계가 있을 수밖에 없어, 반란군은 매복부대를 유린하고 그대로 관군의 본진을 향하여 공격해 들어갔다.

도원수 장만의 본진이 바야흐로 위기에 처했을 때, 정충신의 관군 주력에 밀려 주춤한 반란군의 후미에 섰던 병졸 몇이 제풀에 겁을 집어먹고 꽁무니를 빼다가 이욱의 부대에 이르러서는 자기들의 행동을 합리화시키느라고 상황을 크게 부풀려 떠벌려댔다.

"관군의 공격이 얼마나 사나운지 우리 본진이 깨어지고 많은 병사가 죽었어. 어물거리다가 목숨을 부지하지 못할 것이네."

그러면서 달아나니, 이욱의 부대는 주춤하여 전의를 상실하고 술렁거리기 시작했다. 그 광경을 본 관군이 용기를 얻어 총공격을 감행하자, 이욱의 부대는 삽시간에 허물어져 많은 사상자를 내고 줄행랑을 놓았다. 뿐만 아니라 그 영향은 이괄의 본대에까지 미쳐, 반란군은 앞뒤로 협공을 당하는 모양이 되었다.

이괄은 황사기를 휘두르며 부대를 독려했다. 그러나 갑자기 풍향이 바뀌어 바람을 안고 싸우게 되었을 뿐 아니라, 설상가상으로 손발 같은 장수인 이양이 죽고 한명련이 다치는 바람에 그 휘하의 군사가 크게 어지러워져 삽시간에 수습 불능의 상태에 빠져버렸다.

그 모양을 본 부랑이 일부러 "적장 괄이 죽었다!"고 소리치자, 관군들은 용기백배하여 만세를 불렀다. 그 소리에 놀란 반란군은 일제히 달아나기 시작했다. 그와 동시에 쓰러져 밟혀 죽는 자, 골짜기에 떨어져 죽는 자, 한강에 뛰어들어 죽는 자도 많았고, 아침 6시 무렵부터 네 시간에 걸쳐 계속된 전투는 반란군의 패배로 끝나고 말았다.

이괄은 할 수 없이 후퇴 명령을 내렸는데, 성벽 위에서 구경하던 백성들이 서대문과 서소문을 닫아 걸고 열어주지 않는 바람에 멀리 돌아 남대문을 통해서야 겨우 성안으로 들어갈 수 있었다.

정충신이 승기를 놓치지 않고 추격하여 이괄을 잡아 반란군을 아주 궤멸시키려 하자, 부랑이 가만히 충고했다.

"괄은 이제 꽁지 빠진 새와 같아 갈 곳이 없습니다. 몇 날 못 가서 누구 손엔가 붙들릴 것입니다. 괄을 붙잡아 공을 세울 사람은 따로 있으니, 장군께서는 남의 공을 뺏으려 하지 마십시오. 그만해도 대장부로서 하실 일을 버젓이 이루시지 않았습니까."

그 말을 들은 정충신은,

"과연 그대의 말이 옳다. 잘 일깨워 주었네."

하고 고개를 끄덕였다.

이괄은 그날 밤 수구문을 통해 패잔 부대를 이끌고 도망쳤다.

한양을 벗어난 이괄은 한강을 끼고 북상하다가 퇴로를 막아서는 광주목사 임회의 관군을 깨뜨린 다음, 이천에 들어가 묵방리란 곳에서 야영을 하게 되었다.

그날 밤, 이괄의 부하 장수 기익헌과 이수백은 사세가 이미 글렀으니 목숨이나 보전하자는데 의견의 일치를 보았다. 그래서 칼을 들고 몰래 지휘 막사에 들어가 깊이 잠든 이괄을 비롯하여 그의 아들 이전, 부상당한 한명련 등 주모자 9명의 목을 베었다. 풍운아 이괄은 어이없게도 신임하던 부하의 손에 의하여 파란 많은 생의 종지부를 찍었던 것이다.

이튿날, 기익헌은 아홉 개의 머리를 묶어 가지고 인조가 있는 공주로 향했고, 이수백은 그 사정을 보고하기 위해 한양의 원수부로 향했다.

인조가 한양에 돌아온 것은 음력 2월 22일이었다.

그대로 종묘에 신주를 봉안하고 위안제를 지낸 다음, 난리 토평에 공이 많은 대신들과 장수들을 불러 치하하고 상을 내렸다. 그런데 누구보다도 큰 공을 세운 정충신의 모습이 보이지 않았다.

알고보니 정충신은 이괄의 난이 평정되고 왕의 환도가 임박하자 '변방을 지키는 장수로서 역적을 미리 막지 못하여 임금을 몽진하게 했으니 어찌 죄를 면할 수 있겠는가' 하며 자기의 임지인 안주로 돌아가 위로부터 명령이 떨어지기를 기다린다는 것이었다.

인조는 즉시 정충신을 불러 큰 상을 내리며 일등 훈공으로 금남군錦南君을 봉하고, 평안병사에다 영변대도호부사를 겸하게 하였다.

정충신이 임지로 돌아오자, 부랑은 자기 일인 것처럼 기뻐했다. 그러고는 조용히 말했다.

"이제 나리 곁에서 제가 할 일은 끝났으니, 고향인 자성으로 돌아갈까 합니다."

"그게 무슨 말이냐. 누구보다 큰 공을 세운 만큼 승진시키려 생각하고 있거니와, 앞으로도 본관의 곁에 있으면서 도와주어야겠다."

"말씀은 감사합니다만, 고향에는 늙은 아버지가 홀로 계시고, 또한 가업을 이어야 하니 허락해 주십시오."

그러나 정충신이 승낙할 리가 없었다. 가겠다거니 못 보내겠다거니 줄다리기가 계속되자, 부랑은 할 수 없이 자기가 여자라는 사실을 눈물로 고백하고 말았다.

정충신은 눈이 휘둥그레졌다. 처음에는 자기 귀를 의심했으나, 부랑이 여자라는 사실을 믿지 않을 수 없게 되었다. 유능한 부하를 잃는 것이 애석했으나, 이미 여자라는 사실을 안 이상 불필요한 소문이 두려워서도 더 붙들어 놓을 수 없었다.

"그대의 본색을 진작 알았던들 지금까지 동고동락하며 싸움터를 누빌 수 있었겠느냐. 이제 사실이 명백해졌으니 더 붙들 수도 없고……."

"죄송합니다. 나리를 속인 죄 용서해 주십시오."

"괜찮다. 이런 기이한 인연이 또 있을까. 아무쪼록 살펴가거라."

"그럼 안녕히 계십시오."

부랑은 눈물을 흘리며 절을 한 다음 말에 올라탔고, 자욱한 먼지를 남기며 달려가는 그 뒷모습을 정충신은 추연하게 바라보았다.

나라의 위기를 맞아 무기를 들고 뛰어나가 남자보다 더한 공을 세운 부랑은, 중세 프랑스의 국난을 구한 잔 다르크에 비견되는 특이한 존재라 할 수 있다.

조선왕조 야사 4

정승의 누명을 벗겨준 충복

현종 때의 어느 초여름날이었다.

영의정 허적은 막 저녁상을 물린 다음 사랑에 나와 앉아서 문을 활짝 열어 놓고 부채질로 땀을 식히며 바깥을 내다보고 있었다.

그때, 청지기 염 서방이 무엇인가를 보자기에 잔뜩 싸 들고 대문을 들어서고 있었다.

염 서방은 나이가 서른을 갓 넘었고 이름은 염시도였는데, 사람됨이 청렴하고 강직해서 비록 상대가 주인 대감이라 할지라도 잘못된 일이면 거침없이 지적하면서도 성실하기 짝이 없어, 허적도 그를 특별히 사랑하고 있었다.

그런 염 서방이 이상한 보퉁이를 들고 들어오므로, 허적은 궁금해서 그것이 무엇이냐고 물었다.

"예, 소인이 조금 전에 어디를 좀 다녀오다가 길에서 주웠습니다."

"그래, 그 속에는 무엇이 들어있느냐?"

"은전 6백 냥이 들어있습니다."

"뭐라고? 은전이 6백 냥이나 들었어? 허허허, 자네가 오늘 큰 횡재를 했군그래."

허적이 웃으며 말하자, 염 서방은 고개를 저었다.

"외람되오나, 그것은 옳지 않은 말씀이 아닌가 합니다. 길에서 주운 것이라고 해서 어찌 남의 재물을 내 것으로 만들겠습니까. 주인을 찾아 돌려줄 작정입니다."

"이 사람아, 자네가 워낙 물욕이 없는 줄은 잘 알지만, 길바닥에 떨어져 있던 돈인데 구태여 주인한테 돌려줄 것이 뭐 있나. 이 넓은 장안 바닥에서 주인을 찾기는 어떻게 찾고. 자네도 생활이 넉넉하지 못하니, 살림살이에 보태 쓰는 것이 좋겠구먼."

"천만의 말씀입니다. 옛날 어른의 말씀에 '견득사의見得思儀'라 했습니다. 소인이 비록 굶어 죽는다 한들 어찌 남의 재물을 내 것으로 할 수 있겠습니까. 다른 분도 아닌 대감께서 소인한테 그런 말씀을 하시니 듣기가 민망합니다."

그 말을 들은 허적은 껄껄 웃었다.

"네 말이 옳다. 내가 깊이 생각하지 않고 실언을 했구나. 아무튼 자네는 세상에 법이 없어도 살아갈 사람이니, 그 정직성이 나중에 큰 복을 받게 될걸세."

그런 다음 날 저녁때였다.

조정 일을 마치고 돌아온 허적은 마침 염 서방을 보자, 문득 짚이는 일이 있어 돈 보퉁이를 어떻게 처분했느냐고 물었다.

"예, 오늘 온종일 시중에 나가서 백방으로 주인을 찾아보았으나 찾지 못하여, 내일 다시 나가 볼까 합니다."

"그러냐. 그런데 내가 오늘 조정에서 들으니, 병조판서 대감이 말 한 필을 구하려고 청지기한테 돈을 주어 보냈다고 하는 말을 들었다. 혹시 자네가 얻은 돈이 그 돈인지도 모르겠으니, 병판대감댁에 가 보아라."

"그렇습니까. 금방 알아보겠습니다."

염 서방은 기뻐하면서 즉시, 병조판서 김석주의 집을 찾아가 자신의 신분을 밝힌 다음 물었다.

"여쭙기 죄송합니다만, 혹시 대감께서 말을 구하려고 누구한테 돈을 맡기신 일이 있습니까?"

"내가 말을 한 필 먹여 보고싶어서 청지기 강 서방한테 돈을 준 일이 있지. 그런데 그것을 왜 묻나?"

"그 돈이 얼마입니까?"

"은전 6백 냥이네. 그러잖아도 강 서방이 말을 구해 오기로 한 날이 오늘인데, 아직 나타나지 않아 부르려고 하던 참일세. 그 말값과 자네가 무슨 상관인가?"

"다름이 아니옵고, 제가 어제 길에서 은전 6백 냥을 주워 주인을 찾고 있던 참인데, 오늘 저희 어른께서 대감마님댁 이야기를 하시지 않겠습니까. 그래서 혹시 그 돈이 아닌가 싶어 확인하러 온 것입니다."

"그래? 그렇다면 강 서방을 불러 물어보면 금방 판명이 나겠지. 여봐라, 강서방 거기 있느냐!"

김석주의 호령이 떨어지자, 이윽고 청지기 강 서방이 얼굴이 백지장 같이 되어 벌벌 떨며 나타났다.

사정을 물어보니, 강 서방은 주인 대감의 지시를 받고 말을 사러 가다가 도중에 목이 컬컬하여 술을 한 잔 마신다는 것이 그만 취하는 바람에 돈을 잃어버렸다는 것이었다.

그 말을 들은 염 서방은 보퉁이를 내밀었다.

"듣고보니 이 돈은 그 돈이 틀림없는 것 같습니다. 다행히 주인을 찾아 돌려드리게 되어 기쁩니다."

그 돈 때문에 주인 대감의 추궁을 받게 되는 경우 죽을 결심까지 하고 있던 강 서방은 감격해 마지않았다. 그는 염 서방의 손을 잡고 감격의 눈물을 흘리며 말했다.

"세상에 이런 고마운 노릇이 어디 있겠소. 노형이야말로 내 생명의 은인이니 무슨 방법으로 갚을지 모르겠구려."

"물건이 제 주인을 찾아가는 것은 당연한 일이니, 이러실 필요 없습니다."

대청 위에서 그 광경을 물끄러미 내려다보던 김석주가 말했다.

"자네의 정직한 마음에는 탄복하지 않을 수 없구나. 잃었던 6백 냥을 찾았으니 나로서는 거저 얻은 것과 같다. 그러므로 그것을 전부 받는 것은 옳은 일이 아니다. 절반은 자네 몫으로 하겠으니 그리 알게."

그러면서 김석주는 3백 냥을 떼어 염 서방한테 주었다. 말하자면 사례금인 셈이다. 그러나 염 서방은 고개를 절레절레 흔들었다.

"천만의 말씀입니다. 제가 조금이라도 욕심이 있었다면 6백 냥을 전부 가지지 왜 주인을 찾아 돌려주려고 했겠습니까. 대감마님의 호의는 고마우나 받을 수 없습니다."

이윽고 병판대감한테 하직을 고하고 물러나온 염 서방은 강 서방의 간청에 못 이겨 그의 집에 따라가게 되었다. 생명의 은인을 대접하지 않을 수 없다는 간청에 마지못해 응한 것이다.

강 서방의 집에 다다른 염 서방은 그의 아내를 비롯한 온 가족들 로부터 둘도 없는 귀빈으로 극진한 치하와 환영을 받고 술대접을 받게 되었다.

강 서방과 마주 앉아 술잔을 드는데, 열서너 살쯤되어 보이는 딸아이가 들어왔다. 용모가 깨끗하고 몸놀림이 단정했다.

딸아이는 공손히 꿇어앉아 염 서방의 잔에 술을 따랐다.

"오늘 저희 아버님의 어려움을 면하게 해주신 은혜는 죽어도 다 갚지 못하겠습니다. 그 은혜에 백분의 일이라도 보답하고 싶으니, 부디 소녀를 데리고 가셔서 댁의 심부름꾼으로라도 써주십시오."

그 말을 들은 염 서방은 깜짝 놀랐다.

"아니, 그것이 무슨 말이냐. 나는 너희 집에 은혜를 베푼 일도 없거니와, 설령 그렇다 하라도 어찌 너를 데려갈 수 있겠느냐."

"아닙니다. 소녀는 이미 은인께 몸을 받치기로 결심했으니 부디 물리치지 말아주십시오."

딸아이의 고집은 대단했고, 강 서방 역시 그런 딸을 나무라거나 말릴 수 없다는 태도였다.

염 서방은 그런 분위기에서 더 이상 술을 마시고 싶지 않아 적당한 때에 자리를 털고 일어서 버렸다.

세월이 흘러, 그로부터 10여 년이 지났다.

10년이면 강산도 변한다는 말과 같이, 그동안 염 서방의 일신에 많은 변화가 일어났다.

첫째는 사랑하는 아내가 세상을 떠난 것이다. 자식도 없이 두 내외가 오순도순 의좋게 살아오던 터에 아내가 죽고 보니, 염 서방의 상심은 이루 말할 수 없었다.

주위에서는 하루빨리 새 장가를 가서 쓸쓸함을 면하라고 권했지만, 염 서방은 최소한 3년 상을 치르기 전에는 재취를 하지 않을 작정이었다.

그런데 아내가 죽은 지 3년이 채 못 되어 또 하나의 비운이 닥쳐왔다.

주인 대감인 허적이 큰 죄를 입고 죽게 된 것이다.

허적에게는 이름이 견이라고 하는 아들이 있었는데, 그 허견이 유부녀를 납치하여 겁탈하는 등 못된 짓을 하다가 붙잡혀 큰 벌을 받게 되었다. 아무리 망나니라도 자식은 자식인지라, 허적은 영향력을 행사하여 아들의 죄를 모면하려고 했다.

그러자 조정의 반대파 쪽에서 들고 일어나는 바람에 결국 허견은 사형을 당했고, 허적은 흉악한 아들을 둔 죄에다 정치를 문란하게 한 행위가 가히 역모에 해당한다 하여 사약을 받고 말았다.

투옥되기 전날 밤, 허적은 염 서방을 가만히 불렀다.

"우리 가문은 이제 죄를 면할 수 없게 되었으니, 자네는 이제 내 집에서 떠나야겠네."

주인 대감의 비통한 모습을 보는 염 서방의 눈에서는 눈물이 비 오듯 했다.

"서방님이 죄를 지었다고 어찌 대감마님까지……."

"아니야. 자식놈이 그런 엄청난 짓을 저질렀는데, 어찌 내가 변명할 수 있겠나. 구차하게 변명하는 것은 임금에 대한 신하의 도리가 아니지. 돌이켜 보면 이것은 우연이 아닐세. 내가 뿌린 씨를 내가 거두는 셈이지."

"그것이 무슨 말씀입니까?"

"지난날 내가 지평 벼슬을 할 때였네. 하루는 지방을 순회하다가 한 젊은이를 만났는데 그의 옷차림이 너무 사치하더란 말이야. 불러다 꾸짖으려고 하니까, 뒤에서 따라오던 젊은 아낙이 나를 보고 마구 욕을 하지 않겠나. 그래서 그 아낙마저 붙잡아 보니, 역시 차림새가 몹시 사치하더군. 알고보니 그들은 내외간이었는데, 아낙이 하도 악을 쓰며 달려들기에 홧김에 두 사람을 죽여 버렸네. 그런지 며칠만에 내 안사람이 견이란 놈을 잉태했는데, 그 녀석이 생기던 날 밤 꿈에 백발 노인이 나타나 나를 보고 꾸짖기를 '옷이 사치스럽다고 벌을 내리고 싶으면 그 부모를 문책하는 것으로 족한데 젊은 두 사람을 죽였으니 이보다 더한 적악이 있느냐, 너한테 악자惡子가 태어나서 후에 반드시 이 죄업을 보상하게 되리라' 하더란 말일세. 이제 하늘이 악자를 주시어 나를 벌하는 것이니, 내가 어찌 이 벌을 면할 수 있겠는가."

"……."

"그러므로 나는 이미 각오하고 있으나 화가 자네한테까지 미쳐서는 안 될 것이니, 이 밤으로 몸을 피해 주게나."

"소인 같은 것이 무슨……."

"아니야. 자네가 나의 심복임은 세상이 다 아는 사실이네. 그냥 있다가는 무슨 화를 당할지 몰라. 부디 내 충고를 듣게나."

주인 대감이 그렇게까지 간곡하게 말하므로 염 서방으로서도 도리가 없었다.

"정 그러시다면 잠시 몸을 피하여 하회를 기다리겠습니다."

염 서방은 눈물을 쏟으며 인사를 하고 그 밤으로 피신했는데, 아니나 다를까, 이튿날 아침이 되자마자 허적의 일족은 역적이라는 죄목으로 모두 체포되어 끌려가고 말았다.

하루아침에 처량한 신세가 된 염 서방은 바랑 하나를 짊어지고 세상을 한탄하며 방랑길에 나섰다. 이제 그에게 남은 희망이라고는 전국을 돌아다니며 명산대천을 구경하는 일 뿐이었다. 나무 밑에서 이슬을 맞으며 새우잠을 자기도 하고, 남의 문간에서 식은 밥덩이를 얻어먹기도 하면서 정처없이 발길 닿는 대로 걸었다.

그렇게 유랑하기 어언 5년이 지난 어느 해 여름이었다.

염 서방은 영남의 제일 가는 사찰인 해인사를 구경하려고 합천 어느 마을을 지나다가 고래등같이 으리으리한 기와집을 발견하고는 점심 한 끼를 얻어먹을까 하여 찾아갔다. 문간에서 하인을 불러 그 뜻을 말하자, 하인은 그를 공손히 사랑방으로 안내해 들이며 말했다.

"저희 집에서는 지나가는 나그네라면 어느 분에게나 숙식을 제공하기로 되어 있답니다."

염 서방은 세상에 이런 고마운 집도 있나 생각하며, 오랜만에 맛난 음식을 배불리 먹었다. 식사를 하는 동안에 조금 열린 중문을 통해 안채에서 웬 여인이 염 서방을 몰래 훔쳐보고 있었지만, 그가 그것을 알 턱이 없었다.

이윽고 식사를 끝낸 염 서방이 고맙다는 말을 하고 떠나려 하는데, 어린 계집종이 나와 공손히 절을 하며,

"나리, 저희 안방마님께서 죄송하지만 잠시 만나보고 싶어 하시니, 안으로 들어가시지요."

하는 것이 아닌가.

여염집 여자가 처음 본 외간 남자더러 안으로 들어오라니, 망발도 그런 망발이 있을 수 없었다. 염 서방은 자기 귀를 의심했다.

"얘야, 그것이 무슨 말이냐. 네가 잘못 듣고 하는 말이 아니냐?"

바로 그때, 중문이 조용히 열리며 30대로 보이는 화사한 용모의 여인이 나타났다. 그녀는 당황한 염 서방 앞에 허리를 굽혔다.

"나리께서는 저를 못 알아보시겠습니까?"

"글쎄, 누구신지……."

"20년 가까운 세월이 흘렀으니 당연하겠지요. 저는 병조판서 김

대감댁 청지기로 봉직하던 강 서방의 딸입니다. 그때, 나리께서 저희 아버님이 잃어버리신 말값 6백 냥을 찾아주셔서 아버님의 목숨을 구해 주시지 않으셨어요."

"아니! 그러면 그대가……."

염 서방이 벌어진 입을 다물지 못하자, 여인은 눈물을 흘리며 간청했다.

"이제야 만나뵙게 되어 참으로 감개무량합니다. 여쭐 말씀이 있으니, 부디 잠시 들어와 주십시오."

그 간곡한 청에 염 서방도 할 수 없이 안방으로 따라 들어가지 않을 수 없었다. 어쨌거나 반갑기 그지없는 상봉이었다.

마주 앉은 염 서방이 지난 곡절을 묻자, 여인은 눈물을 흘리며 이야기를 하기 시작했다. 그녀는 지난날, 은혜를 갚기 위해 염 서방에게 몸을 바치려 하다가 거절당했었다. 그러나 이미 마음을 바쳤으니 자기는 영원히 염 서방의 여자라고 생각했다. 염 서방이 끝내 자기를 거두어 주지 않으면 평생 홀몸으로 늙을 각오까지 했다.

그러던 중에 염 서방이 상처를 했으므로 3년 상이 끝나고 나면 그때 다시 간청해서 그의 아내로 들어앉을 작정이었다. 그런데 생각지도 않았던 불행이 허 대감댁을 휩쓸고 염 서방은 종적을 감추어 버렸으니, 강 처녀는 눈앞이 캄캄했다. 며칠 동안 눈물을 흘린 강 처녀는 염 서방을 찾기 위하여 자기도 집을 나서기로 했다.

염 서방이 중이 되어 절에 들어갔다고도 하고 봇짐 장수로 나섰다고도 하는 소문이 들려 강 처녀 자신도 봇짐 장수가 되어 이름난 절이라는 절은 샅샅이 뒤지고 돌아다녔다.

그렇게 서너 해를 돌아다녔어도 찾을 사람을 끝내 찾지 못했으나,

그동안에 봇짐 장사만은 꽤 잘 되어서 상당한 돈을 벌게 되었다. 그래서 합천에 터를 잡고 이번에는 피륙 장사를 본격적으로 열었더니, 그것이 크게 들어맞아 떼돈을 벌고 남부럽지 않은 부자가 되었다. 그러나 아무리 돈이 많아도 찾아야 할 사람을 찾지 못하고서는 사는 것 같지 않았다. 그래서 날마다 정한수를 떠다 놓고 기원하는 한편, 사랑방을 개방하고 지나가는 나그네를 불러들여 숙식을 제공하면서 혹시나 염 서방이 지나가다가 들르지나 않을까 하고 몰래 내다보곤 했던 것이다.

"그렇게나 갸륵하게 나를 찾았다니, 이 고마움을 어찌 다 표현하나."

"아닙니다. 꿈에도 그리던 서방님을 찾았으니, 세상에 이보다 더 기쁜 일이 있겠어요. 이제 이 집과 모든 재산이 서방님의 것입니다. 아직도 저를 거두지 않겠다고 하시렵니까?"

"그렇게까지 한다면 내가 어디 사람인가."

두 사람은 비로소 얼싸안고 감격의 눈물을 흘렸다. 50대 초로의 신랑과 30대 장년의 신부로서 어울리지 않았지만, 모처럼 통하게 된 두 사람의 정념은 그럴 수 없이 뜨겁고 아기자기했다.

염 서방은 말년에 뜻하지 않은 복을 누리게 되었지만, 그런 중에도 억울하게 죽어간 주인 대감을 잊을 수가 없었다. 그래서 몇 해 후 많은 돈을 가지고 한양에 올라와 고관대작을 찾아다니며 허적의 억울함을 호소하여 마침내 그 누명을 벗겨주는 데 성공했다.

자칫 천추만대에 역적의 오명을 덮어쓸 뻔한 허씨 가문이 한 충복의 정성과 노력으로 그것을 벗게 되었으니, 그러고 보면 그것 역시 자기 하인을 진심으로 사랑하고 신임한 허적의 '뿌린 대로 거둠'이 아니고 무엇이겠는가.

집안 망친 사대부의 자식

'먼저 자기 몸과 마음을 온전하게 하고, 집안을 바르게 다스리며, 그런 다음 정치를 해야 천하가 평화롭다修身齊家수신제가 治國平天下치국평천하'고 한다. 아무리 시대가 변해도 금과옥조의 가치를 잃지 않는 처세훈이다.

유능한 지도자가 부모 형제 또는 처자식에 대한 맹목적인 사랑으로 주변 단속과 정리를 소홀히 하다가 결국에는 자기 몸을 망치고 마는 예를, 시대를 거슬러 올라갈 필요도 없이 가까운 현대사의 책갈피에서도 이따금 발견하게 되는 것을 보면, 수신제가를 말하기는 쉽지만 실제로는 무척 어려운 모양이다.

숙종 초기에는 남인들이 득세하여 국권을 장악하고 있었다. 그 남인의 우두머리는 영의정 허적이었는데, 그의 아들 허견은 방탕하고 교만하여 아버지의 권세를 믿은 나머지 그 행패가 여간 심하지 않았다. 사람들은 그런 허견에 대해서 눈살을 찌푸리고 공분을 느끼는 사람이 적지 않았지만, 그 아버지의 권세와 체면을 감안해서 아무 말도 못하고 있었다.

어느 해 초겨울, 허적은 과년에 이른 서제庶弟를 장가 보냈다. 아들 같은 연배이고 아버지의 첩에서 난 배다른 아우일망정, 허적은 혼례식을 성대하게 마련했다.

권신가의 잔치이고 보니 사람들이 구름처럼 모여들었다. 그 많은 구경꾼들 가운데 때 이르게 핀 목련처럼 화사한 미모로 사람들의 시선을 끄는 젊은 여인이 있었으니, 새문안 오궁골에 사는 남인 이동구의 딸이자, 역관 서효남의 며느리인 차옥이었다. 갓 결혼한 새악시의 몸으로, 허 정승댁 잔치가 과연 얼마나 화려할까 하는 호기심에서 몸종 숙지를 데리고 구경을 왔던 것이다.

허적의 집에는 차옥의 외삼촌인 박찬영이 문객으로 드나들고 있었는데, 그런 관계로 박찬영의 아내 홍씨도 혼인날에 동원되어 잔치 음식을 만지고 있었다.

차옥은 외숙모가 있는 과방에 찾아가서 국수 한 그릇을 얻어먹은 다음, 떠들썩한 뒷마당에 나갔다. 마당에는 흥겨운 닐리리 소리에 맞춰 광대가 줄을 타는 광경을 보느라고 구경꾼이 겹을 이루어 빙 둘러싸고 있었고, 조금 위쪽의 정자에서는 권신들 가문의 젊은이들이 모여 앉아서 술판을 벌이고 있었다. 그때, 정자에 앉아 있던 허견은 문득 아래쪽 구경꾼들 쪽으로 시선을 보내다가 갑자기 술이 깨는 듯한 느낌을 받았다.

구경꾼들 사이에 일찍이 본 적이 없는 아리따운 젊은 여인이 섞여 있었기 때문이다. 쓰개치마로 가려져서 쪽찐 머리인지 댕기 머리인지 알 수 없었지만, 기생집 출입이 빈번하여 한양 장안의 아름다운 여인이라면 훤히 꿰어 볼 수 있을 정도인 그로서도 눈이 번쩍 뜨이지 않을 수 없을 정도의 미모였다.

'아! 저 여인은 누구일까? 우리 집에 출입하는 여자로서 저런 미인은

없는데……'

그녀의 신분이 궁금해진 허견은 그때부터 술이고 이야기고 관심이 없었다. 어떻게 하면 그녀의 신분을 확인할 수 있고, 어떻게 하면 자기 여자로 만들 수 있을까 하는 생각뿐이었기 때문이다.

허견에게는 상대가 처녀이든 부인이든 상관이 없었다. 일단 눈에 들어온 여인은 무슨 수를 쓰더라도 품에 안으려 했고, 그래서 성사를 못해 본 적이 없는 그였다.

마침내 허견은 그 여인이 남인에 속하는 이동구의 딸이고, 자기 집에 드나드는 박찬영의 생질녀라는 사실을 알아냈다.

'옳거니!'

허견은 무릎을 쳤다. 일은 벌써 반이나 성사가 된 것과 다름없다는 기분이었다.

어느 날, 허견은 사랑에 앉아 있다가 마침 박찬영이 들어오자 자리에서 일어나며,

"박 생원, 어서 오시오."

하고 반갑게 맞아들였다.

박찬영으로서는 깜짝 놀랄 일이었다. 혹시나 말단 벼슬 한 자리 얻어 볼 수 있을까 하고 정승댁 문턱이 닳도록 드나들었건만, 벼슬은커녕 그런 정중한 대접을 받아보기도 처음이었기 때문이다.

실제로 박찬영은 당파에 가담할 정도의 위인도 못 되었으나, 남인 이동구가 매부인 탓에 그 역시 남인으로 취급되고 있었다.

허적의 문객 노릇을 시작한 이후 10여 년이 이르도록 아직 찬밥 신세를 못 면하고 있는 이유의 하나도 그것이라 할 수 있었다. 그런 박찬영이고 보니, 느닷없이 허견이 자기를 깍듯이 대하는 것이 의아하지 않을 수

없었다.

어리둥절해 하는 박찬영을 허견은 아랫목 보료 위로 안내하며 짐짓 미끼를 던졌다.

"생원께서 우리 집에 출입하신 지 여러 해가 되지요?"

"어언 10여 년이나 됩니다."

"허! 벌써 그렇게 되었나. 그토록 오래 출입하시고, 이제는 한 식구나 다름없는 사이가 되었으니 생원께서도 한 자리 하셔야겠습니다."

그 말을 들은 박찬영은 귀가 번쩍 뜨였다.

"서방님께서 그렇게만 힘써 주시면 그 은혜는 절대 잊지 않겠습니다."

"참, 그러고 보니까 아침에 아버님이 입궐하시면서, 영변부사 자리가 곧 비게 될 텐데 쓸만한 인물이 없느냐고 물으시더군요. 제가 박 생원을 천거할 테니 잠자코 기다리기만 하십시오."

"아이고, 이 은혜 백골난망이올시다."

박찬영은 체면이고 뭐고 자식 같은 허견 앞에 넙죽 엎드렸다.

한참 그렇게 박찬영의 마음을 들뜨게 만든 허견은 이윽고 마각을 드러냈다.

"이것은 다른 이야기오만, 오궁골 이 진사가 박 생원의 매부라지요?"

"그, 그렇습니다만……."

박찬영은 매부의 당파 이야기가 나오는 줄 알고 질겁을 했다.

"그리고 그 이 진사의 딸이 차옥이라고 하던가."

"아니, 제 생질녀 이름은 어떻게……."

"허허, 다 아는 길이 있지요. 이보시오, 박 생원."

"예, 서방님."

"그 생질녀를 내 둘째로 주실 수 없겠소?"

"뭐, 뭐라구요?"

박찬영은 눈이 튀어나올 정도로 놀랐다. 둘째로 달라는 소리는 첩으로 달라는 뜻이다. 허견의 방탕 행각에 비로소 생각이 미친 박찬영은 생질녀인 차옥이 이미 출가를 했으므로 도저히 불가능한 일이라고 정중히 거절했다.

그렇다고 단념할 허견이 아니었다. 그는 영변부사 자리와 차옥을 맞바꾸자는 식으로 끈질기게 박찬영을 물고 늘어졌다.

마침내 박찬영도 심기가 뒤틀리고 말았다.

"내가 아무리 벼슬자리에 미쳤기로서니, 시집가서 잘 사는 생질녀를 빼내어 남의 첩으로 줄 사람이란 말이오? 흥!"

그러고는 자리를 박차고 일어나 집으로 돌아가 버렸다. 박찬영은 그 후로 허적의 집에 발걸음을 하지 않았다. 하려고 해도 할 수가 없게 되었던 것이다.

그런데 섣달 그믐날 저녁 나절에 뜻밖에도 허 정승댁에서 세찬이 왔다.

고기, 술, 떡, 쌀 등 먹을 것 뿐만이 아니라 적잖은 돈 꾸러미도 들어 있었다. 세찬을 가져온 하인은 서방님이 보낸 것이라고 하며 편지를 내밀었는데, 지난번의 실례에 대한 사과와 함께 작은 성의를 표하니 명절을 잘 보내고 정초에 꼭 놀러와서 술이나 한 잔 하자는 내용이었다.

견물생심이라는 말이 있다. 상대방의 속셈이 훤히 들여다보이기는 하지만, 워낙 살림살이가 궁한 처지인 박찬영으로서는 마음이 흔들리는 것을 어쩔 수 없었다. 그래서 어쨌든 덕분에 그 해의 설날은 풍성하고 화기애애하게 보낼 수 있었다.

새해 정월 대보름날에 박찬영은 못 이기는 척하고 허 정승댁에 찾아갔다. 허견은 기다렸다는 듯 그를 조용한 방에 데리고 가서 지난 번처럼 매달렸다.

"이미 출가한 몸이라니 첩으로 달라고는 하지 않겠소이다. 그러나 딱 한 번만 어떻게 해보는 것은 가능하지 않겠소? 제발 도와주시오."

이미 마음이 허물어졌기에 다시 허적의 집에 출입하게 된 박찬영인지라, 마침내 한숨을 쉬며 말했다.

"나도 인간의 탈을 썼으니 솔선해서 일을 도모할 수는 없소이다. 다만, 오늘이 마침 대보름이라, 생질녀가 점심때 우리 집에 세배를 왔다가 자기 고모네 집에 간다고 들었는데, 아마도 오늘 밤은 거기에서 윷놀이도 하고 묵을 것이오. 그 사실을 알려드리는 것밖에 내가 할 수 있는 일은 없소이다.

"고모네 집이라면?"

"창의동 이시정이 그 애한테 고모부가 되지요. 아무튼 나는 빠지겠으니, 나머지 일은 서방님이 알아서 하시구려."

그 말을 들은 허견은 입이 함지박만해졌다.

"염려 마시오. 아무튼 고맙소."

허견은 점동이와 이운이라고 하는 두 하인에게 수고비 열 냥씩을 준 다음, 이런저런 방법으로 차옥을 납치해 오라고 지시했다.

그날 밤, 이시정의 집에서는 젊은 아기들이 모여서 음식도 먹고 윷놀이도 하고 즐겁게 놀았는데, 땅거미가 짙게 내릴 무렵 갑자기 대문 밖이 소란해졌다.

가마꾼들이 들이닥쳐 차옥의 시어머니가 갑자기 먹은 음식이 체하여 위급한 상황이니 빨리 가마에 타라는 것이었다. 그 말을 들은 차옥은 급한 김이라 이것저것 알아볼 겨를도 없이 냉큼 가마에 올라탔다.

그렇게 하여 당도한 곳은 바로 사직골 허적의 집이었다. 조롱에 갇힌

새처럼 정승댁 후원 정자에 끌려간 차옥은 벼르고 벼른 허견의 애욕의 제물이 되고 말았다.

이튿날 아침에야 겨우 풀려나서 집에 돌아간 차옥은 추문이 두려워 욕을 당한 사실을 철저하게 비밀에 부쳤다. 허견 역시 서인들이 들고 일어나는 경우 유리할 것이 없으므로, 하인들의 입단속을 단단히 하며 쉬쉬했다. 그러나 싸서 둔 향은 언젠가는 냄새를 풍기는 법이다.

한 사람 입에서 다음 사람의 입으로 전파된 그 추문은 마침내 문제를 야기시키고 말았다. 지금의 서울시 부시장쯤 되는 좌윤 남구만이 유생들의 여론을 불러일으키는 한편 임금께 상소를 올림으로써 사건이 표면화되었다.

'요즈음 권신가의 자제들이 집안 세력을 믿고 방탕한 생활을 하여 사회 기강을 무너뜨릴 뿐 아니라, 남의 유부녀까지 납치하여 겁간을 일삼아 백성들의 원성이 비등합니다. 이것은 나라의 정치에 예삿일이 아니므로, 법에 따라 엄중히 처단해야 합니다.'

이런 내용의 상소가 올라가고 말았으니 당연히 옥사가 벌어지지 않을 수 없었고, 관련자 전부가 포청에 붙들려 갔다. 그러나 사건의 일차 조사를 맡은 좌포장 구일, 우포장 신유뿐 아니라, 지금의 검찰청에 해당하는 의금부의 담당관 판의금 오시수, 지의금 목내선 등도 전부 남인이었으니 사건 조사가 제대로 이루어질 턱이 없었다.

더군다나 당사자인 차옥과 아버지인 이동구가 절대 그런 사실이 없다고 딱 잡아떼는 바람에, 오히려 그 사건은 남인들을 몰아내기 위한 서인들의 조작된 음해로 변질되고 말았다.

마침내 허견과 차옥을 비롯하여 연루 혐의자 전원이 석방되었고, 반대로 남구만을 비롯하여 문제를 터뜨린 사람들이 죄를 뒤집어쓸 상황이 되었다. 그러자 전적, 한범제 등이 다시 들고일어나 좌우 포청과 금부 벼슬아치들이 국법을 왜곡하고 권세에 아부한다고 목소리를 높였다.

숙종은 마침내 분노했다. 허견과 차옥 두 젊은 남녀의 음행이 문제가 아니라, 그것을 사단으로 하여 사색 당쟁의 불꽃이 거세어진 것이 몹시 불쾌했던 것이다.

이듬해인 경신년 정월, 마침내 남인들에게 최악의 불행한 사태가 벌어졌다. 유괴 음행의 주모자인 허견은 사형을 당했고, 허적 역시 흉악한 자식을 두둔했다는 죄목으로 사약을 마셔야 했다. 허물을 은폐하려 한 차옥과 사건 방조자인 박찬영, 심부름을 했던 허 정승댁 하인도 엄중한 처벌을 받았다.

그뿐만 아니라 조정의 남인들이 그 사건을 계기로 모조리 된서리를 맞고 말았으니, 세상 일이란 참으로 한 치 앞이 어둡다고 할 것이다.

손호관의 함지박

영조 때의 일이다.

한강이 와우산을 끼고 비스듬히 흘러가는 기슭에 나지막한 절벽이 있고 그 절벽 아래에 펑퍼짐한 바위가 있는데, 그 바위 위에는 어느 때부터인가 동저고리 바람에 삿갓을 쓴 노인이 날마다 나와 앉아 하루 종일 낚싯대를 드리우고 있었다.

누가 보더라도 그의 모습은 강가에 사는 한낱 늙은이에 불과했지만, 사실은 당시의 영의정 이종성이었다.

나라의 재상이 정사는 돌보지 않고, 하고 많은 날 강가에서 낚시질을 하고 있다면 이상한 일이 아닐 수 없지만, 거기에는 그럴 만한 곡절이 있었다.

영조는 늘그막에 문소의라는 간악한 궁녀한테 푹 빠져, 그녀가 원하는 것은 무엇이든지 들어주고, 그녀가 고해 바치는 소리라면 팥으로 메주를 쑨다고 해도 곧이들을 정도였는데, 그러다 보니 궁중의 모든 실권이 문소의한테로 쏠리고 법도와 위계질서가 문란해져서 그 폐단이 이만저만이 아니었다.

더군다나 그녀의 속삭임에 넘어간 영조가 자기 친아들인 사도세자를 뒤주 안에 가두어 굶겨 죽이기까지 했으니, 온 대궐은 흉흉한 기운에 싸이고 탄식과 수군거림이 여기 저기서 들렸다.

그러나 조정쪽은 영의정 이종성이 버티고 있어서 모든 정무를 틀어쥐고 조금도 흔들림없이 잘 처리했기 때문에 다행히도 별다른 문제가 없었다.

문소의와 그쪽에 아부하는 간신배들에게는 이종성이 눈엣가시처럼 거북한 존재였다. 자기들이 하는 일에 사사건건 제동을 걸 뿐 아니라, 항상 감시의 눈을 번득이고 있었기 때문이다. 그래서 그들은 사간원 관리들을 은밀히 매수하여 이종성에게 없는 허물을 덮어씌워 탄핵의 상소를 올리도록 획책했다.

당시의 조정 전례가 대신으로서 탄핵을 받아 그 혐의에 대한 공식적인 논의가 일어나면, 당사자는 죄가 있든 없든 일단 현직에서 물러나지 않으면 안 되었다. 따라서 이종성도 전례에 따라 벼슬을 내놓고, 한강변 와우산 중턱에 있는 친구의 별장 안류정에 임시 거처를 정하고, 말하자면 근신 상태에 들어간 것이다.

처음에는 고향인 장단에 내려갈 생각도 했으나, 대궐 안에서 은밀히 벌어지고 있는 음모를 눈여겨보며 머잖아 무슨 불행한 사태가 발생할 것 같아 그냥 훌훌 털고 한양을 떠날 수가 없었다. 그래서 강가에 앉아 낚시질이나 하는 척하면서 실상은 모든 정보통을 동원해 궁중과 조정에서 일어나는 일을 훤히 꿰뚫으면서 정국을 바로잡기 위한 구상을 하고 있었던 것이다.

그날도 이종성은 강가에 낚싯줄을 드리운 채 온종일 시름에 잠겨 있었다. 그즈음 문소의가 하지도 않은 임신을 했다고 복부에다 솜을 둘러 부풀려서 주위 사람들을 속이고 더욱 왕의 총애를 받으려 하고 있다는 정보가 들어왔다.

'해괴한 일이다. 이러다가는 나라가 망하지 않겠느냐.'

이종성은 깊이 탄식하며 그 해법을 골똘히 생각했으나, 뾰족한 묘안이 떠오르지 않았다.

그때, 키가 크고 몸집이 거창한 웬 장년 남자가 나타나 이종성과 조금 사이를 두고 털버덕 주저앉았다. 찌그러진 갓을 쓰고 몸집에 어울리지 않는 작은 괴나리 봇짐을 짊어지고 있었다.

이종성은 힐끔 돌아보고는 강쪽에 시선을 보내며 말을 붙였다.

"웬 사람인데, 잡히지도 않는 낚시질 구경을 하오?"

"다리가 아파 좀 쉬어가려고 그럽니다."

"어디서 어디로 가는 길이오?"

"경상도 밀양에서 한양을 찾아왔습니다."

"한양에 가려면 곧장 숭례문을 통해 들어갈 일이지, 여기 와우산 끄트머리까지 무엇하러 왔을까?"

"노자가 다 떨어져서, 서강에 있는 친구한테 돈을 좀 얻을까 하고 왔더니 멀리 떠나고 없지 뭡니까. 그래서 낙심 천만이올시다."

"그거 낭패로군. 길을 떠나면서 노자를 넉넉히 가지고 올 일이지."

"한양 오고도 남을 만큼 가지고 떠났답니다. 그렇지만 도중에 주막마다 들르고 보니, 한 상 가지고야 요기가 되어야지요. 그래서 한 끼에 두 상씩 사 먹자니 비용이 곱으로 들었답니다."

"하긴 그 몸 가지고는 그럴 만도 하겠군. 그런데 한양에는 무슨 볼일로 오셨나?"

"시골에 있으니까 밥만 죽이고 뭐 별로 할 일이 있어야지요. 그래서 한양에 올라와 무변으로 입신하는 길이 있을까 알아보려고 합니다."

"음, 그러니까 힘깨나 쓴다 그 말이로군."

"고향에서는 장사라는 말을 들었습니다. 이번에도 문경 새재를 넘다가 호랑이를 만나 이거 큰일이구나 했는데, 제가 크게 고함을 지르니까 호랑이가 질겁을 해서 도망치지 뭡니까."

"오라! 그만하면 장사 소리 들을 만하군. 성명이 무엇인가?"

"손호관이라 합니다."

"그럼 밀양 손씨 일문이네그려. 점심은 자셨는가?"

"못 먹었습니다."

"그럼 이것이라도 자시게."

이종성은 마침 먹지 않고 그대로 둔 점심밥 그릇을 내밀었다.

손호관은 몹시 시장하던 참이라 게눈 감추듯 순식간에 먹어치웠다.

"영감님 덕분에 잘 먹었습니다."

"그래, 한양에 들어가면 아는 사람이라도 있나?"

"없습니다."

"배짱이 어지간하군. 누가 뒤를 보아주지 않고서는 목적한 바를 이루기 어려울걸세, 내게 높은 벼슬하는 친구가 있는데, 마침 자네 같은 쓸 만한 무변을 한 사람 구한다는 모양이니 찾아가 보겠나?"

"찾아가고 말고요. 어디 사시는 어느 어른이십니까?"

"한양 북촌 안동에 가서 이영부사댁을 찾게. 주인 대감이 안 계신다고 하거든, 서강 안류정서 낚시질하는 늙은이 소개로 왔다고 말하게. 그러면 주인 대감 오실 때까지 기다리라고 할걸세. 이미 해가 기우니까 어서 가보게나."

지옥에서 부처님 만난 것 같다는 것은 이런 경우를 두고 하는 말이다. 손호관은 벌어진 입을 다물지 못하며 기운찬 걸음으로 그곳을 떠났다.

손호관은 곧장 서소문으로 해서 한양 안에 들어가 물어서 북촌 안동을 찾아갔다. 이영부사댁이란 집을 찾는 것은 어렵지 않았다.

문간에 이르러 하인에게 용건을 말하자, 주인 대감은 출타 중이라고 했다.

"그럼 언제 돌아오십니까?"

"글쎄요. 대중 없답니다. 오늘쯤은 한 번 귀택하실 것 같기도 하오마는, 어쨌든 대감마님을 만나시려거든 작은 사랑에 들어가 기다리구려."

급한 다른 볼일도, 마땅히 갈 곳도 없는 처지였다. 두말없이 작은 사랑에 들어가 저녁 대접까지 받은 손호관은 봇짐을 베개 삼아 고단한 몸을 눕혔다.

잠시 쉰다는 것이 그만 잠이 든 모양이다.

바깥이 수선스러워 잠을 깨고 보니 꽤 어둑어둑한 시간이었다. 그런데 그의 귓가에 대감마님 오셨다는 소리가 들렸다.

정신이 번쩍 들어 문틈으로 큰사랑 쪽을 가만히 내다보니, 풍신 좋은 한 노인이 대청에 나와 앉아 하인이 떠다 놓는 물에 발을 담그고 있었다. 그런데 그 노인의 얼굴을 유심히 쳐다본 손호관은 깜짝 놀랐다. 대청에서 발을 씻고 있는 주인 대감은 바로 한강변에서 낚시질을 하던 그 노인이 아닌가.

바로 그때, 주인 대감이 하인을 보고 자기를 찾아온 손님이 없더냐고 물었다.

그 말을 들은 손호관은 대뜸,

"예, 소인 여기 있습니다."

하고 소리치며 한달음에 뛰어나가 넙죽 엎드렸다.

"소인이 식견이 부족하여 대감마님을 알아뵙지 못하고 무례한 수작을 했으니, 용서해 주십시오."

"삿갓 쓴 상공이 어디 있겠나. 자네가 몰라본 것이 죄될 리 없지. 하여튼 좀 올라오게."

이종성은 웃으며 부드럽게 말했다.

꿈인지 생시인지 알 수 없는 행운에 어릿어릿한 채, 손호관은 무릎 걸음으로 사랑에 들어갔다.

이종성은 따로 주안상을 그럴듯하게 차려 내오게 하여 손수 술을 따라준 다음 넌지시 물었다.

"내가 내일 예조판서한테 부탁해서 자네를 금요문 수문장을 시켜 줄까 하는데, 해 보겠는가?"

"하다 뿐이겠습니까. 이 은혜는 뼈가 가루되고 몸이 부서지더라도 다 갚지 못하겠습니다."

"그렇게 황감할 거 없네. 사실은 자네의 목이 달아날지도 모르는 위험한 일이니까. 사내 대장부로서 나라를 위해 죽겠다는 각오가 없다면 일찌감치 단념하는 것이 좋겠네."

"죽고 사는 것은 하늘에 달려 있는데, 그만한 용기도 없이 어떻게 벼슬을 살겠다고 나서겠습니까. 대감께서 보잘것없는 소인을 이처럼 생각해주시니 목숨을 걸고라도 뜻에 따르겠습니다."

그 말을 들은 이종성은 무척 만족한 듯 손호관의 손을 잡았다. 그러고는 목소리를 낮추어 궁중의 어지러운 상황과 문소의의 간악한 흉계, 연로한 왕이 후궁과 간신배의 감언이설에 판단이 흐려져 바야흐로 국가적인 위기가 닥쳐왔음을 설명했다.

듣고 있던 손호관은 비분강개한 나머지 손을 부들부들 떨었다.

"내 편지 한 통이면 자네는 내일부터라도 벼슬길에 나서게 될 것이네. 일개 수문장이 대단한 지위는 아니지만, 의리를 지키는 결심과 나라를 위하는 충성심으로 지금부터 내가 부탁하는 일을 결행해 주기 바라네."

"알겠습니다. 사내 대장부로서 그처럼 국사를 좌우하는 일을 감당할 수 있다면, 그 자리에 목숨을 버린들 무엇이 아깝겠습니까."

그 말을 듣고 대단히 만족한 이종성은 더욱 목소리를 낮추어 손호관에게 이러저러하도록 열심히 지시를 했다.

영의정의 추천으로 이튿날 곧바로 금요문 수문장이 된 손호관은 눈을 부릅뜨고 문을 지켰다. 수문장쯤 되면 직접 나서지 않고 부하를 내세운 뒤 지휘만 하는 것이 관례인데도, 그는 직접 문 옆에 버티고 서서 출입자를 하나하나 단속하는 것이었다.

부하들은 이상하게 생각하면서도 대장의 위엄에 눌려 아무 말도 못했다.

손호관이 수문장으로 나선 지 닷새째 되는 날 저녁이었다.

그날도 환도를 지팡이 삼아 버티고 서 있는데, 마침 웬 젊은 여인이 머리에 붉은 이남박을 이고 나타나 문을 통과하려고 했다.

"서라! 누군데 들어가려고 하느냐?"

손호관이 가로막고 묻자, 여인이 대답했다.

"쇤네는 내전에 있는 무수리예요."

"무수리가 대궐 밖에는 왜 나갔느냐?"

"문소의 마마의 심부름으로 마마의 친정집에 다녀오는 길이랍니다."

"머리에 인 것은 뭐냐?"

"마마의 친정댁에 마침 생일 잔치가 있어서 그 음식을 받아 가지고 들어가는 거예요."

"소의마마의 친정집 음식이니 오죽 풍성하고 맛이 있을까. 여기다 몇 접시 덜어놓고 가."

그 말을 들은 무수리는 큰일날 소리를 한다고 펄쩍 뛰었다.

"이남박이 그렇게 크니 조금 축낸들 표가 나겠느냐. 하여튼 조금 덜어주기 전에는 못 들어간다."

무수리는 눈꼬리를 치켜올리며 소리쳤다.

"흥! 기껏 문지기 주제에 겁도 없이 지껄이고 있네. 소의마마께 일러바쳐 혼내기 전에 썩 비켜요."

"못 비키겠다. 그 이남박을 내려놔."

"에그머니!"

손호관과 무수리가 이남박을 빼앗기지 않으려고 서로 실랑이를 하는 가운데 불현듯 보자기로 덮은 이남박 안에서 갓난아기의 울음소리가 새어 나왔다.

그 소리를 들은 손호관은,

"네 이년!"

하고 벽력 같은 호통을 치면서 환도를 쳐들어 수직으로 내리쳤다. 눈 깜짝할 사이 이남박과 무수리는 무참하게 두 조각이 나면서 피보라가 흩날렸다.

혼비백산한 문지기들이 달려와 보니, 이남박 속에는 음식은 들어있지 않고 그 대신 갓난아기의 몸뚱이가 두 조각이 나서 뒹굴고 있었다.

손호관은 새하얗게 질려 벌벌 떨고 있는 부하들더러,

"이 시체는 절대 건드리지 말고, 빨리 위에 보고를 올려라."

하고는 한쪽에 매어 놓았던 말을 타고 바람처럼 내달았다.

문소의는 해산날이 가까웠다고 왕을 속여 한동안 가까이 오지 못하게 한 다음, 친정을 통해 대궐 밖에서 갓난아기 하나를 사서 들여오려는 엄청난 흉계를 꾸몄던 것이다.

그렇게 하여 현재의 세손을 밀어내고 그 아이를 세자로 책봉하도록 왕을 꼬드긴 다음, 나중에 왕대비로서 부귀영화를 평생토록 누릴 작정이었다.

하마터면 조선 왕조의 혈통이 이상하게 변할 뻔한 위기를 현명하고 사려 깊은 재상 이종성이 치밀한 작전으로 무산시켰던 것이다.

권불십년

27대에 이르는 조선조 왕들 중에서 선조는 비교적 오래 살았다는 것 말고는 개인으로 보나 국가로 보나 몹시도 복 없는 대표적인 왕 중의 한 사람이라고 할 수 있다.

그의 치세 초기에 김효원과 심의겸 두 사람의 사소한 시비가 발단이 되어 망국의 당파 싸움이 시작되었고, 임진왜란이라는 엄청난 국난을 치러야 했으며, 광해군이라는 문제아한테 보위를 넘겨줌으로써 왕실도 조정도 피보라의 참극을 피할 수 없게 되었으니 말이다.

선조는 말년에 홀아비가 되자 개성 사는 시골 진사의 새파란 딸한테 새 장가를 들었으니, 그녀가 바로 인목왕후 김씨다. 그런데 그 김 처녀가 갑작스럽게 중전 간택의 영광을 입게 된 데에는 묘한 사연이 있었다.

임진왜란 초기에 다급해진 선조는 서북지방으로 몽진을 떠나 임진강을 건너다가 그 김 처녀를 만났다. 당시 김 처녀는 친척집에 다니러 왔다가 난리 소식에 놀라 개성의 집으로 돌아가던 길이었는데, 다급한 김에 왕이 탄 나룻배에 겁도 없이 훌쩍 뛰어올랐던 것이다.

수행 대신들이 그 무엄한 행동에 깜짝 놀라 어쩔 줄 모르는 중에, 선조는 너그러운 태도로 김 처녀한테 이것저것 말을 시켜본 결과 대답이 재치있고 공손하면서도 예의 바른 것을 보고 기특하다는 인상을 받았다.

그러다가 몇 년 후에 상처하여 다시 국모를 모셔야 한다는 국론이 비등해지자, 문득 언젠가 임진강을 건너면서 동행한 김 처녀가 생각나 찾아보라고 지시했던 것이다.

한낱 가난한 시골 양반의 딸에서 중전의 자리로 신분이 갑자기 치솟은 김 처녀의 영광은 말할 것도 없겠지만, 그 아버지 김제남 또한 딸 하나 잘 둔 덕분에 국구國舅, 즉 임금의 장인이 되어 연흥부원군이란 작호를 받고 정계의 막후 실력자로 영향력을 행사하게 되었으니, 사람의 팔자란 그래서 모른다고 하는 것이다. 그러나 시작이 있으면 끝이 있는 법이다.

1608년 무신년 2월에 선조가 죽고 광해군이 왕위에 오르면서 김제남 부녀의 부귀영화는 갑작스럽게 빛을 잃게 되었다. 이제는 대비가 된 인목왕후의 처지에서 보면 왕은 전실 소생에다 자기보다 나이가 훨씬 많은 아들이었고, 남편이 살아 있을 때 왕위 계승권을 둘러싸고 서로 얼굴을 찌푸린 적도 있었다.

광해군은 일찍이 세자로 책봉되었으나 후궁의 몸에서 태어난 서출이고, 자기는 후처일망정 엄연한 정실일 뿐 아니라 영창대군이라는 적출 왕자가 있었기 때문이다. 선조 역시 그 문제에서 한동안 마음이 흔들렸으나, 임진왜란으로 파산 상태가 된 국력을 회복하기 위해서는 강력한 왕권 행사가 필요하다는 원로 대신들의 충고가 잇따른 데다 영창대군이 너무 어렸기 때문에, 전쟁 수행 과정에서 그런대로 능력이 검증된 세자한테 보위를 물려주기로 마음을 굳히고 말았던 것이다.

그런대로 선왕의 아내와 장인으로서 상징적인 지위나마 누리던 인목대비와 김제남이 비극적인 몰락을 맞게 된 것은 광해군 5년, 1613년 계축년의 일이었다.

경상도 동래의 한 상인이 많은 양의 은을 말에 싣고 새재를 넘다가 도적떼를 만나 모두 털린 사건이 발생했다.

포도청의 눈부신 활약으로 그 도적떼는 단시일 안에 모조리 붙잡혔는데, 조사해 보니 천만 뜻밖에도 그 두목은 정승 박순의 서자인 박응서일 뿐 아니라, 도당들 역시 대부분이 명문가의 서자들이었다. 비록 서자일망정 정계 실력자의 아들들이 떼도둑질을 했으니 그 파장이 클 수밖에 없었고, 야심만만한 사람들은 재빨리 그것을 정치적 사건으로 둔갑시켜 이용하려고 들었다. 그리하여 그 강도 사건은 온 나라가 들썩거릴 만큼의 역모 사건으로 확대되었다.

'박응서 일당이 역적 도모를 하여, 지금의 왕을 내쫓고 영창대군을 모시려고 했다.'

'이 모의에 대해서는 인목대비도 이미 알고 있다.'

'연흥부원군 김제남은 역모의 대표적 배후 인물이다.'

특히 김제남에게 불리한 조건은, 조정의 실권을 잡고 있는 세력이 이이첨·정인홍 등 북인임에 비해 그는 반대파인 서인에 속해 있다는 점이었다. 일단 역적 혐의를 받으면 그보다 더한 신분이라 할지라도 무사할 수 없을 텐데, 하물며 선왕의 후처 아버지인데다 세자 교체 문제로 왕의 눈에 이미 미운 털이 박힌 형편이고 보니 그 결과는 뻔한 것이었다. 역모에 연루되면 그 집안의 남자들은 씨도 없이 참살되고 여자들은 관청의 노비로 전락되는 것이 관례였다.

바야흐로 김제남의 집안은 멸족을 면하지 못할 위기에 직면했다. 그런데 그 절대절명의 국면에서 극적으로 목숨을 건진 갓난아이가 있었다. 그것은 김제남의 손자였는데, 금부의 장졸들이 들이닥칠 때 어느 영리한 계집종이 그 갓난아이를 재치있게 빼돌렸던 것이다.

김제남 집의 옆집에는 공교롭게도 광해군의 배다른 누이인 정신옹주가 살고 있었다. 그날 저녁 남편인 달성위 서경주는 사랑방에 있었고, 정신옹주는 그때 상류 사회에 갓 퍼지기 시작한 기호물인 담배를 피우며 누워 있었는데, 옆집 연흥부원군댁에 아우성이 일어날 즈음에 갑자기 한 여인이 내실에 뛰어들어오며 다급한 목소리로 도움을 청했다.

"아니, 너는 누구냐?"

옹주가 깜짝 놀라 일어나자, 여인은 가슴에 안고 있던 것을 얼른 내밀었다. 잠들어 있는 어린애였다.

"황공합니다. 소인은 부원군댁 침모인데, 이 아기를 살려주십시오."

"아기를?"

"부원군댁 손자 아기씨랍니다. 제발 부탁드립니다."

그러고 나서 여인은 대답도 들어보지 않고 황황히 나가버렸다.

현왕과 대비 및 부원군의 미묘한 관계를 알고 있는 옹주는 난처하지 않을 수 없었다. 까딱하다가는 아무리 자매일망정 자기 역시 왕의 미움을 사서 곤경에 빠질 수도 있는 문제였다. 그러나 일단 모성애적인 감정이 옹주의 마음을 먼저 움직였다.

'이 갓 태어난 어린 것이 무슨 죄가 있단 말인가.'

그렇게 생각한 옹주는 어린애를 얼른 자기 치마 밑에 감추며, 하녀들한테는 입을 다물도록 엄명을 내렸다.

잠시 후에 달성위댁 대문을 두드리는 소리가 났다. 금부 장졸들이 어린애를 찾기 위해 몰려온 것이다.

"내가 알아서 할 테니 걱정 말라."

옹주는 겁에 질려 있는 하인들을 단속한 다음, 대문을 열라고 지시했다. 밀어닥친 금부 장졸들은 행랑채를 뒤지고 사랑채를 들쑤신데 이어, 이번에는 안채까지 조사하려고 했다. 하인이 분해서 항의했지만, 왕명을 들이대는 그들을 어찌할 수는 없었다.

"무엄하다. 여기가 누구의 집인 줄 알고 이런 행패를 부리느냐!"

옹주가 큰소리로 꾸짖자, 금부 나장이 허리를 굽히며 대답했다.

"부마도위 달성위댁인 줄 압니다."

"그렇다면 내가 누구인지도 알겠구나."

"예, 옹주마마이십니다."

"그런 줄 알면서 감히 이런 행패를 부릴 수 있단 말이냐?"

"황공합니다만, 역적의 어린 핏줄 하나가……."

"듣기 싫다. 행랑과 사랑을 뒤졌으면 되었지, 내가 거처하는 내실에까지 욕된 짓을 하려고 해? 너희들이 찾는 어린 것이 어떻게 여기까지 들어왔겠느냐."

"……."

"헛수고하지 말고 돌아가라. 만일 더 이상 나를 모욕했다가는 전하께 말씀드려 엄벌을 내리게 할 것이다."

나장은 입장이 난처했다. 역적의 손자를 찾는 것도 중요하지만, 상대는 왕의 누이인 것이다. 억지로 뒤져서 소득이 있으면 다행이겠으나, 만에 하나 헛짚은 것으로 결론이 날 경우에는 그야말로 목이 달아나기 십상이었다.

나장은 단정히 앉아 있는 옹주의 자세를 주목했다. 풍성하게 부풀어 오른 치마 모양이, 아무래도 그 속에 뭔가를 감추고 있는 것 같았기 때문이다. 갓난아기 하나의 몸이라면 그만한 정도의 부풀음과 비슷하다고 생각했다.

'아기가 들어 있다면 갑갑해서라도 울 것이고, 잠이 들었어도 머잖아 깨어나겠지.'

그렇게 생각한 나장은 나졸들한테 바깥을 좀더 수색해 보라고 한 다음, 자기는 마당에 서서 은근히 옹주의 일거일동을 감시했다. 그러나 상당한 시간이 흘렀는데도 나장이 기대한 아기 울음 소리는 들리지 않았다. 팽팽한 긴장 국면 속에 어색한 대치만 계속될 뿐이었다. 마침내 옹주가 몸종한테 짐짓 말했다.

"시끄러운 자들이 모두 물러갔느냐. 문 닫고 금침을 펴거라. 졸립구나."

그렇게 되니 금부 장졸들도 어쩔 수 없어 혀를 차며 슬금슬금 돌아가 버렸다. 옹주는 그제야 안도의 한숨을 내쉬며, 치마를 들치고 어린애를 꺼냈다. 놀랍게도 어린애는 그때까지 세상 모르고 콜콜 자고 있었다.

"아아, 하늘이 너를 살리시는구나!"

옹주는 가슴 벅찬 감동으로 눈물을 흘렸다. 그리하여 멸족의 화를 입었을망정 김제남의 집안은 대가 완전히 끊어지지 않고 가까스로 명맥을 유지하게 되었던 것이다.

그로부터 딱 10년 만인 1623년 계해년 3월에 '인조반정仁祖反正'이 일어나면서 세상은 180도로 바뀌었다. 임금인 광해가 쫓겨난 것은 물론이려니와, 그때까지 정권을 잡고 있던 북인들은 죽음을 면치 못했고, 상대적으로 어두운 세월을 살아온 서인들이 득세하게 되었다. 정적에 대한 서인들의 보복이 얼마나 잔혹했던지, 북인은 겨우 28명의 가문만 화를 면하고 모조리 멸족을 당했던 것이다.

어쨌거나 정신옹주의 치마 속에서 겨우 죽음을 면하고 행방을 숨겨 모진 목숨을 이어오던 김제남의 손자도 마침내 밝은 하늘 아래 모습을 드러낼 수 있게 되었다. 뿐만 아니라, 인목대비의 친정 조카요, 옛 명문가의 유일한 혈손으로서 서인들의 비호 아래 다시금 가문을 일으켜 세울 수 있게 되었고, 그 후손들은 160여 년간 지속된 서인들의 세상에서 대대로 높은 벼슬을 살게 되었다.

이 이야기의 본격적인 대목은 여기에서 시작된다.

시대가 훌쩍 아래로 내려와 정조 초기의 일이다.

정승 김익은 연흥부원군 김제남의 후손으로서 세력과 명망이 높았는데, 그의 집이 지금의 서울 중림동인 약현에 있어서 '약현대감'이라 불리어졌다.

어느 날, 그 약현대감의 집 바깥 사랑에 작은 주인 김재찬을 비롯하여 명문가의 귀공자들이 모여 환담을 하고 있었다. 아직은 벼슬이 당하관에 불과하지만, 원로 또는 현임 대신의 자제들로서 장래가 탄탄하게 보장된 신분이라, 모두 기고만장해 있었다.

"참, 듣자니까 이창운 영감이 등단登壇을 했다지?"

한 사람이 화제를 꺼내자, 모두의 얼굴에 모멸의 웃음이 떠올랐다.

"그랬다더군."

"등단까지는 몰라도 대배大拜는 어림도 없을걸."

"말해 무엇하나. 그까짓 무반 자리쯤은 몽땅 가져가라지."

그러고는 모두 껄껄 웃었다.

문신으로서 재상의 지위에 오르는 것을 '대배'라 하고, 무신으로서 대장의 지위에 오르는 것을 '등단'이라 했는데, 이창운은 지난날 인조반정 후의 정치 보복극에서 겨우 살아남은 28명 북인 가운데 한 사람의 후손으로 무과에 진출하여, 서인의 서슬이 시퍼런 세상인데도 요행히 어영대장에 승진했던 것이다.

어영대장이면 왕의 친위부대 지휘관으로서, 지금으로 치면 대통령 경호실장 비슷한 군 고위직이었다. 그 자리에 모인 젊은이들은 모두 서인이고 문신 집안의 자손들인 데다, 문존무비文尊武卑의 그릇된 풍조에다 북인의 존재 따위는 우습게 아는 자긍심으로 이창운의 등단을 비웃고 있었다.

그런데 다른 사람은 몰라도 김재찬만은 이창운의 등단을 그렇게 웃을 처지가 아니었다. 왜냐하면 등단한 이창운이 바로 그 김재찬을 종사관으로 지명했기 때문이었다.

종사관이란 대장을 보좌하여 문서 처리를 담당하는 행정참모나 비서 비슷한 직책인데, 무신이 등단을 하면 하위직 문관 중에서 한 사람을 뽑아갈 권리를 보유하게 되었다. 이창운이 김재찬을 종사관으로 지명한 사실은 온 장안을 깜짝 놀라게 했다. 서인 세상에 북인이 종2품 어영대장에 승진한 것만 해도 기적이라 할 수 있는데, 당대의 세도가인 약현대신의 아들을 자기 수하로 당당하게 부른 것이다. 김재찬이 과연 그 부름에 응하느냐 불응하느냐, 모두들 그 귀추를 주목했다.

순순히 응하면 약현대신뿐 아니라 서인들 모두가 한 대 얻어맞는 꼴이 되고, 끝내 불응하면 이창운이 세상의 웃음거리가 될 판이었다. 과연 김재찬은 응하지 않았다.

어영청에서 이튿날도 그 이튿날도 연이어 출사 명령을 시달했지만, 그는 코웃음을 치고 친구들과 어울려 놀기만 했던 것이다.

그렇게 사흘이 지나자, 이창운은 습진령習陳令을 발동했다. 습진이란 기동훈련 같은 것이어서, 그것이 발령되면 준전시準戰時처럼 군법이 엄격하게 적용되는 것이다.

군관에 인솔된 군졸들이 김재찬을 체포하려고 약현대신댁에 우르르

들이닥친 것은 마침 김익이 퇴궐하여 돌아와 사랑에 앉아 있을 때였다.

이창운이 등단하여 자기 아들을 종사에 지명했다고 들었을 때, 김익은 그가 건방지다고 생각했다. 그래서 아들이 응하지 않을 것도 예상했다.

'지금이 어느 세상인데, 제까짓 놈이 무얼 믿고 감히 극단적인 수단을 쓰랴.'

그러나 군관이 대장의 군령을 가지고 막상 들이닥치니 기가 찰 뿐 뚜렷한 대응책이 떠오르지 않았다. 김익은 뜰 아래에 읍하고 선 군관을 내려다보았다.

"무슨 일로 왔느냐?"

"종사관 김재찬을 잡아올리라는 사또의 명령을 받고 왔습니다."

"잡아다가 군율로 처단하겠다는 건가?"

"……."

"중문 밖에 나가 잠시 기다리게. 내가 처리를 할 테니."

"예이."

군관이 물러가자, 김익은 청지기를 시켜 아들을 사랑에 불렀다. 불려나온 김재찬은 얼굴이 하얗게 질려 있었다. 일이 그렇게 커질 줄은 몰랐던 것이다.

"네가 아무리 선비일지라도 군령을 어기면 어떤 처벌을 받는지 알 것이다."

"……."

"내가 명색 일국의 대신으로서 군법을 흠집 낼 수는 없다. 너의 경솔을 진작 바로잡아 주었어야 했는데……."

"아버님!"

"안에 들어가서 조상님의 위패와 어머님께 하직 인사를 올리고, 처자

권속과도 작별을 하고 나오너라. 의관을 모두 벗고 죄인다운 차림새여야 할 것이다."

김재찬은 이제 꼼짝없이 죽는구나 싶었다. 후회해야 소용이 없었다. 할 수 없이 안에 들어가 하직 작별을 다 하고는 맨 상투 맨 저고릿바람이 되어 나오니, 갑자기 초상난 것처럼 온 집안이 울음바다가 되었다.

김익은 마지막 인사를 올리는 아들한테 몇 겹으로 접은 편지 한 장을 주며 말했다.

"될까 모르겠다마는, 사또한테 드려나 보아라."

오라에 묶인 김재찬은 이윽고 동작리 습진터에 도착했다. 단상에 높이 앉은 어영대장 이창운은 결박지어진 채 땅에 꿇어앉아 있는 김재찬을 내려다보았다. 재상가의 맏아들답게 영민하다는 소문에 어울리게 준수한 용모였다. 잘 가꾸기만 하면 장차 국가의 큰 기둥이 될 만한 재목이었다. 그렇기 때문에 그도 김재찬을 굳이 종사관으로 지명했던 것이다.

김재찬의 등 뒤에는 망나니 역을 맡은 군졸이 시퍼런 환도를 들고 군령이 떨어지기만을 기다리고 있었다.

"네가 네 죄를 아느냐?"

"황공합니다."

"나를 원망하지 말아라. 내가 너를 죽이는 것이 아니고, 국법이 죽이는 것이다. 마지막으로 할 말이 없느냐?"

"사또께 올리라고 아버님께서 주신 편지가 있습니다."

이창운은 얼굴을 찌푸렸다. 권력을 내세워 자기한테 압력을 넣으려는 수작 같았기 때문이다. 그렇다고 재상의 편지를 무조건 물리칠 수는 없었다. 군졸이 가져다 바치는 편지를 펴본 창운의 눈이 조금

커졌다. 편지는 아무것도 씌어 있지 않은 백지였던 것이다. 그것을 한참 들여다보던 이창운의 마음이 흔들리기 시작했다.

'대신 자리에 있으면서 군율을 어긴 죄인을 두둔할 수도 없고, 그렇다고 죽으러 가는 아들을 못 본 척할 수도 없다……. 그런 심중을 참작하여 처분해 달라는 뜻이로군.'

이창운은 김익의 새로운 면모를 확인한 듯한 느낌이었다. 역시 그릇이 다르구나 싶었다. 그 아버지를 빼닮은 김재찬을 다시금 빤히 내려다보았다.

"너를 군율에 따라 처단해야 마땅하지만, 상공께서 당부 말씀이 계시고 하니 특별히 참형은 면하게 해주마. 대신에 오늘부터 반 년간 벌번罰番을 서도록 하라."

목에 칼날이 들어올 때를 기다리던 김재찬은 일시에 긴장이 풀려 까무러치고 말았다. '번'이란 당직을 말한다. 돌려가며 서기 때문에 번이라고 하는데, 벌번이 되면 계속해서 당직을 서야 하는 것이다.

벌번을 서는 첫날 밤, 동료들은 무식한 무인들이라 대화가 통하지도 않아 김재찬은 먼저 잠자리에 들었다. 그리하여 한참 자고 있는데, 군졸이 들어와 흔들어 깨웠다. 사또가 찾는다고 했다.

때는 축시새벽 3시쯤가 조금 지난 시각인데, 대장은 벌써 출근을 했다는 것이다.

김재찬이 허둥지둥 옷을 주워입고 의관을 반듯하게 쓴 다음 대장 막사에 가니, 이창운은 교자에 앉아서 책상 위에 펴놓은 커다란 지도를 들여다보고 있었다.

"부르셨습니까?"

"첫날이라 잠자리가 고생스러웠을 것이다."

이창운의 음성은 의외로 부드러웠고, 읍하고 서 있는 김재찬더러 가까이 와서 앉으라고 했다. 김재찬이 영문도 모른 채 다가가서 앉자, 이창운은 지도에 대하여 설명하기 시작했다.

"이것은 황해도와 평안 양도의 지도다. 내가 하나하나 짚으면서 설명할 터이니, 머릿속에 똑똑히 기억해 두어라."

그러고는 어디서 어디까지는 거리가 몇 리, 그 중간에 주막이 몇 군데 있으며, 이 장거리에서 저 고을까지 가는데 이쪽 길로는 몇 리, 지름길로는 몇 리다, 어느 장거리에 장날마다 집하되는 나락이 몇 섬이고, 어느 부락에서는 군사 몇 명이 주둔하여 얼마간 먹을 군량을 조달할 수 있다, 어느 고개는 높이가 얼마여서 넘기가 어떠하며, 어느 산은 넘자면 얼마가 걸리고 우회하자면 며칠이 걸리는데 군사가 몇 명 이내이면 넘는 것이 낫고 몇 명 이상이면 우회하는 것이 유리하다 등등, 실로 귀신이 곡할 정도로 상세히 꿰뚫는 지식을 전달해 주는 것이었다.

첫날밤만 그런 것이 아니라, 이창운은 날마다 이른 새벽에 나와서는 지도를 펴놓고 김재찬한테 황평 양서의 지리, 풍속, 산물을 반복하여 가르쳤다. 김재찬은 처음에는 어이가 없고 귀찮기도 했으나 교습의 횟수가 더해 가자 점점 흥미가 생기면서 성현의 말씀만 깊은 뜻이 있고 연구할 가치가 있는 것이 아니라, 지금 자기가 배우는 것도 실생활과 깊은 연관이 있는 요긴한 배움이라는 사실을 깨닫게 되었다.

한창 총기가 살아 있는 나이에 그것도 정신이 번쩍 나는 새벽의 공부이고 보니, 반년이 지난 뒤에는 한 번도 가본 적이 없건만 황해도부터 시작해서 평안도 끝까지 지도에 의지하지 않고도 김재찬의 눈앞에 선하게 떠오를 정도가 되었다.

마침내 벌번이 끝나는 날, 이창운은 새삼 정색을 하며 말했다.

"그동안 벌번을 서고 새벽마다 가르침을 받느라고 수고가 많았네. 그것은 다 내가 요량이 있어서 자네를 장차 나라에 크게 쓰고자 하는 뜻이었으니 그렇게 알라. 지금 청국에는 서역 천주학이 꽤 깊이 침범해 있는데, 그것이 세를 불려 언젠가는 우리 동방예의지국으로 밀려 들어오지 않을까 우려되는군. 그렇게 되면 한바탕의 분규가 불가피해질 터인데, 그 무대는 당연히 평안도가 될 것이고, 어쩌면 황해도까지 확대될지도 모르네. 또한, 국내 문제로 병란이 일어난다 해도 그 진원지는 평안도가 될 가능성이 가장 농후하네. 내가 군문에 종사하고 있는 동안에는 몸을 바쳐 나라의 위기를 바로잡을 것이나, 내가 죽은 뒤의 일은 어쩌겠는가. 그래서 지금의 젊은 무반들 중에 장래 큰 기둥이 됨직한 인물을 꼽아 보니, 불행히 그럴 만한 인재가 있어야 말이지."

"……."

"무신에 인재감이 없으면 문신 중에서라도 골라야겠지. 그래서 내가 고르고 고른 인물이 자네라네."

"황감한 말씀입니다. 제가 어찌 감히……."

"병란이 일어나면 방어사나 순무사 같은 직책이야 당연히 무반이 맡게 되겠으나, 총괄 지휘와 병참을 담당하는 체찰사는 알다시피 정승 가운데서 임명되네. 그런데 정승을 아무나 하는가. 재능도 있어야 하지만 문벌이 좋아야지. 그러나 정승에 올랐다고 해서 아무나 체찰사 직책을 잘 수행할 수는 없지 않은가. 자질이 갖추어져 있어야지. 내가 자네를 특별히 종사관으로 임명하여 지난 여섯 달 동안 새벽 공부를 시킨 것은, 장차 자네가 상공에 올라 체찰사가 되었을 때를 대비한 것이네. 이제 내 깊은 속을 알겠는가?"

"사또!"

김재찬은 감복하고 감격하여 눈물을 쏟으며 이창운 앞에 엎드렸다. 그 후 김재친은 종사관 재임을 무사히 마치고 지방 수령을 거쳐 내직에 들어갔다. 그리하여 벼슬이 점점 올라가, 정조 시대를 지나 순조 시대에 이르러서는 마침내 정승이 되었다.

그가 우의정을 거쳐 좌의정으로 있을 때인데, 하루는 한 시골 사람이 찾아왔다.

"대감께 문안드리오. 소인을 알아보시겠습니까?"

사랑방에서 많은 방문객에 둘러싸여 있던 김재찬은 대청 아래 읍하고 선 사람을 얼른 알아볼 수 없었다.

"누군지 생각이 잘 안 나는데."

"그러실 테지요. 대감과 함께 글을 배운 평안도의 우군측올시다."

"오오!"

김재찬은 탄성을 질렀다. 까마득한 옛날, 한 스승 아래에서 공부한 학우였다.

당시 우군측은 재능이 탁월하여 모든 학문에서 김재찬의 라이벌이었다. 그러나 재능의 유무보다 문벌의 우열이, 출세하고 못 하는데 결정적인 조건이 되는 세상이었다.

김재찬은 명문거족의 공자인 덕에 출세의 탄탄대로를 달려 좌의정에 오른 반면, 인재 등용에 제도적으로 차별을 두는 평안도 출신에다 집안이 하찮은 우군측은 끝내 벼슬길에 오르지 못하고, 지금 땟국 흐르는 도포에 찌그러진 갓의 초라한 꼬락서니로 옛 학우 앞에 서 있는 것이다. 우울한 감회가 김재찬의 가슴을 아프게 꼬집었다.

"이게 얼마만인가. 그동안 어떻게 지냈나?"

"죽어지지 않으니 살아온 셈이지요."

"이리 들어오시게."

"아니올시다. 어찌 감히……."

우군측은 망설였다. 아무리 동문수학한 사이라지만 신분 격차가 현격한 데다 방안에 있는 다른 사람들의 시선도 거북하고 해서였다. 김재찬은 그런 사정을 감안하여 우군측을 후원의 정자로 안내했다. 그러고는 진정으로 가슴을 터놓고 옛친구를 대접했다. 처음에는 몹시 어색한 기색이던 우군측도 술이 어지간히 들어가자 비로소 마음을 열고 김재찬을 대했다.

"내가 대감을 찾아온 것은 사실 한 가지 부탁이 있어서인데, 들어주실지 모르겠군."

"어디 말해 보게. 내 힘으로 가능하다면, 모처럼의 자네 부탁을 어찌 마다하겠는가."

"그렇다면 평안감사한테 가는 청탁 편지 한 장만 써주실 수 있을까?"

"편지를?"

"환곡미 5천 석만 나한테 일시 빌려주라고 말일세. 그러면 나는 그것으로 이자놀이를 해서 1년 안에 5천 석을 갚고, 남긴 것으로 호구를 면해 볼까 하네."

"갚기만 한다면야 그만한 편리쯤 못 보아주겠나. 나한테 손해없고, 생색내고, 친구 하나 살리는 길인데. 설령 자네가 갚지 못한다 해도 그만한 것 대신 갚을 능력쯤은 나한테 있네."

"이렇게 고마울 데가 있나."

그리하여 평안감사를 수신인으로 하는 김재찬의 청탁 편지를 얻어낸 우군측은 열 번, 백 번 감사를 나타낸 다음 하직하고 떠났다. 그런데 그 환곡미 5천 석이 엉뚱하게 큰 문제를 야기시킬 줄은 신이 아닌 김재찬이 알 턱이 없었다.

순조 11년 섣달 그믐께, 설 준비에 새해맞이 기분으로 들떠 있는 한양 장안에 놀라운 소식이 전해져 왔다.

'평안도 가산에서 홍경래라는 자가 반란을 일으켰다.'

'온 평안도 사람들이 가세하여 그 기세가 대단하고 정주, 곽산 등 각 관아들이 추풍낙엽처럼 떨어지고 있다.'

설이고 뭐고 한양 거리는 난리 소식에 발칵 뒤집혔고, 조정은 대책을 수립하기에 급급했다. 그 소식에 누구보다 놀란 사람은 좌의정 김재찬이었다. 홍경래의 참모가 바로 우군측으로 알려졌기 때문이다.

우군측이 평안감사한테서 환곡미를 빌려간 지 얼마 후에 반란이 일어났고, 그 환곡미는 고스란히 반란군의 군량미가 되었다.

만일 누군가 그 일을 정식으로 들고나와 문제 삼는다고 하면, 고의는 아니었으나 어쨌든 반란군의 군량미를 마련해 준 꼴이 되었으니 아무리 권문 세도의 재상이라 하더라도 죄를 면할 길이 없었다.

그러나 경황이 경황이니 만큼 반란 진압이 급선무인데다, 공자 맹자만 윌줄 아는 문신들 중에서 군사 관계에 정통한 사람은 오로지 김재찬뿐이었기 때문에, 그 뜨거운 감자는 잠정적으로 유보되었다.

순조는 장신 이요헌을 순무사에, 그리고 김재찬을 영의정 겸 도체찰사에 임명하여 반란을 진압하게 했는데, 왕 뿐만이 아니라 조정 대신들이 입이 딱 벌어지도록 놀란 것은 김재찬이 황해도와 평안도 두 지방의 지리와 문물의 사정을 훤히 꿰뚫고 있다는 사실이었다.

어디까지 가는 데에는 어느 길이 얼마만큼 빠르고, 어느 주막거리 어느 동리에서 군량미 몇 섬을 징발할 수 있으며, 반란군의 진격로가 이러저러할 것이므로 어느 산, 어느 고개에서 어떤 지형, 지물을 이용한 방어선을 구축해야 한다는 등 실로 치밀하기 짝이 없는 종합적인 작전 계획을 내놓는 바람에, 토벌군의 장졸들은 도체찰사의 귀신 같은 지혜에 놀라는 동시에, 이런 지휘관이 앞장서는 싸움이고 보면 반드시 승리한다는 신념을 가질 수 있어서 용기가 백배했다.

그러나 반란군도 준비가 치밀했을 뿐 아니라 의기가 똘똘 뭉쳐 있었기 때문에 싸움이 일방적으로 진행되지 만은 않아, 어언 반년간이나 끌다가 간신히 관군의 승리로 끝났다.

당연히 논공행상이 집행되었는데, 김재찬은 국난 평정의 일등 공신으로 후한 상을 받았고, 환곡미 5천 석 문제는 자연히 유야무야되고 말았다.

그날 저녁, 집에 돌아온 김재찬은 마음이 착잡했다. 홍경래와 우군측을 그르다고 할 수 없었다. 지금 조정을 둘러보건대 어중이떠중이면서 단지 집안 문벌 덕택에 높은 벼슬을 살고 있는 사람이 태반이었다. 그런데도 한편에서는 탁월한 재능을 가지고도 양반의 집안에 태어나지 못한 탓으로 초야에 묻혀 썩는 인재가 수두룩한 것이다. 이런 불공평이 어디 있는가.

더군다나 나라에서는 특히 평안도 사람이 관계에 진출하는 것을 제도적으로 금하고 있었다. 그러니 그들이 나라와 임금에 대하여 불만과 원한을 품는 것은 그들의 입장에서 당연하다고 할 수 있었다.

자기 집안의 선대 어른인 연흥부원군의 비극적 사건 역시 사람 취급을 받지 못한 서자들이 신분에 불만을 품고 강도짓을 한 것이 꼬투리가 되었지 않은가. 김재찬은 나라의 제도가 상당히 잘못되어 있음을 뼈저리게 통감했다. 그것을 알면서도 솔선 주도하여 개선할 수 없는 자신이 곤혹스러웠다.

그러나 감사하고 또 감사한 것은 은인 이창운 대장이었다. 그의 배려로 반 년 동안 벌번을 서면서 배운 지식이 없었다면, 자기는 체찰사 직무를 제대로 수행할 수 없었을 뿐 아니라, 반란군의 군량미 조달에 협조했다는 죄로 목이 달아나도 열 번은 더 달아났을 것이었다. 그런데 그 이창운과 자기는 굳이 따지자면 당파가 다를 뿐 아니라, 집안간에도 묵은 원한이 얽혀 있는 관계라 할 수 있었다.

'세상은 돌고 도는구나. 영원한 벗도, 영원한 적도 없는 것이 인간사로구나.'

탄식하는 김재찬의 눈에 어느덧 눈물이 맺혔다.

이사관의 인과응보

영조 때 한양 서대문 안 정동에 살았던 이사관은 고려 말엽의 충신 이색의 14대 손이다.

그는 승정원 동부승지 벼슬을 하다가 물러나 한가한 생활을 하고 있었는데, 어느 해 동짓달 중순 무렵, 급한 볼일이 있어서 고향인 충청도 한산에 가게 되었다.

겨울철 날씨야 으레 춥기 마련이지만, 예산 근처에 다다랐을 무렵에는 유난히 기온이 떨어진 데다 바람이 불며 눈까지 펑펑 쏟아져서 고생이 말이 아니었다. 어디가 길이고 어디가 논밭인지 분간할 수 없게 쌓인 눈을 헤치며 걸음을 재촉하던 이사관은 어느 산모롱이를 돌다가 낡은 가마 한 채를 발견했다.

가마는 땅바닥에 내려져 있었고, 그 곁에서 초라한 행색의 선비와 가마꾼 두 사람이 몹시 걱정스러운 얼굴로 안절부절 못하고 있었는데, 이사관이 가까이 다가갔더니 가마 속에서 갓난아이의 울음소리가 들렸다.

"뉘신지 모르겠소만, 여기서 왜 이러고 계시오?"

이사관이 의아해서 묻자, 선비가 쑥스러운 듯이 말했다.

"아내가 해산달이 가까웠기에 처가에 데리고 가려고 나섰더니, 그만 여기서 몸을 풀지 않았겠소."

"아니, 저런!"

"갑자기 당한 일이고 보니……. 무엇보다도 갓 태어난 것이 이 추위에 연약한 목숨을 부지할 수 있을지 모르겠구려."

그 말을 들은 이사관은 입고 있던 값비싼 양털가죽 두루마기를 얼른 벗어주었다.

"자, 어서 이것으로 덮어주시오."

"아이구, 이렇게 고마울 데가……."

"여기서 이러고 있다가는 정말 어린 것이 위험하오. 어서 인가를 찾아갑시다."

이사관의 재촉에 따라 가마는 다시 바삐 움직이기 시작했다.

이윽고 어느 마을에 도착한 일행은 산모와 아기를 구완하기 위해 어느 집의 방 하나를 빌렸다. 이사관은 집주인한테 돈을 두둑이 집어주어 산모의 방에 군불을 뜨겁게 지피도록 하고 미역국을 끓여 허기를 면하도록 해주었다.

가난한 선비는 눈물을 흘리며 이사관의 손을 잡았다.

"노형께서 도와주시지 않았다면 아내와 어린 것은 무사할 수 없었을 것이오. 이 큰 은혜를 무슨 수로 갚을지 모르겠구려."

"남의 곤경을 보고 그냥 지나치는 사람이 어디 있겠소. 아무쪼록 가시는 데까지 무사히 도착하도록 빌겠소이다."

"나중에 다시 만날 때를 생각해서 통성명이나 합시다. 나는 충청도

면천에 사는 생원 김한구라 하오."

"나는 한양 정동에 사는 이사관이외다."

이윽고 이사관은 김한구의 각별한 배웅을 받으며 그곳을 떠나 목적지로 향했다. 양털가죽 두루마기를 벗어준 바람에 추위를 견디기 힘들었으나, 선행을 한 마음은 뿌듯하기만 했다.

그러고 나서 이사관은 그 일을 잊어버렸지만, 동짓달 설한풍 속에서 뜻밖의 극진한 도움을 입어 아내와 갓난애의 목숨을 구한 김한구는 가슴에 사무치는 은혜를 사례하기 위하여 얼마 후에 문제의 털옷을 싸들고 일부러 한양으로 이사관을 찾아왔다. 그러나 이사관은 털옷을 받지 않았다. 그때는 사정이 워낙 급박하여 비록 실례되는 줄 알면서도 임시 방편으로 털옷을 벗어주었지만, 남의 부인의 몸에 닿았던 물건을 이제 와서 입을 수 없다는 이유였다.

그로부터 십수 년의 세월이 흘렀다.

김한구는 가난한 생활을 하다가 견디지 못해, 기왕이면 궁촌 김 생원보다 한양 김 생원이 낫지 않으랴 하는 막연한 기대를 품고 가족을 데리고 한양에 올라왔다. 그리하여 남산 밑에 거처를 정하고 친척이나 친구를 찾아 출입도 하고 자녀들을 가르치며 그럭저럭 살아갔다.

김한구가 주로 드나드는 곳은 그의 아저씨뻘이 될 뿐 아니라 당시의 세도 재상인 김흥경의 사랑방이었는데, 김흥경은 조카의 구차한 형편을 딱하게 생각하여 이따금 쌀가마니 정도 도와주고는 했다.

어느 날이었다.

마침 김흥경의 생일이어서 그의 집 큰사랑, 작은 사랑은 찾아온 축하객들로 이른 아침부터 북적거렸다. 대부분 높은 벼슬아치거나 신분이 쟁쟁한 사람들이었는데, 김한구도 한쪽 구석에 초라한 모습으로 끼여 앉아 있었다.

그 자리에는 관상을 아주 잘 보는 문객도 섞여 있었는데, 문득 주인 대감 김흥경이 그 문객을 보고 말했다.

"여보게, 음식이 들어올 때까지 여기 앉아 계신 대감들의 신수나 보아 드리게."

출출한 속을 달래며 잔칫상이 이제나 들어오나 저제나 들어오나 하고 지루하게 기다리던 참이었으므로, 다들 좋은 파적거리가 생겼다는 얼굴이었다.

그 문객이 한 사람 한 사람 얼굴을 쳐다보며 신수를 보아주었을 때, 김흥경이 웃으며 말했다.

"저기 윗목에 앉아 있는 김 생원은 내 조카뻘되는 사람인데, 언제쯤이나 사는 형편이 좀 나아질지 보아주게나."

그 말을 들은 문객은 김한구의 얼굴을 한참 쳐다보더니, 별안간 자리에서 일어나 그에게 공손히 절을 하며 말했다.

"생원님의 고생은 이제 끝났습니다. 오늘부터 좋은 일이 시작되어, 불과 10여 일 안으로 대단한 관운官運이 트일 것입니다."

그 말을 들은 방안의 사람들은 웃음을 터뜨렸다. 아무리 사람 팔자 알 수 없다지만, 하늘에서 기적이 떨어지지 않는 이상 가난의 때가 쪼르르 흐르는 보잘것없는 선비가 열흘 안에 높은 벼슬살이를 하게 된다는 말을 믿을 사람은 하나도 없었다.

더군다나 지금은 나라에서 과거를 보는 시기도 아니며, 설령 과거를 보아 급제를 한다 하더라도 미관말직에서 벼슬이 시작되는 것이지, 하루아침에 높은 지위를 부여받는 것은 제도적으로 어림없는 이야기였다.

사람들이 드러내놓고 조롱의 웃음을 터뜨리자 문객은 정색을 하고 말했다.

"지금은 웃으시지만 두고 보십시오. 여러 대감들께서도 생원님께 절을 올려야 하는 처지가 되실 겁니다."

그 말은 좀 지나친 감이 없지 않았다. 가벼운 농담 정도로 생각하던 대신들은 웃음을 거두었을 뿐 아니라 불쾌한 기색을 감추지 못했다.

주인 대감 김흥경이 다른 쪽으로 화제를 돌리고 때마침 잔칫상이 들어오는 바람에 겨우 분위기가 수습되었다.

술 몇 잔에 배불리 잔치 음식을 얻어먹고 김흥경의 집에서 나온 김한구는 관상보는 문객이 하던 말을 곰곰 생각해 보았다.

'열흘 후에 내가 고귀한 신분이 된다니, 과연 그것이 사실일까?'

그렇게 되면 얼마나 좋으랴만, 그 자신도 믿을 수가 없었다. 세상에 그런 황당한 이야기가 있을 수 있단 말인가. 그러나 밑져야 본전이었다. 정말이지 하늘이 도와서 높은 지위는 아니더라도 작은 벼슬자리 하나 떨어져 지금의 어려운 처지를 모면할 수 있게 되었으면 하고 간절히 소망했다.

그러나 그 문객의 예언은 허튼소리가 아니었다.

김한구가 집에 돌아와 보니 생각지도 않은 일이 기다리고 있었다. 금년 열여섯 살인 딸이 왕비 간택의 대상으로 뽑혀 대궐에 들어가게 되었다는 것이다.

그 딸은 지난날 눈이 쏟아지는 시골 길바닥에서 태어나 이사관의 도움으로 생명을 건진 바로 그 아이로서 아름다움과 총명이 출중하여 김한구는 그 딸을 좋은 가문에 시집 보내어 약간의 덕을 볼 수 있었으면 하는 기대감이 없지도 않았던 터였다.

느닷없이 왕비 간택 문제가 대두된 것은 그럴 만한 사정이 있었다.

영조는 늘그막에 중전인 정성왕후가 세상을 떠나는 바람에 홀아비가 되었다. 나이 이미 예순다섯 살이어서 당시의 수명으로는 대단한 늙은이 축에 들었지만, 왕가의 혈통으로는 드물게 건강을 타고나서 아직도 정정했다. 더군다나 나라의 법도상으로 국모의 자리는 잠시도 비워 둘 수 없었으므로, 영조는 대신들의 건의를 받아들여 새 장가를 들게 되었던 것이다.

아무리 늙어도 임금이 장가를 가는 이상 그 배필은 문벌 좋은 집안의 처녀가 아니면 안 되었다.

그런 기준으로 본다면 보잘것없는 가난뱅이 선비 김한구의 딸이 그 간택 대상에 들 여지가 있을 턱이 없지만, 그녀한테 행운의 기회가 찾아온 데에는 그만한 곡절이 있었다.

어느 날 아침, 영조는 편전에서 세수를 하다가 이상한 현상을 발견했다. 대야에 무지개의 한 끝이 내려와 닿는 바람에 깜짝 놀라 들여다보니, 물 속에 선녀처럼 예쁜 처녀의 얼굴이 잠깐 비치다가 마는 것이다. 얼른 고개를 들어보니 무지개의 한쪽 끝은 남산골에 내려져 있었다.

이상한 징조라고 생각한 영조는 내관더러 무지개의 발원처를 조사해 보라고 했다. 왕명을 받고 한달음에 남산골에 달려간 내관은 이윽고 김한구의 오막살이에서 그 무지개가 떠오르고 있을 뿐 아니라, 그 집에 묘령의 아가씨가 있다는 사실을 알아내었다. 그 보고를 받고 호기심이 발동한 영조는 이번 간택에 그 김 생원의 딸도 참가시키라고 특명을 내린 것이다.

마침내 간택일이 되자 이름난 집안의 규수들이 1백여 명이나 대궐에 모여들었고, 영조가 친히 나아가서 인물과 자질에 대한 시험을 주관했다.

영조는 우선 그녀들에게 꽃 중에서 제일 가는 꽃이 무엇이냐고 물었다. 그러자 모두들 모란이니 연꽃이니 장미니 국화니 하는 일반적인 꽃의 이름을 대었는데, 유독 김 처녀만은 목화가 제일이라고 대답했다.

"허! 왜 하필이면 목화인고?"

"목화는 아시다시피 솜꽃입니다. 나비와 벌을 부르는 향기도 없고, 사람의 사랑을 받을 만한 아름다움도 없으나, 어느 꽃보다 희고 순결합니다. 뿐만 아니라 그것으로 실을 잣아 베를 짜면 장거리에 내다 팔아 장사치들이 이문을 얻을 수 있고, 백성들은 그 베로 옷을 지어 입습니다. 그러니 한낱 향기나 아름다움밖에 지니지 못한 일반 꽃들과 어찌 비교가 되겠습니까."

그 깜찍한 대답을 들은 영조는 빙그레 웃으며 그녀의 사주단자를 들여다보았다.

'면천 태생인 김 선비의 여식이라. 제 어른은 김한구, 본관은 경주, 조상은 효종대왕 때 바른 소리 잘 하기로 유명하던 김홍욱이란 말이지 흠, 그만하면 문벌도 괜찮군.'

영조는 고개를 끄덕이고 나서, 규수들을 상대로 이번에는 다른 질문을 던졌다.

"과인이 앉아 있는 이 전각 처마의 서까래가 몇 개나 되는고?"

다른 처녀들은 고개를 쳐들어 서까래 수를 세느라고 여념이 없는데, 김 처녀만은 잠자코 땅바닥으로 시선을 떨어뜨리고만 있었다.

이상하게 생각한 영조는 김 처녀를 보고, 왜 세어보지 않느냐고 물었다. 그러자 김 처녀는 이미 알고 있다고 했고, 그 대답은 실제의 서까래 수와 어긋남이 없었다.

"세어보지도 않고 어떻게 아느냐?"

"존엄하신 상감마마 앞에서 어찌 감히 고개를 쳐들어 세어 보겠습니까. 그렇더라도 하문하심에 대답하지 않을 수 없겠기에, 부득이 처마 밑의 낙수 자리를 세어서 서까래 수를 헤아렸습니다."

"옳거니!"

영조는 무릎을 쳤다. 더 이상 알아보고 말고가 없었다. 김 처녀는 즉석에서 간택의 영예를 안아 별궁으로 모셔졌고, 다른 규수들한테는 귀가 허락이 떨어졌다.

그렇듯 딸 하나 잘 둔 덕에 남산골 가난뱅이 김 생원은 하루아침에 임금의 장인이 되었으니, 김흥경의 생일날 큰소리를 쳤던 관상쟁이 문객의 예언은 신통하게 들어맞은 격이 되고 말았다.

김한구는 정일품 보국승록대부 오흥부원군의 작위를 하사받아 신분이 하늘처럼 높아졌고, 금위대장의 병부까지 차게 되었으며, 아들과 아우까지 벼슬을 얻었다.

남산 오막살이에서 1백여 칸의 고래등 같은 기와집으로 옮겨 살게 되고, 죽으로 끼니를 때우는 것조차 쉽지 않다가 곡간에 쌀과 나무가 산더미처럼 쌓이는 호화판 생활로 바뀌었다.

그렇게 되자, 그전에는 거들떠보지도 않던 일가붙이며 친지들이 문이 미어지도록 모여들게 되니, 사람의 팔자는 참으로 알 수 없는 것이다.

그처럼 부귀와 공명을 한꺼번에 얻은 김한국과 정순왕후 김씨는 옛날의 은인 이사관을 잊지 않고 있었다. 그래서 은공에 보답할 방법을 모색했다.

늙은 임금의 마음을 함빡 사로잡은 김비는 이사관의 선행을 입이 닳도록 칭찬하면서 그에게 벼슬을 주도록 간청했다.

왕인들 사랑하는 여인을 살아나게 하여 지금 자기 옆에 있게 한 사람을 기특하게 생각하지 않을 까닭이 없었다.

"듣고보니 인정과 의리가 있는 사람이군그래, 이사관에게 무슨 벼슬을 주어야 중전의 마음이 흡족하겠는가?"

"정승을 시켜주십시오."

"허허, 정승은 임금이라고 해서 마음대로 임명하는 것이 아닌걸. 원로대신들의 추천이 있어야 하고, 임금은 결재만 하는 것이야."

"그러시다면 판서라도……."

"그래, 그 정도는 가능하겠지. 그럼 호조판서를 시켜 줄까?"

"황송하옵니다."

여기서 당시의 조정 형편을 살펴보면, 연로한 영조는 사실상 정치일선에 은퇴하고 그 대신 세자가 섭정으로서 국가 대소사를 처리하고 있었다. 그러다 보니 조정에는 임금의 후광을 입고 있는 늙은 대신들과, 하위직으로서 세자를 추종하는 야심만만한 신진 세력이 은근히 대립하는 양상이 나타났다.

거기에 김한구와 그의 아들 김구주 일파가 새로운 세력 집단 형성을 꿈꾸며 끼어들었는데, 그들의 입장으로는 세자의 존재가 큰 벽이 아닐 수 없었다. 보잘것없던 집안에 그 정도의 부귀영화가 떨어진 것만으로 만족했다면 아무 탈이 없었을 것이다. 그렇지만 사람의 마음이란 한결같지 않고 욕심 또한 한계가 있는 것이 아니어서, 더 큰 행복, 더 큰 권력을 추구하는 잘못을 저지르고 말았다.

특히 김구주의 음모와 간계는 뛰어나서, 중전이 된 누이를 부추겨 조선조 왕실의 최대 비극 가운데 하나인 사도세자의 참변을 일으키게 되었다. 아버지가 친아들을 뒤주 속에 가두어 굶겨 죽인 비극적인 사건은 아무리 늙은 왕이 젊은 아내의 아양에 놀아나 판단력과 분별력이 흐려졌다고 하더라도 이해하기 힘든 점이 있었다.

어쨌든 세자를 제거하는데 성공한 김구주는 왕위 계승권자인 세손한테도 악랄한 손길을 뻗치려고 했다. 그러기 위해서는 사도세자의 장인이며 세손의 외할아버지인 영의정 홍봉한, 그의 아우 좌의정 홍인한 형제를 제거하지 않으면 안 되었다. 그들이 세손의 후견인으로 버티고 있는 한 자기네의 앞날을 장담할 수 없었기 때문이다.

청주 출신의 어리석은 선비 한유가 당시 김구주의 집에 드나들었는데, 김구주는 그를 유생들의 대표격인 양 꾸며 상소를 올리게 했다.

세자 사건과 연관지어 홍씨 형제한테도 엄중히 죄를 물어야 한다 는 내용이었다.

그 바람에 홍봉한은 벼슬을 내놓고 집에 들어앉았으나, 홍인한은 임금의 신임이 워낙 두터운 덕에 좌의정 자리를 보전할 수 있었다.

그러던 중에 영조가 덜컥 병이 들었다.

임금이 늙고 쇠약하여 내일을 기약할 수 없게 되자 가장 불안해진 것은 물론 왕비 김씨지만, 그에 못지않게 두려움을 느낀 것은 김구주 일파였다.

임금이 세상을 떠나면 당연히 세손이 보위를 물려받게 될 것이니, 그렇게 되면 아버지인 사도세자의 일을 너무나 잘 알고 있는 신왕이 자기들을 가만히 두지 않을 것이 뻔했기 때문이다. 설령 신왕이 할아버지의 처사를 문제 삼는 것을 꺼려 입을 열지 않는다 하더라도 정치적 반대 세력들이 잠자코 있을 턱이 없었다.

그 대목에서 김구주는 다시 비상한 머리를 굴렸다. 임금으로 하여금 세자한테 했던 것처럼 세손에게 왕위를 물려주거나 최소한 대리섭정으로 실권을 넘겨 주도록 공작을 꾸몄던 것이다. 아버지의 일도 있고 하여 항상 불안한 구석이 없지 않은 세손에게 그런 식의 아부로 공을 세워 지난 잘못의 면죄부를 얻겠다는 생각이었다.

좌의정 홍인한 등은 그 논의에 대하여 맹렬히 반대했으나, 몸과 마음이 늙은 영조는 마침내 등극한 지 51년 만에 세손에게 왕위를 넘기고 뒤로 물러앉았다.

그렇게 되자 종전의 대신들은 모두 물러나고 영의정에 김상철, 좌의정에 김치인, 우의정에 이사관 등이 발탁되어 새로운 조정이 구성되면서 정조 시대가 열렸다. 이사관은 옛날에 겉옷 한 벌 선심 쓴 일로 엄청난 출세를 하게 된 것이다.

그런 살얼음판 같은 과정을 거쳐 왕위에 오른 정조는 처음에는 아직 살아 있는 할아버지를 의식하여 잠자코 있었으나, 얼마 후에 선대왕 영조가 세상을 떠나고 꺼릴 구석이 없어지자 마침내 아버지의 원한을 풀어주기 위해 칼을 빼 들었다.

결국 정순왕 대비의 친정 김씨 일문은 결국 비참한 몰락을 면하지 못하고 말았으니, 누구든지 자기 분수와 어느 정도에서 몸을 사려야 할지를 알지 못하면 뒤끝이 좋지 않은 법이다.

이종성의 지혜

"제기랄, 이번에 새로 내려오신 감사또 어른은 그 아귀 같은 김가 놈을 처치해 주시려나."

평양 성중의 백성들은 새 감사가 부임할 때마다 그렇게 수군거리며, 자기들의 기대가 채워지기를 기대했다.

그처럼 누구나 이를 가는 김 아무개란 인물은 감영의 이방으로 있는 자로서, 쥐꼬리만한 벼슬을 믿고 행패가 여간 심하지 않았다. 남의 재물을 착취하는 것은 다반사였고, 아름다운 여자를 보면 기생이건 여염집 여자건 가리지 않고 못된 짓을 자행했다.

그런데도 아무도 그 행패를 막지 못하는 것은 김가의 아들들 때문이었다. 그에게는 세 아들이 있었는데, 모두 힘이 장사일 뿐 아니라 성질이 흉포해서 당할 사람이 없었다. 그들한테는 군졸들도 벌벌 떨었고, 벼슬아치들조차 어떤 험한 꼴을 당할지 몰라 못 본 척 외면하는 것이 고작이었다.

신임 감사들 역시 부임 초기에는 민심의 향방을 알고서 김가를 처벌하려고 하지만 교묘하게 들어오는 뇌물에 우선 정신이 흐려졌고, 그 위에 김가네 3형제의 험상한 기세를 보고는 오금이 저려 흐지부지 처리해 버리고 말기 일쑤였다. 그러다 보면 어느덧 김가의 손아귀에 놀아나는 꼴이 되어 엉거주춤한 태도를 취하다가는 임기 만료와 더불어 떠나는 것이 고작이었다.

오랫동안 그와 같은 일이 반복되다 보니 김가는 날이 갈수록 기고만장해졌고, 그의 아들 3형제 또한 아버지의 세도를 이용해서 온갖 못된 짓을 다 하고 돌아다녔다. 사정이 그렇게 되니 그들 네 부자한테 피해를 입은 사람들도 함부로 발설을 하지 못하고 벙어리 냉가슴 앓듯이 속을 끓이는 형편이었다.

"저놈의 김가 족속을 처단하는 명 관찰사가 언제쯤 나타나시려나."

"그 날을 보고 죽으면 원이 없겠네."

사람들은 수군거리면서 이제나저제나 자기들의 소원을 풀어줄 인물이 나타나기를 고대하고 있었다.

그런데 김가 네 부자가 드디어 긴장할 수밖에 없는 시기가 닥쳐왔다. 새로운 평안감사로 이종성이 부임해 온 것이다. 이종성은 오성부원군 이항복의 후손으로서 기가 드센 데다 불의에는 참지 못하는 성미의 소유자였다.

이종성 역시 평양에 도착하자 관례대로 각종 사무를 확인하여 처리하고, 여러 경로로 들어오는 민원에 대하여 조사를 했다.

"아니, 이 김 아무개란 자에 대한 민원은 어째서 이렇게 오랫동안 쌓여 왔으며, 아직도 처리되지 않았느냐!"

이종성이 엄숙한 목소리로 물었으나, 아무도 선뜻 나서서 대답하는 자가 없었다.

그런 중에 당사자인 김 이방이 나서서 거만하고 비웃는 듯한 태도로 대답했다.

"감사또, 그것은 모두 소인을 시기하는 자들의 모략에 불과하며, 전임 사또들 역시 그 점을 잘 아셔서 무혐의 처리를 했던 것입니다."

"무슨 소리냐. 고변장을 보거나 내가 들은 바로는 네 죄가 명백한 것으로 되어 있다. 그런데도 감히 나를 기만할 작정이냐?"

"정말 소인에게 죄가 있다고 생각하신다면 벌을 주십시오."

어디 용기가 있으면 처벌해 보라는 식이었다.

이종성은 그 말을 듣자 수염이 떨리도록 노발대발하여 소리쳤다.

"저런 무엄한 놈! 네가 무얼 믿고 그따위 소리를 하는지 모르겠으나, 어디 매맛이 어떤지 견뎌 보아라. 무얼 하느냐! 어서 저놈을 묶어라!"

추상 같은 감사의 호령이 떨어졌으므로, 사령들은 나중에 김가한테 혼이 날망정 그를 결박하지 않을 수 없었다.

"네가 응당 국법에 큰 죄를 지었음에도 불구하고 전임 사또들께서 살려둔 것은 마음을 고쳐 바르게 살 기회를 부여하자는 뜻이었을 줄로 안다. 그런데도 개과천선하기는커녕 방자한 태도로 관장을 능멸해? 너 같은 놈은 도저히 살려둘 수 없으니 죽을 각오를 하라."

이종성은 좌우에 명하여 금방 형틀을 들이라고 명령했다.

일이 그 지경에 이르자 비로소 김가도 이것 잘못 걸렸구나 싶었다. 그렇지만 비슷한 경우를 전에도 여러 번 겪었을 뿐 아니라 세상 사람들이 다 두려워하는 세 아들이 있으므로, 마음을 가다듬고 말했다.

"사또의 말씀을 듣고보니 소인은 이제 목숨을 부지할 수 없을 것 같습니다. 죄를 지었으니 마땅히 죽음을 받을 것이나, 마지막으로 아들놈들을 보게 허락해 주시면 집안 뒷일을 부탁할까 합니다. 아무쪼록 선처해 주십시오."

"그거야 어렵겠느냐."

이종성이 선선히 허락하므로, 이윽고 문제의 3형제가 불려왔다. 김가는 짐짓 처량하게 눈물을 흘리며 아들들에게 말했다.

"첫째야, 만일 이 아비가 죽는다면 너는 저 원수를 어떻게 할 것이냐?"

"1년을 넘기지 않을 것입니다."

"둘째야, 너라면 어쩔 것이냐?"

"무슨 놈의 1년입니까, 석 달 안에 요절을 보겠습니다."

"셋째야, 너는 어떠냐?"

"소자는 오늘 밤 당장에 끝장을 보겠습니다."

3형제가 얼굴이 시뻘게져서 소리치는데, 그 기세가 하도 험악하여 그 자리에 있던 사람들 모두가 얼굴이 백지장처럼 변했다. 그러나 다만, 한 사람 감사 이종성만은 끄떡도 하지 않고 냉정하게 명령했다.

"그러면 죄인 김가를 형틀에 올리고 물고를 내어라!"

어느 명령인데 거역할 것인가. 사령들은 김가를 형틀에 엎어 묶은 다음 곤장을 사정없이 내려치기 시작했다. 김가가 워낙 인심을 잃고 있었기 때문에 막상 그 지경이 되자 매질에 사정이 들어갈 리가 없었고, 마침내 김가는 피투성이가 되어 절명하고 말았다.

이종성은 김가가 숨이 끊어진 것을 확인하고는 3형제한테 말했다.

"이제 너희 아비의 시신을 가져가 장사 지내도록 하여라."

그러고는 안으로 들어가버리니, 3형제는 눈물을 뿌리며 자기 아버지의 시신을 업고 돌아갔다.

그 소문은 삽시간에 온 평양성에 퍼졌다.

"아니, 그 김가놈이 죽기는 정말 죽었는가?"

"그렇다니까. 아들놈들이 이를 갈면서 제 아비의 시체를 옮기는 것을 이 눈으로 보았는걸."

"잘 되었구나, 잘 되었어. 이제야 묵은 체증이 가라앉는 것 같군."

"그러나저러나 감사또 어른이 큰일일세. 3형제가 가만히 있지 않을 것 아닌가."

"그러게 말일세."

아닌 게 아니라 사람들은 김가네 3형제가 감사한테 보복을 가할 일이 걱정이었다. 그들의 성질로 봐서 도저히 그냥 지나치지 않을 것이 분명했기 때문이다.

그렇지만 정작 이종성 자신은 눈썹 하나 까딱하지 않았다. 걱정하던 주위 사람들이 도리어 이상할 정도였다.

그날 밤, 김가 3형제는 칼을 품고 감영의 담을 뛰어넘어 선화당에 침입했다.

가만히 살피니 감사는 촛불 아래 조용히 책을 읽고 있었다.

"내가 들어가서 요절을 내고 나올 테니, 너희들은 여기서 망을 보고 있거라."

첫째가 그렇게 속삭이고는 살금살금 안으로 들어갔다.

그런데, 안에 들어간 첫째가 상당한 시간이 지났는 데도 불구하고 나오는 기척이 없었다.

"어떻게 된 일일까?"

"글쎄."

"안 되겠어. 이번에는 내가 들어갈 테니 너는 여기서 기다려."

둘째가 그렇게 말하고 안으로 들어갔다. 그러나 그 둘째마저도 나오지 않으므로 마지막으로 셋째가 들어갔다.

한편, 평안 감영의 구실아치들은 걱정이 태산 같았다. 김가네 3형제의 기세를 보건대 그날 밤중으로 감사가 해를 입을 것이 분명했다. 그렇지만 공연히 참견했다가는 그들 3형제한테 어떤 흉한 꼴을 당할지 모를 뿐 아니라, 당사자인 감사가 너무나 태연했으므로 이러지도 저러지도 못하고 그저 시간이 해결해 주리라 하는 심정으로 뿔뿔이 집으로 돌아가고 말았다.

이튿날 아침이 되자 구실아치들은 슬금슬금 선화당으로 모여들었다. 간밤에 십중팔구 변을 당했을 것이 틀림없는 감사의 시체를 치우기 위해서였다.

그런데 그들이 선화당에 가까이 다가갔을 때 안에서 점잖게 묻는 소리가 흘러나왔다.

"거기 누구 없느냐?"

그것은 틀림없는 감사의 목소리였다.

"아이구, 감사또 어른 무사하셨군요."

구실아치들이 너무나 반가워서 뛰어 들어가니, 이종성은 단정한 차림으로 책상 앞에 앉아 있었다.

"웬 소란들이냐? 저것들이나 치워라."

이종성은 아무렇지도 않은 듯이 말하며 턱짓으로 방 한쪽을 가리켰다.

그쪽을 돌아본 구실아치들은 깜짝 놀랐다. 김가네 3형제가 모조리 눈을 까뒤집힌 채 죽어 있었기 때문이다.

망연자실한 구실아치들은 감사의 꾸지람을 듣고서야 허둥지둥 세 구의 시체를 들고 나갔다.

그렇다면 글 읽은 선비에 불과한 이종성이 무슨 수로 그 흉악한 자들을 차례차례 처치했을까.

그것은 '정심정기법正心正氣法'이란 것으로서, 상대방의 불안하고 격앙된 심리 상태를 이용해 거기에 자극을 가하여 쇼크사하도록 만드는 비법이었다.

사건이 그렇게 처리되고 나자, 평양 사람들은 신관 감사는 신인이라고 두려워하는 한편, 입이 마르도록 칭송했다.

이종성은 영조 때에 영의정에까지 올랐는데, 사사로운 자리에서는 농담도 잘 하고 부드럽기 한량 없었으나 일단 공사에 임하여 시시비비를 가릴 때는 서릿발 같고 태산 같아서 다들 무서워했다.

조선왕조 야사 5

귀신과도 벗했던 오성

오성 이항복은 태어날 때부터 기이한 점이 많았다. 그는 임진왜란을 통해서 나라를 위해 온 힘을 다해 충성했을 뿐만 아니라, 많은 일화를 후세에 남긴 큰 인물이다.

여기서는 그에 대한 수많은 이야기들 중에서 그가 귀신과 친했다는(?) 이상한 이야기를 소개하고자 한다.

그는 원래 경주 사람으로서 나면서부터 사흘 동안이나 울지 않았다는 이야기로 유명하다. 일반적으로 아생초곡兒生初哭이라 하여 우는 것을 원칙으로 하는데, 이 아이는 낳은 뒤 사흘 동안이나 울지 않았다는 것이다.

"별일이 다 있군!"

"글쎄 말이오."

"이런 변고가 어디에 있단 말이오?"

"죽지나 않을까요?"

"통 울지를 않는다니 어떻게 된 일일까?"

"야단났소."

그 당시 그 집에 노상 드나드는 박견이라는 점쟁이가 있었다. 집안에서는 하도 이상하여 그 자를 불러다 점을 쳐보게 했다.

박견은 한참 동안 산통을 흔들더니 느닷없이 그 어린아이 앞에 넙죽 엎드렸다.

"왜 그러는가?"

하고 물었더니 그가 말했다.

"이 아기가 자라서 너무나도 큰 인물이 되겠기에 절을 했습니다. 나라를 위하는 구국의 충신이며, 만인을 구제하는 큰 인물이 될 것입니다."

"정말인가?"

"제가 언제 틀린 말을 한 적이 있사옵니까?"

"과연 그렇게 될까?"

"그렇습니다. 일인지하一人之下 만인지상萬人之上이 될 분입니다."

과연 점쟁이가 말했던 것처럼 아이는 성장하면서 백옥과도 같은 얼굴을 갖게 되었으며, 영신한 지혜가 중인을 압도하였다.

오성이 서너 살 되었을 때였다. 그를 데리고 우물가 부근에서 놀던 유모가 노곤해서 그만 깜박 졸고 말았다. 그때 어린 오성은 우물가로 기어가 우물 안을 내려다보고 있었다. 그래도 유모는 비몽사몽간에 헤매고 있었는데 머리카락이 하얀 노인 한 사람이 하늘에서 내려와 유모의 머리를 작대기로 때리면서,

"무엇을 하고 있는 거냐? 어린애를 돌보지 않고?"

하고 소리치고는 꺼지는 불꽃처럼 사라졌다. 유모는 갑자기 머리가 아파져서 눈을 번쩍 떴다. 그리고 아이를 찾았더니 우물 안으로 머리를 숙이며 아래를 내려다보고 있지 않은가.

실로 위기일발의 순간이었다.

"어머나!"

유모는 바람처럼 달려가 아이의 몸을 뒤에서 안으며 속으로 감탄했다.

"아, 꿈이 두 목숨을 살렸구나!"

만일 오성이 우물에 빠져 죽었다면 자기가 무슨 면목으로 살아있을 것인가 싶어서였다.

"신기한 일도 다 있네."

그녀가 자기의 방으로 돌아와서 머리를 만져보니 막대기로 맞은 곳이 밤알만큼이나 부어 있었다.

그로부터 며칠 후 오성의 집에 제사가 있었다. 그래서 영정을 사당에서 꺼내 오는데 유모가 깜짝 놀라며 말했다.

"아, 저 할아버지!"

"왜 그러나?"

"그날 내 머리를 때려 잠에서 깨어나게 한 할아버지예요."

"그래?"

집안 사람들은 더욱 신기한 생각을 하게 되었다. 그는 그 집안의 팔대 조상인 이익제였기 때문이다. 삼백 년 후에까지 나타나 자기의 자손을 보호한 이익제는 고려 충선왕 때의 인물이었다.

오성은 이십 안팎에 등과했으며, 처음에는 임금을 측근에서 모시는 승지가 되었다. 그때는 역옥逆獄이 끊임없이 일어나고 세상은 흐릴 대로 흐려진 시대였다. 그러나 이항복은 꼿꼿한 신하였다. 모든 것을 곧은 눈으로 바라보며 처리했는데, 흐려진 세상이었기에 계속해서 그렇게 하는 것은 힘든 일이었다. 하도 역적을 조작하는 폐단이 많았으므로 그가 한탄하면서 내뱉었다는 유명한 말이 있다.

"내 어려서 송피를 찧어 떡을 만드는 것을 보았는데, 요즘은 사람을 찧어 역적을 만드는 것을 본다."

바로 그때 자산이라는 곳에서 사는 이춘복李春福이라는 위인이 역옥에 연루되어 금부에 갇히게 되었다. 그것은 터무니없는 무고로 인해 벌어진 결과였다. 처음에는 금오랑金吾郎들이 이원복李元福을 잡으러 갔는데, 그곳에 이원복은 없고 마침 이춘복이 있었다. 돈과 뇌물에 눈이 어두운 조정관들은 금오랑들에게 명령했다.

"이놈들아, 이원복이면 어떻고, 춘복이면 어떠냐? 둘이 다 비슷비슷한 놈들이 아니냐?"

그리하여 이름이 이원복과 비슷한 이춘복이 억울하게 붙잡혀 국청에 끌려 나오게 된 것이었다. 이춘복은 당연히 그 같은 억울함을 호소하였다.

"한평생 동안 땅만 파먹은 무지한 백성이올시다. 그런 놈이 무슨 역적질을 했다는 겁니까?"

"허어, 천벌을 받을 놈 같으니! 어서 이실직고하렷다."

"땅 파먹은 죄밖에 아무런 죄도 없다니까요."

"저놈을 매우 쳐라."

역적으로 몰려 국청에 와서 한 번 매를 맞게 되면 얘기는 다 끝나는 것이다. 그것은 죄인을 다루는 매가 무섭기 때문이다. 여러 조정관들의 의논 결과는 이미 이춘복을 죽이기로 결정이 되어 있었다. 그래야 그를 살리기 위한 뇌물이 들어오는 것을 알고 있었기 때문이다.

"그놈은 역적이니 곧 능지를 해야 되겠다."

그때 이항복은 선량한 농부 하나가 죄없이 희생되는 것을 보고 국청 아래로 뛰어 내려갔다. 이항복은 그 춘복을 다루는 추관들 중의 한 사람이었다.

"이원복이 역적질을 했는데, 이춘복을 잡아왔으니 그것은 이름이 비슷한 데서 일어난 잘못일 거요. 내 이름도 이항복이니 이원복과 비슷하잖소. 이춘복을 죽이려거든 나를 먼저 죽이고 그 다음에 죽이시오."

함께 일하던 동관들은 너무도 밝음을 좋아하고 의를 위하는 그의 기력에 눌려 이춘복을 석방하지 않을 수 없었다고 한다.

오성 이항복은 한음 이덕형과 더불어 사심없이 국시를 돌본 사람이었다. 만일 이 두 사람이 임진왜란 때 없었다면 이 나라의 운명은 달라졌을지도 모른다.

어느 날 이항복이 이덕형을 찾아갔다. 두 사람은 어릴 때부터 친구였기에 커서 귀하게 된 후에도 서로 농을 주고받기를 좋아했다. 그러나 그날만은 달랐다.

"여보게 한음, 이 나라가 아무래도 큰일 났네."

"새삼스럽게 왜 그러나?"

"자네도 보다시피 소인과 간신배들이 그들먹하지 않은가?"

"별일 없을 거야."

"이 사람 보게."

"괜찮다니까."

"어째서?"

"굳이 알고 싶은가?"

"그래."

"자네와 내가 입조入朝해 있는 한은 아무런 일도 없을 거야."

"나는 또 무슨 소리라고……."

바로 그때 두 사람을 놀라게 만드는 이상한 일이 일어났다. 백악산에서 생긴 이상한 서기가 두 사람이 이야기하고 있는 창가에까지 비쳐왔기 때문이다.

"저게 뭐지? 희한한 빛이로군!"

"글쎄 말이야."

"상서로운 조짐 같으이."

"그랬으면 오죽이나 좋겠나?"

"자네는 왜 늘 근심만 하는가?"

"나라의 일을 생각하면 우울해."

"아무리 그렇다고 해도 밤낮……."

그로부터 며칠이 지났다. 오성이 마침 집에서 두어 명의 친구와 함께 사랑에 앉아 술을 마시며 당시 긴박하게 변해 가는 일본과의 사태를 걱정하고 있는데, 하인이 들어와 말했다.

"지금 삼각산에 산다는 '신억두'라는 사람이 찾아와 영감님을 뵙겠다고 합니다. 하오나 소인의 눈에는 아무것도 보이지 않고 오직 말소리만 들리옵니다. 어떻게 할까요?"

오성은 입으로 "신억두, 신억두…… 삼각산, 삼각산……"하고 연거푸 중얼거리더니,

"알 수 없는 사람이다. 혹시 귀신인지 모르나 그렇다고 모처럼 멀리서 찾아온 사람을 어찌 안 보겠느냐. 들어오시게 하고 안에 가서 술 한 상을 더 차려 내보내게 하여라."

하고 분부하였다.

그러자 어느 틈에 누가 들어왔는지 다른 사람에게는 아무것도 보이지 않았다. 다만, 백사 한 사람만이 미친 사람처럼

"신억두라고 하기에 누구인지 몰랐는데 '두억신'이라는 말이었군요. 두억신이 어찌 일부러 나를 찾아오셨소? 우선 큰 잔에 술을 따라 자시고 이야기를 하시지요."

하면서 술을 권하고는 무슨 이야기인지 한동안 주고받았다.

손님들은 모두 눈이 휘둥그레져서 각자 물러가려고 했다. 하지만 오성은 손을 들어서 그들을 제지하고 땅이 꺼지게 한숨을 쉬며,

"의주義州로 모시고 가야 살아나신다고? 으음, 이 액운을 어떻게 해야 하느냐? 으음……."

하고 여러 번 탄식했다. 그리고는

"그럼 돌아가시겠소? 멀리 나가지는 못하지만 감사하고 고맙소. 부디 편안히……"

하고 말하며 일어섰다. 마루 끝까지 나갔던 오성이 돌아와 앉으며 앉아있는 친구들에게 말했다.

"자네들은 보지 못했겠지만, 그 자는 분명히 삼각산에서 내려온 두억신야차夜叉일세. 그가 하는 말이 내월에 이 나라에 큰 난리가 일어나 백성들의 3분의 2가 죽을 것인데 세상 사람들은 아무것도 모르고 등등곡登登曲만 부르면서 산으로 바다로 들로 강변으로 쏘다니며 밤낮 술과 장구와 춤, 노래로 세월을 보내고 있다. 그리고 율곡이 세상을 버리신 후로는 양병養兵과 적곡積穀론은 자취를 감추었을 뿐만 아니라 당쟁과 당화가 심해져 죽이고 귀양 보내기만 일삼으니 참으로 한심하다고 걱정하면서 주상께서 의주로 몽진하셔서 구원병을 청해 종묘와 사직을 보전하실 것이며, 우리나라의 수군과 육군에서도 중신이 나와 나라를 구원하겠으나 오랜 동안 큰 고생을 할 것이라고 하네. 우리가 보기에도 세상은 말세가 되어 위태해질 것은 당연하나 사람들이 다는 죽지

않는다니 불행 중 다행일세. 그 자가 공연히 사람을 놀라게 하겠는가? 필연코 대란이 미구에 닥쳐올 것이니 의병을 일으킬 준비라도 해야겠네. 난 이미 우리 주상 옆에서 죽을 각오를 했으니 자네들도 정신 차리게."

그리고는 최후의 결별이나 하듯이 침울한 가운데 주석을 파했다. 이어서 그날 있었던 일은 절대로 입밖에 내지 않기로 약속을 하고 헤어졌다.

이것은 절대로 거짓말이 아니고 백사 행적에 기록되어 있는 실화이다. 야차 귀신이 어찌 한 나라의 흥망을 예언하랴만, 세상 사람들이 모두 당쟁에 눈이 뒤집히고 놀이에만 열중하고 있으니, 인자하신 하늘이 최후의 경고 삼아 보내신 말씀이었을 것이다.

그 후 어느 날 오성이 한음의 집을 찾았을 때였다.

"어서 오게. 오랜만일세."

"그래."

"그나저나 마침 잘 왔네. 자네, 내 청을 하나 들어주려나?"

하고 한음이 불쑥 말했다.

"무슨 청인가?"

"다름이 아니라, 우리 집 근처에 계집이 하나 있는데, 자꾸만 자네 이야기를 한다네."

"예끼, 이 사람아!"

"그러지 말고……."

"영의정의 소임이 많기도 하다."

"그게 무슨 소린가?"

"이웃집 계집의 심부름까지 하니 말이야."

"하여간 사사로운 이유 때문이 아닌 것 같으니 한 번만 만나 주겠나?"

친구의 청을 무시할 수 없었기에 비가 내리는 여름날이었는데도 불구하고 오성은 한음의 집에서 그 여자를 만나기로 했다.

오성이 한음과 한담을 나누고 있으려니까, 이윽고 영리하게 생긴 여인 하나가 찾아왔다. 오성은,

"무슨 얘긴지 들어와서 하거라."

하고 말하며 그 계집을 방안으로 불러들였다. 그 여인은 잠시 주저하다가 입을 열었다.

"실은 저는 무녀巫女이옵니다. 소녀에게 딸려 있는 귀신 하나가 평소에 늘 대감을 뵙고 싶다고 했지만, 그 말을 전할 길이 없던 중에 이 댁 대감을 통해 말씀드릴 기회를 얻게 되었습니다."

"그러면 그 귀신과 함께 왔으면 좋지 않았겠느냐?"

"그렇게 할 수가 없었사옵니다."

"왜?"

"귀신은 낮에는 나타나지 못하옵니다."

"맞아. 그렇겠구나."

"오늘 밤에 소녀가 모시고 다시 오겠습니다."

"그렇게 해라."

밤이 되었다. 오성은 그날 한음의 집에서 묵기로 했다. 고요한 밤이었다. 어느덧 비도 그치고 밤이 이슥해졌는데, 밖에서 문득 기침 소리가 들리더니 여인의 목소리가 들려왔다.

"귀신이 와 있습니다."

오성이 밖을 내다보니, 한 미소년이 마당에 서 있는데, 얼굴이 곱기가 선풍도골仙風道骨, 뛰어나게 고아한 풍채이었다. 이목이 청수할 뿐만 아니라 남포

홍대에 검은 신을 신은 것이 귀골이 분명했다. 오성은 얼른 관복으로 갈아입고 그를 맞이하였다. 그리고,

"유명幽明, 어둠과 밝음의 길이 판이한데, 무슨 연유로 이 몸을 만나러 일부러 오셨소?"

하고 말하면서 정중히 대했다.

"나는 다른 사람이 아닌 죽은 왕자 복성군福成君이오. 내가 억울하게 죽었기에 상공에게 원정하러 왔습니다."

오성은 너무도 놀라워서 잠시 말이 나오지 않았다. 복성군은 중종의 왕자다. 그는 정실 왕후의 소생이 아니고 경빈 박씨의 소생이었다. 왕의 총애를 받았기에 그녀는 다른 비빈들의 시기와 증오의 대상이 되었다. 그리하여 음해를 받던 끝에 결국 죽음을 당하고 말았던 것이다.

그 후 경빈도 폐출되어 서인이 되었으나 나중에 후회하고 다시 그 원통함을 풀어주었던 것이다. 오성은 이 가련한 복성군을 여간 동정하고 있지 않았던 것이다.

"그래, 무슨 소청이 계시기에 오셨습니까?"

"이 몸이 그때 억울하게 죽었기에, 요즘의 공의公議가 어떤지 한번 만나 말씀을 듣고자 하였으나, 세상 사람들의 신백神魄이 나약하여 나에게 접근할 수 없었기에 늘 걱정만 하다가 이제야 상공을 뵙게 되었소."

"잘 하셨소이다."

"상공이면 능히 상통할 수 있을 것 같아서……"

"잘 오셨습니다. 왕자님의 일은 벌써 신원설치伸冤雪恥, 원통함을 풀고 부끄러움을 씻어냄)되신 지가 오래 되었사옵니다."

"그것은 제사 때 알기는 했소만……"

"아무런 염려도 하지 마시옵소서. 왕자님에 대해서는 세상 사람들이

다 무한히 슬퍼하고 있사옵니다."

"내 무죄를 세상 사람들이 다 알고 있다는 말씀이오?"

"네. 그러하옵니다."

"그렇다면……."

"이젠 더 이상 지난 일을 못 잊어 뒤돌아보거나 생각하지 마시옵소서."

"아아, 진정으로 세상 사람들이 나의 일을 생각해 준다니 반갑고 고맙기 한량없소이다."

왕자는 눈물을 흘리고는 무당으로 하여금 몇 개의 과일을 가져오게 하더니 그것을 내밀었다.

"내 정성이니 받으시오."

"별 것을 다……"

하면서 사양했으나 자꾸만 권했기에 오성은 마지못해 그것을 받아 먹었다. 그랬더니 귀신은 아주 시원하다는 듯이 얼굴에 미소를 띄우고 돌아갔다.

다음날 한음이 물었다.

"지난밤에 누가 왔었나?"

"음, 복성군이 왔다가 가셨어."

"신기하군."

"그래!"

그는 그 이상의 자세한 이야기는 하지 않았다. 그것은 그가 귀신과 접하는 사람이라는 것을 남에게 알리기 싫었기 때문이라고 생각된다.

북벌장군 이완의 통한

봉림대군은 인조의 둘째 아들로서, 1636년 병자호란이 일어났을 때 형인 소현세자와 함께 청나라에 볼모로 잡혀갔다가 돌아와 세자가 병사하는 바람에 그 지위를 물려받았다.

그러다가 1649년 기축년 5월에 부왕이 세상을 떠나자 뒤를 이어 보위에 오르니, 그가 곧 17대 효종이다.

효종은 지난날 온 나라를 쑥대밭으로 만들고 부왕에게 죄인처럼 땅바닥에 꿇어앉히는 치욕을 안겨주었을 뿐 아니라 자기 역시 볼모로 끌고가서 고생시킨 청나라에 대하여 복수심을 불태웠는데, 그 북벌 계획 수립 및 추진에서 왕의 오른팔로 동분서주한 사람이 훈련대장 이완이었다.

이완은 인조 때 경기도 여주에서 태어났으며, 어려서부터 기운이 장사였다. 추운 겨울에도 벌거벗고 뛰어다녔고, 여덟 살의 어린 나이에 어른을 능가할 정도의 힘겨루기로 사람들을 놀라게 했다.

아버지 이수일은 아들의 그런 괴력을 좋아하기는커녕 오히려 걱정이 태산 같았다. 상민의 집안 자식이 힘깨나 쓴다면 막벌이로라도 입에 풀칠하기에 걱정이 없을 것이므로 나쁘지 않다 하겠지만, 양반의 집안에서는 그것이 아니었다.

문존무비文尊武卑의 그릇된 풍조는 임진왜란 같은 뜨거운 꼴을 당하면서도 바뀌지 않았고, 오히려 선비의 집안에 장사가 나는 것은 장차 나라에 화근이 될 가능성이 있다 하여 경계의 대상으로 삼았던 것이다.

이수일은 아들의 장래를 걱정한 나머지 속리산에 은거하는 도사한테 양육을 맡겼다. 첫째로 아들이 장사라는 사실을 가능한 한 세상에 숨기고 싶었고, 둘째로는 아들의 그 넘쳐나는 괴력을 잘 선도하여 장차 큰 사람을 만들었으면 하는 희망 때문이었다.

이완은 수년 동안 속리산 도사 밑에서 손오병법과 무술을 열심히 익혔다. 그리하여 열다섯 살 나던 해, 집에 돌아왔을 때는 범상 하지 않은 헌헌장부가 되어 있었다.

이수일은 아들 장래를 여전히 걱정하는 마음에서 집안에 붙들어 놓고 글을 읽게 했는데, 기상이 하늘을 찌를 듯한 데다 오랫동안 산 생활에서 자유분방하게 뛰어다닌 이완으로서는 감금당한 듯한 생활이 갑갑해서 견딜 수가 없었다. 그래서 아버지의 눈을 적당히 속여가며 밖에 나가 사냥을 하거나 산과 들을 야생 짐승처럼 뛰어다녀 넘치는 기운을 발산하곤 했다.

그러던 어느 해 봄날, 이완은 활을 들고 몰래 집을 나섰다. 사냥을 하겠다는 목적보다는 신록의 산야를 마음껏 달리고 싶은 욕구가 더 컸으므로, 짐승을 만나도 활을 쏘지 않고 큰소리를 질러 놀라게 한 다음 달아나는 뒤를 쫓아 뜀박질을 하곤 했다. 그러다가 마침 큰 사슴 한 마리를 만나 활도 팽개치고 경주를 하게 되었는데, 사슴이 워낙 기운이

센 놈이어서 쫓고 쫓기는 뜀박질이 몇 시간이나 계속되었다. 사슴도 어지간히 지쳤지만, 이완 역시 땀에 후줄근하게 젖어 더 이상 쫓아갈 수 없게 되었다.

마침내 사슴을 잃어버린 이완은 이제 집에 돌아가야겠다고 생각했는데, 정신없이 달리다 보니 너무 깊은 산 속에 들어와서 방향을 알 수 없게 되었다. 날은 어둑어둑해 오고 배는 고프고 하여 야단났다고 생각하는데, 별안간 방울 소리가 들려왔다. 돌아보니 나귀를 탄 젊은 여인이 여종을 대동하고 이쪽으로 오고 있었다.

그런데 그 여인이 눈이 번쩍 뜨일 만큼 미인이었다. 이완이 넋을 잃고 쳐다보는 가운데, 여인 일행은 그의 앞을 지나갔다. 여인이 저만치 멀어졌을 때에야 정신을 차린 이완은 얼른 필낭과 종이를 꺼내 시 한 수를 적었다.

혼은 그대를 따라가고
빈 몸만 산에 기대어 섰네

이완은 빠른 걸음으로 뒤따라가서 그 시를 여종한테 주었다. 여종으로부터 시를 전달받은 여인은 매혹적인 눈으로 이완을 힐끔 돌아본 다음, 자기도 재빨리 필낭과 종이를 꺼내어 나귀를 탄 채 몇 자 끄적거려 여종한테 내밀었다. 여종이 달려와서 전달하는 종이를 펴본 이완은 가슴이 두근거렸다.

나귀가 절룩거리기에 내가 무거운 줄 여겼더니
사람의 혼 하나가 더 타서 그랬군요

말할 나위 없는 사랑의 응대에 대한 은근한 화답인 것이다. 이완은 약간의 거리를 두고 무작정 여인의 뒤를 따라갔다. 어디가 어디인지도 모를 깊은 산 속에서 달리 뾰족한 수가 있는 것도 아니었다. 한참 그렇게 가다보니 예닐곱 채의 가옥이 옹기종기 모인 작은 부락이 나타났는데, 어찌 된 셈인지 사람의 그림자는 하나도 보이지 않았다.

여인은 그중에서 가장 큰 집으로 들어갔고, 이완 역시 무작정 그녀를 따라 들어갔다. 방안으로 안내된 이완이 둘러보니 놀랍게도 갖가지 진귀한 물건들이 가득 쌓여 있었다.

'필경 도둑떼의 소굴이로구나. 그렇다면 저 여인의 신분은 무엇이란 말인가?'

이완은 몹시 궁금하기도 하고 자기 처지가 걱정되기도 했으나, 이내 마음을 홀가분하게 비웠다. 궁금해 하고 걱정해 봐야 소용이 없었기 때문이다. 이윽고 이완은 주안상을 사이에 두고 여인과 마주 앉았는데, 가까이서 보니 그 모습이 너무나 아름다워 자기도 모르게 손을 잡았다. 여인은 웃으면서 살며시 손을 빼냈다.

"이러시면 안 됩니다. 보아하니 매우 시장한 듯해서 음식 대접을 할 뿐이니, 잡수시고 어서 떠나세요."

"이 깊은 산 속에, 더구나 밤이 깊어 가는데 어디로 가란 말씀이오?"

"그래도 가셔야 합니다. 여기는 산적들의 소굴이기 때문에, 그들이 돌아오면 큰 봉변을 당하실 거예요."

"흥! 사나이가 이런 깊은 산 속에서 당신 같은 미인을 만났으면서 그냥 쫓겨나는 것보다 더한 봉변이 있겠소?"

"그러다가 죽게 되면 어쩌시려구요?"

"인명은 재천이라고 했소."

이완은 막무가내로 여인을 끌어당겼고, 마침내 그녀도 할 수 없다는 듯이 몸을 내맡겼다. 사랑을 나눈 두 사람이 깊은 잠에 빠졌을 때였다. 별안간 바깥이 왁자지껄해졌다.

여인이 깜짝 놀라 화닥닥 일어나 옷을 주워 입었다.

"이를 어쩌나! 그들이 왔나 봅니다."

"왔으면 왔지, 이미 엎질러진 물을 어떻게 하겠소."

"어서 벽장 속에 숨으세요."

"사내 대장부가 어찌 좀스럽게 벽장 안에 들어간단 말이오."

그러고 있는데 방문이 쾅 열리며 키가 아홉 자는 될 것 같은 우락부락한 사내가 들어왔다. 산적 두목이었다. 두목은 아랫목에 떡 버티고 앉은 이완과 한쪽에서 와들와들 떨고 있는 여인을 번갈아 보고는 사정을 알아차린 모양이었다. 그는 험상궂은 눈으로 이완을 노려보며 소리질렀다.

"너는 웬놈이냐!"

"나그네요."

"나그네란 놈이 남의 안방에는 왜 들어와 있으며, 의관은 왜 끌렀단 말이냐. 여봐라!"

두목이 큰소리로 부하들을 부르자, 산적 10여 명이 우르르 달려왔다.

"저 연놈을 들보에 매달고 어서 술상을 보아 오너라. 우선 요기부터 하고 저것들을 처치하리라."

이윽고 이완과 여인은 결박되어 들보에 대롱대롱 매달렸는데, 산적들은 그 아래에 멧돼지 구이에다 술통을 벌여 놓고 걸쌍스럽게 먹고 마시기 시작했다. 그 광경을 내려다보던 이완은 입맛이 저절로 다셔졌다. 그래서 벽력 같은 소리를 질렀다.

"이놈들! 너희가 아무리 무지막지한 도적놈들이기로서니, 손님을 옆에 두고 자기네 입에만 처넣을 수 있느냐."

그 소리에 놀란 두목이 이완을 힐끔 쳐다보았다.

"너도 먹을 테냐?"

"술이란 음식은 지나가는 거지한테도 맛을 보여주는 법이다."

"그럼 어디 마셔 보아라."

두목은 커다란 바가지로 술을 가득 떠서 이완의 입에 갖다 댔다. 이완은 매달린 채로 그 술을 단숨에 들이켰다.

"흥, 제법이군. 안주도 먹겠느냐?"

"먹고말고."

두목은 시퍼런 칼을 뽑아 고기 한 점을 칼끝으로 찍어 이완의 입에다 대주었다. 칼끝을 조금만 움직이면 입이 찢어지거나 목구멍이 꿰뚫릴 판이였다. 그런데도 이완은 안색 하나 변하지 않고 그 고기를 넙죽 받아 우적우적 씹어먹었다. 그 태도를 지켜본 두목이 별안간 부하들을 보고 이완을 풀어주라고 명령했다. 그러고는 술자리로 청하여 다시 잔을 권하며 정중하게 말했다.

"보아하니 보통 분이 아닌 것 같소. 무례를 용서해 주시오."

"남아 대장부끼리의 만남에 그 예의가 필요하겠소."

"나는 유광풍이라고 하오. 어디 사시는 누구시오?"

"여주 사는 이완이오. 보아하니 범상하지 않은 인물 같은데, 어쩌다 녹림당綠林黨이 되었소?"

"부끄럽소이다. 그렇지만 출신이 천한 탓으로 벼슬길에 나설 수도 없고, 가진 것도 없어 호구지책이 막막하니 어쩌겠소."

"그래도 이런 생활은 대장부로서 할 짓이 아니지요."

"누구는 좋아서 이러는 줄 아시오? 상놈은 사람 축에도 끼여 주지 않으니, 우리 같은 놈이 도적질밖에 할 짓이 있나요."

"만일 나라에서 좋은 일로 부르면 산에서 내려오시겠소?"

"내려가다마다요. 작은 재주나마 나라에서 써주기만 한다면 분골쇄신 봉사하지요."

마음이 통한 두 사람은 밤새도록 화기애애하게 술을 마셨다.

이튿날, 이완은 두목의 배웅 속에 산을 내려오면서 재주보다 양반상놈을 더 따지는 제도의 불합리를 곰곰이 생각해 보았다. 기품이 녹록하지 않은 유광풍이란 인물을 가슴에 새기며, 언젠가는 만날 기회가 있으리라는 기대를 품었다.

그로부터 2년 후에 이완은 무과에 급제하여 벼슬길에 올라 군부의 재목으로 차츰 두각을 나타내었다. 그러는 동안에 병자호란이 일어났고, 인조가 세상을 떠났으며 효종이 보위에 올랐다. 치욕의 병자호란 때 왕자의 신분이면서도 볼모로 잡혀가서 갖은 고생을 겪은 경험이 있는 효종은 가슴 속에 청나라에 대한 철천지 원한을 품고 있었다.

'내 언젠가는 너희 오랑캐놈들을 쳐서 지난날의 수모를 갚으리라.'

그러나 그 원한을 섣불리 드러내어 일을 도모하기에는 국력이 너무 빈약했으므로, 대학자 송시열로 하여금 정치를 보좌하게 하면서 대동법 시행과 농산업 장려로 우선 힘을 비축하는 데 힘썼다. 그러기를 5년, 이제는 어느 정도 국고가 충실해지고 백성들의 살림살이도 여유가 생기자, 비로소 북벌에 대비한 군비를 마련하고 병력을 키우는 데 치중하기 시작했다.

어느 날 밤, 효종은 침전에서 갑자기 별감을 불러 은밀한 지시를 내렸다. 잠시 후, 10여 명의 대전별감이 말을 달려 대궐을 빠져나가 각자 뿔뿔이 흩어졌다. 그들이 달려간 곳은 각 무신들의 집이었다.

"지금 즉시 입궐하시라는 상감마마의 어명이오!"

대전별감이 소리치니, 곤히 자고 있던 무신들은 깜짝 놀라 황급히 옷을 주워 입고 말을 타거나 가미를 타고 한달음에 대궐로 향했다.

그런데 대궐 문을 들어서자마자 사방에서 화살이 빗발치듯 날아왔다. 그 불의의 공격에는 아무리 무예가 몸에 밴 사람들이라 할지라도 속수무책이어서 모조리 땅바닥에 나뒹굴어지고 말았다. 다행히도 화살에 촉이 박혀 있지 않기에 망정이지, 그렇지 않았다면 치명상을 입었을 것이 틀림없었다. 그러나 그중에서도 단 한 사람만은 불사신처럼 끄떡없이 날아오는 화살을 헤치며 정전 앞으로 당당하게 나아가는 인물이 있었다.

용상에 앉아 그 광경을 가만히 내다보던 효종은 내관에게 그가 누구인지 알아보게 했다. 내관의 물음이 끝나자마자 전각이 울리도록 우렁찬 대답이 돌아왔다.

"신 삼도 도통사 이완 대령하였습니다."

"오오!"

효종은 감탄하여 마지않았다.

"전하, 야반에 급히 부르심은 무슨 까닭입니까?"

"급히 의논할 일이 있어서 불렀노라. 그런데 도통사는 어떻게 해서 똑같이 화살을 맞고도 혼자 무사한가?"

"야반에 급히 부르시니 아무래도 심상치 않은 듯하여 무장을 하고 왔습니다."

그러면서 옷자락을 들쳐 보이는데, 겉에는 보통 예복을 걸쳤으나 속에는 갑옷을 껴입고 있었다. 급한 중에도 그처럼 주도 면밀하게 대비한 모양을 보고, 효종은 대단히 만족했다. 친히 이완을 내전으로 불러들여 준비한 술을 권하며 깊은 이야기를 나누었다.

"짐이 보위에 오른 후, 지난날 오랑캐한테 당한 나라의 치욕을 씻고자 대임을 맡길 장신將臣을 눈여겨 보았더니, 역시 눈에 띄는 사람은 통제사 한 사람뿐입디다. 아까처럼 갑작스런 경우에도 침착하게 몸단속을 하는 것을 잊지 않은 것을 보니, 짐의 안목이 그릇되지 않았음이 확실해졌소. 이제 경에게 큰 임무를 맡길 터이니, 부디 노력하여 병자년의 치욕을 씻도록 해주시오."

"성은이 망극합니다. 신이 뼈와 살을 가루로 만들어서라도 전하의 뜻을 이루어 드리겠습니다."

임금과 신하는 그날 밤 돈독한 신뢰를 쌓으며 취하도록 마셨다.

이튿날, 효종은 이완을 훈련대장에 임명하고 강병양성의 전권을 부여했다.

'강군이 되려면, 우선 그 허리에 해당하는 중간 지휘관들이 능력이 있어야 한다.'

이런 점에 착안한 이완은 현재의 군부 재직자 가운데에서 추려 낸 인원을 포함하여 전국의 힘세고 용맹한 사람 6백 명을 선발했다. 그러고는 그들에게 강도 높은 특별 훈련을 시켰다. 장차 북벌의 웅지를 펼칠 때 그들을 단위 부대 지휘관으로 활용하기 위해서였다.

그럴 무렵, 평안 감영에서 조정에 장계가 올라왔다. 평안도 산골에서 산적질을 하던 유광풍이라는 괴수와 그 부하 30여 명을 붙잡았는데, 그 죄상이 명백하므로 효수하겠다는 내용이었다.

그 사실을 안 이완은 깜짝 놀랐다. 그렇지 않아도 언젠가 만난 녹림호걸 유광풍을 어떻게 하면 만날 수 있을까 하고 생각하던 참이었다. 이완은 즉시 입궐하여 효종을 뵙고 말했다.

"전하, 법을 굽힐 수는 없지만, 형의 집행을 미룰 수는 있습니다. 유예 기간 동안에 죄인이 국가에 공을 세우면 전죄를 용서해 줄 수도 있지 않겠습니까. 국가가 어려울 때일수록 인재를 아껴야 할 것입니다."

그런 다음 지난날 유광풍을 만난 사정의 전말을 털어놓았다. 결국 이완은 자기가 보증을 서 유광풍의 죄를 유예하여 수하에 불러올리는 데 성공했다. 죽음 직전에서 살아난 유광풍은 이완을 만나자 반가움과 고마움으로 엎드려 눈물을 펑펑 쏟았다.

"어른께서 소인을 잊지 않고 계셨을 뿐 아니라 이처럼 불러주시니, 이 은혜 죽어도 다 갚지 못하겠습니다."

"그대가 이미 내 목숨을 살려준 적이 있지 않은가. 모두 어지신 성상의 뜻이니, 큰 공을 세워 나라에 보답하라."

새로 광명을 얻은 유광풍은 6백 장사들 틈에 끼여 훈련을 받았는데, 과연 그 힘과 무술이 장수감으로 손색이 없었다. 이완에게 강병양성의 전권을 맡긴 효종은 전쟁 준비에 더욱 박차를 가하였다.

첫째, 갑오년에 화폐제도를 전면적으로 실시했다. 종전까지의 주된 교역 수단인 물물교환으로는 국가 대사의 추진에 지장을 초래할 것이라는 판단 아래, 우선 중국 돈 15만 문文을 도입하여 평안도 등지에서 사용해 보도록 했다. 그 결과가 양호한 것으로 나타나자, 훈련도감에 명하여 다량의 엽전을 제작하게 하고는 그것을 널리 퍼뜨리는 한편, 교역의 기본이 될 물가표를 작성하도록 했다.

둘째, 복식제도를 개선했다. 종전의 의복은 너무 격식을 중시하고 거치적거린다 하여 간편하고 가벼운 개량복을 만들어 입도록 한 것인데, 그것은 유사시의 활동을 용이하게 하기 위함이었다.

셋째, 국고금과 군자금을 넉넉히 비축했다. 적극적인 광업 장려책으로 전국의 금·은광에서 많은 광물을 생산하도록 한 다음, 그것을 모두 거두어 올려 바둑돌 모양으로 만들어 두고, 장차 군비 조달에 어려움을 당하지 않도록 했다. 소위 '금바둑쇠'라고 일컬어진 것으로서, 본래의 목적에는 사용되지 못하고 고스란히 보관되어 있다가 대원군 때 경복궁 중축 공사 자금에 충당되었다.

그렇듯 국가 총력적 체제와 일치단결 아래 북벌 준비는 암암리에 착착 추진되었던 것이다. 그 북벌 계획의 중심축이라고 할 수 있는 훈련대장 이완은 불철주야 군사 조련에 여념이 없었고, 특히 6백 명 특수부대에 대한 열정과 애착은 각별했다.

그 특수부대의 교관에 해당하는 초관 직함을 가진 박 아무개란 장사가 있었는데, 집이 남한산 중턱에 있었다. 그렇게 집이 멀어도 워낙 걸음이 빨라서 훈련을 끝내고 훈련장을 출발하면 아직도 햇발이 남아 있을 때 집에 도착하곤 했다. 그 박 초관이 어쩐 일인지 이레째 훈련장에 나타나지 않았다.

궁금해진 이완이 사람을 보내어 알아보게 했더니, 가족들의 말에 의하면 일전에 웬 사내가 찾아와 박 초관을 만났는데, 술 한 동이와 소 한 마리를 잡아먹고는 같이 나간 후 돌아오지 않는다는 것이었다.

영문을 알 수 없게 된 이완이 걱정을 하고 있는데, 문제의 박 초관이 실종된 지 여드레 만에 홀연히 나타났다. 그러고는 실종 사건의 전말을 이야기하는데, 그 내용이 기막혔다.

그날, 조금 일찍 퇴근하여 집에 도착한 박 초관은 황소를 몰고 나가서 밭을 갈았다고 한다. 그때 패랭이를 제껴 쓴 사내 하나가 산모롱이를 돌아 문득 나타났는데, 걸음이 어찌나 빠른지 박 초관이 그를 발견하자마자 이미 눈 앞에 당도해 있었다. 몸이 날래기로 자기를 상대할 자가 없다고 자부하던 박 초관이 너무나 놀랍고 어안이 벙벙하여 멍하니 서 있는데, 사내가 우렁우렁한 목소리로 이 근처에 산다는 박 초관의 집이 어디냐고 물었다. 그래서 바로 나라고 대답하고 왜 찾느냐고 묻자, 사내의 대답이 엉뚱했다.

"노형이 그 힘깨나 쓴다는 박 초관이오? 잘 됐군. 나하고 어디 힘을 한 번 겨루어 봅시다."

"싱거운 소리 마시오. 나는 그렇게 한가한 사람이 아니오."

"싱거운 소리라니! 아니, 내가 농담이나 하려고 칠백 리 길을 한달음에 달려온 줄 아오? 싫다면 억지로라도 노형의 기운을 시험해 봐야겠소."

사내가 눈을 부라리기까지 하며 어거지로 나오는 바람에, 박 초관도 슬며시 의기가 솟구쳤다. 기운이라면 누구한테도 지고 싶은 생각이 없는 그였다.

"정 그렇다면 어디 해봅시다. 어떤 식으로 겨루어 보고싶소?"

"좋을 대로 정하시오."

그 말을 들은 박 초관은 두 손으로 황소 뒷다리를 잡고 번쩍 치켜들어 머리 위로 넘겼다. 공중제비를 한 소는 나둥그러지며 비명을 질렀다. 다리가 부러진 것이다.

"자, 어떻소? 노형이 나만큼 못하면 소값을 물어내시오."

그 말을 들은 사내는 코웃음을 치더니, 한 손으로 소 뒷다리를 잡고 번쩍 쳐들었다. 그러고는 바람개비처럼 휘휘 돌리는데 별로 힘이 드는 것 같지도 않았다. 실로 무서운 괴력이었다. 그러다가 손을 놓으니, 황소는 저만치 날아가 땅바닥에 떨어져 죽고 말았다. 박 초관은 자기가 결코 사내의 상대가 될 수 없음을 알아차렸다. 그래서 그 사내를 구슬려 훈련대장한테 데리고 갈 요량으로 짐짓 정중하게 대했다.

"참으로 놀라운 재능이오. 나 같은 것은 비교가 안 되겠구려. 내가 깨끗이 승복하겠으니, 우리 집에 잠시 들어갑시다."

그렇게 하여 사내를 집으로 데려간 박 초관은 술을 동이째 내오고, 죽은 소를 잡아 안주를 장만했다. 권커니 잣커니 하며 밤이 이슥하도록 술 두어 동이와 소 한 마리를 거의 다 먹은 다음 박 초관이 잠자리를 펴려고 하자, 사내가 말했다.

"잠을 잘 것이 아니라, 나하고 어디 좀 다녀옵시다."

"아니, 어디를요?"

"글쎄, 가 보면 아오."

기분이 내키지 않았으나 거슬렀다가는 어떤 꼴을 당할지 모르겠기에 할 수 없이 따라 나섰다.

"가는 길이 제법 멀어 축지법을 써야겠소."

"아니, 축지법을?"

"잘 들어요. 주먹을 불끈 쥐고, 내 발놀림을 잘 보아 그 발자국대로 발을 디뎌야 하오. 잠시만 한눈을 팔아도 길을 잃고 말 테니. 자, 그럼 출발이오."

마침 훤한 달밤이었다.

사내가 한 걸음 앞장섰고, 박 초관은 그의 발자국을 놓치지 않기 위해 눈을 커다랗게 뜨고 재게 발을 놀렸다. 사내의 걸음은 얼른 보아선 그다지 빠른 것 같지 않으나 실제로는 엄청난 속도여서 자칫 잘못하면 발자국을 놓칠 것 같았다. 바짓가랑이에서 씽씽 바람 소리가 나고 귀가 떨어져 나갈 것 같은 것을 보고 박 초관은 자기들이 얼마나 빨리 달린다는 것을 가늠할 수 있었다.

딴 생각을 할 겨를도 없이 사내의 발자국을 뒤쫓기에 급급한지 수식경, 마침내 박 초관이 기진맥진했을 때 사내가 걸음을 멈추었다.

박 초관이 정신을 차리고 보니, 그곳은 커다란 마을 한가운데의 으리으리한 기와집 앞이었다.

"애썼소이다. 이젠 다 왔소."

"여기가 어디오?"

"경상도 땅이오."

"아니, 뭐라고 했소?"

박 초관은 깜짝 놀랐다. 그동안에 경기, 충청도를 지나 경상도까지 7백리 길을 달려왔다는 것이다. 대단한 축지법이 아닐 수 없었다. 사내는 괴나리 봇짐을 풀더니, 그 속에서 쇠몽둥이 두 개를 꺼내어 하나를 박 초관한테 내밀었다.

"이보시오, 박 초관. 이것을 들고 여기 지켜 서 있다가 안에서 내가 '박 초관' 하고 부르거든 얼른 담장을 뛰어넘어 들어오시오. 그러면 그때 나는 웬 영감탱이 하나와 싸우고 있을 것이니, 뒤로 돌아가서 얼른 그 쇠몽둥이로 늙은이의 대가리를 박살내 버리란 말이오. 알겠소?"

그는 그렇게 말한 뒤, 박 초관이 미처 영문을 물어볼 틈도 없이 훌쩍 뛰어 담장 너머로 사라져 버렸다. 박 초관은 난처했다. 다짜고짜 쇠몽둥이로 사람을 때려죽이라니, 그런 무지막지한 소리가 어디 있는가. 생각 같아서는 그대로 달아나 버리고 싶으나, 그래 봤자 축지법 쓰는 사내한테 금방 덜미를 잡힐 것이 틀림없고, 그렇게 되면 그 우악스런 성질에 어떤 꼴을 당할지 알 수 없었다.

이러지도 저러지도 못할 처지가 된 박 초관은 쇠몽둥이를 들고 서서 일단 사내의 신호를 기다리기로 작정했다. 그런데 사내가 들어가고 나서 상당한 시간이 지나도 안에서는 아무 소리도 들리지 않았다. 신호가 왔어도 열 번은 더 왔을 시간이 흘렀다. 궁금증을 이기지 못한 박 초관은 마침내 자기도 담을 훌쩍 뛰어넘었다. 집 전체가 어둠에 싸여 쥐죽은 듯이 고요한데, 다만 후원의 별당에서만 불빛이 새어 나오고 있었다.

박 초관이 고양이 걸음으로 살금살금 다가가서 귀를 세우자, 안에서 늙은 남자의 목소리가 새어 나왔다.

"고얀 놈 같으니! 그까짓 몽둥이 하나 들었다고 감히 나를 해칠 수 있을 줄 알고 덤벼들어? 어림없는 수작이지. 그러니까 죽어도 싸지."

'아니, 그렇다면 그 사내가 죽었단 말인가.'

박 초관은 가슴이 철렁했다. 그런 괴력의 소유자를 소리 소문 없이 해치운 노인은 대체 어떤 사람이란 말인가. 겁이 덜컥 난 박 초관이 슬금슬금 뒷걸음질을 쳐서 도망하려고 하는데, 별안간 방안에서 큰소리가 터져 나왔다.

"거기 밖에 있는 놈은 감히 어디로 달아나려고 하느냐."

그 소리를 들은 박 초관은 그만 오금이 굳어서 한 발짝도 움직일 수가 없었다. 곧이어 창이 탁 열리면서 예순 살도 더 되어 보이는 노인이 얼굴을 내밀었다.

"너는 웬놈이냐?"

"예, 한양 사는 박가라 합니다."

"한양 박가라고? 그래, 한양 사는 놈이 여기는 웬일이냐?"

박 초관은 벌벌 떨면서 자초지종을 털어놓았다. 다 듣고 난 노인은 박 초관을 방 안에 불러들였다. 주저주저하면서 방에 들어간 박 초관은 깜짝 놀랐다. 쇠몽둥이를 들고 기세 좋게 들어갔던 사내가 입에 피를 흘리고 눈이 까뒤집힌 꼴로 숨이 끊어져 방 한구석에 쓰러져 있었기 때문이다.

"저놈은 쇠돌이라고 하는데, 술과 색과 투전으로 세월을 보내는 불한당이야. 힘깨나 쓴다고 행패가 심하여 내가 늘 타이르곤 했는데, 어느 술집의 얼굴이 반반한 계집한테 반해 가지고는 하도 짓궂게 구는 바람에 계집이 견디다 못해 나한테 와서 몸을 숨기고 있다네. 놈은 그런 사실을 알고나서 하루가 멀다 하고 찾아와서는 계집을 내놓으라고 화를 부리더란 말일세. 하는 짓을 보아서는 단번에 요절을 내고 싶으나, 그 힘과 재주가 아까워서 인간이 될 때를 기다린다는 생각 아래 좋게 타일러 보내곤 했네. 그런데 놈이 오늘 밤에는 아예 쇠몽둥이를 들고 살기등등해서 갑자기 달려들지 않겠나. 그래서 엉겁결에 슬쩍 밀쳤더니, 보는 바와 같이 허리가 부러져서 즉사하고 말았다네. 불쌍한 놈! 자업자득이지 뭔가."

노인의 이야기를 듣고 난 박 초관은 백배 사죄를 했다. 사정을 알고 보니 박 초관을 탓할 일도 아니므로, 노인은 그에게 잠자리를 제공한 다음 노자까지 후하게 주어서 돌려보냈다.

박 초관의 이야기를 듣고 난 이완은 고개를 끄덕였다.

"삼천리 국토가 비록 좁다고는 하나, 찾아보면 아직도 이인재사가 드물지 않구나."

이완은 즉시 입궐하여 며칠간의 휴가를 얻어 가지고, 박 초관을 앞세워 경상도로 향했다. 두 사람이 밤을 낮 삼아 말을 갈아타가며 채찍을 가한 끝에 이윽고 경상도 땅에 접어들어 문제의 노인이 사는 마을에 도착했을 때는 만 이틀이 지난날 밤이었다.

이완은 먼저 노인의 역량을 시험할 작정으로 정식 면담을 청하지 않고 몰래 담을 넘어 들어갔다. 박 초관이 가리키는 후원 별당을 바라보니, 과연 온 집안이 고요한 어둠에 싸여 있는데, 그곳에만 불이 켜져 책을 읽는 사람의 그림자가 문의 창호지에 내비치고 있었다. 이완이 칼을 빼들고 살금살금 다가갔을 때, 별안간 안에서 노인의 준엄한 음성이 들렸다.

"밖에 검기劍氣가 비치는구나. 거기 누구냐?"

그 말을 들은 이상 주저할 수가 없었다. 이완은 벽력 같은 소리를 지르며 문을 박차고 방에 뛰어들자마자 칼로 노인을 내리쳤다. 당대의 명장인 이완이다. 아무리 무예가 출중한 사람이라도 그의 기습적인 공격을 당해 내거나 피할 수 없어야 정상이었다. 그런데도 노인은 책 앞에 단정히 앉은 자세 그대로 이완을 힐끔 돌아보며 손을 한 번 휘저었다. 이상한 일이었다. 노인의 그 간단한 동작 하나로 칼은 이완의 손아귀를 벗어나 방바닥에 떨어졌다. 이완이 느낀 것은 엄청난 힘에 순간적으로 손목을 얻어맞았다는 사실뿐이었다.

"이 무슨 무례한 짓인가!"

노인의 꾸짖음을 들은 이완은 체면을 돌아보지 않고 허리를 굽혔다.

"어른의 솜씨를 시험하고자 했을 뿐이니, 너무 나무라지 마십시오. 과연 탄복할 만한 신기를 가지셨군요."

"그대는 누구시오?"

"예, 훈련대장 이완이라 하오."

"오, 이완 장군! 어쩐지 검기가 예사롭지 않다고 느꼈소이다. 이 늙은이는 홍석이라 합니다."

비로소 노인은 일어나서 정중하게 맞절을 하고 자리를 권했다. 이완이 새삼스럽게 바라보니 선풍도골에다 눈빛이 형형하여 보통 위인이 아님을 알 수 있었다.

"군사 관계로 불철주야 바쁘실 사또께서 이런 벽지까지 무슨 일로 오셨소?"

"사실은 노인장을 모시러 왔소이다."

"나 같은 시골 늙은이를 데려다 어디에 쓰려고 이 먼 곳까지 어려운 걸음을 하셨습니까?"

"그렇지 않아요. 지금 나라에는 노인장 같은 인재가 절실히 필요한 때입니다."

이완은 병자호란의 치욕과 그 빚을 갚으려고 벼르는 임금의 뜻을 설명하고, 군력 증강의 대임을 맡은 자기를 도와 달라고 부탁했다. 듣고 난 홍석 노인은 조용히 말했다.

"가진 재간이래야 필부지용匹夫之勇에 불과하나, 국가에 추후라도 쓰임새가 있다면 어찌 사양하겠습니까. 사또께서 거두어 주시면 있는 재주를 쏟아 도와드리겠습니다."

"고맙소이다."

이완은 노인의 손을 덥석 잡았다.

그렇게 하여 홍석 노인을 한양으로 불러올린 것을 필두로 전국 8도에서 8명의 뛰어난 인물을 찾아낸 이완은 6백 명의 특수부대와 함께 그들의 기량을 더욱 연마시켜 북벌군의 정예로 삼고자 했다.

마침내 대망의 출정 날짜가 정해졌다. 효종 10년째 되던 1659년 기해년 5월 초닷새 단오날이 그 날이었다.

그해 봄에 효종은 이황, 이이, 김인, 이항복, 송인수, 김장생 등의 서원에 사액賜額을 했다. 임금이 이름을 지어 편액扁額을 내리는 것을 '사액'이라 하는데, 바야흐로 북벌의 대군이 출정하게 된 마당에 유생들이 이러쿵저러쿵 시비와 말썽을 일으킨다면 될 일도 안 될 것이므로, 그들의 환심을 사서 입막음을 하자는 생각에서였다.

드디어 4월이 지나고 5월 초하루가 되었다.

'이제 꼭 나흘 남았구나.'

이완은 칼자루를 쓰다듬으며 감회에 젖어 중얼거렸다. 모든 준비는 완료되었으므로, 이제 출정의 북소리를 울리기만 하면 되는 것이다. 그런데 그날 밤 대궐에서 별감이 달려와 급히 입궐하라는 왕명을 전했다.

"입궐하라니, 무슨 까닭이냐?"

"상감마마께서 병환이 깊으십니다."

"아니, 뭐라고!"

이완은 자리를 박차고 일어났다. 허둥지둥 예복을 차려입고 달려가 겨우 대궐 내전에 들어가니 효종이 병석에 누워 있었다.

"전하, 소신 이완 참내하였습니다."

"오, 이리 가까이 오시오."

효종 임금이 기운 없는 목소리로 말했다. 얼굴은 신열로 붉었으며, 사시 나무처럼 떨고 있었다.

"대체 이것이 어찌 된 일입니까?"

"과인이 몸이 편치 않소…. 손을 이리 주시요."

"전하!"

이완이 북받치는 울음을 참지 못하며 손을 내밀자, 효종은 그 손을 꼭 잡았다.

"장군, 그 날이 단오날이지요?"

"전하!"

"과, 과인이 없더라도……. 북벌은……. 장군이 기필코 완수하시오."

"전하!"

"만사는 하늘이 정하는 것인가 보오. 그, 그럼 이제 과인은 안심하고……."

효종은 기진맥진하여 눈을 감았다.

그의 말대로 모든 것은 하늘의 뜻임이 틀림없었다. 만조백관들이 옆에서 떠나지 않고 안타까워하며 회복을 기원하는 가운데, 효종은 북벌군의 출정을 하루 앞둔 나흗날, 마흔한 살 장년의 나이로 웅지를 펴 보지도 못하고 세상을 떠나고 말았다. 그 바람에 북벌 계획은 자연히 유보되었다.

효종 자신은 자기의 살고 죽음과 상관없이 밀고 나가라고 했지만, 승하한 임금의 장례를 어떤 방식으로 치르고 상복을 언제까지 입느냐 하는 문제에 대해서 대왕대비와 왕대비의 의견이 다르고, 거기에 조정 신하들과 유생들의 엇갈린 주장이 얽히고 설켜 시끄러워졌다.

그렇게 시작된 언쟁은 잠잠하던 당쟁으로 발전하여, 결국에는 서인과 남인의 세력 다툼으로 확대되었다. 그러고 보니 북벌 문제는 이제 흘러간 타령이 되고 말았다.

10여 년간 축적한 국력과 철벽 같은 무력은 한낱 장례 문제에서 시작된 입씨름 때문에 한낱 물거품이 되고만 것이다. 속을 끓이며 사태를 지켜보던 이완은 마침내 박 초관과 홍석·유광풍 등을 불러 해산을 통보했다. 그러고는 석별의 술잔을 권하자, 장사들은 하늘을 우러러보며 울부짖었다.

"천지신명이시여, 우리 같은 사람들을 동시에 이 좁은 강산에 나게 하시고도 그냥 썩히심은 무슨 장난입니까?"

가슴을 치며 통곡한 그들은 이윽고 시대를 한탄하고 세상을 원망하면서 동서남북으로 뿔뿔이 흩어져 갔다.

영민한 임금과 효용무쌍한 신하의 합작으로 추진된 북벌 계획은 결국 작품이 되지 못했고, 이성계의 고려 반역으로 절호의 기회를 놓친 데 이어

다시 한번, 어쩌면 만주 일대가 우리의 국토로 변할 수도 있었을 가능성이 영영 무산되고만 것이다.

김좌근의 우정

철종 때 전라도 장성에 이춘보라는 사람이 있었다. 그는 그 지방의 큰 물산 객주로서 한동안은 큰 돈을 만지며 이름을 날렸는데, 몇 해 동안 가뭄으로 흉년이 들어서 장사가 잘 안 되다 보니 파산 지경에 이르렀을 뿐 아니라 공금 1만 냥을 축내고 말았다.

사업 실패만 해도 이만저만 비관되고 통탄스러운 일이 아니지만, 거액의 공금을 갚지 못하게 된 것은 까딱하면 목이 달아날 수도 있는 중대사였다. 불행중 다행으로 장성부사는 오랫동안 이춘보와 좋은 관계를 맺어 온 데다 그의 인간됨을 신임하기도 하여 상환을 독촉하지 않고 그가 재기할 날을 기다려 주었다.

그러나 그 부사가 조정의 인사 조치에 따라 한양으로 올라가고 새로운 부사가 부임함으로써 이춘보에게 위기가 닥치고 말았다.

신관 사또는 이춘보를 불러 준엄하게 말했다.

"나랏돈을 자그마치 1만 냥이나 거덜 내고 몇 해 동안이나 갚지 않았으니 국법을 우습게 안 것이로구나. 구관 사또는 무슨 까닭으로 너한테

관용을 베풀었는지 모르겠으나, 본관은 그럴 수 없다. 앞으로 두 달 안에 갚지 못하면 법에 따라 처단할 것이니, 목숨이 아깝거든 무슨 수를 써서라도 돈을 마련하여 갚도록 하라."

사또의 추상같은 엄명을 받고 얼이 빠져 돌아온 이춘보는 살아 있어도 산 것 같지 않았다. 한두 푼도 아니고 1만 냥을 어디서 무슨 수로 갑자기 마련한단 말인가. 두 달이면 60일, 그 60일이 지나면 자기는 영락없이 죽은 목숨인 것이다.

음식을 먹어도 목구멍을 넘어가지 않고 잠자리에 누워도 잠이 올 턱이 없었다. 그러다 보니 몰골이 하루가 다르게 초췌해져 갔고, 나오느니 한숨뿐이었다.

마음 고생이 남편보다 못할 것이 없는 그의 아내가 어느 날 말했다.

"여보, 사또가 정해준 기한도 얼마 남지 않았으니, 한양 아주버니나 찾아가 보시는 것이 어떻겠어요?"

"그 형님을 만나면 무슨 뾰족한 수라도 생기나?"

"밑져야 본전이잖우. 가만히 앉아서 죽느니보다 일단 피신이라도 하셔야지요. 그분이 혹시 좋은 방도를 강구해 주실지 어떻게 알아요?"

아내가 말하는 '한양 아주버니'란 이춘보의 외사촌 형 박성삼이었다. 그는 한양 포도청에 순라로 근무하고 있었는데, 할아버지 때부터 관아의 구실아치 노릇을 해왔기 때문에 양반 계층의 내막이나 권력의 역학 관계, 세상의 변화 등에 대해서 민감하고 밝았다.

이춘보도 아내의 생각이 그럴듯하다고 생각했다. 그래서 즉시 행장을 차려 가지고 집을 떠나 이윽고 한양에 도착했다.

박성삼을 만난 이춘보는 전후 사정을 이야기하고, 무슨 방법이 없겠느냐고 물었다.

"글쎄, 듣고 보니 아우의 처지가 참 딱하기는 한데, 나 같은 말단 벼슬아치가 도와 줄 힘이 있어야지."

"형님, 어디 줄을 댈 만한 사람이라도 없습니까?"

"자네 목숨을 구할 수 있는 사람은 아무래도 당대의 세도가인 호조 김판서 대감밖에 없는 것 같은데, 그 나리한테 어떻게 줄을 댄담."

당시는 안동 김씨 일족이 조정의 요직을 다 차지하고 왕을 허수아비로 만들어 국정을 마음대로 요리하고 있었는데, 호조판서 김병기는 그 중심 인물로서 자기 아버지인 영의정 김좌근보다 더 세도를 부리며, 이조吏曹를 젖혀 두고 모든 인사권을 휘두르고 있었다.

세상에서는 김병기를 통하면 안 되는 일이 없었고, 반대로 그를 통하지 않고서는 될 일도 되지 않았다.

그럴 정도의 막강한 세도가인 김병기한테 어떻게 하면 접근할 수 있을까 궁리하던 박성삼은 무릎을 쳤다. 문득 한 인물이 떠올랐기 때문이다.

그는 당장 처남을 데리고 서울 동촌 한구석에 사는 이 생원을 찾아갔다.

이 생원은 좋은 가문의 후예일 뿐 아니라 공부도 많이 했으나, 안동 김씨의 전횡이 못마땅하여 벼슬길에 나가는 것을 포기하고 두문불출로 글만 읽는 꼿꼿한 선비였다.

그 이 생원은 김좌근과 특별한 인연이 있었다. 그의 아버지가 지난날 김좌근의 아버지에게 큰 정치 자금을 제공한 적이 있었는데 그것이 안동 김씨 득세의 한 원천이 되었으며, 특히 그와 김좌근은 한 스승 밑에서 글을 배운 막역한 친구였다. 그렇기 때문에 김좌근은 정권을 잡고 나서 이 생원더러 벼슬길에 나서기를 몇 번이나 권하기까지 했던 것이다.

삭풍이 몰아치는 겨울날, 군불도 지피지 못해 차가운 사랑방에서 다 해진 보료를 깔고 앉아 〈예기禮記〉를 읽고 있던 이 생원은 밖에서

"소인 문안드립니다."

하는 박성삼의 목소리에 책을 덮고 문을 열었다.

"오, 자네 왔는가."

"나리, 그동안 별고 없으셨습니까."

"그렇다네. 그런데 저 사람은 누구인가?"

"소인의 내종內從 아우로서 장성에 사는데, 한양에 다니러 왔다가 마침 제가 나리를 찾아뵙는다니까 따라오겠다고 해서 데려왔습니다."

이춘보는 소개를 받아 이 생원에게 인사를 올렸다.

"이름이 무엇인가?"

"이춘보입니다."

"자네 어른은?"

"이경재라고, 그전에 장성 관아의 아전으로 계셨습니다."

"그러면 예방禮房에 다니던 이경재 말이냐?"

"그렇습니다."

이 생원은 아득한 옛날을 추억했다. 그는 청년 시절에 장성부사였던 아버지를 따라 장성에서 한동안 산 적이 있었는데, 그때 여러 아전 중에서 이경재와 상당히 친하게 지냈던 것이다. 그런데 그 이경재의 아들이 지금 자기를 찾아왔으니 감개무량하지 않을 수 없었다. 그래서 이 생원은 이춘보더러 한양에 있는 동안 자주 찾아오라고 했다.

그 말을 기다렸다는 듯이, 이춘보는 이틀이 멀다 하고 이 생원을 자주 방문했는데, 찾아갈 때마다 빈손으로 가지 않았다. 이 생원이 술을 좋아하는 줄 알고 술 한 병씩을 사 들고 가거나 가끔씩은 쌀 또는

나뭇짐을 들여놓기도 했다.

원래 이 생원은 남의 신세를 지는 것을 극도로 싫어하는 사람이었으나, 이춘보가 자기 아버지와의 옛정을 들먹이며 인사치레로 가져오는 작은 성의까지 물리칠 수는 없었다. 티끌 모아 태산이라고, 그러다 보니 이 생원은 이춘보한테 상당한 정신적 물질적 빚을 진 셈이 되고 말았다. 그제야 이춘보의 속셈을 대강은 넘겨짚을 수 있었으나, 이제 와서 딱 잘라 찾아오지 말라고 할 수도 없는 노릇이었다.

그런 관계가 거의 1년쯤 지속된 어느 날, 이춘보가 찾아와서 말했다.

"소인이 내일에는 떠나야겠기에, 오늘은 하직 인사를 드리러 왔습니다."

이 생원은 이제야 정신적 부담에서 벗어날 수 있게 되어 다행이라고 생각했다.

"그래, 고향에 내려가려고 하느냐?"

"예. 소인이 이제 떠나면 살아서는 나리를 다시 뵐 수 없을 것입니다."

그러면서 이춘보는 눈물을 뚝뚝 흘렸다.

이 생원은 눈이 휘둥그레져서 그 까닭을 물었다.

그제야 이춘보는 자기가 어려운 처지에 빠지게 된 연유를 소상히 털어놓았다. 신관 사또의 엄명을 지키기가 도저히 불가능하여 피신했으나, 언제까지 숨어 살 수도 없으려니와 가족들도 걱정되어 차라리 내려가 자수하여 목숨을 버릴 비장한 결심을 하기에 이르렀다고 했다.

이야기를 듣고 난 이 생원은 기가 막혔다. 거의 1년 동안이나 신세를 졌을 뿐 아니라 정이 들 대로 들었는데 '참 안 되었구나' 하는 빈말 한마디로 돌려보내기도 뭣하거니와, 그렇다고 이름 없는 처사處士인 자기가 발 벗고 나서서 도와줄 방법이 있는 것도 아니었다.

이 생원이 크게 한숨을 내쉬며 한탄하자, 이춘보가 조심스럽게 말했다.

"사실은 나리께 부탁드릴 일이 있었으나, 그동안 차마 입이 떨어지지 않아서……."

"그래? 아무 능력도 없는 나한테 부탁할 일이라니, 어디 듣기나 해보자. 말해 보아라."

"다름이 아니라, 호조 김 판서 대감의 청탁 편지 한 장만 얻어주시면 소인은 목숨을 건질 수 있지 않을까 합니다."

그것은 김병기로 하여금 장성부사에게 이춘보 사건을 선처해 달라는 청탁이었다.

이 생원은 진퇴유곡에 빠졌다. 김좌근이 그토록 자기에게 벼슬길에 나오라고 청하는 것을 거절한 데다 아예 담을 쌓고 지내왔는데 새삼스럽게 찾아가서 엉뚱한 부탁을 하는 것은 죽기보다 싫은데, 그렇다고 이춘보가 죽거나 말거나 모른 척 눈 감아버릴 수도 없는 노릇이었다.

고민에 빠진 이 생원은 마침내 우선 사람을 살려놓고 보아야겠다는 결론을 내렸다. 그래서 자존심을 꺾고 김좌근을 찾아갔다.

김좌근은 오랫동안 자기한테 등을 돌리던 친구가 스스로 찾아왔으므로 버선발로 달려나와 맞아들였다. 그래서 잘 차린 주안상을 내오게 하여 술잔을 주고받았다.

한창 지난 추억을 되새기며 흥겨움이 고조되었을 때, 이 생원은 마침내 이춘보의 이야기를 꺼냈다. 전후 사정을 소상히 설명한 다음,

"대단히 미안한 부탁이네만, 자제분께 이야기해서 청탁 편지 한 장을 써 주도록 할 수 없겠나."

하고 부탁했다. 그러자 김좌근은 즉석에서,

"그만한 부탁이야 무엇이 어려울 것이 있겠는가."

하고는, 즉시 청지기를 불러 지시를 내렸다.

"너 가서 작은사랑 대감께 내가 좀 보자 한다고 여쭈어라."

청지기가 나간 지 얼마 되지 않아 김병기가 큰사랑에 들어왔다.

김병기는 차림새가 남루한 웬 늙은 선비가 정승인 자기 아버지와 나란히 앉아 있는 것을 보고 의아하게 생각했다.

"여기 이 이 생원은 나와 소년 시절에 동문수학하던 둘도 없는 친구니라. 어른께 큰 인사 올려라."

아버지의 근엄한 분부에 김병기는 내심 당황했다. 명색이 조정의 이품二品 대신이 이름 없는 초라한 늙은이한테 큰절을 한다는 것은 될 법이나 할까만, 아버지의 명령이고 보니 어쩔 수 없었다.

김병기는 불쾌감을 꾹 참고 큰절을 했다. 그런데 그 이 생원이란 늙은이가 답례도 하지 않고 그냥 꼿꼿이 앉아 있기만 하는 것이 아닌가.

신분의 차이는 접어 두고라도 남의 절을 받으면 나이 차이가 있어도 답례를 하는 것이 예의이고 상식인데, 김병기가 보기에 노인의 태도는 오만방자하기 짝이 없었다.

그런 아들의 심정을 아는지 모르는지, 김좌근이 말했다.

"이 어른께서 장성부사한테 갈 청탁 편지 한 장을 얻고자 오셨으니, 네가 써 드려라."

"알겠습니다. 이따가 써 드리겠습니다."

김병기가 끓어오르는 분노를 숨기며 말하자, 김좌근이 말했다.

"아니다. 여기서 당장 쓰도록 하라."

그러고는 청지기를 불러 벼루에 먹을 갈게 하고 백 간지를 내놓더니, 자기가 내용을 부르고 그것을 아들로 하여금 따라 적게 했다.

편지를 다 쓴 다음 자기 처소인 작은사랑으로 물러나온 김병기는 생각할수록 치가 떨렸다. 아무리 아버지의 친구라지만, 글을 배운 선비로서 그렇게 무례할 수가 있단 말인가. 조정에 나가든지 집에 들어와서든지 위엄이 떠르르한 천하의 김병기가 초라한 늙은이한테 외상 절을 빼앗기다니. 그로서는 그보다 더한 수치와 봉변이 없었다.

한편, 이 생원도 마음이 무겁기는 마찬가지였다. 예절에 있어 누구보다 철저한 이 생원이 대신의 절을 공짜로 받으려고 했던 것은 아니었다. 그런데 그가 맞절을 하려고 일어서려는데, 별안간 김좌근이 그의 소창옷 뒷자락을 확 잡아당겨 일어나지 못하게 했던 것이다.

어쨌거나 실례를 저지르고만 생원은 무거운 마음으로 편지를 받아 소매 속에 집어넣었다. 그러고는 김좌근한테 감사하다는 말을 하고 자리에서 일어났다. 그런데 큰사랑 대청 앞을 지나 작은 사랑 앞을 거쳐 대문간으로 나가려고 할 때였다.

별안간 굴레벙거지를 쓴 하인 둘이 나타나 편지를 빼앗고 한바탕 조리를 돌린 다음 발길로 차서 문밖에 내동댕이치는 것이 아닌가.

김좌근은 자기가 한 일이 있으므로 청지기로 하여금 그 동태를 가만히 지켜보게 했는데, 아니나 다를까, 이 생원이 어이없는 봉변을 당하고 쫓겨났다는 보고가 올라왔다.

김좌근은 노발대발하여 아들을 불러 불호령을 내렸다.

"네가 아무리 직품이 높다 한들 글 배운 사람으로서 그럴 수가 있느냐. 조정의 관작만 생각할 줄 알지, 향당鄕黨의 위아래는 모른단 말이냐. 아비의 친구한테 봉변을 가한 것은 곧 아비한테 봉변을 준 것과 같으니, 이제 나와 너는 부자간이 아니다."

그러고는 사랑방 덧문을 첩첩이 닫아걸고 드러누워 버렸다.

김병기는 가슴이 덜컥 내려앉았다. 그제야 자기가 엄청난 일을 저질렀음을 깨달았다. 아버지가 그토록까지 펄펄 뛸 줄은 몰랐던 그는 큰사랑 앞에 거적을 깔고 석고대죄로 빌었다.

이틀이나 그런 대치 국면이 지속된 다음, 비로소 김좌근은 아들의 면회를 허락했다. 그러나 여전히 식음 전폐로 드러누운 채였다.

"아버님, 소자가 잘못했습니다. 부디 노여움을 거두시고 일어나십시오."

김병기가 머리를 조아리며 애원하자, 김좌근은 여전히 냉랭하게 말했다.

"이 생원의 마음이 풀리기 전에는 결코 일어나지 않을 것이니라."

"어떻게 하면 그분의 마음을 돌릴 수 있겠습니까?"

"결자해지結者解之 아니냐. 네가 가서 사죄하여 노여움을 풀어드린 다음, 모시고 와서 아비한테 그 증거를 보여라."

김병기로서는 죽을 맛이었으나, 아버지의 고집통을 아는지라 달리 뾰족한 수가 없었다. 그래서 할 수 없이 가마를 타고 동촌 이 생원댁을 찾아가 용서를 빌고, 자기 입장을 도와 달라고 간청했다.

이 생원은 쓴웃음을 짓지 않을 수 없었다. 김좌근이 아무래도 자기를 위해 무슨 연극을 꾸미고 있는 것 같았기 때문이다. 그는 못 이긴 척 김병기의 청을 받아들여 김좌근을 다시 찾아갔다.

"대감, 어디가 편찮으시오?"

이 생원은 짐짓 병문안을 하는 척했다.

김좌근은 비로소 일어나 앉았다.

"여보, 이 생원. 모처럼 찾아온 옛친구한테 그런 봉변을 안겨 주었으니, 참으로 미안하구려. 내가 자식을 잘못 가르쳤나 보오."

"무슨 말씀을……."

"너 이 어른의 노여움을 어떻게 풀어드릴 것이냐?"

김좌근은 문 옆에 어색하고 곤란한 얼굴로 서 있는 아들을 노려보며 물었다.

"이 어른께서 겉으로는 아무 말씀을 안 하시지만, 지난번 봉변이 얼마나 가슴에 맺혔을 것이냐. 그러니 너는 이 어른한테 장성부사를 시켜드려라. 알겠느냐?"

"예, 아버님 잘 알아 모시겠습니다."

"오늘 당장 조치하여라."

"그렇게 하겠습니다."

김병기가 물러가자, 김좌근은 목소리를 낮추어 웃으며 말했다.

"여보게, 어떤가? 그까짓 청탁 편지를 어떻게 믿겠나. 그러니 자네가 아예 장성부사로 내려가 하고 싶은 대로 하면 될 것 아닌가."

그래서 이 생원은 마음에도 없던 장성부사 벼슬을 하게 되었고, 이춘보는 일단 목숨을 구하여 심기일전으로 노력한 결과 다시 사업을 일으키고 나랏돈 1만 냥도 갚았던 것이다.

김좌근은 세도 정치로 국가 근본을 위태롭게 한 장본인이라는 역사적 비난을 면하지 못하고 있는 인물이지만, 이 이야기에서 보듯이 다분히 인간적인 면모도 갖추고 있었던 모양이다.

대원군의 몰락

꽃은 열흘 이상 붉지 않고, 달은 만월이 되었다가 곧 이지러진다. 대원군은 '왕실 혈통 보존'이라는 미묘한 문제 발생을 기화로 자기 아들을 왕위에 올리고, 그 아들이 아직 어리다는 이유로 섭정이 되어 실질적 왕권을 행사하는 데 성공했으나, 차츰 세월이 지나면서 마음속에 하나의 근심거리가 멍울처럼 자리잡게 되었다.

아들 고종이 소년에서 어느덧 청년으로 성장하고 있었기 때문이다. 이렇기에 점차로 섭정을 하는 명분이 사라지고 있었지만 대원군은 섭정을 그만 둘 생각이 전혀 없었다.

그러나 아들이 점점 성장하고 있는 데다 만만하게 보아 맞아들인 며느리 민비가 의외로 영특하여 왕의 친정親政을 은근히 획책하니, 대원군으로서는 마음이 편할 수가 없었다. 이런 까닭에 고종은 가급적 아버지를 만나지 않으려고 했다.

왕인 자신뿐만 아니라 내관이나 궁녀들 역시 걸핏하면 트집을 잡고 호통을 치는 대원군을 몹시 어려워하여 앞에 나서기를 몹시 꺼렸다.

고종이 왕위에 오른 지 8년, 어느덧 스물한 살의 어엿한 청년이 되었건만, 변한 것은 하나도 없었다. 왕은 여전히 허수아비였고, 대원군은 여전히 국정을 좌지우지했다. 다만 변한 것이 있다면 대원군의 섭정은 이제 끝나야 한다는 암묵적 분위기가 팽배해져 가고 있다는 사실이었다.

하루는 고종이 저녁 수라상을 받고도 어두운 얼굴로 먼 하늘만 쳐다보는 것을 보고, 안상궁이 물었다.

"전하, 왜 수라를 드시지 않습니까?"

"식욕이 없네. 아버님이 사사건건 공연히 화만 내시니 입맛이 있을 턱이 있나."

"식욕이 없더라도 옥체를 생각하셔서 좀 드셔야 합니다."

안상궁은 왕을 살살 달래서 수라를 들도록 했다.

그 안상궁은 왕이 열두 살의 나이로 대궐에 들어왔을 때부터 어머니처럼 곁에서 자상하게 보살펴 왔기 때문에, 왕이 누구보다도 믿고 의지하는 상대였다.

수라상을 물린 왕은 안상궁더러 등을 긁어 달라고 했다.

안상궁은 사랑하는 아들의 등을 긁어주는 어머니처럼 정성스럽게 등을 긁어주며 지나가는 우스갯소리처럼 말했다.

"전하께서 친정을 하시면 소인이 작은 청을 올릴 일이 하나 있습니다만, 그렇지 못하니 말씀드려야 소용이 없겠지요."

그 말을 들은 왕이 웃으며 말했다.

"아무리 그래도 내가 안상궁의 청 하나 들어주지 못하겠나. 어디 말해보게나."

"그렇다면 말씀드리지요. 광주에 있는 쇤네의 본가에 약간의 전답이 있는데, 그 전답을 성실하게 관리하는 이씨 성을 가진 사람이 있습니다. 그 사람이 쇤네를 보고 소원하기를, 가감역假監役은 벼슬다운 벼슬이라고 할 수 없으나 시골에서는 행세 정도 할 수 있는 신분이므로 그 후보에라도 들면 큰 영광이겠다는 것입니다. 벼슬도 아니고 그저 망이니, 전하께서 소인한테 은혜를 베풀어 주시면 더 바랄 것이 없겠습니다."

'망'이란, 어떤 벼슬에 적임자를 임명할 때 3인을 복수 추천하는 것을 말한다.

왕은 잠시 생각해 보고 나서 말했다.

"내가 여태까지 대소 관직의 임면任免에 전혀 관여한 적이 없지만, 가감역 망 정도야 못 올리겠는가. 내일 이조참판이 들어오면 말을 하지."

이튿날 이조참판 민승호가 들어오자, 왕은 그 이야기를 했다.

미관말직의 선임 또는 면직까지 하나하나 전부 자기 뜻대로 처리하는 대원군의 성미를 잘 아는 민승호는 고민하지 않을 수 없었다.

'그러나 이것은 어디까지나 왕명이다. 전하의 분부에 따라 하찮은 직위에 망 하나쯤 끼워 넣는다고 무슨 큰일이야 일어나겠는가.'

이렇게 생각한 민승호는 광주 이 아무개 이름을 가감역의 망에 적어 넣었다.

그때, 이조에서 매일 내는 기별寄別, 즉 관보는 아침 일찍 운현궁으로 보내어져 대원군의 결재를 거쳐야 비로소 효력을 발생하게 되어 있었다.

다음 날 아침에 대원군이 이조에서 올라온 기별을 훑어보니 맨 끝의 가감역 망에 자기로서는 듣지도 못한 이름이 올라 있는 것이다.

이것은 필경 이조의 어느 아랫것들 가운데 누군가가 농간을 부린 것이라 짐작한 대원군은 기별을 가지고 온 집리를 불러 추궁했다.

"여봐라! 가감역 망에 들어 있는 이 아무개란 이름은 누가 적어 넣은 것이냐?"

"소인은 모르는 일이옵고, 참판 대감께서 적어 넣으라 한 것입니다."

"뭐라고!"

대원군은 화가 머리끝까지 치밀었다. 그것은 가감역이 대단한 벼슬이어서가 아니라, 민승호의 외척으로서 왕후를 등에 업고 머리를 내밀려고 하는 것이 괘씸한 것이다.

대원군은 즉시 민승호를 호출했다.

마침내 민승호가 나타나자, 대원군은 노여움을 누르고 물었다.

"그대가 가감역 망에 이 아무개를 넣으라고 했다는 것이 사실인가?"

"그렇습니다."

"그놈이 대체 어디 사는 놈이며, 그대는 무슨 배짱으로 이런 월권을 저질렀나?"

"그 사람은 광주에 살고 있고, 망에 넣은 것은 제 뜻이 아니라 전하의 어명에 따른 것입니다."

어명이라고 하는 데에는 아무리 대원군이라고 해도 더 이상 민승호를 닦달할 수 없었다.

대원군은 쪽지에 간단한 내용을 적어 청지기한테 주며, 낙동대감한테 전달하라고 지시했다.

낙동대감이란, 훈련대장 겸 포도대장인 이경하로서, 대원군의 명에 따라 사람을 잡아 가두고 죽이는 일을 능사로 하는 사람이었다.

대원군이 보낸 쪽지를 보니, 광주에 사는 이 아무개를 무조건 잡아와 옥에 가두고 매를 때려 죽이라는 지시였다.

이경하는 즉시 포교를 광주에 보내어 이 아무개를 붙잡아 와서 옥에 집어넣고 대원군에게 보고했다.

이 아무개가 영문도 모르고 한양 포도청에 붙들려 가자, 그의 가족들이 즉시 안상궁에게 달려가 하소연을 했다. 기댈 언덕이라고는 그곳밖에 없었던 것이다.

사정이 어떻게 돌아가는지를 금방 알아차린 안상궁은 왕 앞에 나아가 울면서 애원했다.

"전하. 소인이 일전에 이 아무개를 가감역 망에 들게 해달라고 여쭈었더니, 오늘 그 사람이 포청에 붙들려 와서 갇혔다 합니다. 아마 민 참판 대감께서 대원위 대감께 말씀드리지 않고 망에 넣어 큰 노여움을 산 모양입니다. 소인이 평생 처음으로 전하께 부탁 말씀을 올렸는데 일이 이 지경이 되었으니, 입을 잘못 놀린 소인을 처벌하고 죄 없는 사람의 목숨은 살려주라는 분부를 내려주십시오."

난처하고 다급해진 왕은 내관더러 선전관을 부르라고 했다. 선전관이 들어오자, 왕은 왕명의 증거인 화살을 내리며 말했다.

"너 이 표신標信을 가지고 즉시 포청에 달려가 이 아무개를 석방하고 오너라."

선전관이 달려가 보니 포청에서는 이 아무개를 죽이려고 형틀에 매다는 중이었다.

선전관이 표신을 치켜들며 "어명이야!" 하고 소리치자, 이경하가 버선발로 대청에서 뜰까지 황망히 뛰어 내려와 엎드렸다.

"전하께서 이 아무개를 즉시 석방하라신다!"

이경하가 아무리 대원군의 심복이라 하지만, 어명이라고 하는 데는 따르지 않을 도리가 없었다. 그래서 이 아무개를 형틀에서 풀게 하고 즉시 대원군한테 보고를 올렸다.

왕이 직접 왕권을 행사한데 대해서는 아무리 대원군이라 할지라도 따따부따할 수가 없으므로 혼자 분통을 삭여야만 했다.

선전관이 돌아와 보고하자, 왕은 이 아무개가 죄도 없이 죽을 뻔한 것이 가엾으니 특별히 가감역에 임명하라고 어명을 내렸다.

그 일로 인하여 왕은 무서운 아버지에 대하여 비로소 자신감을 가지게 되었고, 사람들은 왕이 친정을 원할 뿐 아니라 아버지의 독단과 전횡을 못마땅하게 생각한다는 사실을 알게 되었다.

평소에 대원군을 두려워하고 싫어하던 사람들은 기회가 왔다고 생각하여 입을 모아 상소했다. 그토록 기가 드세고 서슬이 퍼렇던 대원군도 명분에 밀려 마침내 하야하지 않을 수 없었으니, 1873년 계유년의 일이었다.

미관말직 망 하나의 문제에 유연하게 대처하지 못한 탓에 대원군은 스스로 몰락의 발단을 만들었던 것이다.

빛나는 충효삼절

조선이 일본의 침략을 받아 국권을 상실할 무렵, 목숨을 바쳐 나라를 지키려고 노력한 사람들이 많았음은 누구나 다 아는 사실이다.

조국에 대한 그들의 충절은 당대뿐 아니라 후세에까지 널리 알려져 민족의 귀감이 되었고, 국권 회복 후에는 그들 자신이나 또는 후손에게 당연히 응분의 보상과 예우가 돌아갔다. 그러나 역사의 평가는 꼭 공정한 것만은 아니어서 같은 일을 하고도 어떤 사람은 크게 빛을 보는가 하면, 어떤 사람은 그늘에 묻히기도 한다.

1905년에 일본이 강제로 을사보호조약을 체결하여 우리의 국권을 빼앗을 무렵, 간신배들이 득시글거리는 조정에 버티고 있어 그나마도 고종이 믿고 의지했던 충신이라면 민영환·이상재·이남규·이상설을 꼽을 수 있다.

그 가운데 민영환·이상재·이상설은 역사의 조명을 제대로 받아 모르는 사람이 없지만, 이남규라는 이름을 기억하는 사람은 드문 것이 현실이다.

궁내부 특진관 이남규는 조정 안에서의 외로운 투쟁도 소용없어지고 을사보호조약이 발효되자, 벼슬을 내놓고 가문의 터전인 충청도 예산에 내려갔다. 그러고는 집안에 들어앉아 앞으로 왜적과 맞서 싸울 궁리에 골몰했다.

처음에는 최익현과 협력하여 군사를 일으키려고 했으나, 최익현이 먼저 왜병에게 붙잡혀 의거가 수포로 돌아가는 것을 보고는 낙심하여 밥 대신 술로 세월을 보냈다.

그에게는 충구라고 하는 외아들이 있었는데, 이충구는 엄격한 가풍의 영향으로 지조가 굳고 효성이 지극했다.

이충구는 아버지의 건강을 염려하여 울면서 음식을 권했는데, 그럴라치면 이남규는 버럭 화를 내며,

"이놈아, 나라 없는 신민의 목숨이 뭐가 그리 소중하단 말이냐!"

하고 호통을 치는 것이었다. 그래도 이충구는 아버지의 마음을 이해하고 역정을 공손히 받아주는 효자였다.

이듬해 정월 초하룻날 아침이 되자, 해마다 그랬던 것처럼 이남규는 '초씨역림焦氏易林'이란 점을 쳐서 올 한 해 자신의 신수를 알아보기로 했다. 하여 점괘를 뽑아 보니 '대장지대 장괘大壯之大壯卦'라는 괘가 나왔다. 풀어보니, '왼쪽에 곰이 있고, 오른쪽에 범이 있으며, 앞에 철모鐵矛가 있고, 뒤에 강노強弩가 있으니 몸둘 곳이 없다'는 흉한 내용이었다.

나쁜 점괘 때문에 이남규가 은근히 불쾌해져 있을 때, 아들이 들어와 세배를 했다. 그런데 충구는 섣달 그믐 날 종형제들과 즐겁게 놀다가 밤늦게야 잠자리에 들어 늦게 일어난 바람에 아버지를 뵙는 것이 조금 늦었다.

평소 같으면 별로 탈잡을 일도 아니련만, 점괘 때문에 가뜩이나 기분이

상해 있던 이남규로서는 화풀이할 대상을 찾은 셈이었다.

"이놈, 정월 초하룻날 아침에 늦잠을 자고, 이제야 와서 아비를 본단 말이냐!"

사랑채가 떠나갈 것 같은 아버지의 호통에 놀란 이충구는 꿇어앉아 싹싹 빌었다.

"죄송합니다, 아버님. 죽을 죄를 지었습니다. 제발 소자를 용서해 주십시오."

"용서할 수 없다. 너 이놈, 아비를 늦게 와서 본 죄로 지금 당장 안 변소 바깥 변소의 똥을 다 치워라!"

그것은 어린애가 생각하더라도 정도에 지나친 벌이었다. 그러나 이충구는 아버지의 울적하고 산란한 심정을 잘 알기 때문에 마당에 내려가서 두 변소의 똥을 아침 식전부터 시작하여 두세 시간에 걸쳐 다 치웠다. 그토록 효성이 지극했다.

초씨역림의 대장지대장괘는 우울한 강박관념으로 이남규의 머릿속에 항상 남아 있었는데, 그해 여름에 드디어 그 흉한 점괘가 들어맞는 사건이 일어났다.

충남 홍성 사람 민종식은 의병을 일으켜 왜병에 맞서 싸웠으나, 변변한 무기도 없이 오로지 의분과 적개심만으로는 잘 훈련되고 장비가 훌륭한 왜병을 당해 낼 수 없어 크게 패하고 말았다. 의병들은 뿔뿔이 흩어지고, 민종식은 간신히 도망하여 밤중에 이남규를 찾아왔다.

"아니, 민공!"

이남규는 깜짝 놀라서 민종식을 맞아들였다.

"마땅히 갈 만한 곳이 없어, 폐가 되는 줄 알면서 찾아왔습니다."

"폐라니, 그러잖아도 소식을 듣고 걱정하던 참인데 잘 오셨네."

"왜적을 쳐서 깨뜨리지 못하고 패하여 쫓기는 신세가 되었으니, 참으로 부끄럽습니다."

"무슨 말을 그렇게 하는가. 승패는 여하간에 그 의기가 가상하지 않나. 사실은 나 역시 의병 거사할 마음은 굴뚝 같으나, 여러가지로 여건이 성숙되지 않아 허송세월하고 있는 참이라네. 그런 참에 민공이 찾아 왔으니, 우리 집에 계시면서 나와 같이 다음 일을 도모해 보세."

은닉 사실이 발각되면 자기의 생명까지도 위태로울 판이지만, 이남규는 내실의 후미진 방 하나를 치워서 민종식을 숨겨 주었다. 그러나 사냥개처럼 집요하게 민종식의 뒤를 추적하던 왜병들은 기어코 그가 이남규의 집에 숨어 있다는 사실을 알아내고 말았다.

갑작스럽게 들이닥친 왜병들은 장본인 민종식은 물론이려니와 범인 은닉죄로 이남규까지 체포하여 끌고 갔다.

공주 감옥에 수감된 이남규는 혹독한 고문으로 여죄를 추궁 받았다. 그러나 이남규는 어떤 형벌도 굴복하지 않고 오히려 그들을 꾸짖었다.

"쫓기어 숨어들어온 사람을 야박하게 내쫓을 수 없지 않으냐. 모든 것은 너희가 남의 나라를 침탈하려고 한 것이 발단이다. 조선인이 조선을 지키려고 하는 노력이 조선땅 안에서 어찌 죄가 될 수 있단 말이냐."

화가 치민 취조 왜병이 이리 치고 저리 치는 바람에 이남규는 입이 찢어지고 턱뼈가 부러져서 말을 제대로 할 수 없는 지경이 되고 말았다.

이남규가 종내 굴복하지 않을 뿐 아니라 죄를 시인하지 않자 왜병들은 그를 결정적으로 옭아 넣을 물증을 수집하기 위해 예산의 집에 가택수색을 나갔다.

이남규가 거처하던 사랑채를 비롯해 온 집안을 샅샅이 뒤졌으나 아무런 소득이 없자, 마지막으로 이남규의 며느리, 즉 이충구의 젊은 아내가 거처하는 방을 수색하려고 했다.

그때, 그 광경을 지켜보고 있던 세 사람의 여종이 달려와서 아씨의 방문을 막아섰다. 순단 · 지순이 · 보선이라고 하는 여종들이었다.

당시는 왜병을 보기만 해도 무서워서 다들 도망치던 시절이었다. 그런데도 어린 여종들이 주인의 치욕을 막겠다고 왜병에게 대들었으니 놀라운 용기가 아닐 수 없었다.

분노한 왜병은 칼을 뽑아 먼저 보선이의 어깨를 내리쳤다. 다행히 칼등으로 내리쳤기에 망정이지, 그렇지 않았다면 그대로 목숨이 달아났을 판이였다. 칼등에 어깨를 얻어맞은 보선이 까무러치자, 이번에는 순단이가 버티고 섰고, 그 순간 이마저 칼을 맞고 쓰러지자 지순이가 막아 섰다.

글도 배운 적이 없고 남의 집에 종살이하는 미미한 신분의 어린 소녀들이 주인을 위하여 그처럼 죽음을 두려워하지 않고 흉악한 왜병에 맞선 것만 보더라도 이남규 집안의 기풍과 품격을 알 수 있을 것이다.

20여 일 동안이나 잔혹한 옥고를 치른 다음 일단 풀려나서 집에 돌아온 이남규는 그 이야기를 듣고 가슴이 미어지는 듯한 감동을 느꼈다.

세 여종을 불러 고마움을 표하고 말로써 어루만지니, 그들은 주인 나리의 처참한 몰골을 보고 대성통곡을 했고, 그러는 그들을 내려다보는 이남규의 눈에도 눈물이 맺혔다. 이남규는 자기가 한심하고 처량하다는 생각이 들었다.

'한낱 어린 계집종이면서 주인에 대한 충성심이 이러하거늘, 나라의 녹봉을 받아먹고 임금을 섬긴 사대부로서 나는 대체 무엇을 했단 말인가. 부끄럽고 부끄럽구나. 나라가 이 지경이 되도록 임금의 은혜에 미처 보답하지 못하고 몸이 먼저 불구가 되었으니, 이보다 더한 불충이 어디 있단

말인가.'

그는 몸져 누웠다. 악독한 고문으로 만신창이가 된 몸도 몸이지만, 마음의 병이 더욱 그를 지치게 했던 것이다. 이충구는 밤낮으로 아버지의 곁을 떠나지 않고 간호를 했다.

이남규가 공주 감옥에서 풀려난 지 10여 일만인 8월 18일 아침, 느지막이 왜병 수십 명이 들이닥쳐 그의 집을 에워쌌다. 왜병을 따라온 헌병 보조원이 이남규더러 얼른 나오라고 말했다.

"나를 어디로 데려가겠다는 것이냐?"

이남규가 태연히 묻자, 헌병 보조원은 퉁명스럽게 대꾸했다.

"나도 모르겠소. 가 보면 알 것 아니오."

이남규는 더 말을 붙일 필요가 없다고 생각하고 휘청거리는 몸을 일으켰다. 사당의 문을 열고 조상들의 위패 앞에 절을 한 다음, 집안 식구들을 불러 동요하지 말고 의연하게 대처하라고 지시했다. 이번 길은 아무래도 심상치 않다고 예감한 것이다. 그는 사랑에 나가 태연히 남여에 올랐다.

이충구는 아버지를 따라가기 위하여 서둘러 의관을 차리고 나왔다. 오지 말라는 아버지의 지시를 어기고 몰래 저만치 뒤처져서 따라갔다. 왜병들은 이충구가 탄 남여를 에워싸고 가는데, 이번에는 공주로 가는 것이 아니라 북으로 장복리를 지나고 다시 동으로 꼬부라져 오형제 고개를 넘었다. 그리하여 온양역말 동네에서 조금 떨어진 개천가에 이르러 남여를 멈추게 했다.

왜병 대장이 이남규를 남여에서 끌어내었다. 그러고는 칼을 뽑아 들고 위협했다.

"너는 우리 일본에 협력하여 목숨을 건지겠느냐, 아니면 이 자리에서 내 칼에 죽을 것이냐."

그 말을 들은 이남규는 눈에서 불을 뿜으며 큰소리로 호령했다.

"네 이놈! 너희들은 나와 불공대천의 원수인데, 어찌 내가 네놈들한테 협력하겠느냐. 내가 죽어서도 너희 나라를 망하게 하고 말리라!"

왜병 대장은 죽음도 두려워하지 않는 그 기개에 감복하지 않을 수 없었으나, 한편으로는 화가 치밀었다. 그토록 고집을 꺾지 않는 인물이라면, 살려 두어 화근을 만들 수 없다고 생각한 것이다.

왜병 대장은 칼을 쳐들어 그대로 이남규의 어깨를 내리쳤다. 피가 분수처럼 솟구치며 이남규는 쓰러졌다. 그 광경을 본 이충구가 한달음에 달려와 피 범벅이 된 아버지를 얼싸안았다.

"아버님, 이게 웬일이옵니까!"

왜병 대장은 통곡하는 이충구도 칼로 내리쳤고, 부자를 싸잡아 난도질을 했다.

"이놈!"

그때 갑자기 벽력 같은 호통 소리와 함께 왜병 대장한테 달려드는 사람이 있었다. 남여를 메고 갔던 하인 중의 하나인 김응길이었다. 자기 주인들의 참변을 보고 의분을 참지 못한 것이다. 그러나 김응길은 왜병 대장의 옷자락에 손이 닿기도 전에 칼을 맞고 쓰러졌고, 그 역시 잔인한 칼날 아래 어육이 되었다. 그리하여 세 사람이 흘린 피로 개천 바닥이 흥건하게 젖었다.

인근은 물론이고 경향 각지에서 그 소식을 들은 사람들마다 눈물을 뿌리고 탄식하여 마지않았으며, 순국한 주인과, 그 주인을 위하다가 순사殉死한 하인, 아버지를 위하다가 순효殉孝한 세 사람을 기려

'충효삼절'이라 했다.

그 후, 이남규의 후손들은 해마다 8월 18일이 되면 대청에서 할아버지와 아버지의 제사를 모시는 한편, 사랑방에서는 김응길의 제사를 지내 그 의로운 원혼에게 고마움을 표했다.

이남규의 맏손자 이승복은 할아버지 유훈을 기려 일제시대에 민족운동에 몸을 바쳤고, 둘째 손자 이창복은 할아버지의 정신적 동지였던 이상설의 사위가 되었다.

한 가지 참고적으로 덧붙일 사항은, 이남규는 고려 말엽의 지조 높은 충신 이색의 후손이라는 사실이다.

천재 화가 장승업

조선 시대의 모든 화가들 중에서 장승업 만큼 술을 즐기고 술의 포로가 되어 한평생을 취생몽사醉生夢死 ; 아무런 생각없이 한평생을 흐리멍덩하게 살아가는 것격으로 지낸 사람은 없을 것이다.

그는 오십 평생을 거의 매일 술에 파묻혀 지내다가 끝내는 술로 거꾸러진 사람이었다.

한때 고종황제의 지우知遇를 얻었으므로 좋은 그림을 그려 바치기만 하면 영달의 길이 눈앞에 있었지만, 그는 헌신짝처럼 그것을 포기한 사람이었으니, 예술가에게는 벼슬이 필요하지 않다는 그의 허무주의 인생관 때문이었다.

그는 조선 시대 말엽 고종 때의 사람으로 그의 조상에 대해서 자세히 알 수는 없으나 무반武班 출신의 후예였던 것만은 사실인 듯하다.

그는 어렸을 때 양친을 잃고 천애 고아가 되어 동으로 서로, 남으로 북으로 유랑하는 신세가 되었다.

그는 스무 살이 될 때까지 떠돌다가 나이 이십이 되자, 한양에 와서 어디엔가 정착하려고 애쓰고 있었다.

마침 한양 수표교 근방에 이응헌이라는 사람이 살고 있었는데, 그는 동지同知조선 시대 총독부의 종 2품 벼슬라는 직함을 가지고 있었기에 이웃 사람들은 그를 이 동지라고 불렀다.

이 동지는 실로 우연한 기회에 장승업을 만나게 되었다.

그는 사람을 보는 안목이 있었으므로 처음으로 장승업을 보는 순간 그의 뛰어난 용모에 반하지 않을 수 없었다. 한편 그는 장승업의 방랑을 중지시킨 사람이었으니 그것은 승업이 이 동지의 집 식구가 되었기 때문이다.

나이 이십이 되도록 글 한 자도 배우지 못했던 승업은 이 동지 집의 이 일 저 일을 보살펴 주면서, 그의 아들이 글 배우는 것을 어깨 너머로 구경하며 글을 깨우치게 되었다. 그리하여 그는 글공부에 더욱더 열중하게 되었고 글자도 제법 쓸 줄 알게 되었다.

그런데 이때 이 동지는 상당히 부유한 집안의 사람으로서 서화 골동품 수집가였다. 그의 집에는 상당한 양의 고대 중국 서화와 골동품들이 비장되어 있었다. 원나라나 명나라 일류 화가의 것도, 국내 삼원三圓의 작품도 갖추어져 있었다.

한 번 그 그림들을 보고 난 승엽은 가슴속에서 갑자기 치솟는 야릇한 의식을 어찌할 수가 없었다. 그는 붓을 들어 그림을 그려보기로 했다. 자기도 그만큼은 그릴 수 있을 것 같다는 생각이 들었다.

그 같은 생각은 놀랍게도 틀리지 않았다. 한 번도 잡아보지 않은 화필이었지만, 스스로 움직이는 것처럼 화선지 위에서 유연히 미끄러졌다.

매란梅蘭을 위시하여 산수화 영모翎毛 ; 새나 짐승을 그린 그림 등을 그려보았는데, 그 필치가 대가를 능가할 정도로 첫 솜씨가 그러하였다.

그는 실로 신운神韻:신비롭고 고상한 운치이 횡일橫溢:물이 가로 흘러넘치는 것 하는 천재 화가였던 것이다.

어느 날 주인인 이 동지가 장승업이 그린 그림을 발견하고 물었다.

"이것이 네가 그린 그림이냐?"

"그렇습니다."

"언제부터 그림을 배웠느냐?"

"그림을 배운 적은 없습니다만, 한번 그려보고 싶어서 붓을 놀렸더니 그렇게 되었습니다."

"너는 천재 화가다. 이제부터 뜻을 그림에 두고 열심히 공부해라. 지필묵 등 화구는 내가 마련해 주마."

그때부터 장승업은 매일같이 그림만 그렸다. 워낙 그림에 천재적인 소질을 갖춘 그였으므로 그의 그림 실력은 일취월장했다. 그림을 그리기 시작한 지 불과 몇 해가 지나지 않아 대화가라는 칭호를 받게 되었다.

스승없이 그리기 시작한 그림이었지만, 그의 그림은 천의무봉天衣無縫:사물이 완전무결함을 이르는 말과도 같았다.

그런데 그는 그림을 잘 그리기는 하였으나 술을 너무나 좋아했다. 매일 같이 장취…… 술과 장승업은 어느덧 떼려야 뗄 수 없는 사이가 되고 말았다.

한 잔이 두 잔이 되고, 두 잔이 열 잔이 되고 됫술이 말술로, 말술이 다시 섬술로 변해 간 것이다. 하루에 삼백 잔의 술을 기울였다는 이태백을 따를 만했다.

그는 그처럼 술을 엄청 많이 마셨기에, 제법 큰 사이즈의 그림을 완성하려고 하면 몇 해가 걸리는 경우도 있었다. 아니, 몇 해가 걸려도

완성하지 못하고 미완성인 채로 끝내기도 했다.

그는 그림값이 후하게 들어오면 우선 술집에다 그 돈을 맡겼다. 그리고는 무한정 술을 즐겼다. 그리하여 한평생을 주채酒債, 외상술값에 시달리다가 오십여 세에 세상을 떠나고 말았다.

고종황제는 장승업의 화명畵名이 높음을 듣고, 그를 불러 그림 병풍을 얻고자 수십 첩의 병풍 제작을 그에게 위촉하려고 했다. 그 같은 소문은 삽시간에 온 한양 장안에 퍼지게 되었다.

이런 장승업을 이끌어온 이 동지가 하루는 장승업을 찾아왔다.

"참으로 반가우이. 모두 다 자네의 재주가 출중하기에 상감께서 특히 자네를 선발하신 것이니, 힘 써서 좋은 그림을 그리도록 하게. 사람의 운수란 일생에 한 번 이렇게 좋은 기회가 올까말까 하는 것이니, 깊이 생각해서 성심껏 그려드리게. 큰돈과 높은 벼슬이 자네에게 오게 될 거야. 한 가지 부탁할 것은 술을 조심하라는 말일세. 궁중에서 그림을 그리는 동안만이라도 제발 술을 좀 덜 마시도록 하게. 그것만 명심하면 자네의 입신양명은 다시 말할 필요도 없을 것일세. 참으로 고맙고 반가운 일이로세."

이 동지는 육친과 다름없는 마음으로 장승업을 고무 격려했을 뿐만 아니라 친히 세밀한 주의까지 해주었다.

드디어 장승업은 고종황제의 소명을 받아 궁중으로 들어갔다. 승업의 주량과 술버릇에 대한 상식을 익히 들어 알고 있었던 궁중에서는 그에게 깨끗한 방 한 칸을 비워주었고 그림을 그리는데 필요한 모든 조건을 구비해 주었다.

옆에서 한 사람의 무감이 승업을 감시하고 있었는데, 그가 술을 과음하여 궁중을 어지럽힐까 염려한 까닭이었다.

상감은 특별히 수라간에 분부하여 명했다.

"승업에게 매때 술을 석 잔씩만 주도록 하여라. 절대로 그 이상 주어서는 안 된다."

하루 이틀 지나는 동안 장승업은 술을 먹고 싶어서 죽을 지경이 되고 말았다. 사람은 자기 스스로 먹을 자유가 있을 때는 먹으라고 해도 덜 먹는 법이지만, 외부로부터의 압력에 의해 먹지 말라고 강요받게 될 때는 한술 더 떠서 먹고 싶어지는 것이 인간의 상정이다.

승엽은 드디어 더 이상 참을 수가 없게 되었다. 그는 슬그머니 궁중에서 도망치고 싶다는 생각이 치솟았다. 무슨 핑계를 대고서라도 궁금宮禁을 뚫고 탈출하고 싶었다.

한 번 잃어버린 행동의 자유는 장승업으로 하여금 번열증煩熱症, 신열이 몹시 나고 가슴이 답답하며 괴로운 증세이 나도록 그를 괴롭혔던 셈이다. 한때 석 잔씩 밖에 주지 않았던 적은 술은 감질만 나게 만들 뿐이었다.

그는 속으로 중얼거렸다.

'이놈의 술을 받아먹고 있다기는 내가 말라서 죽고말 것이다. 아무리 생각해 봐도 여기서 빠져나가야 할 텐데 무슨 핑계를 대야 한단 말인가? 옳지! 채색 도구를 가지러 간다고 하면 되겠구나.'

그날 밤에 그는 감시하는 별감을 살살 꾀어 궁궐 밖으로 도망치고 말았다. 그는 으슥한 곳에 있는 술집에 들어가 며칠 동안 마시지 못했던 술을 마음껏 마셨다. 그리고는 만족스러워하며 중얼거렸다.

"아아…… 이제야 내 세상이다. 나는 이렇게 술을 마셔야 해. 암!"

그의 창자는 술독으로 변했다. 술독이 창자 속인지 창자 속이 술독인지, 승업은 제대로 분간이 되지 않았다. 여러 날을 궁중에서 보내며 술에 굶주리던 생각을 하면 기가 막히기만 했다.

그는 궁중에서 나올 때 자기를 감시하던 무예 별감에게,

"하룻밤만 있다가 들어올 테니 그리 알라."

하고 말했지만, 사흘이 지나도 돌아가지 않았다. 때문에 별감뿐이 아니고, 황제의 측근들도 모두 걱정하지 않을 수 없게 되고 말았다. 그러는 중에 상감의 귀에도 장승업이 없어졌다는 보고가 들어가게 되었다. 고종은 깜짝 놀라며 옆에 있는 김 시종에게 물었다.

"장승업이 없어졌다는 것이 사실인가?"

"네. 사흘 전에 궁궐에서 나간 후 아직까지 돌아오지 않았다고 하옵니다."

"사흘 전에 나가? 누가 내 명령없이 내보냈단 말이냐? 너도 알고 있었느냐?"

"황송하오나 모르는 일이옵니다."

"그럼, 누가 알지?"

"승업의 방을 지키고 있던 별감은 알고 있을 것이옵니다."

고종은 별감을 불러다가 장승업이 궁중에서 빠져나간 전말에 대해서 들었다.

"그 사람이 그림 그리는데 필요한 채색 도구를 가지러 간다면서 사흘 전에 나갔사온데, 아직까지 돌아오지 않고 있사옵니다."

고종은 노기 띤 음성으로 말했다.

"알겠다. 그놈이 술을 먹고 싶어서 도망친 모양이다. 당장 포청에 연락하여 잡아 오도록 해라."

김 시종은 곧 포청에 연락하여 장승업을 잡아 올리도록 했다. 그러나 그는 쉽사리 잡히지 않았다. 잡힐 것을 염려하여 깊숙한 곳에 위치한

주모의 집에 숨어 밤낮을 가리지 않고 술을 마시고 있었기 때문이다. 하지만 포교들은 임금의 지엄한 분부를 받았는지라 한양 장안을 샅샅이 뒤져 드디어 그를 포박했는데, 그는 잡힐 때에도 술에 만취되어 동서를 제대로 분별치 못하고 있었다.

그는 인치되어 궁중의 처소로 돌아왔는데 하도 억병으로 취해 있었기에 자기가 지금 어디에 누워 있는지도 모르고 있었다. 차차 술이 깨면서 갈증이 심해진 그는

"이봐 주모, 물 좀 주시오."

하고 고함을 쳤다. 옆방에서 그를 엄중하게 감시하고 있던 별감이 혀를 차면서 말을 걸었다.

"이제 정신이 좀 드시우?"

그러나 장승업은 그때까지도 그 방이 술집의 방인 줄로만 생각하고 있었다.

"주모, 어서 냉수를 좀 달라니까요. 아이구 목말라 죽겠네."

별감은 껄껄대며 웃었다.

"여보슈. 여기가 어딘 줄 아시우? 아직도 술이 덜 깬 모양입니다그려. 여기는 대궐이요, 대궐!"

장승업은 그제야 정신이 번쩍 나는 모양으로 사방을 휘이 둘러보았다. 과연 주모의 방이 아니고 그림을 그리던 궁성 안의 방인 것이 분명했다.

"아무 곳이건 물이나 좀 갖다 주시오."

별감은 물 한 사발을 떠다 주면서 말했다.

"여보, 장서방. 이제는 술좀 그만 마시고 그림을 그리시오. 상감께서 크게 노하셔서 포청에 가두리는 것을 가까스로 이곳으로 모셨소. 그림만

잘 그리면 모든 것이 해결될 뿐만 아니라 큰돈과 벼슬이 생길 텐데, 도대체 왜 그러슈? 정신 좀 차려요."

장승업이 눈을 멀거니 뜨면서 대답했다.

"나는 술만 있으면 그만이요. 돈도 싫고 벼슬도 싫소. 유주강산有酒江山이면 그만이요, 술 없으면 지옥이요, 술만 있으면 극락입니다."

별감은 더 이상 이승업에게 뭐라고 말할 수가 없었다.

그날부터 승업은 한 때에 석 잔씩 주는 술을 마시며 그림을 그렸으나 생각은 그림에 있는 것이 아니었다. 하루 바삐 다시 탈출하여 그 맛있는 술을 또 마음껏 먹어야겠다는 생각만 하고 있었다.

아무리 생각해도 그는 구중궁궐 밖으로 도망칠 수가 없었다. 생각을 계속하던 그는 결국 도포와 갓을 벗어 버리고 혼곤히 잠자고 있는 별감의 옷을 훔쳐 갈아입었다. 그는 다소 가슴이 떨렸으나 캄캄한 그믐밤이었는지라 별로 큰 지장이 없이 두 번째 탈출에 성공했다. 남들은 모두 부러워하고 선망하는 위치에 있었지만, 영달과 부귀를 헌신짝처럼 여기는 그에게 있어서는 그것이 싫기만 했다.

그는 다시 그리운 임의 품속과도 같은 술집으로 들어가서 처박혔다. 술을 다시 마시게 되자 흥겨운 노래가 저절로 흘러나왔다.

고종황제는 승업이 두 번째로 궁성을 탈출했다는 보고를 듣고는 노기를 참을 수 없어 그놈을 즉각 포박하여 투옥하라고 명령했다.

그때 마침 고종황제를 옆에서 모시고 있던 충정공 민영환이 이를 목도하였다. 장승업의 목숨이 경각에 달린 것을 알고, 또 승업이라는 위인에 대해서 잘 알고 있었던 민영환은 곧 고종께 말했다.

"장승업이 무엄하게도 상감마마의 분부를 저버린 죄는 백번 죽어도 모자랄 것이오나, 그는 본디 사람됨이 천성적으로 호주 방탕하여 그럴 뿐이옵지 일부러 상의를 거스르려고 그런 것은 아니라고 생각하옵니다. 그러하오니 한 번만 용서해 주시고 승업을 소인의 집에 두어주시면 하명하오신 그림을 끝내도록 감독하겠사오니 통촉하여 주십시오."

고종도 그의 주벽 만은 어찌할 수 없는 것이었기에 그렇게 하라고 윤허했다.

그날부터 장승업은 민 충정공의 집에 유숙하면서 그림을 그리게 되었는데, 민영환은 그가 도망칠 것을 걱정하여 그의 의관을 벗겨서 감추어 두고, 그가 좋아하는 술을 무진장으로 제공했다.

이에 장승업은 좋아하면서 매일같이 술만 마셨다. 하지만 그런데도 불구하고 어딘지 모르게 모자라는 것이 있는 것 같은 눈치였다. 억병으로 먹고 쓰러져 자야만 될 것 같았다.

처음에 민영환의 집에 와서 수일 동안은 그림에 마음을 두고 깊이 생각하는 듯 했으나, 또다시 발광에 가까운 술에의 향수를 도저히 참을 길이 없었다. 그는 궁중에서처럼 탈출하고 싶은 생각이 간절해졌다.

어느 날 민충정공은 예궐하여 없고, 감시하던 하인이 마침 졸고 있는 틈을 타서 승업은 옆 방에 걸려 있는 상복喪服과 방갓을 훔쳐 몸에 걸친 다음, 살금살금 그 집에서 빠져나오고 말았다.

그는 그 길로 술집에 숨어서 술타령을 하였으나 포교의 손에 붙잡혀 도로 민영환의 집으로 들어갔고, 달포 남짓한 동안 전후 세 번이나 탈출했다가 세 번 다 붙잡혀 들어갔다.

민영환은 그를 불러 앉혀놓고 말했다.

"아, 이 사람아. 아무리 사람이 우둔하다고 해도 그러는 법이 어디에 있단 말인가? 상감께서 크게 노하셔서 당장 포박하라고 지엄한 분부가 내렸었는데, 내가 중간에 끼어서 잘 타일러 그림을 그리게 하겠다고 여쭈어 무사하게 만들지 않았나. 그런데도 매일같이 탈출하여 술로만 일월을 보내는 사람이 어디에 있단 말인가?"

장승업은 민영환의 호의를 모르는 바가 아니었다. 그는 머리를 숙이고 말했다.

"대감의 지우를 남달리 받자와 이처럼 죽지 않고 살아 있는 것을 소인도 잘 알고 있습니다. 대감께 미안하다는 생각은 이루 다 형용할 수 없는 정도입니다만 뼛속에 스며오는 술에 대한 매력을 어찌할 수가 없습니다. 그 경을 칠 술을 끊을 수 있는 약은 없겠습니까?"

"매일 장취로 술만 마셔서야 하는 사람을 무엇에 쓴단 말인가? 앞으로 절주를 해서 좋은 그림을 그리도록 하게. 상감님의 뜻에 맞는 그림을 그리기만 하면 돈과 벼슬이 한꺼번에 굴러들텐데. 이 사람아 정신을 좀 차리시게."

"소인은 돈도 벼슬도, 부귀도 영화도 모두 싫습니다. 그저 한세상 술타령이나 하다가 갔으면 하는 것이 소인의 평생지원입니다."

"자네의 뜻은 잘 알았네마는, 장가도 안 가고 그냥 늙을 작정인가?"

"장가는 가서 무엇하겠습니까? 그럭저럭 한세상 살다가 가겠습니다."

"그렇지만 상감께 바칠 그림은 꼭 그려야 하네."

하지만 그는 끝내 고종 황제에게 바칠 병풍을 완성시키지 못한 채 결국 55세를 일기로 부귀도 영달도 도외시한 하나의 광객狂客 ; 미친 사람으로 짧은 한평생을 마치고 말았다.

우범선과 그 아들 우장춘

우리가 세계에 내세울 수 있는 몇 안 되는 역대 과학자 중의 한 사람으로 당연히 꼽히는 사람이 우장춘 박사다.

일본에서 성장하여 그곳에서 학문을 닦고 육종학의 세계적 권위자가 되었던 우장춘은 해방 직후 우리 정부의 권유와 본인의 희망이 합치함에 따라 귀국하여 낙후한 농업 발전에 커다란 업적을 남기고 1959년에 세상을 떠났다.

국교 개설조차 자기 당대에는 허용하지 않을 정도로 반일 감정이 철저했던 초대 이승만 대통령이 실제적으로 일본인이나 다름없는 우장춘의 귀국 문제에만은 예외적인 조치를 취하여 우대했던 것만 보아도 그에게 어느 정도의 기대감을 품고 있었는지를 알 수 있다.

우장춘은 그 자신이 설령 귀국을 원했다 하더라도 민족 감정이라는 장벽 때문에 선뜻 돌아올 수 없는 신분이었는데, 그것은 그의 아버지 우범선이 바로 명성황후 민씨 시해사건의 주범이었기 때문이다.

상식적으로 생각하면 귀국한 이후 민족 반역자의 아들이라는 이유로 돌팔매질을 면하지 못했을 법하지만, 우장춘은 살아 있는 동안 자기 아버지의 존재로부터 정책적으로 철저히 차단되고 보호받았으며, 그가 우범선의 아들이라는 사실조차 최근에 와서야 단편적으로 알려지게 되었다.

우범선은 일본 호산무관학교 유학생 출신으로 갑신정변 당시 김옥균의 심복이었고, 그 후 10여 년이 지난 갑오경장 때는 박영효 등이 주도하던 개화당의 주요 간부로 활약했다.

고종 31년이던 1894년, 당시는 청일전쟁이 한창이어서 세상이 몹시 불안하고 시끄러웠다. 결국 청나라는 일본의 강력한 공세 앞에 맥없이 꺾였을 뿐 아니라, 자기네 나라 안에 퍼지기 시작한 정치 불안을 수습하기에 바빠서 더 이상 조선에 신경을 쓸 여유가 없게 되었다. 그렇게 되자, 청나라를 배경 세력으로 삼고 있던 민비 등 친청 보수파의 정치적 입지가 불안해지지 않을 수 없었다.

민비와의 세력 다툼에서 패하여 물러나 있던 대원군은 그 기회를 틈타 다시 권력의 전변에 등장하여 친청파를 몰아내고 신구 각파를 망라한 김홍집 내각을 출범시켰다.

그러나 민비는 패배를 인정하고 가만히 들어앉아 있을 만큼 심약하고 우둔한 인물이 아니었다. 어떻게 하면 시아버지를 비롯한 친일파를 몰아내고 세력을 다시 잡아 왕권을 강화할 수 있을까 궁리했다. 그리하여 생각해 낸 것이 러시아를 새로운 후원 세력으로 끌어들여 일본을 견제하는 것이었다.

일본이 청일전쟁에서 요동반도를 점령하고서도 러시아를 비롯한 프랑스, 독일 등 세계 열강의 간섭을 받아 되돌려준 사실이 민비를 고무시켰다. 아무리 기세등등한 일본이라 하더라도 국토가 유럽에서 아시아까지 걸쳐져 있는 초강대국 러시아를 두려워하지 않을 수는 없을 것이기 때문이었다. 그래서 민비는 러시아 공사 웨베르를 대궐에 불러들여 지원을 간곡히 부탁했다.

"지금 일본은 청일전쟁의 작은 승리로 기고만장하여 우리 조선을 짓밟으려 하고 있어요. 우리나라가 비록 작기는 하나 아시아 동쪽의 요충으로서, 만일 일본의 수중에 들어가면 러시아로서도 이로울 것이 없을 겁니다. 그러므로 공사께서는 귀국 황제 폐하께 잘 말씀드려 우리 조선에 적극적인 지원을 해주시기 바랍니다."

"잘 알겠습니다. 러시아 황제 폐하로부터 전권을 위임받은 사람으로서 귀국과 귀황실을 보호하는데 최선을 다할 것을 약속드립니다."

"감사합니다, 공사. 당신만 믿겠습니다."

민비는 웨베르와의 접촉을 비밀리에 부쳤지만, 세상에 완벽한 비밀이란 없는 것이다. 더군다나 대궐에는 일본과 친일파의 첩자들이 우글거렸다. 민비가 웨베르를 만나 지원을 부탁했다는 정보는 즉각 일본 공사관과 개화당의 귀에 들어갔다.

"이것 큰일났군."

박영효는 마음이 급해졌다. 갑신정변의 실패로 김옥균과 더불어 일본에 망명했다가 겨우 돌아온 그는 조선이 세계 변화의 조류에서 밀려나지 않고 부강한 나라가 되기 위해서는 문호를 개방하여 대대적인 혁신을 하지 않으면 안 된다고 생각했다. 그런데도 우물 안 개구리 같은 사고에서 벗어나지 못한 사람들이 오로지 사리사욕과 권력 욕심만으로 나라를 위기에 빠뜨리려 하고 있는 것이다. 적어도 그의 눈에는 그렇게 비쳐졌다.

박영효는 즉시 동지들을 불러모았다. 법무대신 서광범, 훈련대장 우범선, 경무관 이규완 등이 달려왔다.

"지금 대궐에서 중궁전이 벌이고 있는 음모는 나라를 위태롭게 할 뿐 아니라, 우리한테도 중대한 도발인 것이오. 미온적으로 대처하다가는 또다시 지난날의 실패와 쓰라림을 경험하게 될 것이 틀림없소. 그러니 동지들은 좋은 의견이 있으면 내놓아 보시오."

"이 기회에 차라리 상감을 아예 물러나시도록 하고 세자를 옹립합시다. 그렇게 하면 중궁전 일파의 정치 간섭을 막을 수 있을 것입니다."

그와 같은 극약 처방을 내놓은 것은 우범선이였다. 신하된 몸으로서 입금을 몰아낸다는 발상 자체가 대역죄에 해당하는 것이지만, 개화당으로서는 그만큼 위기의식이 팽배해 있었고, 뒤집어서 말하면 왕실의 권위와 정치 장악력이 그만큼 약화되어 있다는 반증이기도했다.

그들은 의논 끝에 지금의 임금을 폐위시키고 세자를 옹립하여 그 후원 세력으로서 권력을 확고하게 굳힌다는 발상을 즉각적으로 발동하는 것은 무리이므로 일단 유보하고, 그 대신 우범선이 지휘하는 신식 병대를 근간으로 삼아 각 군영과 경호대가 호응하는 은밀한 체제를 구축하여 만약의 경우 쿠데타도 불사한다는 원칙을 세웠다.

그것이 곧 '갑오경장'으로서, 실패로 끝난 갑신정변에 버금가는 정치 혁명의 기도였다.

개화당은 그와 같은 구상 아래 일본 공사관과 은밀히 통하면서 거사의 기회를 엿보고 있었다. 그때 탁지부 고문인 일본인의 입을 통하여 그 음모가 보수파의 한 사람인 심상훈의 귀에 들어갔다.

심상훈은 즉각 고종을 배알하고 그 사실을 폭로했다.

"이런 불충한 놈들이 있나!"

성품이 온후한 고종도 몸이 부들부들 떨릴 정도로 분노했다.

"박영효를 즉시 금부에 잡아넣으라!"

그러나 그 정보를 재빨리 입수한 박영효와 개화당 핵심 간부들은 일본 공사관의 도움을 받아 일본으로 도망쳤다. 새로운 문물에 눈뜬 젊은 정치가로서 나름대로 철학을 가지고 부국안민의 대야망을 실현해 보려고 하던 박영효는 다시금 기약 없는 망명의 길에 나서지 않을 수 없게 된 것이다.

승세를 탄 민비와 친로파 보수 세력은 개혁 세력을 완전히 배제한 새 정부를 구성했다. 총리대신 김홍집과 외무대신 김윤식만 유임시키고, 그 외에 궁내대신 이경직, 학부대신 이완용, 군부대신 안경수, 농상대신 이범진, 경무사 이윤용 등으로 이른바 김홍집 2차 내각을 출범시킨 것이다.

조선 정부가 그처럼 친로 반일 색채를 확고히 하자, 일본공사 이노우에를 비롯하여 각 관아에 고문 자격으로 자리를 차지하고 있던 일본인들이 대부분 자기네 나라로 돌아가지 않을 수 없게 되었다.

며느리한테 또다시 밀려난 대원군은 공덕리 별장에서 하늘의 구름만 쳐다보며 부질없는 세월을 보내고, 개화당은 숨을 죽이고 엎드려 기회가 오기만을 기다렸다.

개화당이 기다리던 기회는 드디어 왔다. 일본은 러시아를 등에 업은 민비 일파의 강경책에 일단 주춤하기는 했으나, 조선을 포기할 생각은 추호도 없었다. 청일전쟁의 승리로 조선반도에 구축한 기득권이 있다고 생각할 뿐 아니라, 세계 강대국으로 발돋움하려는 야심을 품고 있는 그들로서는 조선 식민지화 문제야말로 자존심과 의지를 시험당하는 듯한 절실한 문제였기 때문이다. 그리하여 새로운 주조선 공사로 미우라를 임명하고, 그들의 말로 소위 '낭인浪人'이라 일컫는 무장 부랑배들을 많이 보냈다.

박영효 등이 달아날 때 교묘하게 연좌죄를 모면하여 국내에 남을 수 있었던 우범선은 신임 일본공사와 무장 부랑배들이 들어오자 뛸 듯이 기뻐했다. 그는 일본공사를 대리하는 인물을 이끌고 공덕리에 있는 대원군의 별장에 몰래 찾아갔다. 그리하여 대담하기 짝이 없는 정치 협상이 시작되었다.

"중전 일파에 대한 국태공 저하의 원한은 새삼스럽게 말씀하시지 않아도 잘 알고 있습니다. 저희들 개화당 역시 그들의 박해에 대하여 이를 갈고 있으며, 나라의 장래를 위해서도 썩어빠진 보수 세력을 몰아내야 한다고 생각합니다. 저하께서는 저희의 옹립을 받아주심으로써 명분을 세우시고, 저희는 암암리에 준비한 힘을 쏟으면 거사는 틀림없이 성공할 것입니다."

"그럼 거사가 성공한 다음에는 어떻게 되는가?"

"저하께서는 국태공 신분으로서 임금을 보좌하여 궁중 사무만 처리하시고 나랏일에는 관여하지 않으실 것, 김홍집과 어윤중과 김윤식 등을 중심으로 한 개화당 내각을 발족할 것, 이재영을 궁내부 대신에 임명하고 김종한은 협판에 임명하여 궁내부 사무를 보도록 할 것, 저하의 손자이신 이준용을 일본에 유학 보내어 신식 교육을 받도록 할 것 등이 저희 쪽의 조건입니다."

대원군은 자기가 그전처럼 정권을 다시 잡을 수 없다는 것이 불만이었다. 그러나 현재로서는 선택의 여지가 없었다. 대궐에 다시 출입할 수 있게 되는 것만도 다행이라면 다행이었고, 무엇보다도 며느리에게 복수를 할 수 있다는 기대가 그의 마음을 결정적으로 움직였다.

대원군과 합의를 본 우범선은 즉시 움직였다. 좌우영과 궐내 경호대를 통솔하는 훈련대장 우범선은 대원군을 초헌에 태우고 신식 정예군의 호위 아래 대궐로 향했으며, 일본 군대와 부랑배 수십 명이 거기에 동행했다.

때는 고종 32년 10월 7일, 음력으로는 을미년 8월 열아흐렛날 밤이었다. 하늘에서는 푸른 달빛이 환하게 비치고 깊어가는 가을밤의 정취는 아늑하기 그지없어, 잠시 후에 벌어질 비극을 예고하는 기미라고는 찾아볼 수 없었다.

서대문을 우격다짐으로 통과한 우범선 일당이 그대로 경복궁으로 돌진해 들어가자, 궁성 수비장 홍계훈이 수비대를 독려하여 맞섰다.

"무엄하다! 여기가 어딘 줄 알고 야밤에 침범하는 것이냐?"

"닥쳐라!"

우범선의 칼이 번쩍했다. 홍계훈은 피를 뿜으며 쓰러졌다. 그 광경을 본 수비대는 저항할 용기를 잃고 뿔뿔이 달아나 버렸다.

우범선 일당이 민비의 침실인 곤녕전을 에워싸자, 궁내부 대신 이경직이 막아섰다. 우범선은 이경직 역시 한 칼에 베어버렸다.

잠을 자고 있다가 느닷없는 변을 당한 민비는 미처 피신할 겨를이 없었다. 겨우 생각한 것이 변장을 하고 나인과 무수리 같은 궁녀들 가운데 뒤섞여 숨는 것이었다. 그러나 눈에 핏발이 선 우범선 일당이 그만한 잔꾀에 넘어가서 노리던 먹이를 놓칠 리가 없었다. 궁녀 두어 명이 일본군의 칼날 아래 숙고 나자 섭을 십어먹은 사들이 빈비를 손가락질했다.

부랑배들은 민비의 머리채를 끌고 옥호루 앞으로 끌고 가서 칼로 무참히 살해했다. 그러고도 모자라서 시체에 석유를 뿌리고 불을 질렀다. 천하를 호령하던 여걸의 비참한 최후였고, 그로써 조선의 국운도 사실상 종지부를 찍은 것이나 다름없게 되었다.

한밤의 참극은 그렇게 막을 내렸지만, 사건이 거기에서 일단락될 수는 없었다. 아무리 뻔뻔한 일본으로서도 한 나라의 국모를 그처럼 무참하게 살해한 사건의 책임을 지는 흉내를 내지 않으면 안 되었던 것이다.

일본 정부는 미우라 공사를 비롯한 4, 50명의 사건 관련자들을 형식적으로 체포하여 자기네 나라로 압송한 다음 심문 절차를 밟았는데, 그것은 국제적인 비난을 면하려는 얄팍한 수작에 지나지 않았다.

우범선 역시 국내에는 더 이상 있을 수 없는 처지가 되고 말았다. 그래서 그 역시 일본으로 달아나 망명 생활을 하지 않을 수 없었다.

조선 조정에서는 일본에 대하여 대역죄인 우범선의 신변을 인도하라고 요구했지만, 정치 망명자는 현지 정부의 보호를 받는 것이 국제 관례라는 이유를 내세워 일본은 조선의 요구를 거절했다.

우범선은 우연히 알게 된 일본 여자와 동거 생활에 들어가게 되었으니, 그 사이에서 난 아들이 우장춘인 것이다.

그런대로 가정을 꾸리고 아들도 낳고 하여 망명 생활의 시름을 어느 정도 잊을 만했지만, 우범선은 도망한 지 겨우 6, 7년 만에 조선 조정이 파견한 암살자 고영근의 손에 비참하게 살해되고 말았다. 생각이 깊지 못했던 혁명가는 조국에 큰 죄를 짓고 자신의 몸까지 망치고 말았던 것이다.

어쨌든 그것으로써 그 자신은 비참한 일생을 마감하고 말았지만, 짧은 망명 기간 동안에 뿌린 씨앗 하나가 위대한 과학자가 되어 조국에 대한 아버지의 죄업을 보상했으니, 인간사란 그래서 그 결말을 속단할 수 없는 것이 아니겠는가.

조선왕조 정사·야사

초판 인쇄 2018년 10월 20일
초판 발행 2018년 10월 25일

이강래 편저

펴낸곳 문지사
등록 제25100-2002-000038호
주소 서울특별시 은평구 갈현로 312
전화 02)386-8451/2
팩스 02)386-8453

ISBN 978-89-8308-536-8 03910

값 16,000원